에코 체임버

컬처룩 미디어 총서 042

이론적 추적

조항제 지음

culture Look

컬처룩 미디어 총서 042
에코 체임버
이론적 추적

지은이 조항제
펴낸이 이리라

책임편집 이여진
편집 하이픈
표지 디자인 엄혜리

2025년 11월 25일 1판 1쇄 펴냄

펴낸곳 컬처룩
등록 번호 제2011 – 000149
주소 03993 서울시 마포구 동교로 27길 12 씨티빌딩 302호
전화 02.322.7019 | 팩스 070.8257.7019 | culturelook@daum.net
www.culturelook.net

ISBN 979 – 11 – 92090 – 67 – 2 94300
ISBN 979 – 11 – 85521 – 06 – 0 (세트)

* 이 책은 2024년도 한국방송학회 – GS리테일 방송영상 분야 저술지원으로 수행된 연구입니다.

culturelook

차례

머리말 9

1장 에코 체임버란 무엇인가 23

2장 개념: 어떤 현상인가? 41

에코 체임버와 선스타인 | 에코 체임버의 정의

에코 체임버와 필터 버블 56

필터 버블이란? | 필터 버블 비판 | 필터 버블의 실증

3장 실재 여부: 엇갈리는 주장들 73

경험적 증명의 여부 76

에코 체임버의 증명 80

증명한 연구들의 문제점 84

에코 체임버 연구와 방법 93

데이터 분석 방법 | 설문 조사, 실험 | 혼합 방법 | 질적 방법 | 양적/질적 혼합 방법 | 양적 분석의 방법론적 문제 | 적극적/극단적 수용자의 과다 대표 | 컴퓨테이션 방법의 혁신: 일례로서 서명된 '네트워크 분석'

컴퓨테이션 방법의 한계와 대안적 접근의 등장 148
HCSS와 해석적 컴퓨테이션 연구

4장 이론적 구성: 발전은 있는가? 167

확증 편향과 선택적 노출 170
선택적 노출과 미디어 이용 동기 모델 | 선택적 노출과 에코 체임버 | 확증 편향 극복의 어려움
동기화된 추론 187
동기화된 회의주의 194
집단 극단화 이론 198
집단 극단화와 에코 체임버 | 집단 극단화와 극단주의 가능성 | 태도 극단화와 집단 극단화 | 태도 극단화와 반발 효과
동류집단성 이론 225
정보 캐스케이드 이론 232
접촉 이론 238
최소 집단화 이론 또는 사회 정체성 이론 241

5장 판단: 과연 극복해야 할 병폐인가? 245

에코 체임버와 비이상적 인식론 249
에코 체임버와 증거 선점 254
에코 체임버의 네트워크 모델 258
병폐로서의 에코 체임버 262
쉬크스와 중립론의 공방
응우옌과 부트스트랩식 확증 267

에코 체임버의 인식론적 부패 273

에코 체임버와 적극적 무지, 구조적 무지

에코 체임버와 문제 있는 정보의 확산 284

에코 체임버와 양극화 293

양극화 논쟁: 피오리나 대 에이브러모위츠 | 에코 체임버가 양극화의 원인? | 허위적 양극화 | 페이스북 정치: 메타(페이스북과 인스타그램)의 2020 선거 연구(FIES) | 상당한 반전이 있는 2020년과 2024년의 올콧 등의 실험 연구

양극화가 오히려 원인? 326

인과 추론과 정치 참여 매개 | 소셜 미디어/에코 체임버의 새로운 인과 관계

양극화에 대한 관점: 양극화는 반드시 나쁜 결과인가? 347

양극화와 극단주의 358

6장 에코 체임버의 현명한 극복을 위하여 369

보론 양가성 383

참고 문헌 397

찾아보기 423

일러두기

- 한글 전용을 원칙으로 하되, 필요한 경우 원어나 한자를 병기하였다.
- 한글 맞춤법은 '한글 맞춤법' 및 '표준어 규정'(1988), '표준어 모음'(1990)을 적용하였다.
- 외국의 인명, 지명 등은 국립국어원의 외래어 표기법을 따랐으며, 관례로 굳어진 경우는 예외를 두었다.
- 사용된 기호는 다음과 같다.

  신문 및 잡지 등 정기 간행물, 영화, TV 프로그램 등: 〈 〉

  책(단행본): 《 》

머리말

언제 처음 이 개념을 접했는지는 잘 기억나지 않는다. 필터 버블과 같이 보았는데 비교적 뜻이 단순하고 이론적 함의가 풍부한 것 같지도 않아서 인상이 그렇게 깊게 남지 않았다. 다시금 이 개념을 더 공부해야겠다고 마음먹게 된 계기는 하버마스의 공론장론이 탄생 60주년을 맞아 재조명되던 시점이었다. 많은 사람이 21세기 들어 새롭게 제기된 문제들에 주목하면서 공론장론의 르네상스 또는 반대로 폐기 가능성을 논의했다. 파편화나 극단주의, 양극화, 에코 체임버, 필터 버블 등이 이때 꼽힌 문제들이다. 이들로 인해 공론장이 근본적으로 훼손되었으므로 단순한 복원을 넘어 새로운 방식의 재구성이 요구된다는 논리였다.

그러나 이 문제들의 이면에는 의외로 큰 '복병'이 있었는데, 그건 다름 아니라 좀처럼 이들이 실증되지 않는다는 것이다. 이는 이 문제들이 애초부터 아예 없거나(단지 심증이나 과장에 불과하거나), 있어도 그렇게 일관되거나 체계적으로 발생한 것이 아니므로 우연이 아니라고 보기 어려울 수 있다는 뜻이다. 이 점은 상당히 심각한 문제다. 자칫하면 공론장론이 허수아비를 만들어 놓고 그것을 무너뜨리는 식의 논증 오류에 빠질 수 있기 때문이다. 물론 개념과 실증 사이를 바라보는 시각은 패러다임에 따라 큰 차이가 있을 수 있으므로, 그에 관한 판단은 신중할 필요가 있다.

그러나 개념에 따라서는 개념과 실증의 거리가 좀 더 가까운 것도 있고, 굳이 한쪽의 배제적 선택을 부르는 패러다임(론)으로 가지 않더라도 판명이 가능한 것도 있다. 그때 내 생각으로는 에코 체임버가 그런 편이었다. 에코 체임버는 논쟁의 문법이 아닌 검증의 문법으로 다룰 수 있다고 보았다. 그래서 가장 먼저 읽은 게 실증적 근거를 통해 에코 체임버가 '과장이고 일면적이다'라고 비판한 두보이스와 블랑크의 논문이었다. 처음부터 나는 에코 체임버론을 전면적으로 부정하는 글부터 읽은 셈이다. 그들이 인용한 리스트도 대부분 에코 체임버에 대해 회의적이어서 비판적 공론장 이론은 오히려 경험적 근거를 잃게 되었다. 에코 체임버를 대표적으로 주장하는 선스타인의 책을 뒤늦게 읽었지만, 비판들을 불식시키기에는 조금 모자랐다.

그러나 거기에서 또 다른 의문이 생겨났다. 두보이스와 블랑크의 글이 이미 7년 전에 나왔음에도 불구하고 여전히 그 개념은 성행하고 관련 연구들도 계속 나오고 있었기 때문이다. 비판 역시 새로운 논문들에, 또 달라진 현상들에 맞춰 변주를 계속했다. 찬성과 반대가 어우러지는 장이 학문의 자리인 것은 맞지만 그래도 이 정도까지는 아니다. 좀 더 관련 연구를 찾아보니 에코 체임버에 관한 체계적 리뷰가, 그것도 여러 개가 있었고, 그런 논문들이 실린 저널의 상당수는 그간 전혀 우리 영역이 아니었거나 관심과 방법이 전혀 다른 학문, 자연과학의 것(들)이었다.

에코 체임버는 당초 생각보다 훨씬 더 넓고 깊게 연구된 현상이었다. 또 양극화나 극단주의처럼 사회과학 전체가 관심을 보이는 중요한 문제들과 밀접한 연관이 있었고, 페이스북이나 트위터 같은 글로벌 플랫폼, 소셜 미디어들이 집중적으로 비판받는 이슈이기도 했다. 미처 몰랐지만 에코 체임버는 여러모로 '뜨거운 감자'였다.

거기에서부터 연구는 다시 출발했다. 양극화에 관심 있는 학생과 빅 데이터·컴퓨테이션 방법에 가이드를 해줄 수 있는 동료 교수를 초청해 테마형 세미나 수업을 열었다. 이 과정에서 매우 흥미로운 연구자를 (지면으로) 만났는데, 그는 컴퓨터 공학으로 출발해 지금은 융합 연구자가 된 스웨덴 출신의 페테르 퇴른버그Petter Törnberg였다. 퇴른버그는 기존 컴퓨테이션 방법을 그대로 사회과학에 가져온 패러다임을 CSS(computational social sciences)로 명명하고, 이를 보완·대체하는 새로운 패러다임인 HCSS(heterodox computational social sciences)의 필요성을 천명했다. 직역하면 정상에 반대되는 '비정상,' 또는 정통에 대항하는 '이단'의 뜻을 가진 이 패러다임은 과거의 비판이론을 새로운 상황과 방법에 적응해 발전시킨 의의를 가졌다. 아직 완전히 정립 단계에 들어가지는 못했지만, HCSS는 최근의 데이터화, 플랫폼화 현상에 맞춰 기술과 사회, 이론과 방법이 맺을 수 있는 관계를 근본에서부터 다시 점검해 보는 사유의 틀이 될 수 있다고 나는 믿는다.

물론 에코 체임버에 관한 이 책이 이런 패러다임들의 경합과 발전에 그렇게 많은 걸 기여할 것으로 생각하지는 않는다. 정말 일부이지만, 내가 보여 주고자 한 것은 에코 체임버를 둘러싼 미디어학·심리학·정치학·철학·컴퓨터학 이론의 복합상, 더 거창하게 말해서 현상과 이론에 다양하게 접근·해석하는 만화경萬華鏡적 양상이었다. 물론 이론을 하나의 렌즈로 삼아 지금 우리가 살고 있는 시대가 얼마나 압도적으로 기술 지배적이고, 기술의 어포던스가 얼마나 인간의 사유와 사회 트렌드에 영향을 미치는지도 같이 보여 주려고 했다. 그런 점에서 이 책은 HCSS가 지향하는 문제의식, 즉 기술과 사회의 관계를 새로운 차원에서 성찰하고 기존 패러다임을 전환하려는 시도에 작게나마 힘을 보태고 있다고 생각한다.

지금 사회과학을 비롯해 많은 문과 계열 지식들은 위기 속에 있다. 콩트가 사회연구에 물리학적 사고 체계를 대입시켜 '사회물리학'을 개척하려 했던 상황이 그때보다 한층 더 근접하게 재연되고 있다. 컴퓨테이션 방법이 과학적 방법의 목적인 기술·설명·예측·통제에서 앞 단계를 생략하고 아예 예측으로 치달으면서 나름대로 성공을 거둔 탓이다. 그로 인해 이제 학문의 논의는 '얼마나 방법을 잘 적용해 문제를 해결했느냐'가 중심이 되는 극단적인 실용 논리에 경도되고 있다. 이런 반이론적 사고가 과연 인간 생활과 학문 발전에 어떤 해악을 끼칠지(혹은 반대로 어떤 혜택을 가져올지) 지금 단계에서 확언할 수는 없다. 그러나 한 가지 분명한 건 지금까지 학계를 지배해 온 여러 경향이 기존의 형태 그대로는 유지되기 어렵다는 점이다.

컴퓨테이션 방법과 사고 체계를 자연과학의 영역 확대를 은유하는 '트로이의 목마'로 보든 그저 방법(도구) 차원의 단순 확대로 보든, 이제 학문은 수렴과 융합의 추세를 인정하지 않을 수 없게 되었다. 사회과학 또한 정말 '과학'으로서의 자격이 있는지를 진성 과학에 의해 검증받는 동시에, 인간 사회라는 실존의 차원에서 얻은 통찰로 바로 그 '과학'을 얼마나 심화할 수 있는지도 같이 보여 줘야 한다. 그러기에 컴퓨테이션은 방법론의 차원을 넘어 지식이 사회 현상의 무엇을 설명하고, 그 설명이 인간에게 어떤 의미를 지니는지 같은 근본적 물음과 밀접하게 맞닿아 있다.

정치적으로 보아 지금 사회의 치명적 문제는 역시 보수층과 포퓰리즘, 극단주의에 있다. 변화하길 두려워하는 특유의 사고 때문에 보수층이 동류집단화나 에코 체임버에 취약하다는 점은 이미 여러 차례 실증된 바 있다. 그러나 최근 들어 이전과 지위가 같지 않다는 박탈감과 복수심이 더해져 보수층은 오프라인의 테러를 비롯해 온라인 공론장까지 과열시키는 양상을 보인다. 특히 양극화에 취약한 정치적·미디어적 구조를 가진 나라들의 공론장에서 이들의 폐해는 더욱 극에 달하고 있다. 음모론이 이를 통해 자리 잡고, 포퓰리즘이 기승을 부린다. 진보층도 극단화되고 진보층에도 에코 체임버가 존재하지만, 많은 연구들은 그래도 이들이 교차 대화에서도, 그리고 정치 정보의 수준에서도 조금 더 합리적이고 온건하다고 말한다.

가장 난감한 경우는 완전히 잘못된 정보에 기초해 자신의 관점이나 생각을 고착시킨 '부정선거론자' 같은 사람들이다. 이들은 외부의 팩트체크를 단순한 사실 교정이 아니라 자신의 정체성을 부정하는 일종의 '침탈' 행위로 받아들인다. 확증 편향과 선택적 노출을 병행으로 강화시켜 외부를 불신하고 대화 또한 차단한다. 물론 그렇다고 해서 이들에 표현의 자유를 침해할 우려가 있는 검열이나 처벌 중심의 외적 통제를 동원할 수는 없다. 플랫폼 설계의 책임성, 추천·노출 규칙의 투명화, 신뢰 인프라와 숙의 경로의 확장 같은 구조적 처방으로 해결의 단초를 찾아야 한다. 에코 체임버나 극단주의 공동체를 분석한 연구들이 이구동성으로 가르쳐 주는 매우 중요한 교훈이다.

사회과학이 추구하는 '관계'는 이번 책을 쓰면서도 새삼 느끼고 고민한 난제였다. 주지하다시피 현상을 제대로 설명하기 위해서는 원인과 결과, 곧 인과 관계를 밝혀야 한다. 그러나 인간 사회에서 인과의 규명은 불가능하지는 않다 해도 지극히 어려운 일임에는 틀림이 없다. 자연과학과 달리 인간을 대상으로 한 실험 연구는 재현성이나 외적 타당성 면에서 상당한 한계를 갖기 때문이다. 인과가 어려우므로 주로 추구되는 것은 상관관계이다. 상관관계는 패턴을 드러내고 가설을 생성하며, 인과적 설명의 대안을 구체화하는 '실증의 출발점'이라는 점에서 작지 않은 의의를 갖는다. 그러나 그렇다고 이를 인과관계와 같게 볼 수는 없다. 에코 체임버에 많은 비판이 쏟아진 것도 바로 이렇게 상관관계를 인과 관계로 과잉 추론했기 때문이다.

그런데 여기에서 미디어나 커뮤니케이션이 갖는 변인적 지위가 새삼 쟁점으로 부각될 수 있다. 예를 들어 2018년 프랑스에서 벌어진 대규모 반정부 시위인 노란 조끼 운동은 언론에서 '페이스북에서 태어난 괴물'로 묘사되었으나 만약 원인을 '현상을 만들어 낸 결정적 동인'으로 본다면 페이스북은 결코 원인이 아니다. 사람들을 거리에 나오게 한 것은 유류세 인상과 사회경제적 불평등, 정치에 대한 불신 등이었다. 그러나 페이스북 없이 이 운동을 설명할 수도 없다. 페이스북은 이 운동을 촉발하고 조직한 필요조건이었기 때문이다. 그렇다면 거시적 요인들 사이(불평등과 반정부 시위)의 관계만으로 이루어진 설명은 불충분하고, 행위나 미시적 요인, 특히 매개적 요인들('구성적 매개')까지 복합적으로 고려하는 '메커니즘적 설명'(나는 이를 헤드스트룀과 일리코스키Hedström & Ylikoski의 글에서 보았다)이 요구된다. 에코 체임버나 소셜 미디어를 둘러싼 인과 관계 혼란도 이런 방식을 통한다면 보다 명쾌한 합의점을 찾을 수 있을 것이다. 많이 거론된 양극화에서도 마찬가지이다.

양극화는 거론되는 빈도에 비해 의외로 연구는 그렇게 많이 진척되지 않은 주제다. 미국에서 두드러진 현상이지만, 사실 승자독

식의 대통령제와 두 정당이 의회 전체를 지배하는 한국에서도 양극화 현상은 심각하게 나타난다. 그러나 양극화의 문제화problematization는 남용 또한 많이 된다. 민주 사회에서 벌어지는 모든 갈등이 모두 양극화의 부정적 양상, 즉 소모전이거나 파괴적인 것만을 보여 주는 것은 아니기 때문이다. 쟁점이 생기면 찬반으로 나뉘어 논쟁을 벌이는 것이 자연스러운 것이다. 촘스키 같은 미국의 지식인들은 적어도 20세기까지의 미국 사회에 이렇게 갈등이 없었던 점을 오히려 비판했다. 겉으로는 표현의 자유가 보장되는 것 같지만, 실제로는 논의의 주제가 제한되면서 결국 미국의 공론장은 체제의 근본 틀을 강화하는 방향으로 수렴되고 말았다는 것이다.

유명한 SF 소설가 필립 K. 딕의 단편 《얀시의 허울*the Mold of Yancy*》에 등장하는 '항상성 신문homeostatic newspaper'이 전형적으로 이와 비슷한 역할을 한다. 지구가 만든 식민지인 목성에는 사회를 혼란에 빠뜨릴 수 있는 논쟁이나 갈등이 없는데, 그것은 이 신문, '얀시의 목소리'가 있어 사람들을 늘 평온한 상태로 이끌기 때문이다. 합리적이고 온건한 신문인 얀시는 변화하는 민심과 상황에 따라 의견을 조정해 사회 전체가 무비판적 순응 상태를 유지하도록 만든다. 그러나 얀시는 사람이 아니고 기계, 일종의 인공 지능이다. 항상성 신문은 필터 버블의 이전 버전이다. 기계에 대한 두려움, 갈등 통제 사회에 대한 두려움을 이보다 선각적으로 잘 표현한 예도 흔치 않은 거 같다.

이러던 미국의 지식계는 21세기 이후 격화된 갈등에서 병폐적 양극화의 징후를 발견한다. 여기에는 이전의 '자유주의'에서 이제는 '양극화된 자유주의'로 명칭이 달리 불리기도 하는 미국의 당파적 미디어 체제가 자리 잡고 있다. 20세기 말에 등장한 폭스뉴스가 촉발했고 나중의 브레이트바트가 완성한 폐쇄적 체제가 미디어 생태계를 '보수 대 나머지'의 당파적 구도로 고착시켰다. 때마침 정치에서는 양극적 진영화의 조짐이 나타나기 시작했고, 이에 따라 자연히 미디어와 양극화 사이의 (인과)관계가 집중적 관심사가 되었다. 그러나 약간 자명해 보이는 이 관계 역시 실증이 잘 안 되면서 이전의 효과론이 그랬듯 논란 속에 있다. 여기에 가짜뉴스, 음모론, 알고리즘 편향 등을 야기한 소셜 미디어까지 가세하면서 미디어 책임론은 이제 학자들의 장을 떠나 사회적 상식이 된 감마저 있는 듯하다.

페이스북이 나선 것은 아마도 이 시점쯤일 것이다. 페이스북은 이례적으로 수십 명의 관련 학자들을 동원해 그간 자신을 비롯해 소셜 미디어에 퍼부어진 각종 비판이 증거가 없는 억측이거나 잘못된 추론의 결과라는 점을 5부작(더 있을 수도 있다)의 논문으로 강변했다. 다른 연구에는 극히 비협조적이던 데이터들도 대대적으로 공개했다. 이에 대한 학계의 반응은 아직은 그렇게 뚜렷하게 보이지 않는다. 이 정도 연구 기간, 연구진에 엄청난 데이터까지, 아마도 이에 필적할 만한 연구가 바로 나오기는 쉽지 않을 것이다.

그러나 그렇다고 이들이 그간의 논란에 종지부를 찍었다고 생각하기는 더더욱 어렵다. 연구의 설계와 해석이 철저히 페이스북 내부의 이해관계와 연관되어 있고, 공개된 데이터 역시 페이스북이 정한 범위와 조건 속에서 제공된 것이기 때문이다. 무엇보다도 '플랫폼 효과'라는 복잡한 현상은 아무리 대규모라도 몇 개의 연구로는 완결될 수 없다는 점에서 기존의 문제의식은 여전히 유효하다고 할 수 있다. 물론 이런 '학술 정치,' '지식 정치'는 그 자체로 흥미로울 뿐만 아니라 연구자라면 반드시 알고 숙지해야 하는 일종의 필수적 참고 사항 같은 것이기도 하다.

에코 체임버가 실증적으로 잘 증명되지 않고 개념 정의에 혼란이 있다고 해서 에코 체임버와 관련된 논의들, 특히 플랫폼에 대한 규제 차원의 논의들이 무의미하다고 간주해서는 안 된다는 점도 있다. 우리가 방송, 특히 텔레비전에 대해 속속들이 알고 나서 정책을 만들고 규제를 한 것이 아니다. 또 그런 규제들이 거의 사라지고 난 지금 시점에도 그 규제들이 아무런 의의가 없었다고 하지 않는다. 페이스북이 나선 것도 물론 에코 체임버나 필터 버블 같은 비난이 부당해서였을 것이지만, 일부 그런 점이 있다고 해도 건강한 공론장을 위한 예방적 모색까지 막아서는 안 된다.

에코 체임버에 대한 '대책'은 이번 책에서 꼭 필요했으나 충분히 다루지 못했다. 가장 큰 이유는 물론 필자의 모자란 능력 때문이다. 굳이 변명한다면, 에코 체임버나 소셜 미디어 등에 대한 대책이 여전히 논의 중·진행 중 사안이기 때문이다. 또 모든 사회적 현상이 그렇듯이 에코 체임버 역시 다층성을 가져 외형이 비슷하다 해도 문제가 되는 사회가 있고 그렇지 않은 사회가 있다. 일반 규칙에 해당하는 대책이 반드시 필요하지 않을 수 있다는 뜻이다. 양극화도 마찬가지이다. 어떤 곳에서는 대화조차 되지 않아 정말 공감대가 거의 없는 양극화를 보이는 반면, 어떤 곳에서는 갈등이 미래적 합의를 위해 필요한 수준에 그치는 경우도 있다. 물론 후자의 경우를 양극화로 부른다면 개념 오용이거나 다른 정치적 의도를 개입시킨 경우가 될 것이다.

에코 체임버나 양극화 문제에는 '교차 대화'라는 구래의 다소 빤한 방안이 준비되어 있으나 이는 아직 수사적 당위에 머물러 있다. 논쟁과 반발이 뒤따를 것이 예상되는 이 '대화하라'의 원칙이 현실에 접목되기 위해서는 대화의 유인, 대화의 수준과 정도, 대화 규칙의 준수 같은 실행 조건과 규칙이 필수적으로 요구된다. 그러나 인류는 아직 이런 조건과 규칙을 실험실을 벗어나 무작위적 현실에서 실현해 본 적이 거의 없다. 또 인정할 만한 반대 주장이 아닌, '지구가 평평하다'거나 '선관위가 부정 선거를 주도한다'는 음모론자들을 존중하기란 쉽지 않은 일이다. 무력이 아닌 말과 대화로 진행한다는 점에서 근대의 공론장은 이전에 비해 훨씬 발전된 면모를 보이지만, 그 대화가 여전히 폭력과 극단주의, 몽매주의를 배제하지 못하고 있다는 점에서 공론장은 끝없이 무거운 돌을 밀어 올려야 하는 시지프스의 신세를 면하기 어려워 보인다.

나는 이 책을 쓰면서 방법론을 비롯해 심리학이나 컴퓨테이션 방법 등 여러 가지를 새로 공부하지 않으면 안 되었다. 에코 체임버에 관한 논의의 스펙트럼이 그만큼 넓었기 때문이다. 이 중 상당히 인상 깊어 꼭 강조하고 싶은 이론 하나는 존과 니센바움의 연구에서 본 '무지학agnotology'이다. 무지학은 무지가 단순히 결핍이나 계몽을 기다리는 몽매가 아니라 권력이나 이해관계를 포함한 사회관계의 산물임을 역설한다. 존과 니센바움은 플랫폼이 가르쳐 주는 정보와 은폐하는 정보 사이의 엄청난 격차에 대해 논하면서 플랫폼이 특정한 형태의 무지를 조장하고 있다고 비판한다. 일반 이용자와 고객(광고주)에게 주는 정보가 엄청난 비대칭을 이루면서 이용자에는 무지가 강요된다는 것이다.

이 문제의식에 따르면, 에코 체임버 역시 동류 집단화의 우연한 부산물이 아니라 무지를 지배의 기술로 조직하는 체계, 특히 찰스 밀스가 제시한 '백인 무지white ignorance'의 플랫폼적 변종 또는 정보의 통제 전략으로 이해할 수 있다. 플랫폼의 규칙·분류·데이터 표준은 특정 집단의 시선을 보편으로 위장하고, 그에 맞지 않는 경험이나 증언은 신뢰하지 못하게 한다. 그 결과 인종주의적 폭력조차

'논쟁 중'인 것으로 상대화되고, '증거'의 기준은 한쪽에만 과잉으로 요구되며, 반대편의 무지는 중립·안전·선의라는 미명으로 도덕화된다. 히틀러 시대 독일 국민들의 광범위한 방조가 그랬듯 사람들은 몰라서 머뭇거리는 것이 아니라 아는 것을 믿지 않고 문제 삼지 않도록 지속적으로 훈육되면서 결국 침묵 당하는 것이다. 따라서 이 무지·침묵은 소극적이기보다는 적극적이고, 우연한 결과가 아니라 의도적으로 만들어졌으며, 일회적인 것이 아니라 지속적으로 재생산되고, 일방향적이기보다 쌍방향적으로 공모된 것이다.

마지막으로 이 책의 논지 중 하나로 질적 방법의 부진이나 답보를 지나칠 수 없다. 소셜 미디어와 연관해 등장한 최근의 문제들, 특히 음모론이나 가짜뉴스 등은 인류의 인식적·합리적 능력을 끝없이 의심하면서 공론장을 위기에 몰아넣는다. 사실을 '근대의 화폐'로 불렀던 라투르를 따른다면, 우리는 이제 근대 이전, 말하자면 반계몽주의obscurantism 시대로 다시 퇴보하고 있는 셈이 된다. 사안의 중요성 때문에 이런 위기를 말하는 연구는 정말 많다. 그러나 정말 이 현상의 심층을 질적으로 분석한 연구는 거의 없다. 에코 체임버에 대해서도 크리스 베일의 유명한 책 《소셜 미디어 프리즘*Breaking the Social Media Prism*》 정도를 제외하면 손에 꼽을 정도다.

이런 사정에는 여러 이유가 있을 것이다. 데이터나 (폐쇄적) 커뮤니티에 대한 접근 제한 같은 이 분야 특유의 난관을 먼저 떠올릴 수 있다. 특히 케임브리지-어낼리티카 스캔들 이후 플랫폼들이 데이터 공개를 꺼리면서 더욱 연구가 어려워졌다. 그나마 양적 연구는 일부 행위 데이터를 간접적으로라도 활용할 수 있기 때문에 비교적 이루어지고 있지만, 질적 연구는 그마저도 안 되고 있다. 하지만 이 현상의 복잡성으로 미루어 볼 때, 깊게 원인을 파고들어 '얼마나,' '어느 정도'가 아니라 '왜 그렇게 되었나'에 답하고자 하는 메커니즘 중심 연구의 필요성은 아무리 강조해도 지나치지 않는다. 같은 패턴의, 허들만 피하는 그저 그런 연구들을 양산하는 체제는 질적 연구처럼 오랜 기간 공들여야 하는 연구를 권장하지 않는다. 이런 질적 연구들이 풍성해져야 컴퓨테이션 연구 역시 더욱 빛날 것이다. 그때의 컴퓨테이션 앞에는 '해석적'이라는 수식어가 붙으면서 저급한 기계적 연산이나 데이터의 보여 주기식 물신화를 넘어 인간 행위와 상호 작용의 의미를 모델링하는 사회과학의 새로운 대안이 될 수 있다.

보론으로 이전에 양가성에 대해 쓴 글(《언론과사회》 30권 4호, 2022) 일부를 약간의 손을 보고 실었다. 에코 체임버와 직접 관련된 것은 아니지만, 지금의 기술 지배적 사회에 대응하는, 나름으로 바람직한 사고 태도라고 생각하는 것을 독자들과 한번 공유해 보고 싶었다. 20세기 때만 하더라도 기술은 낡은 문제에 대한 전능한 해결책이었다. 그러나 이들이 기대한 장밋빛 미래는 불과 20년도 되지 않아 완전한 디스토피아로 바뀌었다. 다시 프랑크푸르트학파가 소환되고, 기술-혐오 담론이 성행하고 있다. 그러나 첨단 기술은 여전히 사회의 우위를 점하고, 기술의 능력과 어포던스는 사회 변화를 주도한다. AI에 인류는 열광하고, 소셜 미디어는 미디어계를 지배한다. 학문과 사회가 이처럼 심각하게 괴리된 경우도 찾기 힘들 것이다.

양가성은 치명적 위험이 내재된 이런 열광과 혐오의 양극단을 배제하면서 기술에 대해 신중하게 접근하고자 하는 학문적·실천적 태도이다. 양가성은 딜레마와 비슷한 패러독스도 아니고, 종합을 지향하는 변증법적 개념인 '모순'도, 정보가 더 있으면 해소될 수 있는 '모호함'도 아니다. 양가성은 근대의 기술 문명에 하나가 반드시 반대를 부르는 적대적 측면이 존재하고, 이에는 근본적인 해결책이 없으며, 오로지 끊임없는 경계 속의 균형만이 위험의 지속적인 유예(근절은 불가능하다)를 낳을 수 있을 뿐이라고 한다. 윤리나 지식, 사회적 가치에서 맹목이나 광신, 극단적 회의주의를 피하면서 불일치와 적대적 갈등에 대처하는 '열린 태도,' '다원적 감성' 같은 실천적 의미도 함께 지닌다. 나는 울리히 벡Ulich Beck에서 빌려온 이 개념이야말로 새로운 기술에 대한 적실한 태도이고, 에코 체임버나 필터 버블에도 잘 적용할 수 있다고 생각한다.

이 책은 나의 단독 저서로 일곱 번째 것이다. 매번 출간할 때마다 느끼지만, 이번에도 정말 주변의 좋은 사람들의 덕을 많이 보았다. 먼저 빅 데이터의 전문가로 초보자인 내 의문을 수없이 풀어 주었고, 세미나 초청에도 기꺼이 응해 대학원생처럼 같이 연구해 준 김범수 교수의 도움을 잊을 수 없다. 지금은 더 좋은 기회를 위해 우리 학교를 떠나서 이 책은 이젠 그와의 추억이 되었다. 대학원생 이윤승 역시 같이 세미나를 진행해 주고, 힘든 참고 문헌 교정도 봐주었다. 재능과 노력을 겸비한 그의 장래가 기대된다. 이 책을 핑계 내고 게으름을 피운 나를 대신해 학과 내외의 여러 대소사를 처리해 준 동료 교수들에게도 감사한다.

건국대학교의 박진우 교수는 이 책의 계기가 된 세미나를 주최해 주었고, 생소한 공부에 힘들어했던 나를 늘 따뜻하게 독려해 주었다. MBC의 정수영 박사는 필자의 또 다른 관심 주제인 공영 방송 부분에서 항상 즐거운 토론 파트너가 되어 주었다. 책의 내용을 일부 정리해 〈언론과사회〉(33권 1호, 2025)에 발표했는데, 미처 영글지 못한 생각을 급하게 쓰느라 좋은 글이 못 된 거 같아 죄송하다. 독자나 심사위원들에게 이 책이 조금이나마 위안이 되었으면 한다.

이 책을 쓰는 동안 함께 시간을 하지 못한 가족들에게도 감사한다. 이제는 거동이 불편해 병원에 계신 어머니께서 이 책을 보면서 기뻐하시면 좋겠다. 가족 여행을 좋아하는 아내 정혜인에게 이번 겨울에는 꼭 가겠다고 약속한다. 이제는 모두 어른이 되어 자신의 앞길을 잘 헤쳐 나가고 있는 정래, 영은에게도 감사한다. 언제나 그랬듯 이번 책도 가족들과 공저한 것이나 다름없다.

컬처룩의 이리라 사장과 이여진 편집자는 이번이 나와 번역서를 포함해 다섯 번째 작업인데, 마감일을 전혀 지키지 않는 여전한 태만과 게으름, 각종 말 안 되는 변명을 무수히 받아주고, 이처럼 훌륭하게 책을 만들어 주었다. 고맙게도 방송학회는 비용을 지원해 주었다. 부산대학교(사회대학)도 세미나 팀 운영 경비를 지원해 주었다. 이들이 없었다면 이 책은 그저 머릿속의 구상으로만 남았을 것이다. 학자에게 저서를 권장하지 않고 이론 또한 경시하는 이상한 문화가 득세하고 있지만, 그래도 이런 작업이 약간이라도 이 문화를 바꾸는 데 일조할 수 있기를 바란다. 독자들의 질정을 기대한다.

2025년 가을

조항제

1장

에코 체임버란 무엇인가

'에코 체임버echo chambers'라는 용어가 어느 날부터인가 마치 누구나 알고 있었다는 듯 자연스럽게 그리고 빈번하게 쓰이고 있다. 듣기에도 생경한 '필터 버블filter bubble' 또한 그러하다. 에코 체임버는 직역하면 '메아리 방' 또는 '반향실'로, 어떤 소리가 반복되어 증폭되는 공간을 뜻하며, 필터 버블은 '여과 거품' 정도로, 무언가(정보 등)를 걸러내어 거품 속에 가둔다는 의미를 담고 있다. 물론 한국어로는 이 현상(들)이 갖는 전체적 복잡성이나 정치사회적 맥락성을 담아내기 어렵다. 이 책에서 에코 체임버나 필터 버블을 원어 그대로 쓰는 이유다.

에코 체임버는 넓게는 디지털 민주주의, 좁게는 온라인 의견 형성 과정에서 발생하는, 또는 발생한다고 간주되는 병폐 현상에 대한 메타포다. 그냥 '발생한다'라고 하지 않고 '간주된다'를 덧붙인 이유는 이 현상 자체를 회의적으로 바라보는 시각이 상당히 존재해서다. 필터 버블과 자주 혼동되고 같은 부류로 쓰이지만, 둘은 현상에서 일부 중복되어 나타나는 점을 제외하면 논리적으로는 엄연히 다른 현상이다.

이의 주창자 중 하나인 선스타인(Sunstein, 2017)의 설명에 따르면, 에코 체임버는 사람들이 유사한 성향에 따라 배타적으로 상호 작용을 하면서 발생한다. 이념적·정서적으로 사람들이 나뉘고, 정보는 제한된 풀pool에 갇히며, 이에 따라 기존 편견과 집단 사고groupthink는 강화·촉진된다. 이전의 대면이나 매스 커뮤니케이션 시대 이후, 케이블 TV와 인터넷, 소셜 미디어 등의 각종 뉴 미디어 시대를 거치면서 지속적으로 제기되어 온 편향(같은 목소리의 'echo')과 동류집단성homophily(폐쇄적 네트워크; 'chamber')의 문제다.

또 이는 최근 정치·경제·사회·문화를 망라해 가장 큰 문제로 대두되고 있는 양극화(또는 극단화polarization)[1]의 원인 중 하나로 유력하게 지목되기도 한다. 공교롭게도 21세기 들어 양극화가 진전되는 것과 동시에 온라인·소셜 미디어도 성행하고 있고, 둘의 관계에 대한 가정 또는 추론이 가진 나름의 유효성, 특히 대중적 차원에서 나타나는 직관적 설득력이 작지 않다. 이들 사이를 일대일의 원인/결과로 보는 연구들도 있으나 '전혀 무관하다,' '인과 관계가 오히려 바뀌었다'(양극화가 원인이고 에코 체임버가 결과다)는 주장 또한 있어 이 관계–역

1 polarization은 직역하면 극화極化 또는 극단화다. 분극화란 말도 쓰인다. 그러나 진보/보수, 좌/우, 찬성/반대, 민주당/공화당(미국 정치) 등 두 진영으로 나뉠 때, 이 용어가 주로 쓰이므로 '양극화'로도 많이 번역됐다. 사실 bi-polarization처럼 명시적으로 둘로 나뉨을 지칭한 용어가 따로 있지만, polarization이라는 단어만으로도 이분법적 구조를 전제하는 의미로 널리 사용되어 온 것이다. 이에 따라 이 책에서는 양극화로 주로 쓰지만, polarized처럼 형용사일 경우거나 '집단 극단화group polarization'처럼 용어 자체가 '생각이나 행동이 치우치는 정도'의 뜻으로 정착된 경우에는 '극단적'이나 '극단화'로 번역한다.

학의 스펙트럼 정도는 상당히 다양하다 할 수 있다.[2]

인과 관계에 아마도 가장 강하게 반대하는 사람은 철학자 코디(Coady, 2024)나 미디어학자 두보이스, 브런스, 바베라 등(Dubois & Blank, 2018; Barberá, 2020; Bruns, 2021)일 것이다. 가렛(Garrett, 2017)처럼 이 분야를 꾸준하게 연구해 온 학자 역시 에코 체임버 주장을 일종의 '주의 혼선distraction'으로 여기면서 문제는 내용(정보의 허위성)에 있지, 네트워크(에코 체임버)에 있지 않다고 말한다. 코디(Coady, 2024)는 여기에서 한발 더 나아가 에코 체임버라는 용어가 사실상 아무런 실효가 없고, 에코 체임버 주장의 목적은 일찍이 자유주의 고전 이론의 반열에 오른 존 스튜어트 밀의 '사상의 자유'를 통해서도 충분히 가능하다고 주장한다. 에코 체임버에는 많은 비판이 있지만 그중에서 다음 대목은 아마도 가장 신랄한 것이 아닌가 한다.

> "나는 이 용어들이 혼란(및 기타 해악)을 초래하면서도 목적에 도달하는 데 전혀 쓸모가 없다고 주장할 것이다. 이러한 신조어 없이도 우리가 말하지 못하거나 생각하지 못하는 것은 없다. 더 나아가 이 용어들을 개선해 의미 있는 목적을 달성하도록 만들 가능성도 현실적으로는 없다." (Coady, 2024: 92~93)

2 에코 체임버 자체를 조명한 건 아니지만, 소셜 미디어가 정치적 당파주의sectarianism를 조장해 궁극적으로 양극화를 초래한다는 연구(Finkel et al., 2020)나, 실험을 통해 에코 체임버가 조성하는 동류집단성이 양극화를 일으킨다는 가설이 '유의미한 효과가 없다no measurable effect'는 결과를 낸 연구(Nyhan et al., 2023) 등을 말한다.

그런데도 에코 체임버는 빈번하고 또 유력하게 사용된다. 한국의 12·3 계엄에 대해 "한국이 민주주의가 무너진 가장 부유한 나라가 될 뻔"했다고 인터뷰한 정치학자 S. 레비츠키S. Levitsky 역시 마찬가지다. 레비츠키는 소셜 미디어가 '계엄의 전적인 원인인지는 알 수 없다'라는 유보 조건을 붙이면서도 다음처럼 에코 체임버 현상은 기정사실인 것처럼 말한다.

> "소셜 미디어에서 선별된 정치 뉴스를 접하는 젊은 세대는 좋은 정보와 나쁜 정보, 진짜 정보와 가짜 정보를 구별하는 능력이 부족하다. 어쩌면 구별하려는 능력이 아예 없는지도 모른다. **이런 미디어 환경은 에코 체임버를 형성해 타인을 이해하지 못하게 하고 점점 더 급진적인 견해를 낳는다.**" (《조선일보》, 2024. 12. 20. 강조는 인용자)

에코 체임버에 관한 관심은 가장 전형적으로, 그리고 집중적 관심을 끈 미국을 중심으로 볼 때, 크게 다음과 같은 몇 시기로 나누어 그 성격과 정도를 살펴볼 수 있다(Alatawi et al., 2021). 시작은 2000년 미국 대통령 선거 때 나온 선스타인의 2001년 책 《리퍼블릭닷컴*Republic.com*》이었다. 여기에서 처음으로 그는 인터넷에서 벌어질 수 있는 집단 극단화 현상에 대해 논의했다. 이때까지만 해도 그는 에코 체임버라는 용어를 쓰지는 않았다. 두 번째 시기는 오바마가 당선된 2008년에 제이미슨과 카펠라의 책 《에코 체임버스*Echo Chambers*》가 나올 즈음인데, 이 책이 유행어에 머물렀던 에코 체임버를 지금 수준으로 발전시키는 데 큰 영향을 끼쳤다. 에코 체임버에 대한 유력한 정의도 이때 나왔다. 세 번째는 AI와 머신 러닝 기술이 발전하고, 특히 콘텐츠 개인화 기술, 곧 '필터 버블'이 등장하면서 다시 관심이 높아진 2011년 때다. 탈진실post-truth과 대중을 대상으로 한 조작적 허위 정보disinformation가 문제가 된 2016년이 네 번째로, 트럼프의 당선과 브렉시트의 여파가 세계를 들끓게 할 때였다. 마지막, 다섯 번째 시기는 2020년 대통령 선거와 글로벌 팬데믹 당시 문제가 된 큐어넌QAnon[3] 등 새로운 극우 공동체들이 등장했을 때다.

이 기간에 소셜 미디어들 역시 자사의 정책이나 서비스 형태를 여러 번 바꾸었다. 대표적인 것이 2018년과 2019년에 있었던 페이스북과 유튜브의 알고리즘 변환이다. 2018년 페이스북은 뉴스피드에 '좋아요'보다 '댓글'이나 '공유'를 모으는 포스트를 먼저 보여 주도록 알고리즘을 바꾸었다. 뉴스를 포함한 기타 콘텐츠보다 가족과 친구의 게시물을 우선으로 노출하도록 한 것인데, 이 '친구'가 페이스북에서 이전까지 가장 높은 비중으로 메시지를 필터링했던 것(Bakshy, Messing, & Adamic, 2015)으로 미루어 보면 에코 체임버적 현상을 더 강화시킨 것임을 알 수 있다. 2025년 초에는 트럼프의 취임에 발맞춰 팩트체크 기능과 혐오 표현 규제 정책을 폐지하기도 했다(《경향신문》, 2015. 1. 8).

유튜브는 2019년에 유해한 동영상이 덜 추천되도록 알고리즘을 바꾸었다. 동영상 위주의 유튜브는 다른 소셜 미디어에 비해 알고리즘이 유도하는 극우 콘텐츠가 많기로 유명해 이른바 '토끼 굴rabbit holes'[4] 같은 생경한 비유를 낳기도 했는데, 2017년에 이미 이런

3 큐어넌은 미국에서 시작된 음모론 커뮤니티이자 극우적 성향인 단체다. 익명의 인물 'Q'로 이름을 정했다. 반세계화, 반엘리트주의를 표방하고, 도널드 트럼프를 구원자로 여긴다.

4 《이상한 나라의 앨리스》에서 원용된 '토끼 굴'은 투펙치(Tufekci,

콘텐츠가 정점을 찍고 내려오는 가운데 발표된 뒷북 같은 정책이었다(Munger & Philips, 2022). 이런 변환이 의도한 대로 효과가 나온 것은 아니지만 출발 단계와 지금의 소셜 미디어가 결코 같은 상태가 아님은 명백하다 하겠다.

연구자들의 관심은 소셜 미디어의 보급이 폭발적으로 증가한 2010년대 후반 들면서부터 커지기 시작해 관련 연구들이 쏟아졌다. 이론 동향을 알기 쉽게 정리하고 새로운 연구 방향을 제시하려는 체계적 문헌 리뷰systematic literature review도 같이 시도되었다(Alatawi et al., 2021; Hartmann et al., 2024; Mahmoudi et al., 2024; Terren & Borge, 2021). 한 개념 또는 이론을 두고 이렇게 여러 번의 리뷰가 시도된 예도 드물 것이다. 체계적 리뷰는 관련 문헌을 거의 망라하는 양적 분석 방법이기 때문에 앞선 연구가 있으면 이후에는 잘 시도하지 않는 게 일반적이다. 그런데 에코 체임버는 예외적으로 그런 리뷰조차 여러 차례 시도되었다. 이는 아마도 개념 정의가 통일되지 않아 리뷰마다 선정 기준과 분석 대상이 달랐기 때문일 것이다.

이 리뷰들을 살펴보면, 하트만 등(Hartmann et al., 2024)은

2018)가 〈뉴욕 타임스〉에 기고한 글에서 처음 사용했다고 한다. '토끼 굴'은 알고리즘 큐레이션이 시간이 지나면서 점점 더 한 쪽 방향으로 편향된다는 '연속적sequential' 특성을 강조한다. 필터 버블이 '정보가 더 이용자의 성향에 맞게 조율된다'고 한다면, 토끼 굴은 거기에 더해 '이용자의 선호에 부합하는 콘텐츠를 점점 더 강도 높게 제공한다'는 것을 뜻한다. 이는 심리학에서 말하는 '터널 시야tunnel vision'를 일으킬 수 있다. 확증 편향confirmation bias이 극단적으로 강화된 이 현상이 나타나면 정보를 마치 터널의 빛을 보는 것처럼 매우 선택적으로 해석하게 되고, 반박할 수 없을 정도로 입증된 사실적 증거 앞에서도 기존 신념을 고수하는 '신념 고착' 현상이 나타날 수 있다(Ross, Lepper, & Hubbard, 1975).

2014년부터 2024년까지 112개의 연구를, 테렌과 보르헤(Terren & Borge, 2021)는 55개의 연구를, 마흐무디 등(Mahmoudi et al., 2024)은 28개의 연구를 대상으로 했다. 이외에도 에코 체임버(와 필터 버블)와 네트워크의 양극화와 연결해 관련 (양적) 연구를 살펴본 인테리안 등(Interian et al., 2023)이 78개를, 에코 체임버는 아니지만 밀접한 관계에 있다고 볼 수 있는 '집단 극단화'에 관한 이안돌리 등(Iandoli et al., 2021)의 연구가 121개의 연구를, '양극화와 소셜 미디어' 사이를 분석한 아로라 등(Arora et al., 2022)은 조금 많아 264개, 쿠빈 등(Kubin & von Sikorsky)이 94개를 제시했다. 여기에서 키워드는 에코 체임버, 필터 버블, 소셜 미디어, 양극화 등이다.

이 리뷰에서 다루어진 연구들의 공통점은 2010년대 후반 이후 급증했다는 점이며, 컴퓨터 사이언스나 데이터 기술 관련 연구자·저널·방법 등의 비중이 높다는 점이다. 물론 이 리뷰들이 살핀 DB들이 사이언스 웹Web of Science이나 스코푸스Scopus, ACM이나 IEEE, 그리고 구글 스콜라Google Scholar 등처럼 대부분 자연과학 쪽까지 망라한 것이라는 이유도 있다. 상대적으로 사회과학이나 인문학에서는 연구 수가 많지 않다(Arguedas et al., 2022). 이 점만 놓고 보면 이 주제가 정말 사회과학 영역의 것인지가 의심스러워지기도 한다. 지리적으로는 미국이 압도적이다. 그래서 비교 연구의 필요성이 자주 제기되고 실제 연구도 늘고 있지만 현황을 바꿀 정도는 아니다.

에코 체임버가 논의되는 이유는 이와 연관(인과·상관관계)되는 속성이나 현상들을 살펴보면 잘 알 수 있다(Alatawi et al., 2021). 그림 1은 에코 체임버를 속성·메커니즘·탐지와 모델링·극복 대안·관련 문제 또는 주제 등을 기준으로 관련 이슈들을 트리 모양으로 도식화한 것이다. 내용과 관련된 '속성' 측면에서 보면, 오보, 음모 이론, 사회

그림 1 에코 체임버의 관련 이슈들

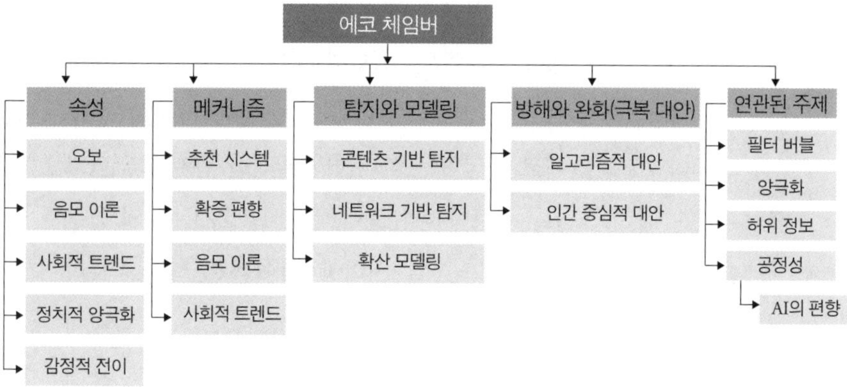

출처: Alatawi et al., 2021: 3.

적 트렌드, 정치적 양극화, 감정적 전이contagion 등이 이와 관련 있다.

에코 체임버 내에서 작용하는 소셜 미디어 등의 '메커니즘'과 관련된 것으로는 추천 시스템(알고리즘), 각종 반응 또는 댓글('팔로,' '좋아요,' '리트윗,' '리플라이' 등)을 들 수 있다. 여기에서는 소셜 네트워크 내부의 움직임과 관련해 알고리즘이 지니는 편향성(필터 버블)과 각종 반응이 조장하는 폐쇄성·자기강화성 등이 중심 이슈가 된다. 에코 체임버와 관련된 '관련 (세부) 이론'도 같이 거론되는데, 확증 편향(선택적 노출), 인지부조화, 동류집단성, 동기화된 추론motivated reasoning, 집단 극단화group polarization, 정보 캐스케이드informational cascade, 동조화 이론conformity theory 등의 심리학·행동경제학적 이론이 많이 거론된다.

네트워크 내에서 에코 체임버의 존재 유무를 파악하는 '탐지detection와 모델링'에서는 콘텐츠-기반 분석과 네트워크-기반 분석, 전파 모델링propagation modelling 등이 많이 쓰인다. 에코 체임버의 방해와 완화로 이루어지는 '극복 대안'에는 알고리즘 차원, 인간-중심적 차원 등 두 차원으로 나누어 방안들이 개진된다.

에코 체임버와 관련된 '문제 또는 주제'로는, 앞서 본 속성과 일부 중복되지만, 필터 버블과 양극화, 허위 정보(정보에서의 진위 문제), AI에서의 편향을 비롯한 공정성 문제 등을 들 수 있다. 이런 문제들은 양극화와 관련해서는 당파성, 극단주의, 급진주의, 비시민적·혐오적 표현 등으로, 허위 정보와 관련해서는 가짜뉴스로 쉽게 확대될 수 있다.[5]

이는 좁게 보면 에코 체임버와, 넓게 보면 소셜 미디어나 온라인, 더 나아가 미디어 생태계 전체와 연관된다고 볼 수 있다. 그래서 이에 따른 문제 틀problematic은 다음으로 요약될 수 있다.

(1) 양극화와의 관계, 특히 '정서적 양극화affective polarization' 현상과 관련되어 나타나는 타 집단에 대한 배제와 공격성('정치적 관용'과 '민주적 신뢰'; 상대를 얼마나 관용하고 얼마나 신뢰하는가; Schedler, 2023)

(2) 일부 소수 열성 소비자와 연관된 극단주의extremism, (보기에 따라 문제가 될 수도 있지만, 꼭 필요하다고 볼 수도 있는) 급진화radicalization 현상

(3) 가짜뉴스나 음모 이론의 온상 또는 전파로 역할, 감정적 선동

(4) 각종 비시민적·혐오적 표현의 방임·조장 역할

5 특히 에코 체임버 연구들은 2010년대 후반부터 집중적으로 지구 사회 전체를 어지럽힌 음모론, 가짜뉴스, 특히 팬데믹 시절 백신 거부를 확산시킨 도덕적 · 감정적 선동 등(Barberá et al., 2015; Brady et al., 2017; Del Vicario et al., 2016; Törnberg, 2022; Vousoghi et al., 2018)의 문제에 초점을 맞추어 왔다. 이들 병폐의 맥락에서 에코 체임버의 존재와 위험성은 분명히 확인되었다.

에코 체임버와 관련해 가장 중요한 병폐는 역시 양극화다. 양극화는 미국 사회에서 가장 심각하지만, 최근에는 포퓰리즘의 성행과 맞물려 EU나 영국, 비유럽 쪽으로도 그 영향이 확산되고 있다. 물론 지금까지 이 지역에서 양극화 현상은 상대적으로 약하게 나타나며, 이전에 비해 오히려 양극화가 완화된 나라들도 많다.[6] 이에 따라 비미국·비유럽에 대한 연구도 그리 풍부하지 않다(Budak et al., 2024). 한 리뷰(Hartmann et al., 2024)에서는 구체적 사례를 언급한 연구를 기준으로 미국이 49개, 이탈리아가 10개, 영국이 8개 정도(전체 112개)라고 밝힌 바 있기도 하다.

한국의 경우는 이 연구에서는 거론되지 않았으나 다른 양극화와 관련된 리뷰 연구(Kubin & von Sikorski, 2021)에서는 8개로 미국 다음의 순위를 기록한 바 있다. 특히 '1987년 체제'로 불리는 한국 정치 구조는, 한 표 차이로도 권력을 독점할 수 있는 종다수 승자독식제인 대통령 중심제와 오랜 양당제가 결합되어 양극화를 촉진하기에 최적의 조건을 갖추고 있다. 그럼에도 불구하고 한국의 양극화에 소셜 미디어나 에코 체임버가 미친 영향을 본격적으로 분석한 연구는 상당히 드물다.

내가 검색한 바로는 한글 문헌에는 알고리즘에 대한 인식의 문제점을 중심으로 페이스북과 구글을 분석한 구재령(2022), 에코

6 지난 40년 동안 12개 OECD 국가에서 감정적 양극화의 추세를 측정한 박셀 등의 연구(Boxell, Gentzkow, & Shapiro, 2024)에 따르면, 이 기간 양극화가 가장 많이 증가한 나라는 미국인 것으로 나타났다. 스위스, 프랑스, 덴마크, 캐나다, 뉴질랜드 등 다섯 개 국가는 약간의 증가를, 일본, 호주, 영국, 노르웨이, 스웨덴, 독일 등 여섯 개 국가는 오히려 양극화가 감소한 것으로 나타났다.

체임버와 필터 버블의 개선 방안을 제시한 조진형·김규정(2022), 에코 체임버의 중심 담론을 레딧을 통해 검증한 이규호(2024) 등이 있다. 영문 문헌에서는 주로 네이버의 뉴스 댓글 섹션을 에코 체임버의 관점에서 분석한 한지영 등(Han et al., 2023)과 이병휘 등(Lee et al., 2024), 요즘 뜨거운 유튜브의 동영상을 분석한 박한우와 박세정(Park & Park, 2024)을 들 수 있다.[7] 대체로 구재령과 조진형·김규정은 이론에, 이규호는 레딧의 실례를, 한지영과 이병휘 등은 댓글에 중점을 두었다. 그러나 이론에서든 사례에서든 상당히 일천하다 하지 않을 수 없다.

이를 두고 '한국은 에코 체임버에 관심이 없다'라고 보기는 어렵다. 오히려 문제의식이 무르익는 중이라고 보는 것이 타당할 것

7 사례 분석에 약간의 코멘트를 추가할 수 있겠다. 한지영 등의 연구는 네이버의 댓글 섹션에 보수/진보 간 교차 대화가 많아 에코 체임버보다는 '공론장2.0의 디지털 카페'라는 비유가 더 어울린다고 주장했다. 그러나 자기 생각을 쉽게 바꾸지 않는 '완고한 이념주의자'들이 전체 댓글의 81.0%를 차지한다는 점에서 이러한 교차 대화는 '참호전trench warfare'(Karlsen et al., 2017)에 가깝다고 보는 게 더 적절하지 않은가 한다. 정체성 전쟁을 강조한 퇴른버그 등(Törnberg & Törnberg, 2024)의 '디지털 캠프파이어' 비유도 생각해 볼 수 있다. 이병휘 등의 연구는 네이버 뉴스에서 이용자 집단 사이에 에코 체임버 현상의 존재를 증명했지만, 세부적 내용에서는 아쉬운 점이 많았다. 이를테면 '어떤 유형의 기사에서 양극화가 더 심한지,' '경제 기사 대 정치 기사에서 이용자의 반응 패턴이 같은지 다른지,' 다르다면 어떻게 다른지, 특히 '주도적인 이용자가 존재하는지,' 말하자면 '댓글을 많이 달고 공감/비공감을 주도하는 핵심 이용자 집단이 있는지,' '특정 정치적 성향을 띤 소수 사용자가 댓글 여론을 왜곡하는 역할을 하는지' 같은 게 분석되었다면 더 좋았을 것이다. 박한우와 박세정은 "우리는 진보 성향 미디어에서 추천된 동영상 중 30% 이상의 출처가 기존의 주요 언론이었으며, 보수 성향 채널에서는 이 비율이 25%였다"(p.13)라고 결론 내렸는데, 이 5% 차이가 무엇을 의미하는지가 불분명했다.

이다. 그런 현상의 조짐은 이미 여러 차례 나타났다. 대표적인 사례가 한국의 민주주의를 위기로 몰고 간 2024년의 계엄 사태다. 대통령이 과학적 근거가 전혀 없는 유튜버들의 '부정 선거' 주장을 믿고, 계엄이라는 극단적 행동을 일으킨 것이다. 그 판단이 실제 신념이었든, 정치적 핑계였든 부정 선거 담론은 이미 세간에 널리 퍼져 있는 '정보 아닌 정보'로 기능하고 있었다.

이처럼 근거 없는 정보를 퍼뜨리는 극우 유튜버와 그에 충성하는 이용자 집단은 에코 체임버 현상이 낳은 대표적 산물이다. 이 현상은 정치적 양극화라는 구조적 토대 위에서 작동한다. 양극화는 논의의 상대를 '경쟁자'가 아닌 '적'으로 규정하고, 정치에서 비민주적 수단까지 용인하게 만듦으로써 민주적 관용과 신뢰를 잠식한다(Schedler, 2023). 에코 체임버는 평소에는 잠재된 이런 양극화를 수면 위로 끌어올려 현실화하는 '구성적 매개'[8]로 기능한다.

이 책의 목적은 이런 에코 체임버가 과연 어떤 현상이고, 도대체 이에 대한 논의가 어떤 방향과 성격을 지니는가를 심층적으로 분석해 보는 데 있다. 이를 위해 가장 먼저 살펴보는 것은 역시 '개념'이다. 다른 이론도 어느 정도는 마찬가지지만, 에코 체임버 개념 역시 정해진 정의가 없고 측정 방식 또한 합의된 것이 없다. 물론 통용되는 대체적 합의조차 없지는 않고, 이미 여러 연구가 이미 이를 시도한 적도 있다. 이를 추적하고 정리하면 에코 체임버가 의미하는 바를 추출하는 것이 어느 정도는 가능할 것이다. 잠정적인 수준일지

8 나중에 프랑스의 '노란 조끼' 운동의 사례에서 다시 나오지만, 이런 '구성적 매개' 또는 '구성적 조건'은 사회 현상의 다차원적 원인을 구성하는 주요 인자因子 중 하나이면서 현상을 발현시키는 계기적 요인이다.

라도 이렇게 개념을 정리해 두면, 논의를 발전시킬 최소한의 기초는 마련된다.

둘째는 에코 체임버가 실증적으로 증명할 수 있는 현상인지를 살펴보는 것이다. 개념의 함의가 밝혀졌다면 이와 불가분의 관계에서 과연 그 현상이 있는지, 통계적으로 유의미한지(우연이 아닌 실제 효과인지), 그리고 그 현상이 정말 정치사회적 측면에서 실질적 영향력을 발휘할 만큼 심대한 것인지도 검토할 필요가 있다. 의외로 주창자들과는 다르게 비판자들은 에코 체임버에 '증거의 결여' 문제를 심각하게 제기한다. 이는 보기에 따라 에코 체임버 현상 전체를 부정할 수도 있는 수준이다. 또 증명에는 반드시 절차적(방법적) 문제가 제기된다. 어떤 방법을 쓰느냐에 따라 증명 여부가 달라지고 증명 수준 또한 영향을 받을 수 있다. 이 문제가 커지면 커질수록 에코 체임버 논의는 방법론의 색깔이 강해진다.

또 이와 관련해 현상을 해석하는 관련 이론도 같이 검토될 수 있다. 이는 '왜 에코 체임버 현상이 발생하는지,' '에코 체임버 속의 사람들은 이를 어떻게 느끼는지,' '정말 그들은 반대 정보로부터 차단되는지,' '그 안에서 배제나 억압이 벌어지지는 않는지' 등의 문제를 말한다. 이를테면, 가장 기초적인 사회생활의 측면에서 서로 좋아하거나 비슷한 사람끼리 모이는 '동류집단성homophily,' 친밀하고 동의하는 것에는 노출되고 반대되는 것은 피하는 '선택적 노출,' 그의 심리적 기제인 '확증 편향,' 비슷한 사람끼리 모여 의논하면 극단화된 결론이 도출된다는 '집단 극단화' 같은 이론들이 정말 설명력을 갖는가의 문제다. 개념과 이론은 밀접한 연관이 있어 항상 병행되어 논의되어야 의의가 있다.

셋째, 만약 그 존재가 증명되었다면 다음으로 중요한 질문은 과연 이 에코 체임버가 사회 문제를 일으키는가, 곧 사회적 병리의 원인이 되는가일 것이다. 설사 그런 현상이 있다고 하더라도 문제가 안 된다면 연구의 중요성은 크게 줄어들 것이다. 이에는 먼저 '에코 체임버 자체(형식)가 문제인지' 아니면 '에코 체임버 속에 담기는 내용이 문제인지'를 따져 봐야 한다. 에코 체임버의 성질 중 가장 본질적이고 문제적인 것이 체임버적 현상, 곧 바깥의 정보나 반대 주장을 배척하는 폐쇄적 마인드다. 그러나 열려 있다 해서 반드시 좋은 것만은 아니다. 허위 정보나 음모론, 사이비 과학 같은 것은 거부하는 게 맞다. 또 사람은 누구나 이런 개방과 폐쇄의 일정한 균형 속에서 산다. 열려 있기만 할 수도 없고 반대도 마찬가지다. 그렇다면 에코 체임버가 아니라 그 안에서 전파되는 내용이 문제일 수도 있다. 에코 체임버라 해서 반드시 해롭기만 한 것만은 아니며, 경우에 따라 진실 친화적인 역할을 할 수도 있다는 점을 유의해야 한다. 이에 대해서는 철학자 응우옌의 잘 알려진 논문(Nguyen, 2020)이 촉발한 '에코 체임버와 사회인식론social epistemology'에 대한 최근 논쟁이 있다. 이를 자세히 살펴볼 필요가 있을 것이다.

다음으로 에코 체임버가 정말 정보 흐름을 왜곡시켜 공론장에 혼란을 초래하는지, 사회적 무지ignorance나 해석학적 지배 같은 인식론적 타율을 조장하지는 않는지, 최근 크게 문제가 된 가짜뉴스 같은 허위 정보나 음모론 전파와 관련이 있는지, 정말 외집단 배척을 일으켜 양자兩者가 극한으로 대립하는 양극화 현상을 일으키는지가 관건이 된다. 에코 체임버가 인과적 차원에서 원인이 된다면 정말 심각할 것이고, 상관관계만 확인되더라도 규제나 개입의 필요성에 대한 논의는 불가피할 것이다.

넷째, 만약 이 에코 체임버가 병폐라면, 다음은 이 병폐를 극복하는 방안을 모색해 보는 일일 것이다. 그러나 이 책에서는 이에 대한 자세한 논의를 일부만 다루고자 한다. 특히 제도적 방안, 법제적 규제에 대한 논의는 다음으로 미룰 것이다. 나의 역량과 시간 부족이 가장 큰 이유이지만, 플랫폼에 대한 규제를 주로 다루는 이 방안이 현재 여러 나라에서 아직 '진행 중'이라는 점도 크게 작용했다. 논의 중에 불가피하게 등장할 수밖에 없는 방안은 나름으로 성실하게 살펴보고자 했다. 완전히 성안된 것은 아니지만 그래도 유력한 대안들은 이미 나와 있는 것의 범위를 크게 넘지 않을 것으로 보인다.

마지막으로, 이 모든 현상 전체를 파악하는 기시적 관점의 필요성 때문에 보론이 필요했다. 논의의 범위는 좁게는 에코 체임버나 필터 버블이고, 넓게는 소셜 미디어나 미디어 생태계 전체이며, 패러다임 차원으로 확대하면 기술이 끼친 영향을 어떻게 볼 것이냐의 문제다. 이에 대해 이 책이 제안하는 개념은 '양가성ambivalence'이다. 양가성은 근대의 도구적·합리적 질서 속에 자기-해체의 위험성이 내재된 점을 예리하게 지적한 울리히 벡Ulrich Beck에서 학문적 연원을 찾을 수 있다. 벡은 근대의 기술 문명에는 하나가 반드시 반대를 부르는 적대적 양가성이 존재하며, 이에는 근본적인 해결책이 없고 오로지 끊임없는 경계 속의 균형만이 위험의 지속적인 유예(근절은 불가능하다)를 낳을 수 있을 뿐이라고 한다.

나는 이 경계와 균형이 고도의 초연결 네트워크 사회를 살아가는 방법이자 필수적 철학이라고 생각한다. 에코 체임버 역시 지금 기술 문명의 대표적 위험 중 하나이며, 그것이 증명되든 그렇지 않든, 정도가 약하든 강하든, 현재적顯在的이든 잠재해 있든, 지속적으로 양가적 주의와 경계를 늦추지 않아야 한다고 본다. 우리가 방송에 대해 속속들이 알지 못하면서도 각종 규제책을 강구하고 실행했듯이, 그리고 그런 정책이 거의 남아 있지 않은 지금 와서 돌이켜 그 정책들을 완전히 실패라고 규정하지 않듯이 에코 체임버(그 부수 현상으로서 필터 버블)에 대한 예방적이고 치유적인 논의 역시 계속되어야 한다. 양가성은 그 정책의 기조가 되는 '경계와 균형, 그리고 유예'에 어울리는 사고방식이 될 수 있다.

2장

개념: 어떤 현상인가?

에코 체임버와 선스타인

에코 체임버를 제기하고 이에 대한 논의를 본격적으로 전개한 이는 미국의 행동경제학자 선스타인이다. 대체로 그의 세 책(Sunstein, 2001; 2009/2011; 2017)이 집중적으로 이 문제를 다루었다. 등장하기는 2007년 책에서 처음이고, 2001년에는 이 대신 '고립된 장소enclaves'나 '스스로 절연한 집단' 같은 용어를 썼다. 그러나 2001년에 나온 소책자 《에코 체임버*Echo Chambers: Bush v. Gore, Impeachment and Beyond*》에서 이미 '에코 체임버'가 사용된 점을 보면, 용어 자체에 대한 인식은 비교적 이른 시기부터 있었음을 알 수 있다.[9] 그러나 그런 과정을 거치면서도 정작 그는 에코 체임버에 대한 명확한 개념 정의는 시도하지 않았다.

9 이 소책자는 2001년 책 《리퍼블릭닷컴》을 보충해 주는 의미가 강하다. 핵심 개념으로 집단 극단화나 확증 편향이 주로 다뤄지는 데 후반부로 갈수록 온라인의 비중이 커진다.

밀과 브랜다이스,[10] 하버마스 등 (진보적) 자유주의를 따르는 선스타인에게 에코 체임버는 매스 미디어 시절에 형성된 공통적 공론장을 파편화시켜 그 기능을 무력화하고, '집단 극단화'와 '사이버 캐스케이드 효과'를 조장해 '양극화'와 '혐오 집단(화)'를 일으키는 병폐의 주범이다. 지금 에코 체임버가 비판받는 이유의 대부분은 이처럼 선스타인이 진단했다. 그러나 그의 에코 체임버론은 수용자 개개인의 심리적 측면에 국한된 것이고, 시민/소비자를 경직되게 이분화한 산물이며, 소셜 미디어 등의 알고리즘 필터링에 의존하는 상당히 단순화된 것이다. 그의 에코 체임버론은 사회적 차원도 아니고, 이론적·경험적으로 그렇게 정밀하지도 않다(Löblich & Venema, 2021).

선스타인은 인터넷에서부터 그 문제를 제기해 왔는데 인터넷과 이용자에 대한 선스타인의 견해 역시 단선적이고 직관적이다(그래서 설득력도 있다). 그는 선택적 노출 이론에 압도적으로 의존해 인터넷 이용을 이용자의 주관적 선택과 알고리즘의 기술적 필터링으로 제한해 해석한다. 그에게 기술의 효과는 다음 대목에서처럼 신념에 가까운 것이다. "새롭게 부상하는 기술이 제공하는 가장 두드러진 힘은 사람들이 보는 것을 스스로 필터링할 수 있는 능력의 향상이었다." 여기서 그가 가정한 것은 기본적으로 사람들이 기술의 능력을 '있는 그대로 마치 자동 반응처럼 실행한다'는 것으로, 개인적인 대화나 소속 집단에서의 정체감, 대안적인 정보나 견해에 대한 노출, 정보 체계를 구성하는 다양한 미디어 레퍼토리 같은 건 그렇게 중요하지 않다. 특히 기술이 사회적으로 정착되면서social adoption 겪는 필수

10 사회 정의와 진보, 시민권, 표현의 자유를 주장한 미국의 대법관이다.

적 협상 과정 같은 것도 그렇게 크게 참작되지 않는다.

> "개인들은 '선호'에 따라 '선택'을 한다고 간주하였다. 선호에 영향을 미치는 주요 요소는 '옵션의 수,' '시장,' 그리고 '자신의 과거 선택'이다. 선스타인은 또한 '사회적 영향'을 언급했지만, 이 용어는 동류 집단에 국한된다. (중략) 첫째, 사람들은 자신의 것과 관련 없는 주제나 관심을 다루는 노력을 최소화하려고 하고, 둘째, 주의 집중은 별다른 생각이 없는 습관적인 과정을 통해 이루어진다. 선스타인에 따르면 **이용자 행동은 인지적 편향, 이해 충돌, 그리고 때때로 의지력 부족에 의해 인도된다.** 이러한 성향은 '우리 종에 내재되어 있다'고 하며, 이는 '성인을 위한 지속적인 교육'과 (미디어 등에 대한) 규제의 필요성에 대한 근거로 사용된다." (Löblich & Venema, 2021: 179~180. 인용 주 생략. 강조는 인용자)

그의 논리는 이처럼 단순 명쾌하다. 정보 과부하를 낳는 인터넷과 소셜 미디어 시대를 만나 사람들은 스스로의 의지에 의해서든 맞춤식 기술을 따르든, 주변의 정보 생태계를 필터링하기 시작했고, 이 결과는 인지적 편향과 이해의 충돌, 의지력 부족, 집단화 등 부정적인 것 일색으로 나타난다. 특히 그에게 집단은 파편화된 '동류 집단'으로 특유의 행동을 통해 자기 고립, 극단화, 그리고 증오를 조장한다. 이것이 바로 에코 체임버다. 인간은 자신의 종적 본능에 이런 특성이 내재되어 있어 교육과 규제가 아니면 교정이 어렵다. 스스로는 극복하지 못하므로 목적 의식적(타율적·외부적) 노력이 반드시 필요하다.

선스타인의 이런 논리는 두 번의 개정을 거친 2017년 판에서 종합적으로 확대·변주되고, 주요 논지는 다른 책(Sunstein,

2009/2012; 2019/2023)에서도 반복된다. 이 시기에 양산되기 시작한 에코 체임버에 관한 연구가 이런 선스타인의 영향권 내에 있었음은 두말할 필요가 없다. 그러나 후술하는 바대로 이 개념은 찬사 못지않게 집중적인 비판의 대상이 된다. 키친즈 등(Kitchens et al., 2020)의 다음과 같은 지적은 왜 이후 논의가 혼란에 빠지게 되었는지를 이해하는 데 상당히 도움을 준다.

> "에코 체임버와 필터 버블에 대한 이러한 개념화는 **관찰할 수 있는 결과를 창출하는 것이 아니라 이상적으로 여겨지는 결과의 결여를 제시한다는 점에서 반사적reactionary인 성격을 지닌다.** 그러나 이러한 이상적인 상태는 단순히 개인이 자신의 의견에 도전하는 정보를 접하고 소비해야 한다는 일반적인 규범적 주장 외에는 정의하는 것이 없다. (그래서) **개인이 반대 정보를 어느 정도 소비해야 되는지, 그리고 그 정보가 개인의 의견에 어느 정도 반대해야 충분할지가 분명하지 않아 실제 누군가가 에코 체임버나 필터 버블 안에 있는지를 판단하는 것은 거의 불가능하다.** 더 나아가 이러한 엄격하게 분석된 의견을 가진 잘 정보화된 공중이라는 이상적인 상태가 실제로 존재했던 적이 있는지도 의문스럽다."[11] (p.1621.

11 그렇다면 과연 인터넷과 소셜 미디어 이전에는 어떠했느냐, 과연 그때는 바람직했느냐를 묻는 것이다. 뢰블리히와 베네마(Löblich & Venema, 2021)는 그가 놀랍도록 기존 (매스) 미디어 체제의 문제에 주목하지 않고 있다고 비판한다. 그러나 그 정도까지는 아니다. 선스타인은 2001년에 "다양성은 잘 작동하는 공화정에 필수적이다. 소수의 편집자나 방송인들이 커뮤니케이션 시스템을 독점하는 체제는 아무도 원하지 않을 것이다. 과거에 대한 향수는 무의미하다. 황금기는 절대로 존재하지 않았다. 하지만 다양성이

강조, 괄호 안은 인용자)

물론 어떤 개념이나 논리가 성행하는 데 주창자의 이론적 됨됨이가 차지하는 비중이 그렇게 중요하지 않을 수 있다. 선스타인의 논리만으로 보면 에코 체임버도 그런 것 중 하나일 것이다. 그러나 현상은 때로 저런 단순 논리에 해당하는 것을 곧잘 만들어 낸다. 대표적인 것이 21세기 들어 미국 사회를 가름하고 있는 양극화 현상이다. 양극화야말로 에코 체임버를 주목하게 한 핵심 병폐 중 하나다.

외형적 양상은 조금 다르지만 맥락은 같이해 양극화와 자주 혼용되는 게 극단주의extremism다. 이슬람 근본주의나 네오나치는 이미 이전부터 문제가 되어 왔지만, 이런 극단화가 도처에, 일상에, 온라인에 나타나고, 때로는 사회적 호응을 얻으면서 연쇄적으로 확산된다는 게 문제다. 여기에 이들이 결집할 수 있는 병폐적 빌미, 곧 음모론이나 가짜뉴스 같은 것을 제공하는 창구가 속속 등장하고 있다. 앞서 동류 집단 내부의 극단화 역학을 선스타인이 집중적으로 거론했지만, 바로 그렇게 형성·결집된 집단 논리가 서구를 중심으로 한 민주주의 체제 전반을 위협하는 데에서 에코 체임버의 문제의식을 찾을 수 있다.

그런 측면에서 보면, 에코 체임버에 대해 통용되는 정의를 찾기는 의외로 어렵지 않다. 개념 혼란에 대한 학자들의 이런 비판은 엄밀하게 말하면, '정해진(합의된) 측정 방식 같은 것이 없다'는 푸념에

분열을 일으키는 한, 그것은 양면성을 지닌다"(Sunstein, 2001b: 17)라고 하면서 새로운 시대에 대한 낙관론적 열망을 일부 비추면서도 기존의 문제에 대해 아주 경계를 놓지는 않았다.

더 가깝다. 이런 정의가 있다면 더 이상 바랄 나위 없겠지만 사실 그런 개념은 다른 영역에서도 별로 없다. 에코 체임버 역시 이보다 조금 심한 정도이고, 여기에 유행어적 성격, 문제의식의 방만함, 기술이 주는 공포의 막연성, 접근 방법(컴퓨테이션)의 생소함, 팬데믹 같은 미증유의 위기까지 더해져 혼란을 가중시키는 것 같다.

에코 체임버의 정의

에코 체임버의 정의 중 가장 많이 쓰이는 것이 제이미슨과 카펠라의 "경계가 있는 폐쇄적 미디어 공간으로, 내부에서 전달되는 메시지를 증폭시킬 잠재력을 갖는 동시에 반박의 유입을 차단할 가능성도 있는 공간"(Jamieson & Cappella, 2008: 76)이다. 이 정의에 따르면, 에코 체임버는 일정한 경계가 있는 미디어 공간(조금 확대하면 사이버 공간이 된다)으로 특정 메시지는 확대하고 또 어떤 메시지는 차단하는 '폐쇄(적 잠재)성'을 갖는다.

여기에서 '잠재성'은 비슷한 성격의 메시지라도 어떤 것은 되고 어떤 것은 안 되며, 때로는 강하고 때로는 약하게 작용한다는 것을 뜻한다. 에코 체임버는 사회적 진공 상태가 아닌 일정한 사회적·정치적 조건 속에서 발현되며, 그에 영향받는다. 또 '폐쇄적'이란 것은 특정한 경계의 안과 밖에 엄격한 차별이 있는 내집단in-group과 외집단out-group이 있고, 이에 따라 자연히 집단 내 소통(또는 신뢰)과 집단 간 소통이 다르다는 점을 말한다. 그리고 마지막으로 이 구분이 심해지고 집단이 대규모화하게 되면, 사회 전체가 두 개의 대립적 진영으로 나뉘어 양극화가 될 수 있는 잠재성까지 갖는다.

실제 이 정의를 제시한 책에서 제이미슨과 카펠라는 유명한 보수주의 라디오 진행자 러시 림보Rush Limbaugh를 중심으로 한 보수주의 미디어 진영을 에코 체임버 현상으로 정의하면서 '미디어 생태계가 같은 성향의 정보를 순환시키면서 특정 이념을 강화하는 현상'을 설명하는 데 사용한다. 이 책에서 에코 체임버의 정치적 맥락은 1990년대 이후 보수적 미디어들이 어떻게 이념적으로 정렬된 정보를 이용해 반대 의견을 배제·무시하는가, 어떻게 폐쇄적 정보 공동체를 형성해 수용자의 기존 신념을 강화하는가에서 찾아볼 수 있다.[12]

여기에서 러시 림보는 단순한 방송 진행자가 아니라 보수주의의 문화적 아이콘이자 정치적 운동의 촉진자로, 제이미슨과 카펠라는 림보를 보수 진영 내에서 의견을 통합하고 강화하는 핵심적 매개체로 묘사한다. 폭스뉴스FOX News와 브레이트바트Breitbart, 인포워즈Infowars와 드러지 리포트Drudge Report, 〈워싱턴 이그재미너*Washington Examiner*〉 등의 기존 미디어와 소셜 미디어를 종횡으로 연결하는 우파의 당파적 뉴스 확산 및 증폭 과정은 벤클러 등(Benkler, Faris, & Roberts, 2018) 역시 '프로파간다 파이프라인'으로 불렀던 것으로 에코 체임버의 전형에 부족함이 없다고 한 바 있다.

에코 체임버의 정의 중 좀 더 직설적이면서 실제 사용에 가까운 것은 "이용자들이 기존의 신념과 의견을 지지하는 의견들과만 상

12 그러나 그렇다고 이들이 결코 조악한 미디어결정론에 빠진 건 아니다. "림보를 듣고, 폭스를 보고, 〈월스트리트 저널*The Wall Street Journal*〉을 읽는 성향이 있다고 해서 사람들이 그러한 미디어의 요새에 독점적으로 갇혀 있거나, 하나의 미디어를 소비하는 사람이 반드시 다른 (동종의) 미디어도 소비한다는 것을 의미하지는 않는다. 또한 정치에 관심 있는 보수적 청중들이 완전히 밀폐된 보수적 고치cocoon에 갇혔다고 볼 수도 없다"(p.241). 요컨대 미디어 소비 패턴이 정치 성향과 겹치기는 하지만, 그 관계가 생각만큼 절대적인 것은 아니라는 뜻이다.

호 작용하고, 다른 관점은 배제하거나 신뢰하지 않는 이용자 네트워크"라는 알라타위 등(Alatawi et al., 2024: 2)의 정의다. 알라타위 등은 컴퓨테이셔널 방법을 쓴 연구들에 중점을 두고 에코 체임버에 대해 체계화된 문헌 리뷰를 시도하면서 이 정의를 활용했다. 여기에서 에코 체임버는 앞서 제이미슨 등의 '공간'보다 좀 더 미디어적인 '네트워크'가 되고, 기능은 앞서와 같은 선별(지지·신뢰와 배제) 과정으로 이루어진다.

브런스(Bruns, 2019)는 필터 버블의 개념에 관한 글에서 필터 버블이 에코 체임버와 혼용되면서 불필요한 혼란을 자초하고 있다고 지적하고, 에코 체임버는 "참여자들이 외부인을 배제하고 서로를 선호적으로 연결하려고connected with 선택할 때 형성된다"라고 하면서 전형적인 예로 페이스북의 '친구 추가'나 트위터의 '팔로' 등을 든다. 이에 비해 필터 버블은 '참여자들이 외부인을 배제하고 서로를 선호적으로 소통하려고communicated with 선택할 때 형성'되고, 페이스북의 댓글이나 트위터의 @멘션 등이 예가 된다. 이 에코 체임버 정의는 유대나 연대의 전제가 되는 '연결'에 주목하면서 앞의 알라타위 등의 정의에서 쓰인 네트워크 개념을 강조해 준다. 내/외부 사이에 선호와 배제가 작용하는 건 같다.

마흐무디 등(Mahmoudi et al., 2024)은 여러 사람의 정의를 모아 '축이 되는 것pivot definition'을 모았는데, 종합적인 것에 가까운 이 정의는 "온라인 소셜 네트워크에서 자주 나타나는 현상으로, 주로 비슷한 생각을 가진 이용자들이 상호 작용을 하는 특징이 있다. 이러한 에코 체임버 안에서 이용자들은 특정 문제에 대한 자신의 신념을 표현·강화하며, 이를 통해 공유된 관점이 더욱 증폭된다." 마흐무디 등은 이를 단계나 광의/협의로도 볼 수 있는 다음과 같은 세 가지 명제로 나누어 제시한다.

표 1　에코 체임버 정의의 구성적 요소

구분	내용	특징
의미적 측면	‘이데올로기적 분리ideological segregation’ ‘같은 생각을 가진 개인들’ ‘폐쇄된 사회 시스템 내의 의견’ ‘고도로 양극화된 아이디어의 집단’ ‘유사한 콘텐츠’ ‘같은 생각을 가진 이웃들’ ‘동일한 의견 집단’ ‘유사한 의견’ ‘가치가 일치하는value-congruent 아이디어’ ‘이념적으로 (같이) 정렬된ideologically-aligned 또래들’	비슷한 생각 · 관점 · 의견을 가졌거나 같은 (이념적) 정렬에 의해 분류된 집단(성질상 같이 모이는 성향 뚜렷함)
구조적 측면 (상호 작용 패턴)	‘폐쇄된 네트워크’ ‘폐쇄된 시스템’ ‘구별되는 집단distinct groups’ ‘유사한 콘텐츠에 반복적으로 노출’ ‘이웃의 활동’ ‘집단 간 정보 전파’ ‘소통communicate’ ‘가장 작은 네트워크 구조’ ‘다른 관점에 거의 노출되지 않는 상호 작용’ ‘이념적으로 (같이) 정렬된 사람들과만 상호 작용’	폐쇄적으로 특권화된 상호 작용, 내집단과 외집단 사이의 차이
효과적 측면 (기존/변화)	‘신념의 증폭amplified beliefs’ ‘서로의 기존 신념을 강화’ ‘의견 증폭’ ‘증폭 과정’	기존 의견의 강화 · 증폭 (변화에 대한 저항)

출처: Mahmoudi et al., 2024: 9602.

(1) 에코 체임버는 비슷한 신념과 관점을 공유하는 이용자들에 의해 형성된다.

(2) 이러한 이용자들은 에코 체임버 외부의 이용자들에 비해 훨씬 더 자주 상호 작용을 하는 경향이 있다.

(3) 이러한 체임버 안에서는 에코 체임버의 역학을 통해 신념이 강화되며, 그 결과 기존의 관점이 더욱 확고해진다.

이 개념은 비슷한 신념과 관점을 가진 (온라인의) 이용자 집단이 일정한 인지적(지식·정보적) 공동체를 형성하고, 폐쇄성을 지닌 이 공동체는 바깥으로부터 들어오는 (반대적) 정보를 차단·억압함으로써 기존의 신념을 유지·증폭시킨다. 이 정의에서는 '비슷한 신념과 관점'이 강조된다. 처음부터 같은 사람들 사이에서 에코 체임버가 만들어지고 그런 신념과 관점이 (집단 극단화론에서 말하는 것처럼) 점점 더 강화된다는 것이다.

응우옌은 앞서 연구자들과 달리 에코 체임버를 구성원(내부)과 비구성원(외부)의 신뢰 차이에 중점을 두어 정의한다. 그의 주장은 에코 체임버를 '정보 고치information cocoon' 같은 메타포에서 볼 수 있는 단순 폐쇄성 집단이 아닌, 내/외부의 포용과 배제가 지속적으로 이루어지는 '역동적 인지 공동체'로 간주한다.[13]

13 응우옌의 정의는 이전의 '표준적인 것'과 비교해 '사회적 역학social dynamics' 관점으로 간주되기도 한다(Malcom & Ranalli, 2025). 표준적인 의미의 에코 체임버는 주로 같은 메시지의 반향과 반대 메시지의 차단으로 이루어진다. 사회적 역학 관점에서는 내집단과 외집단 사이의 신뢰와 불신의 역학이 작동한다. 응우옌은 표준적 관점을 '인식적 버블epistemic bubble'로 부르면서 자신이 주장하는 에코 체임버와 이론적으로 구별한다.

> "'에코 체임버'를 구성원과 비구성원 사이에 상당한 신뢰의 격차가 존재하는 인지 공동체를 의미하는 용어로 사용한다. 이는 비구성원에 대한 인식론적 불신과 구성원에 대한 인식론적 신뢰를 강화하는 과정을 통해 형성된다. 결국 에코 체임버는 특정의 핵심적 신념 집합에 대한 전반적인 동의가 구성원 자격의 전제 조건이 되고, 그 핵심 신념에는 (구성원과 비구성원 간) **신뢰의 격차**를 지지하는 것도 포함된다." (Nguyen, 2020: 146. 강조, 괄호 안은 인용자)

여기에서 '인식론적 불신'이라는 것은 비구성원이 단지 배제되거나 알지 못하는 정도가 아니라, 그들에게 불신, 악의, 또는 부정직과 같은 인식론적 결함을 적극적으로 전가하는 것을 말한다. 반면 내부 구성원에게는 '인식론적 신뢰'를 강화해 높은 수준의 확신을 심어 준다. 이처럼 에코 체임버 안과 밖은 인식론적으로 서로 다른 기준이 적용되는 '내부주의'와 '외부주의'를 구성한다.

물론 이 두 과정은 서로 피드백을 주고받는다. 에코 체임버의 신뢰받는 내부자가 외부자(외부의 정보, 특히 내부를 비판하는 정보)를 신뢰할 수 없다고 주장하는 한, 내부의 신뢰는 외부의 불신을 강화할 것이다. 외부자가 불신을 받게 되면, 내부자는 다양한 형태의 반증이나 반박으로부터 격리되어 상대적 신뢰도가 증가할 것이다. 내부자와 외부자 간의 신뢰 격차가 충분히 커져 신뢰받는 내부자가 외부자를 향해 인식론적으로 거부하는 신념을 고수한다면, 에코 체임버의 신념 체계는 해체되기 매우 어려워질 것이다. 그래서 "친구들은 좋은 모임이 될 수 있지만, 정보 네트워크 측면에서는 빈곤한 것"(Nguyen, 2020: 144)이 된다.

그러나 이런 응우옌의 에코 체임버론에도 비판은 제기된다.

인지적 측면에 주력한 나머지 정서적 측면을 경시하고, 인식론적 차원의 내/외부를 너무 경직되게 구분한다는 것이다. 먼로(Munroe, 2024)는 응우옌의 에코 체임버론을 '내부의 핵심적 신념의 존재,' '외부와 내부의 신뢰 차별화,' 그리고 논쟁을 비롯한 의견의 형성 과정에서 '불일치가 자기-강화를 초래하는 메커니즘'(다른 의견을 만나면 더욱 자기를 강화시키는 것) 등의 세 가지 요인으로 정리하면서 감성적 측면의 결여를 가장 큰 약점으로 지적한다. 지금 중요한 것은 '정서적 양극화'나 '부정적 당파성' 같은 측면인데, 인지적 요인만으로는 이를 아주 일부만 설명하는 데 머무를 수밖에 없다는 것이다.

다른 한편으로는 집단의 의견 역학에 기초한 이 에코 체임버 개념이 협의의 정의에 치우침으로써 경험적으로는 자칫 이 현상의 존재를 부정할 수 있다는 딜레마다. 앞서 본 세 가지 명제에서 첫째 명제에 해당하는, 주로 메시지나 콘텐츠의 노출 수준에서 동류집단성 수준, 곧 '비슷한 신념과 관점을 공유하는 이용자들'의 클러스터링은 비교적 잘 증명된다. 그러나 상호 작용으로 이루어지는 인지공동체 수준의 단계는 하드만 등(Hartmann et al., 2024)의 리뷰에 따르면 경험적 증명에 대부분 실패해 에코 체임버론을 무위에 빠뜨린다. 물론 지금껏 본 대로 에코 체임버 현상이 신성으로 심대하게 나타난다면 이런 실체가 증명되어야 할 것이다.[14] 그러나 다음 장에서 자세히 다루겠지만 에코 체임버는 경험적 증명과 개념적 합의에 실패하면서

14 가렛(Garrett, 2013, 2017)은 '참여적 에코 체임버engagement echo chambers' 개념을 따로 제시하며 에코 체임버 연구가 의견 역학 같은 상호 작용에 치중해야 한다고 주장한다. 편향적 노출에 따른 클러스터링은 이전부터 이미 연구가 많이 되어 의의가 크지 않다는 것이다.

다른 사회 문제와 달리 '과장되었다,' '문제가 안 된다'는 유력한 비판에 시달린다.

그러나 그렇다고 에코 체임버의 가정 자체를 완전히 부정하는 경우도 거의 없다. 아마도 이는 최근 들어 보수와 진보 간 대립이 더욱 심화되는 데 각 진영의 편향적 정보 소비가 일조하고, 소셜 미디어가 이에 친화적이라는 점을 직관적으로 밝혀주는 외형적 타당성 face validity[15]을 에코 체임버가 갖기 때문일 것이다(Garrett, 2013). 특히 일부 국가에서 나타나는 극심한 양극화 현상은 에코 체임버 개념이 이러한 정치적 현실을 설명하는 유용한 틀이라는 인식을 더욱 강화시킨다(Garrett, 2013). 정치적 측면에서 동류집단성이 강화되고, 사안에 따라 내집단/외집단, 찬성/반대 의견 사이를 끊임없이 대조시켜 집단 간 교류를 크게 제한하고, 정보의 부자와 빈자(또는 정치에 관심 있는 사람과 그렇지 않은 사람) 사이의 차이를 확대한다는 에코 체임버의 가설(Vaccari & Valeriani, 2023)은 이 분야에 조금이라도 관심을 두는 연구자라면 설사 '미끄러운 비탈길 논증slippery slope argument'[16]의 어리석음을 범한다 하더라도 그렇게 쉽게 폐기할 수 있는 것이 아니다.

'정보 과부하,' '정보 공해'로 불리는 이 시대에 오히려 정보 빈자가 양산되며. 이들이 주변이나 다수, 또는 기계의 동화 압력(필터

15 예를 들어 이 직관은 베넷과 아이옌가 같은 저명한 학자들조차 시민들이 자신과 반대 의견을 가진 사람들과 교류할 가능성을 '의외다startling'라고 묘사했을 정도로 설득력이 높다(Bennett & Iyengar, 2010: 36).

16 '미끄러운 비탈길 논증'은 처음에는 사소해 보이는 일이 연쇄적으로 더 큰 사건들을 일으켜, 결국에는 극단적이거나 재앙적인 결과에 이르게 될 것이라고 주장하는 논법이다. 논리학이나 비판적 사고, 정치적 주장 등에서 자주 사용되지만, 대개는 과도한 가정이나 억측을 전제로 삼는다.

버블)에 대항하기 어려워 인식적 타율에 휩쓸린다는 점은 매우 역설적으로 이 시대 민주주의의 건강을 위협하는 큰 요인이 되고 있다. 정보 접근의 불평등이 사회적 지위나 계층과 맞물려 나타나는 이런 '수직적' 양극화 현상은 당파성이나 이념적 경향에 따라 진영이 분리되는 '수평적' 양극화와 결합해 문제를 심화시킨다. 에코 체임버는 바로 이러한 복합적 양극화를 포착할 수 있는 틀이며, 민주주의 질서 전반에 파급력을 미치는 구조적 병리를 이해하는 열쇠가 된다.

에코 체임버와 필터 버블

필터 버블이란?

앞서 브런스의 논의를 통해 필터 버블과 에코 체임버의 차이를 구분했지만, 현실에서 이 둘은 자주 혼용되며, 선스타인의 주장에서 보듯 에코 체임버 안에서 필터 버블이 차지하는 비중이 작지 않다. 물론 둘 사이에는 서로 보완되는 성질의 차이가 있다. 에코 체임버가 수용자의 취향, 선택적 노출을 반영하는 '수요 측면'에 가까운 것에 비해 필터 버블은 알고리즘이 주도하는 '공급 측면'에 치중한다(Arguedas et al., 2022).[17] 또 에코 체임버가 집단(네트워크)이 주체인 데 비해 필터 버

17 이를 조금 자세히 살펴보면, 에코 체임버는 사람들이 왜 이런 버블(체임버)에 갇히게 되는지에 대한 이유는 그리 중요하게 다루지 않는다는 것을 알 수 있다. 이는 단지 개인의 성향이나 취향에 따른 선택의 결과일 뿐이고, 그 성향 등의 선악은 중요하지 않다. 반면, 필터 버블은 주로 순위 알고리즘 같은 것에 의해 형성된 에코 체임버로, 이는 이용자가 능동적으로 선택한 것이 아니라 수동적인 개인화에 따른 결과다. 요컨대 필터 버블은 알고리즘에

블은 개인 차원의 맞춤형 필터에 기인한다. 플랫폼의 알고리즘이 개인용 필터를 조성해 이용자들을 반복적인 자기 강화의 추천 회로에 고착시킨다는 게 대중적으로 통용되는 필터 버블의 뜻이다.

그러나 필터 버블은 개인별 추천 메커니즘을 상업적으로 활용하는 플랫폼들과 경험적 증거를 중시하는 학자들에 의해 집중적인 공격을 받아 마이네크에 의해 "인터넷에 관한 가장 어리석은 비유"(Meineck; Bruns, 2019: 9에서 재인용) 하나로 꼽히기도 했다. 한때는 유튜브에서 시청되는 콘텐츠의 약 70%가 사용자의 직접 검색이 아니라 추천 알고리즘에 의해 제공된 콘텐츠이고, 이용자가 이러한 정보 제한 과정을 인지하지 못할 가능성이 높으며, 심지어 개발자 자신도 알고리즘의 작동 메커니즘을 완전히 이해하지 못한다는 점[18] 등의 이유로 집중적인 비판의 대상이 되기도 했다(Whittaker et al., 2021). 하지만 지금에 이르러 필터 버블 개념은 이론적·실증적 연구 모두에서 수많은 반박 증거에 직면해 왔으며(Arguedas et al., 2022; Bruns, 2019; Dahlgren, 2021), 유튜브와 음모론 확산의 연관성을 다룬 최근 연구에서도 그 설명력이 여전히 의문시된다(Cinelli et al., 2021).

필터 버블 역시 개념 정의부터 혼란스럽다. 이를 창안한 패리저(Pariser, 2011)[19]는 기술(필터와 예측 엔진)에 의해 개개인에게 맞는 '유

의한 랭킹(추천)으로 만들어진 에코 체임버다.

18 이의 가장 충격적인 경우는 극단주의 콘텐츠를 막기 위한 대항 메시지가 극단주의 콘텐츠와 과도하게 밀착되어 플랫폼의 추천 · 연관 규칙을 통해 오히려 해당 콘텐츠로의 유입 경로가 되는 아이러니한 상황이다. 이는 예방 캠페인용 메시지가 오히려 이용자를 문제가 되는 콘텐츠로 유도할 수도 있다는 점을 시사한다(Schmitt, 2018).

19 패리저의 이 책의 한국 번역판 제목은 "생각 조종자들"이고, 부제는

일한 정보 유니버스'들이 만들어지는 현상으로 정의한다. 패리저는 "새로운 세대의 인터넷 필터가 당신이 좋아하는 것을 살펴본다. 당신이 실제로 무슨 일을 했는지, 당신과 같은 사람이 무엇을 좋아하는지 살펴보고 추론한다. 예측 엔진들은 끊임없이 당신이 누구인지, 이제 무엇을 하려 하고 또 할 것인지에 대한 이론을 만들어 내고 다듬는다. 이를 통해 우리 각각에 대한 유일한 정보 유니버스를 만든다"(p.15. '정보의 바다'를 '정보 유니버스'로 대체)라고 했다. 패리저는 구글을 대상으로, 두 친구가 같은 검색어를 제시했지만 개인의 특성에 맞게 서로 다른 결과를 얻은 것을 이의 단적인 실례로 제시한다.

패리저의 원래 논지는 필터 버블이 우리 모두, 각자에게 영향을 개별로 미친다는 가정에 기반하고 있다. 특정 이용자나 이용자 집단이 다른 이용자보다 더 폐쇄적인 추천을 받는지를 묻는 연구들은 그러므로 이런 패리저의 생각을 특정 맥락에 적용한 사례로 볼 수 있다. 음모론이나 가짜뉴스의 전파에서, 그리고 정치적으로 극단화를 보이는 일부 집단에 대한 효과에서 이런 문제의식이 강해진다. 또한 일부 연구는 서로 다른 알고리즘을 비교하기도 하는데 이 역시 패리저의 문제의식을 발전시킨 것으로 패리저는 모든 알고리즘을 포괄적으로 '예측 엔진'이라 칭해 알고리즘 사이의 차이까지 보지는 못했다.

"인터넷이 당신에게 숨기고 있는 것"이다. 필터 버블을 직역('여과 거품'?)할 수 없고, 그냥 '필터 버블'로 하자니 독자들이 뜻을 짐작하기 어려워(당시는 2011년이다) 상당히 의역한 '생각 조종자들'로 했을 것으로 짐작된다. 그러나 원제목에 비추어도 그렇고, '조종'이라는 말의 과격함에서도 그렇고, 아무래도 생경한 건 어쩔 수 없다. 만약 지금이라면 그간 좀 그래도 이 용어가 쓰였으니 바로 '필터 버블'로 했을 것 같다. (그러나 저자의 이름인 Pariser가 프레이저가 된 것은 좀 성의 부족 같다. 최소한 파리저나 패리저로 해야 했다.)

레이젠 등(Leysen et al., 2022)이 제시한 정의는 패리저 이후 달라진 문제의식을 반영한 좀 더 폭 넓고 분석적인 것이다. 이들은 먼저 패리저가 말한 정보 유니버스를 개인 맞춤형 필터링 구조로 이해하고, 시간이 지남에 따라 개인이 접하는 정보의 다양성이 점차 줄어드는 데 문제의 핵심이 있다고 본다. 정보가 개인의 특정 취향이나 그와 유사한 사람들의 것으로 예측·추천되면서(걸러지면서) 노출의 선택적 배제성이 크게 강해지는 것이다.

이런 추천에는 다양한 이해관계자들이 개입하는데, 가장 중요한 것은 취향을 행사해서 처음 밑그림을 그리는 '이용자' 자신이고, 다음으로 이를 받아 비슷한 취향들을 모으고 평균적 레퍼토리를 찾아내는 추천 '시스템,' 그리고 마지막으로 이에 맞는 정보를 제공하는 '공급자'다. 그리고 이 과정의 모델링(이론화)에는 시간이라는 변수도 작용한다. 이러한 다양한 요소를 종합하여 내린 필터 버블의 최종 정의는 "다양한 추천 이해관계자들이 내린 선택의 결과 때문에 이용자가 받는 추천의 다양성이 시간이 지남에 따라 어느 한 차원에서든 감소하는 현상"(p.3)이다.

패리저나 레이젠 등의 문제의식이 보여 주는 것처럼 이 다양성 감소는 상당히 심각한 폐해를 낳는다. 관심이 없는 것들을 보지 못하게 하면서, 중요하지만 복잡해서 귀찮거나, 처음 보아 생소한 것들도 같이 차단되기 때문이다. 이는 자기 관심사를 좁히고 기존 신념에 대한 과도한 자신감을 야기하여 확증 편향은 극적으로 증가시키는 반면, 호기심은 위축시킨다. 같은 맥락에서 학습 동기는 떨어지고, 예측 불가능한 것에서 오는 경이로움serendipity 또한 사라진다. 창의성과 혁신 능력, 탐구 능력이 쇠퇴하고, 아이디어와 사람의 다양성, 세상에 대한 이해 또한 감소한다. 이의 종국적 결과는 민주적 정치 과

표 2　필터 버블의 부정적 결과

결과	설명
이용자 신뢰의 감소	소셜 미디어 플랫폼은 콘텐츠를 필터링하는 메커니즘을 투명하게 제공하지 않음. 이러한 필터링은 장기적으로 이용자의 경험을 변화시키고, 투명성 부족은 신뢰를 감소시킴
정보 접근의 제한	이용자들은 전문가에 의한 선별이 없는 가운데 종종 이념적으로 편향된 소수의 뉴스 출처에 의존함
사회적 파편화	필터 버블은 동질적인 정보를 접하는 이용자들에게 자기 확증적 피드백 루프를 만들어 냄. 장기적으로 이러한 현상은 점점 더 극단화되고 파편화된 커뮤니티를 형성하게 될 것임
가짜뉴스의 확산	(필터 버블 외부의) 사실적인 뉴스에 접근하지 못하게 되는 것은 버블 내에서 감정적으로 격렬하고 편향된 뉴스가 신뢰성을 검증 · 의심받지 않고 확산하게 만듦
극단주의의 형성	소셜 미디어의 필터 버블을 통한 이념적 양극화는 극단적인 관점을 확산시키는 데 기여할 것임

출처: Amrollahi, 2019: 4.

정 전체가 서서히 약화되는 일일 것이다. 표 2는 이런 필터 버블의 부정적 결과를 집약한 것이다.

필터 버블 비판

그러나 이 주장은 상당히 단순화된 것이고 대부분은 과장이다. 필터 버블을 처음 제기한 패리저(Praiser, 2011)는 연구자나 이론가가 아니고 온라인을 중심으로 시민 참여를 독려해 온 현장 활동가다. 이 때문에 그의 주장은 학술적 논의라고 하기는 강한 단정이 많고 논리 전개 역시 치밀하지 않다. 관찰 범위가 좁고 피상적이며, 관련 연구를 폭넓게 섭렵하면서 타당도를 높이려는 노력도 상대적으로 부족하다. 또 패리저가 관찰했던 당시와 지금은 소셜 미디어도, 알고리즘도, 이에 대한 (규제적) 인식도 상당히 변했다(물론 이렇게 된 데에는 패리저의 공이 크다).

호주의 브런스와 스웨덴의 달그렌은 아마도 이런 필터 버블 비판에 가장 중심적인 연구자일 것이다. 브런스는 관련 책을 썼고, 달그렌은 제목 자체가 아예 '필터 버블에 관한 비판적 리뷰'인 글을 내놓았다(Bruns, 2019; Dahlgren, 2021). 브런스는 각 학문, 곧 네트워크과학, 사회과학, 미디어커뮤니케이션학별로 필터 버블이 왜 경험적으로 무리한 발상인지를 증명해 보인다.

먼저 네트워크과학에서 보면, 동류집단성에 근거한 다양한 관심 공동체(네트워크)들이 생성되는 것은 확인되나 그들 사이에 단절이 의미를 갖는 경우는 별로 없었다. 즉 네트워크 내에서 정보의 흐름을 방해·제한하는 큰 규모의 분리 현상 또는 집단 사이에 상호 작용을 거의 하지 않는 폐쇄성 같은 것은 발견되지 않았다는 뜻이다.

사회과학 분야의 연구들은 주류 소셜 미디어 플랫폼이 다면적이고 다양한 관심사를 지니고 있어 에코 체임버와 필터 버블의 형성을 어렵게 만든다는 사실을 강조한다. 많은 이용자는 단지 좁은 정치적 의제나 관심사 때문에 페이스북이나 트위터 등을 이용하는 것이 아니라, 다양한 관심사를 추구하기 위해 이러한 플랫폼을 이용한다. 특히 필터 버블이나 에코 체임버 개념의 근본적인 결함은 연구자들이 정치적 논쟁에 너무 몰두한 나머지 이를 과도하게 강조한 데 있다. 이들은 자신들이 온라인이나 소셜 미디어를 경험하는 방식이 정치에 크게 관심이 없는 일반 이용자들과 상당히 다르다는 점을 인식하지 못하고 있다.

미디어커뮤니케이션학 연구자들은 개별 연구들의 상충하는 결과를 전체 미디어 생태계의 광범위한 맥락에서 고려한다. 이는 특정 소셜 미디어 플랫폼 내에서의 다양한 의사소통 방식과 공간뿐만 아니라, 지금의 하이브리드 미디어 환경에서 여러 소셜 미디어 플랫폼과 전통적 미디어 채널 간의 상호 작용과 정보 흐름에 중점을 두는 것이다. 특정 플랫폼 내에서 고도로 당파적이고 극단화된 참여자들이 분리/단절된 공동체를 형성할 가능성이 충분히 있다 해도 전체 하이브리드한 미디어 생태계의 전반적인 이질성을 근본적으로 바꿀 수는 없으며, 대개 참여자들은 (자발적이든 비자발적이든) 다양한 정보와 관점에 어느 정도 노출될 수밖에 없다.

달그렌(Dahlgren, 2021) 역시 이런 브런스 못지않게 필터 버블을 비판한다. 먼저 그는 일종의 전제로 필터 버블의 이율배반적 수용자상像부터 지적한다. 필터 버블론에 따르면, 사람들이 콘텐츠를 선택할 때는 자신의 취향과 기호를 반영하는 적극적인 주체로 행동하지만, 알고리즘에 의해 추천된 콘텐츠에 노출되면 수동적인 수용자가 된다. 같은 수용자가 전혀 다른 두 양태를 보이는데, 여기에는 취향이 행동에 바로 반영되는 '강한 행태주의'와 알고리즘에 약한 '기술 결정론,' 그리고 (소셜) 미디어의 강효과론인 '피하 주사식 모델hypodermic needle model'이 임의로 결합되어 있다. 이러한 관점은 이후 제시되는 아홉 가지에 걸친 그의 구체적인 필터 버블 비판에서 보다 명확하게 드러난다. 다소 길지만 살펴볼 필요가 충분하다.

첫째, 필터 버블은 두 가지 수준에서 이루어진다. 하나는 기술적 차원의 것이고, 다른 하나는 사회적인 차원의 것이다. 기술적 차원에서는 인간의 선택이 맞춤식 알고리즘에 의해 재구성되면서 콘텐츠의 범위가 한정되고 성격이 규정된다. 마치 마이크가 스피커에 가까이 있어 소리가 급격하게 증폭되는 것과 같다. 사회적 차원에서는 좀 더 넓게 이러한 선택과 기술이 인간과 사회에 미치는 원인과 결과, 그리고 더 중요하게는 정치적 과정과 민주주의에 미치는 영향을 살펴볼 수 있다. 이 둘을 패리저는 하나의 과정인 것처럼 연쇄적 논증chained argument으로 다룬다. 그러나 '수학적 모델'과 '인간 사회'는 구분되어야 하고, 실제 일부 경험적 연구들은 그런 주장을 뒷받침한다.

둘째, 정보의 다양성을 과소평가한다. 실제로 이용자들이 접하는 정보는 다양하지만, 필터 버블 이론은 그 정보 접근의 폭을 상당히 제한적인 것으로 본다. 선택적 노출은 맞는 정보는 선택하고 맞지 않은 정보는 회피하는 성향을 같은 차원에서 말하나 사실 이 둘의 정도는 다르다. 회피하는 성향은 상대적으로 약하고, 자신의 신념에 자신이 있을수록 오히려 도전적인 정보를 더 많이 접하기도 한다. 좋아하는 정도와 싫어하는 정도는 크지는 않다 해도 분명하게 차이가 있다.

셋째, 개인화 알고리즘은 한계가 있다. 알고리즘은 예상만큼 정확하지 않으며, 사람들의 관심사와 행동은 쉽게 예측되지 않는다. 필터 버블은 태도가 행동에 즉각적으로 반영된다고 보는 행태주의와 기술 결정론을 '함께 구운a baked-together' 산물이다. 사람들의 선호와 선택(행위)은 일치되지 않고,[20] 꼭 관심사에 맞는 행동만 하는 것도

20 달그렌(Dahlgren, 2021)은 다른 연구(메타 분석)를 이용해, 태도와 행동 간의 관계의 평균 효과 크기가 r=.79로 나타났다는 점을 예시한다. 높은 수치이기는 하지만 완벽한 상관관계와는 거리가 있다. 디지털 추적 데이터

아니며, 선호는 항상 경합적이다. 일부 맞춤식 알고리즘은 콘텐츠를 추천할 때 협업 필터링을 사용한다. 이는 알고리즘 추천이 여러 이용자의 행동을 바탕으로 한 대규모 데이터세트, 곧 빅 데이터에 의해 결정된다는 것을 의미한다. 정의상, 이는 특정 이용자의 선호에 기반해 콘텐츠를 예측하는 것과는 달리 여러 사람의 평균치(또는 유사한 값)를 취하는 방식이다. 오히려 자신의 버블 안에 고립된다고 주장하는 당초 논리와 반대되는 것이다.

넷째, 사람들 상호 작용의 다양성이다. 사람들은 자신과 비슷한 사람들을 좋아하지만 다른 사람들도 많이 만난다. 주장이나 의견 역시 찬성하는 것만큼은 아니라도 반대되는 것도 많이 보고 듣는다. 물론 모르는 사람들이 대화에 끼어드는 것을 싫어하기 때문에 차단하는 경우도 있으나 소셜 네트워크 사이트가 커질수록 대화하는 사람들의 다양성은 커진다. 필터 버블을 실증해 보면 일관된 결과가 나타나지 않는다. 이는 필터 버블 주장이 체계적이지 않고 우연적인 것에 가깝다는 뜻이다.

다섯째, 정치는 사람들의 생활에서 작은 부분만을 차지할 뿐이다. 사실 이 주장은 상당히 자명하지만 의외로 정치를 중시하는 사람들은 자주 놓치는 부분이다. "우리가 오프라인에서 약 150명 정도와 상호 작용을 하지만, 이 중 정치 문제로 토론을 벌이는 사람들은 9명 정도에 불과하다"(p.24). 소셜 네트워크에서도 정치 토론을 관찰하거나 양극화의 정도를 추산하지만, 이는 대부분 기계(알고리즘)의 영향을 받은 결과라기보다는 이미 정치적으로 적극적이고 참여적인

로부터 사람의 성격 특성을 예측하는 것은 더더욱 어려워 평균 효과 크기가 r=.33에 불과하다.

이용자들 사이의 것일 경우가 많다. 단적으로 필터 버블은 이들 일부 적극적 이용자의 표집 편향 때문에 발생한다.

여섯째, 정보 환경의 다양성이다. 우리는 인터넷이나 소셜 미디어에서만 정보를 얻지 않는다. 비록 레거시로 불리고 있지만 기존 매스 미디어는 여전히 우리의 중요한 정보원이다. '좋아요'를 달지 않는 많은 뉴스를 우리는 이들 미디어로부터 얻는다. 가짜뉴스조차 마찬가지다. 오히려 기존 미디어를 통해 더 많이 접했다는 실증 보고도 있다. 반면 소셜 미디어는 뉴스 외 다른 용도로 훨씬 더 많이 사용한다. 왜 우리가 우애로 교류하는 친구들에게 공정하고 균형 잡힌 뉴스를 요구해야 할까? 우리는 소셜 미디어를 뉴스 전문 미디어로 착각해서는 안 된다.

일곱째, 미국은 세계에서 예외적인 존재다. 유럽의 복수 정당 체제와는 다른 양당제에 1970년대 이래 계속해서 정당 간 대립이 심화된 의회, 승자가 모든 것을 갖는 대통령제를 가졌다. 공영 방송이 약하면서 언론에 대한 신뢰가 가장 낮은 군群에 속한 나라이기도 하다. 인터넷 등이 자극한 선별적 노출이 양극화를 악화시켰을 가능성이 없지는 않지만, 거꾸로 양극화가 선별적 노출을 낳는 경우도 증거가 많다. 필터 버블이 실증되는 곳이 주로 미국이라면 그건 일반화에 조심해야 할 것이다.

여덟째, (대의제) 민주주의는 모든 사람에게 같은 '투입'을 요구하지 않는다. 지금의 민주주의는 직접 민주주의와는 다르다. 설사 필터 버블의 논리대로 사람들이 자신이 지지하는 정보만 소비한다고 해도 사회적 제도와 매스 미디어에 의해 운영되는 다른 민주적인 방식까지 영향을 받는 것은 아니다. 물론 시민들이 정기적으로 자신과 다른 의견이나 정보를 접하고 열린 방식으로 사고해야 한다는 것이 민주주의에 대한 규범적 견해인 건 맞다. 그러나 그에만 의존하지 않는 다양한 설계를 현대의 민주주의 체제는 또한 갖추고 있다.

아홉째, 필터 버블이 무엇인지 불분명하다. 필터 버블에는 앞서 첫째에서 본 두 가지 주장, 하나는 '강하지만 사소하면서 재미가 없고,' 다른 하나는 '약하고 추정적이지만 매우 흥미롭고 중요한' 그런 주장이 합쳐져 들어 있다. 전자는 기껏 알고리즘 수준에서 개인화된, 그것도 집합적으로 평균적인 콘텐츠 추천 시스템 같은 것이다. 후자는 정치적 양극화처럼 미국 사회 같은 곳에서 엄청난 주목과 연구 의욕을 불러일으키는 현상이다. 이 둘을 합치면서 필터 버블은 '모트와 베일리 교리Mott & Bailey doctrines'[21]의 오류를 범한다. 먼저 한 사람이 확실치 않은 함축을 갖는 모호한 용어로 '양극화' 같은 크고 포괄적인 주장을 제기한다(이게 베일리다). 그러나 그 주장이 도전을 받으면, 그 사람은 엄격한 용어, 객관적인 진리, 누구도 반박할 수 없는 철저한 추론을 사용할 수 있는 '알고리즘' 주장으로 물러난다(이것이 모트다). 그리고 모트가 성공적으로 방어되면, 다시 베일리로 돌아가 원래의 근거 없는 주장을 한다. 이것이 문제인 것은 모트와 베일리가 서로 다른 주장이기 때문이다. 필터 버블은 달그렌이 보기에 이러한 오류 속에 빠져 있다.

"패리저가 제시한 필터 버블 이론은 기술이 민주주의에 미치는 부

21 원래 뜻은 '방어용 성채'(모트)와 '성벽 안의 마을'(베일리)이란 뜻이다. 논쟁에서 방어하기 어려운 급진적 주장(베일리)을 쉽게 방어할 수 있는 온건한 주장(모트)과 교묘하게 바꿔치기하는 방식을 가리킨다. 강한 주장을 내세웠다가 반박당하면 온건한 주장으로 바꾸어 논쟁에서 쉽게 이기려는 전략이다.

정적인 결과, 이를테면 정치적 양극화 같은 것을 경고한다(**베일리**). 그러나 이 이론이 도전을 받으면, 언제든지 '두 이용자가 같은 정보를 검색했는데 다른 결과를 얻는다'는 반박할 수 없지만 지엽적인 주장으로 후퇴한다(**모트**). 후퇴한 주장은 사실이기는 해도 원래 제기했던 더 흥미롭고 중요한 '민주주의에 대한 부정적 영향'과는 거리가 있다. 따라서 기술 수준에서의 필터 버블 논의(말하자면, **개인화에 의해 각기 다른 정보를 제공하는지**)와 사회적 수준에서의 논의(**개인화가 사람들을 도전적인 정보로부터 분리시키고 사회 내 정치적 양극화를 증가시키는지**)는 별개로 다뤄져야 한다." (p.27. 강조는 인용자)

베일리는 정치적 양극화 같은 엄청난 현상이다. 그러나 모트는 기껏 알고리즘 수준에서 개인화된 콘텐츠 추천 시스템 같은 것에 불과하다. 후자의 현상이 존재하는 것은 분명하지만, 전자 같은 어마어마한 문제와는 관계가 없다. 설사 관계가 있더라도 아주 약하거나 주고받는 영향의 방향조차 불분명한 것이다. 베일리 현상 때문에 주목을 받지만 그 논거가 모트 수준을 벗어나지 못한다면, 이는 정교한 이론 체계라면 응당 갖춰야 하는 개념적·실증적 타당성이 결여된 것이다.

필터 버블의 실증

알고리즘을 비롯해 플랫폼이 지닌 권력에 대해 경계를 요구하는 필터 버블론에 아무런 의의가 없는 것은 아니다. 심증이나 직관이 나름대로 충분해 보인다. 그러나 증명은 별개의 문제다. 묄러(Möller, 2021)에 따르면, 그 이유는 다음 두 가지다. 첫째, 소셜 미디어 기업이 사용하는 알고리즘은 영업 비밀로 간주되기 때문에 필터 버블을 형성한다고 추정되는 알고리즘에 연구자가 직접 접근하거나 분석할 수 없다.[22] 알고리즘이 블랙박스라는 점은 잘 알려져 있다. 둘째, 이용자의 타임라인을 자동으로 수집해 다양한 정보에 대한 노출을 정확하게 측정하는 것도 해당 플랫폼의 이용 약관 위반으로 간주된다.

물론 사회적 큐레이션과 알고리즘 큐레이션은 본질적으로 연결되어 있으며, 뉴스 큐레이션을 형성하는 더 큰 시스템의 주요 얼개들이다. 따라서 이들이 이용자들의 다양한 정보 접근을 정말 제한하는지 알아보려면, 온라인과 오프라인에서의 뉴스 노출 및 소비를 종합적으로 결합하는 연구 설계가 필요하다. 푸코식으로 풀어 말하면, '물질적 기술'(검색 엔진)과 '비물질적 기술'(개인의 사회적 삶 속에서 형성된 문화와 계급 속 아이디어)의 조합이 과연 어떤 사회 기술적 '순환 구조recursion'를 생성하느냐 여부를 파악해 보고자 하는 것이다(Davies, 2018).

이런 시도에서 나온 필터 버블의 증거는 일관되지 않고 '혼란스럽다.' 유튜브의 알고리즘을 다룬 23개의 연구를 체계적으로 검토한 예실다와 레반도프스키(Yesilda & Lewandowsky, 2022)에 따르면, 14개에서는 유튜브 추천 시스템이 문제적 콘텐츠로 이어졌지만, 7개에서는 혼합된 결과가 나왔고, 2개에서는 추천 시스템의 영향이 발견되

22 이는 학문적으로 알고리즘의 내부 작동을 분석하는 데 본질적 제약이 따른다는 의미다. 비단 필터 버블 때문이 아니더라도 알고리즘에 대한 관심은 매우 높아져 내부 작동 원리를 밝혀내기 위한 '역공학reverse engineering'적 시도까지 이루어졌다(Lewandowsky & Pomerantsev, 2022). 그러나 아직 알고리즘의 핵심 원리는 공개되지 않은 상태다. 표현의 기회는 확대되고 콘텐츠 제작도 누구나 가능해졌지만, 정작 이를 안내하고 연결해 주는 메커니즘이 어떻게 작동하는지는 알 수 없다는 점은 디지털 기술이 가진 가장 역설적인 측면 가운데 하나다(조항제, 2022).

지 않았다. 이는 유튜브가 여러 플랫폼 중에서도 문제적 콘텐츠와의 연관성에서 더 주목받는 사례가 될 수 있음을 보여 준다(Whittaker et al., 2021). 다만 이 리뷰는 이런 결론에 중대한 제한을 둔다. 유튜브 추천 시스템에 대한 접근이 어렵고 이해도 불완전해서, 연구자들이 구축한 모델이 실제 추천 시스템의 작동 방식과 문제적 콘텐츠가 추천되는 경로를 정확히 재현하지 못했을 가능성이 높다는 것이다.

이 이후에 발표된 연구들에서도 혼란은 반복된다. 페이스북과 인스타그램, 두 소셜 미디어에서 알고리즘이 아닌 순수한 시간순으로 뉴스를 제공한 게스 등의 실험 연구(Guess et al., 2023)에서는 '이슈 양극화,' '정서적 양극화,' '정치적 지식 또는 기타 주요 태도'에 유의미한 변화가 없었다. 오히려 변화로는 두 플랫폼 모두에서 정치적이거나 신뢰할 수 없는 콘텐츠의 양이 증가했고, 페이스북에서는 무례한 표현이나 비속어가 포함된 콘텐츠의 양이 감소했으며, 온건한 친구 및 이념적으로 다양한 수용자를 가진 출처의 콘텐츠 양이 증가했다. 다양해지고 혐오는 줄어들었지만, 신뢰할 수 없는 콘텐츠는 늘어나는 양가성이 나타났다. 플랫폼 입장에서는 이용자가 플랫폼에서 머무르는 시간과 활동이 감소했다는 점이 가장 나쁜 점일 것이다. 알고리즘은 영향이 있기는 했으나 그렇게 우려스러운 정도는 아니었다.

유튜브에서 음모론의 영향을 알아보기 위한 또 다른 실험 연구(Schellingerhout, Beraldo, & Marx, 2023)에서는 알고리즘이 음모론 분류 콘텐츠에 노출된 적이 있는 이용자에게 같은 콘텐츠 추천을 하는 경향이 증가했으며, 이 패턴을 뒤집는 것이 생성하는 것보다 훨씬 어렵다는 점이 밝혀졌다. 또한 개인화된 콘텐츠 입력을 활용한 시청 전략이 더 강한 영향을 미칠 수 있다는 징후도 함께 발견되었다.

나라 간 비교 연구도 있다. 7개국의 트위터 알고리즘을 분석한 연구(Huszár et al., 2022)에서는 6개국에서 보수 성향의 정치 세력이 진보 성향보다 알고리즘 증폭 효과를 더 많이 받는 일관된 경향이 나타났다. 미국에서도 알고리즘은 우파 성향의 뉴스를 더 많이 증폭시켰다. 필터 버블과 보수 성향의 친화성이 발견된 것이다.

부닥 등(Budak et al., 2024)은 유해한 콘텐츠의 확산과 알고리즘을 인과적으로 연결시키는 〈뉴욕 타임스〉 등의 세간의 인식을 비판적으로 조명했다. 그들은 알고리즘보다 '수용자 자신의 의지,' '미디어 및 정치 엘리트의 역할,' 유해 콘텐츠가 팔로워들이나 가입자들에게 '배포되는 방식' 등의 매개 역할이 중요하다고 한다. 오히려 알고리즘은 이용자들을 더 온건한 콘텐츠로 유도하고, 극단적인 콘텐츠는 주로 이를 의도적으로 찾는 이용자들에게 제공되는 경향이 있다고 반박한다. 영향은 있지만 유해한 콘텐츠에 대한 책임은 대중적으로 알려진 만큼 크지 않다는 뜻이다.

리우 등(Liu et al., 2025)의 대규모 실험은 가장 최근의 연구일 것이다. 리우 등은 '총기 규제'와 '최저 임금' 두 가지 주제에 대해 약 9,000명의 참가자를 대상으로 네 차례의 실험을 시행했다. 실험은 유튜브의 실제 추천 알고리즘을 실험적으로 조작해 '이념적으로 균형 잡힌 추천'과 '편향된 추천'을 제공함으로써 필터 버블과 '토끼 굴' 상황을 인위적으로 재현했다. 이 설계는 추천 알고리즘이 이용자 행동에 미치는 영향을 연구할 때 혼란 요인이 되어 온 피드백 루프, 곧 추천의 공급과 사용자의 콘텐츠 소비 수요 간의 복합적인 상호 작용에 개입한 것이다. 그러나 이처럼 상당히 강하게(비록 단기적이지만) 조작했음에도 정책 태도에 일관된 인과적 영향을 찾지 못했다. 그 결과 이들은 알고리즘이 정치적 양극화를 유발한다는 널리 퍼진 이론은 재고되어야 하고, 그 입증 책임이 더 강하게 요구되어야 한다고 주장한다.

이처럼 필터 버블에 관한 실증 결과는 한마디로 '갈피를 잡기 어렵다.' 그러나 그렇다고 "연구를 중단해야 할까요?"라는 질문에 묄러처럼 "그렇다"(Möller, 2021: 96)라고 선뜻 대답할 수는 없다. 묄러도 "어느 정도만"이라는 유보 조건을 붙여 주장을 완화했다. 묄러는 아마도 레이젠 등(Leysen et al., 2022)이 말하는 필터 버블 '피로' 때문에 그렇게 대답했을지도 모른다. 그러나 정말 그만두기에 알고리즘은 갈수록 중요해질 뉴스 큐레이션의 구조적 일부가 되어 버렸다.[23]

또 묄러는 이론적 가정과 경험적 증거의 불일치mismatch를 지적하며, '극단화되고 급진화된 개인들'을 예외로 두었지만, 이들 역시 성격이나 맥락에 따라 얼마든지 중요성을 부여받을 수 있다. 이처럼 많은 비판에도 불구하고 여전히 필터 버블의 관련 담론이 활발한 이유도 극단화된 소수의 목소리가 온라인 공간에서 비정상적으로 증폭되며, 여론 형성에 실제 영향을 미치는 사례들이 존재하기 때문이다.[24] 오히려 유튜브에 대해서는 이용자가 알고리즘 추천에 따라 점점 더 심각하고 극단적인 콘텐츠로 빠져든다는 뜻의 '토끼 굴' 같은 거칠고 생경한 비유까지 나온다. 물론 달그렌이 원용한 '모트와 베일리 교리'는 필터 버블 외 에코 체임버 같은 것의 허섬에 대한 비판에

23 정책과 관련된 사고 때문에도 더욱 그러할 것이다. 정책적 논의에 대해서는 휘태커 등(Whittaker et al., 2021)을 참조할 수 있다.

24 이러한 현상은 '소음의 나선spiral of noise'이라는 은유로 설명될 수 있다. '소음의 나선'은 이전 매스 미디어 때의 '침묵의 나선'과는 주목하는 주체('소리 지르는 소수'/'침묵하는 다수')는 다르지만 원리는 거의 같다. 즉 특정 목소리를 과도하게 부각시켜 다수의 의견인 것처럼 오인하게 만들고, 그 결과 다른 의견을 억압하거나 침묵하게 만든다는 점에서 양자는 대동소이하다.

도 상당히 효과적일 수 있는 논리라고 생각한다.

마지막으로, 지금까지의 부정적 평가와 달리 필터 버블에 긍정적 측면도 분명히 존재한다는 점을 유념할 필요가 있다.[25] 추천 시스템이 정보 다양성을 줄이는 것이 항상 나쁜 결과만 낳는 것은 아니다. 다양성을 얼마나, 어떻게 감소시키느냐(상대적으로 선택의 효율성은 높아진다)에 따라 효과는 얼마든지 달라질 수 있으며, 이용자에 대한 이론이 정교해질수록 특정 맥락에서는 오히려 바람직한 결과로 이어질 수도 있다(Leysen et al., 2022). 무한히 자유롭게 선택할 수 있는 환경이 정보 과부하를 조장해 오히려 필요한 정보에 대한 노출은 감소시키거나 사라지게 하는 잘못을 예방해야 할 필요성 때문이다.

'뉴스 추천 시스템'('필터')이 어떤 목적으로 어떻게 설계되느냐에 따라 선별적 노출('버블')을 높이거나 낮출 수 있다는 크누센의 최근 연구(Knudsen, 2023)나 '보호적 필터 버블'로 혐오 표현이나 차별, 정치적 박해 등으로부터 (특히) 주변부 집단을 구제해야 한다는 제안(Erickson, 2024)도 같은 맥락에서 사고한다. 결국 중요한 것은 '필터가 있느냐, 없느냐'가 아니라 '필터를 어떻게 적절히 설계할 것인가'다. 이 경우가 되면 필터 버블은 특정한 문제를 가리키는 개념이 아니라 현상 자체의 작동 원리를 설명하는 중립적 개념으로 이해될 수 있다.

25 이렇게 되기 위한 선결 요건 중 하나는 EU의 디지털서비스법(DSA)이 강조하는 알고리즘에 대한 지속적 감시 체계의 마련이다. DSA는 검증된 vetted 연구자에게 플랫폼 데이터에 대한 접근 권한을 부여하고, 추천 시스템을 정기적으로 감사하게 하는 장치를 구상하고 있다. 이러한 장치는 지역 및 정치적 맥락에 따라 추천 알고리즘이 에코 체임버를 강화(또는 완화)하는지를 파악하고, 이를 바탕으로 플랫폼의 투명성과 책임성을 확보하는 데 필수적인 수단이 될 수 있다(Hartmann et al., 2025).

3장

실재 여부: 엇갈리는 주장들

미국의 전직 대통령(오바마)이 공개적으로 언급할 만큼 디지털 시대의 "통상적 지혜"(Barberá, 2020)로까지 간주되는 에코 체임버 현상의 관건 중 하나는 의외로 이 현상이 실제로 존재하느냐, 이를 경험 과학적으로 증명할 수 있느냐 여부다. 언급은 수없이 되지만, 이 존재 여부가 후련하게 증명되지 않고, 오히려 큰 의미가 없다(유효하지 않다)는 회의론이 팽배하기 때문이다.

앞 장에서 에코 체임버의 정체를 논의하면서 완전히 개념을 정립하지는 못했지만 대체적인 윤곽적인 정의는 제시할 수 있었다. '특정한 신념과 관점으로 이루어진 집단이 집단 내외적으로 흘러 다니는 정보를 통제하고 반대 정보를 차단 또는 억압하는 집단 내 또는 집단 간 역학,' '집단 내부에서 벌어지는 논의에서 기존의 것을 유지·강화하는 집단 내 역학'이 그것인데, 이를 증명하려면 집단 내/외의 의견 역학이 밝혀져야 한다.

경험적 증명의 여부

진정한 매스 미디어로 볼 수 있는 방송이 헤게모니를 잃은 탈방송 시대(Prior, 2007)에 접어들면서 수많은 미디어와 채널이 난립하고 있다. 이에 따라 정보 생태계에는 '사이버발칸화cyberbalkanization'(Van Alstyne & Brynjolfsson, 1996)[26]와 '파편화fragmentation'가 만연하고, 에코 체임버의 가능성 역시 그 어느 때보다 높아진 상태다. 그러나 이것은 모두 추론이고 가정이다. 정말로 그런지는 정해진 절차에 따라 과학적으로 입증되어야 한다.

최근의 동향으로 보면 의외로 에코 체임버 현상은 그렇게 경험적으로 명확하게 증명되지 않고, 이를 증명하는 연구들조차 상당한 한계를 지닌다는 연구들이 다수 나오고 있다(Arguedas et al., 2022; Bruns, 2021; Dubois & Blank, 2018; Dubois & Renna, 2023; Guess et al., 2018). 이보다는 덜하지만 파편화 개념 역시 마찬가지다. 유명한 철학사인 하버마스가 디지털 민주주의 시대의 가장 큰 문제로 "파편화되고, 자기 폐

26 매우 수사적으로 표현된 '사이버발칸화'의 개념은 M. 반 올스타인M. Van Alstyne과 에릭 브린욜프슨Erik Brynjolfsson이 쓴 논문 "전자 커뮤니티: 글로벌 빌리지인가, 사이버발칸화인가?"에서 처음 등장했다. '글로벌 빌리지'는 잘 알려진 대로 유명한 미디어 철학자 매클루언의 용어다. 반 올스타인 등은 이 개념을 이용해 전자 공동체가 지리적 격차를 해소하고 공동체를 통합할 잠재력을 지니는지 여부를 검토하지만, 제시하는 것은 정작 그 반대 가능성, 곧 극단적인 분열로 상호 작용이 단절되고 통합력이 사라져 (소)공동체들이 뿔뿔이 산재하는 발칸화다. 이들은 기술이 기존의 관심은 강화시켜 주면서도 원치 않는 접촉은 쉽게 차단하기 때문에, 지리적 경계가 약화되어 글로벌화가 달성된다 해도 다른 차원의 경계 — 예컨대 사회적, 이념적 분절 — 가 새롭게 등장할 수 있다고 경고한다.

쇄적인 에코 체임버들의 황량한 불협화음”(Habermas, 2022: 159)을 지적했지만, 사실 파편화 역시 적지 않은 사람들에 의해 심각한 의문 부호가 붙은 상태다(Fletcher & Nielsen, 2017; Magin, Geiβ, Stark, & Jürgens, 2022; Webster & Ksiazek, 2012).

특히 에코 체임버에 관한 초기의 실증 연구는 같은 정치색을 가진 사람들의 동류집단성의 발견에 상당히 주목하면서도 대부분은 반대 정보에도 노출된다는 점을 강조한다(Bakshy, Messing, & Adamic, 2015; Barberá et al., 2015; Eady et al., 2019; Flaxman et al., 2016). 브라이트 등(Bright et al., 2020)은 이를 두고 “에코 체임버는 존재한다, 반대 의견이 가득 찬 채로”란 역설적 제목으로 표현한 바 있다. 이는 ‘반대 정보를 완전히 차단하는 에코 체임버는 존재하지 않는다’ 또는 ‘반대 정보에 노출되어도 에코 체임버는 형성될 수 있다’는 것을 말한다. 이 때의 에코 체임버는 상대적으로 소속 집단(네트워크)의 정보적 폐쇄성이 그렇게 크지 않음에도 불구하고 형성되는 것이다. 이 같은 설명은 ‘반대 정보를 회피한다’라는 식의 인지부조화론적 설명이 경험적으로 설득력을 잃고 있다는 사실과도 맞물린다. 실제로 이러한 설명은 많은 연구들에서 지지를 받지 못했다.[27]

캐나다 학자 두보이스 등(Dubois & Blank, 2018; Dubois & Renna, 2023)은 처음부터 설득력 있게 에코 체임버를 비판해 왔다. 그들은 에

27 논리적으로도 에코 체임버가 발생하려면 “네트워크화된 개인이 에코 체임버에 들어가 자신의 (기왕에 있던) 다양한 연결을 끊고, 그 체임버 내에서 더 많고 강력한 연결로 이를 대체해야” 한다. 그러나 이는 마치 “사람들이 컬트에 가입하거나 세뇌되어 기존의 사회적 연결에서 고립되는 과정과 유사하므로…… 흔한 시나리오가 아니다”(O’Hara & Stevens, 2015: 416. 괄호 안은 인용자).

코 체임버가 소수 사람들에만 해당되는 현상이라고 하면서 '일부는 에코 체임버를 피하지 못하기 때문에, 다른 (급진적) 일부는 오히려 에코 체임버를 스스로 형성하면서 그에 매인다'고 주장한다. 그에 따르면 에코 체임버는 일부를 전체로 오인하면서 발생하는 과장이다.

이는 최근 게스(Guess, 2021)에 의해서도 증명된 바 있다. 게스의 연구에 따르면, 미국에서 민주당과 공화당 양당 당원의 미디어 소비를 비교해 보니 두 집단은 2015년에 약 65%, 2016년에는 약 50%가 중첩되어 상당한 유사성을 기록했다. 2016년에 조금 감소했지만 여전히 반半 정도가 같다. 그러나 이러한 경향에서 예외는 이데올로기적으로 편향된 웹사이트에 불균형적으로 많은 트래픽을 몰아가는 소규모의 열성 당파 층이다. 만약 온라인에 에코 체임버가 존재한다면, 바로 이들 소수에게 해당되는 것이라고 할 수 있다. 물론 소수에 불과할지라도 영향과 가시성이 작지 않을 수도 있다. 그러나 아무래도 전반적인 중요성은 낮아지게 마련이다.

그렇다면 왜 그렇게 논의가 지속되는 것일까? 브런스(Bruns, 2019)가 분석한 원인은 우리 사고의 좀 더 심층에 있는 것, 곧 새로운 기술·미디어에 대한 공포가 낳은 일종의 '도덕적 공황moral panic'이다. 이 공황이 아무리 획기적인 신기술이라도 항상 기존 시회와 일정한 협상을 통해 쓰임과 효과가 정해진다는 점을 자주 망각하게 하면서 기왕에 저질렀던 미디어와 커뮤니케이션 연구의 실패를 되풀이시킨다.

> "이러한 도덕적 공황은 미디어 효과에 대한 피상적이고 소박한 이해가 대중뿐만 아니라 미디어 및 정치 행위자들 사이에서도 지속되고 있음을 보여 준다. 이러한 단순한 관점에서는 새로운 미디어 기술이 특히 우리에게 …… '무언가를 바꾼다'고 간주하면서 우리

가 이에 대해 무방비 상태에 놓여 있다고 한다. 그러나 지난 수십 년간의 **미디어 효과 연구의 주요 결론은 새로운 미디어의 도입이 항상 사회적 구성의 협상 과정**이며, 이 과정에서 새로운 미디어 역시 이용자들이 자신의 실천 방식을 조정하는 것만큼이나 적응되고 변화된다는 것이다." (Bruns, 2019: 8. 강조는 인용자)

그는 여기에서 한 걸음 더 나아가 질서가 위협 받을 때, 기존 엘리트들이 도덕적 공황을 방어 전략의 일환으로 활용한다는 점을 지적한다. 따라서 이런 에코 체임버(론)를 통해 '누가 이익을 얻는가cui bono' 또 '에코 체임버의 정책적 지향점은 무엇인가'를 반문해 볼 가치가 있다. 이런 논의가 의미 있는 결론으로 진전되지 않으면서 지금의 공황이 일어났다.

그러나 여러 문제에도 불구하고 에코 체임버를 제기한 의의는 나름으로 중요해 보인다. 소셜 미디어에 대해 전반적으로 조성한 정치적·사회적 경계감도 그렇고, 규제 정책을 위한 여론 조성에서도 그러하다. 설사 에코 체임버나 필터 버블이 '좀비 개념'(Masip et al., 2020)이 되는 한이 있더라도 그 개념들이 끼친 담론적·정책적 효과는 결코 작지 않다.

방송에 대해 충분히 알지 못했으면서도 수많은 규제책이 강구되었듯, 에코 체임버 역시 소셜 미디어에서 나타난 그런 움직임 중 하나로 볼 수 있다. 그러나 이 논의에는 기존 레거시 미디어의 이해관계가 깊게 얽혀 있다. 정작 이들이 과거에 초래한 신뢰 위기를 극복하지 못한 채 답보한다면, 소셜 미디어 규제 주장 역시 정당성을 잃고 표류할 수 있다.

물론 그렇다고 에코 체임버를 증명한 연구가 없다는 것은 전혀 아니다. 오히려 연구의 훨씬 다수는 하트만 등의 리뷰 연구들(Hartmann et al., 2024; Terren & Borge, 2021)이 잘 보여 주는 바대로 에코 체임버에 '긍정적'이었다고 볼 수 있다. 이 긍정은 방법론과도 상당한 연관이 있고, 개념 설정에 따라서도 많이 좌우된다. 연구 방법이 설문 조사나 실험 같은 기존 사회과학 방법이 아닌 디지털 추적 데이터[소셜 (미디어) 데이터]를 주로 다루는 컴퓨테이션 방법일수록, 또 비슷한 사람끼리 모이는 동류집단성이나 클러스터링 같은 것으로 개념의 외연을 넓게 잡을수록(앞서 '표준'이라고 불렀다) 이 현상은 잘 증명된다(Hartmann et al., 2024).

에코 체임버 연구는 대상의 세분성을 기준으로 '단일 이용자,' '집단,' '플랫폼,' '플랫폼 간 비교cross-platform,' 그리고 '총체론holism'으로 구분될 수 있다(Hartmann et al., 2024). 단일 이용자 연구는 에코 체임버가 개별 이용자에서 비롯되는지, 그리고 개별 이용자가 에코 체임버 형성에 어떤 영향을 미치는지 등을 분석한다. 집단 연구는 특정 플랫폼 내의 특정 집단을 분석한다. 대체로 문제가 있는 집단, 예를 들어 기후 변화 부정론자, 백신 반대론자, 트럼프 지지자 등을 주로 연구한다. 플랫폼 연구는 특정 플랫폼의 쓰임이나 알고리즘이 에코 체임버 형성에 어떤 영향을 미치는지를 분석한다. 플랫폼 간 연구는 서로 다른 플랫폼을 비교하여 에코 체임버가 얼마나 잘 조성되는지, 정보 흐름이 왜곡되었는지를 분석한다. 총체론적 연구는 이용자들의 전체 미디어 소비 패턴을 분석하며, 이는 소셜 미디어뿐 아니라 신문, 텔레비전, 기타 미디어까지 같이 아우른다.

대다수 에코 체임버의 연구들은 특정 플랫폼 내 집단이나 커뮤니티를 분석했으며, 주로 동류집단성의 시간에 따른 변화와 그 내부의 정보 흐름을 집단 내부와 외부 사이를 비교하는 데 초점을 맞췄다. 일부 연구는 특정 이용자의 행동을 분석하여 개인이 에코 체임버를 어떻게 형성하는지 살펴보기도 했다. 플랫폼 중에서는 트위터가 압도적이어서 42편이나 되었고, 페이스북도 20편이 되었다. 이들에서는 에코 체임버 현상이 대체로 잘 증명되었다.[28] 플랫폼 전체를 연구 대상으로 하기는 물론 어려웠겠지만, 플랫폼 간 비교 연구도 다섯 편에 불과했다(5/112). 이렇게 볼 때, 에코 체임버 연구는 의외로 플랫폼 측면에서는 상당히 편중되어 있음을 알 수 있다(Hartmann et al., 2024).

에코 체임버를 기존 미디어와 관련해 제기한 것들도 적지만 있다. 보수적 미디어들이 서로 정보를 주고받으면서 폐쇄적 정보 생태계를 구성해 "정보의 연쇄적 확산에 민감하고, 소문과 음모론에 취약하며, 더 극단적인 버전으로 나아가는 경향을 보인다"(p.73)라고 하는 벤클러 등(Benkler, Faris, & Roberts, 2018)의 연구가 그러하고, 약 15%의 미국인이 한 달에 8시간 이상 당파적 텔레비전(폭스, MSNBC, CNN 등)을 시청하며, 자신의 정치 성향과 다른 채널을 시청하는 '정당 외 사람들(outpartisan이다)'까지 포함해 대부분은 특정 채널 하나에만 장기간 충성도를 보인다(그래서 에코 체임버다)고 하는 브루크먼과 칼라(Broockman & Kalla, 2024)의 연구가 그러하다.[29]

28 이런 결과로 비판을 받으면서 플랫폼들은 자연히 데이터 공개를 꺼리게 되었다. 그러나 주요 플랫폼들의 데이터는 적어도 연구 차원에서는 의무적으로 공개되어야 한다.

29 특히 닐슨의 시청 데이터를 활용한 브루크먼과 칼라의 연구는 이 채

그러나 연구의 대다수는 역시 소셜 미디어에 집중된다. 소셜 미디어는 지리적 거리나 공간적 제약에 구애받지 않고, 비용을 거의 들이지 않고도 선택과 참여가 가능하다. 또한 개인 맞춤형 알고리즘이 적용되어 각 이용자에게 최적화된 정보가 제공되고, 이에 따라 강한 선택성과 필터링이 발휘될 수 있다. 특히 소셜 미디어는 전파가 빠르면서, 집단 결속과 규범 위반자에 대한 응징이 가능한 네트워크 환경을 제공한다. 이러한 조건에서는 사실 여부가 검증되지 않은 뉴스나 주장도 바이러스처럼 빠르게 퍼지고, 증폭까지 될 수 있다. 그러나 더 중요한 것은 기존 미디어와 소셜 미디어 간의 결합이 만들어 내는 시너지 효과다. 많은 연구가 증명한 대로 바로 이 시너지가 정보 확산과 감정 동원의 가장 큰 동력이 된다.

물론 '긍정적으로 증명되었다'고 해서 내용이 그렇게 단순하지만은 않다. 페이스북이 주변의 비판에 대응하기 위해 마음먹고 자신의 연구진을 동원해 실시한 벡시 등의 연구(Bakshy, Messing, & Adamic, 2015)가 대표적인 사례다. 이 연구는 1,010만 명 회원의 6개월간 뉴스피드 이용 기록과 이들이 뉴스피드에 공유한 기사 링크를 집적해 이념적으로 얼마나 많은 교차 콘텐츠cross-cutting contents를 접했는지, 그래서 이른바 버블에 정말 갇혔는지를 3단계로 나누어 조사했다.

널들이 수용자에 미치는 영향이 상당한 것임을 시사한다. 이들 시청자 중 절반 이상이 약한 정당 지지자와 무정당 지지자 그리고 반대 정당 지지자들이기 때문이다. 이들은 정치적인 것이 아닌 비정치적인 이유로 이 채널들을 즐겨 시청하지만, 그런데도 이 채널들의 영향력으로부터 자유롭다고 보기 어렵다. 당파적 성향과 선택적 노출을 결합한 상투적 연구가 다수인 점을 고려하면, '관습적 충성도와 비정치적 선택,' 그리고 신빙성 높은 시청률 데이터(닐슨)의 결합이라는 이 연구의 의의는 나름으로 클 것으로 보인다.

결과로 보면, 1단계인 친구들 간 네트워크에서는 보수의 35%, 진보의 24%만이 교차 콘텐츠에 노출되었다. 이어지는 2단계 알고리즘 과정에서는 보수 측 교차 노출이 5%, 진보는 8% 감소했다. 마지막은 이용자 자신의 선택이었는데 보수는 17% 덜 클릭했고, 진보는 6% 덜 클릭했다. 이로 보면, 적어도 페이스북에서 교차 콘텐츠는 친구–알고리즘–자기 자신으로 이어지는 필터링에 의해 차단되었고, 그것을 무엇으로 부르든 버블 현상은 나타난 셈이 되었다. 소셜 미디어 입장에서는 자신의 순수한 책임으로 볼 수 있는 알고리즘의 상대적 크기(5%나 8%)가 개인 선택(17%와 6%)보다 적었다는 점이 책임 회피용 명분이 될 수는 있다고 해도 자신(알고리즘)의 개입 자체를 부정할 수는 없게 되었다.[30]

물론 이 정도 수치를 두고 에코 체임버란 특별한 범주로 부를 수 있을지, 특히 교차 콘텐츠의 결핍이 어느 수준이 되어야 주변 집단을 적대시하기까지 하는 '인지 공동체'로 간주할 수 있을지는 다분히 논란의 대상이 된다. 또 '~이냐 아니냐'의 이분법적 구도('에코 체임버냐 아니냐')로 문제를 판단하는 경향은 연구의 관점을 제한하고, 복잡한 현상을 지나치게 단순화시켰으며reductionistic(Kitchens, Johnson, & Gray, 2020), 일부이지만 플랫폼 규제를 염두에 둔 정치적 의도나 색채를 드러내기도 했다. 바로 이런 점 등이 이해 당사자(페이스북)가 연구 주체가 될 때 나타날 수 있는 폐해일 것이다(이런 연구는 나중에도 나온다).

30 더구나 진보 입장에서 볼 때, 알고리즘의 필터링 비중은 '자신 선택'의 6%보다 큰 8%나 되었다. 이를 통해 이 연구는 페이스북의 의도와는 달리 알고리즘에 내재된 위험성을 보여 주는 근거로 자리 잡게 되었다(구재령, 2022).

그러나 백시나 베일 등(Bail et al., 2018; Bail, 2021/2023)의 연구에서처럼 기대했던 교차 콘텐츠의 효력('온건화 효과' 같은)이 나타나지 않거나 거꾸로 나타나게 되면 이런 연구들의 소용은 크게 떨어진다.

하지만 이런 연구 내 사정이나 고민은 용어에 대해 대중이 얼마나 호응하는지, 공적 담론에서 그 용어가 얼마나 적절하게 사용되는지와는 별개의 문제다. 시민 사회의 감시를 두려워하는 소셜 플랫폼의 입장도 물론 이와 다르다. 에코 체임버를 의심하고 비판하는 연구들은 소셜 미디어의 정치적 이해와는 별개로 동류 집단 수준에서 양산된 연구들에 대한 불만과 이에 다소 무작정 호응하는 대중에 대한 반발로 나왔다. 시민 사회와 플랫폼, 그리고 학계의 입장이 미묘하게 엇갈리는 것이다.

또 학계 내부에서도 이해가 교차하는데, 디지털 데이터를 앞세운 새로운 패러다임(컴퓨테이션)이 에코 체임버를 통해 자신의 영역을 넓히려 하기 때문이다. 지금까지의 결과로 보면 학계는 플랫폼과 컴퓨테이션 방법의 손을 들어주면서 양가성을 보이고 있고, 대중은 시민 사회 측에서 플랫폼을 강력하게 견제하고 있다. 그러나 아무리 대중의 호응이 있다 해도 연구의 문제점까지 사라지는 건 아니다.

증명한 연구들의 문제점

에코 체임버의 존재를 증명한 연구, 그중에서 특히 소셜 미디어의 데이터를 대상으로 한 연구는 스타일이 다음처럼 상당히 정형화되어 있다. 먼저 '특정한 (대부분 논쟁적인) 주제나 사건과 관련된 해시태그 또는 키워드 목록을 작성한다.' 다음으로 '트위터용 API(Application

Programming Interface)[31]를 사용하여 해당 단어를 포함한 트윗을 수집한다.' '수집된 트윗은 불필요한 정보나 중복을 제거하고, 분석이 가능한 형태로 정제한다.' '이런 데이터에서 트윗의 작성자, 리트윗, 언급 관계 등을 바탕으로 이용자 간의 연결성과 클러스터링 패턴을 추출하며, 특정 주제에서 고립된 집단(에코 체임버)의 형성 과정을 시각화한다.' '각 클러스터의 특징을 파악하여 어떤 집단(들)이 비슷한 의견을 가진 사람들끼리만 소통하는지, 또는 타 집단과의 교류가 유난히 적은지를 밝힌다.'[32]

이의 목적은 서로 유사한 노드들이 네트워크 안에서 모이는 '클러스터링'을 보여 주는 것이다. '네트워크 내 중심과 주변 사이가 얼마나 밀도 있게 연결되는가,' '정보가 네트워크에서 어떻게 전파되고 차단되는지'를 밝혀 일정한 수준으로 주변과 분리된 특정 집단화가 발생하느냐만 보여 주면 끝난다. 그러나 이는 가장 기초적인, 일종의 전제를 확인하는 데 머무는 것이다. 왜냐하면 에코 체임버의 가장 핵심적인 논리는 '의견 역학 모델opinion dynamics models'에 있기 때문이다. 의견 역학 모델은 네트워크 내에서 신념이 진화되는 과정, 곧 새로운 정보가 배척되고 내/외집단 사이에 신뢰의 격차가 생기면서 기존 신념이 강화되는 과정을 밝히려 한다. 다시 말해 개인의 정보 공유 및 의견 갱신 과정(활성화 메커니즘)과 의견의 선택 및 우선순위 결정(정렬 알

31 API는 소프트웨어 간 상호 작용을 가능하게 하는 인터페이스다. 다른 프로그램이나 서비스의 기능을 보다 쉽게 이용할 수 있도록 지원한다. 트위터 API를 사용하면 트위터 데이터(트윗, 사용자 정보 등)를 자동으로 수집하거나 조작할 수 있다.

32 바베라 등(Barberá et al., 2015)의 연구를 굼베르트 등(Gumbert et al., 2023)이 정리한 것이다.

고리즘)을 통해 네트워크 내 의견의 형성과 변화를 설명하는 것이다.

그런데 네트워크 내의 의견은 아무리 베이지안Baysian 에이전트[33] 사이의 합리적 결정 과정("평등하고 합리적이며 정직한 베이지안 에이전트가 존재하는 이상적인 조건에서도 에코 체임버가 형성될 수 있는가?")을 거치더라도 일정하게 클러스터를 만들고, 규모가 커질수록 그 경향은 강화된다(Madsen, Bailey, & Pilditch, 2018). 그러니까 다음의 인용에서처럼 에코 체임버는 단지 사람 간의 연결 구조, 곧 네트워크이기 때문에 발생하며, 인지적 편향이나 의도적 선별은 반드시 필요한 조건이 아니다. 연구 역시 네트워크 효과만 잘 보여 주면 된다. 왜 이런 연구 스타일이 에코 체임버를 쉽게 증명하는지 확실하게 보여 준다.

> "에코 체임버는 동질적인 사람들이 모여 기존의 신념을 강화하는 폐쇄적인 인식 집단이다. (그러나) 에코 체임버의 형성에 인지적 오류가 반드시 필요한지, 그리고 상반된 정보가 존재하는 네트워크에서도 에코 체임버가 지속될 수 있는지는 여전히 명확하지 않다. 이 연구에서는 오류가 없는 베이지안 에이전트들 사이에서도 이론적으로 에코 체임버가 형성될 수 있음을 보여 주었으며, 네트워크가 커질수록 …… 오히려 촉진된다는 사실을 확인했다. **이는 네트워크 구조 자체가 에코 체임버 형성에 기여한다는 점을 시사한다**. 인지적 및 사회적 편향이 에코 체임버 생성을 악화시킬 수는 있지만, 필

33 여기에서 이 에이전트는 의사 결정 과정에서 감정적 편향이나 직관적 판단에 의존하지 않고, 주어진 데이터를 기반으로 확률적 추론을 수행하는 존재다. 특히 현실에서의 인간과 달리 새로운 정보를 쉽게 수용하고, 이를 기존의 신념(사전 확률)과 결합해 사후 확률을 올바르게 업데이트한다. 잘못된 가정이나 확증 편향, 동기화된 추론 같은 인지적 오류가 없다.

요조건은 아니다." (Madsen, Bailey, & Pilditch, 2018: 1. 강조는 인용자)

그러나 이 같은 스타일을 가진 연구의 한계 또는 단점은 사실 명약관화하다. 예를 들어 네트워크에서 아주 단순한 '수용과 차단influence and unfriending,' 심지어 확증 편향 같은 개인 차원의 필터만으로도 쉽게 에코 체임버가 형성되기 때문이다(Sasahara et al., 2021; Geschke et al., 2019). 디지털 데이터를 기반으로 한 연구는 대규모 집단을 다루기 때문에 작은 차이도 통계적으로 유의미하게 될 수 있는 장점이 있다.[34] 그러나 이 에코 체임비는 단지 동류적 집단화일 뿐, 진정한 에코 체임버로 볼 수 있는 '편향적 인지 공동체'가 아니다. 이 공동체는 네트워크 내에서 정보 흐름이나 의견 교환, 특정한 집단(체임버) 내에서 여러 의견이 부딪치면서 나타나는 권장/배제의 의견 동학의 산물이다.

여기에서 파생되는 연구의 또 다른 맹점은 일부 적극적이고 극단적인 수용자가 클러스터링에 과다 기여해 전체의 대표성을 왜곡한다는 점이다(Shore, Baek, & Dellarocas, 2018). 이런 연구는 네트워크 내 활동, 예를 들어 게시물 수, 댓글 수, 공유 횟수 등을 기준으로 데이터를 필터링하기 쉽고, 이는 자연스럽게 적극적 이용자들이 연구에서 과다 대표될 가능성을 높인다. 에코 체임버론은 주변적 또는 소극적인 다수를 중심으로 이들의 자율적 결정을 저해하는 정보 흐름이나 의견 형성 과정을 설명하고자 하는 것인데, 정작 초점이 적극

34 그래서 효과 크기도 같이 제시되어야 하지만, 이 크기가 너무 작아 아예 연구 자체가 의미가 없는 경우도 발견된다. 본드 등(Bond et al., 2012)의 연구에 대한 테오카리스와 융헤르(Theocharis & Jungherr, 2021)의 비판을 보라.

적 일부에 치우친다면 연구의 의의는 크게 떨어질 수밖에 없다. 정치가 중심 주제가 되면서 당파적 성향의 비중이 증가하는 경향은 어느 정도 불가피하지만(Bakshy, Messing, & Adamic, 2016; Barberá et al., 2015; Conover et al., 2011), 다수인 온건한 수용자, 정치적 당파성이 약한 수용자에 대한 세심한 배려 없이 이뤄지는 일반화는 많은 무리가 있다.

둘째, 이런 연구의 대부분이 주로 하나의 플랫폼(주로, 트위터/페이스북)에서 이루어졌다는 한계도 작다고 할 수 없다(Arguedas et al., 2022). 복수의 플랫폼을 교차로 연구한 경우가 드물다는 점은 많은 수용자가 복수의 소셜 미디어를 이용하는 현실에 비추어 연구의 치명적 한계가 아닐 수 없다. 퓨리서치센터Pew Research Center의 조사(2021)에 따르면, 미국의 경우 18세에서 29세 사이의 연령대일 경우 거의 5개 정도의 소셜 미디어를 이용하며, 30세에서 49세의 경우에도 세 개 정도(가장 낮은 인스타그램의 이용률이 48%), 50세에서 64세까지는 두 개 정도를 평균적으로 이용한다. 이 연령대에서는 핀터레스트의 이용률이 38% 정도 되었지만, 이는 제외했다. 65세 이상의 경우에도 49%가 유튜브를, 50%가 페이스북을 이용했다. 복수의 이용 가능성이 상당히 높다고 할 수 있다. 이런 가운데 하나의 소셜 미디어만 분석 대상으로 삼는 것은 65세 이상의 경우 정도를 제외하면 설명력이나 신뢰도가 상당히 떨어지는 것이다.

소셜 미디어도 종류가 많이 늘어나면서 그 차이가 처음보다 상당히 중요해졌지만, 이를 분석한 시도는 상당히 적다. 예컨대 페이스북과 트위터, 레딧을 비교해 페이스북이 이용자를 좀 더 당파적인 성향으로 이끈다는 점을 보고한 키친즈 등(Kitchens et al., 2020)이나 이 셋에 갭까지 넣어 네 소셜 미디어의 '상호 작용 네트워크에서 동류집단성의 정도,' '같은 성향의 이용자를 향한 정보 확산의 편향성'을 비교한 시넬리 등의 연구(Cinelli et al., 2021) 정도다. 휘태커 등(Whittaker et al., 2021)은 극우 성향의 콘텐츠가 많기로 유명한 유튜브와 레딧, 갭을 비교해 유튜브가 이런 콘텐츠를 더 증폭시키는 경향이 있는 것을 발견해 주목을 받았다.

이 중 시넬리 등(Cinelli et al., 2021) 연구 결과에 따르면, 주로 페이스북과 트위터에서 같은 성향의 이용자 집합이 온라인 상호 작용을 지배하고 있었고(에코 체임버가 충분히 증명되었고), 페이스북과 레딧의 뉴스 소비를 비교한 결과에서는 페이스북에서 더 높은 단절/분리가 나타났다.[35] 키친즈 등의 연구에서도 페이스북은 정보원의 다양성은 확대했지만, 보수주의자들을 중도화하는 데 영향을 미쳤던 레딧과는 반대로 당파적 성향의 변화를 촉진했고, 이러한 변화는 진보보다 보수층에서 더 두드러지게 나타났다. 적어도 이 연구로만 보면 페이스북이 더 이용자들을 분리–보수화시키는 소셜 미디어가 되는 셈이다.[36]

35 그러나 이 연구에는 명확한 한계가 존재한다. 이미 이 플랫폼들은 이용자층과 이용 목적에서 큰 차이를 보였기 때문이다. 레딧에는 진보적 이용자가 많았지만, 갭에는 극우 성향의 보수층이 대다수였다. 아울러 레딧과 갭이 익명으로 잡담하는 곳이었다면, 페이스북은 친구와 가족끼리 어울리는 곳이었다(구재령, 2022). 시넬리 등의 발견은 이미 알려져 있던 것의 재확인일 뿐 새로운 것이 아니었다는 뜻이다.

36 물론 이 역시 나라나 사회에 따라 달라질 수 있는 여지가 많다. 야르치 등(Yarchi, Baden, & Kligler-Vilenchik, 2021)의 이스라엘 연구에 따르면, 트위터와 왓츠앱, 페이스북 가운데 가장 동질적이면서 정치적 입장에서 양극화가 관찰되고, 집단 간 적대감까지 두드러진 소셜 미디어는 트위터였고, 가장 약한 미디어가 페이스북이었다. 저자들은 페이스북의 알고리즘 피드가 다양성을 조성하는 데 영향을 미쳤을 가능성이 있다고 설명한다. 이로부터 국가 간 비교 연구나 플랫폼 간 비교 연구의 필요성이 크게 부각될 수 있다.

이런 여러 한계는 당연히 에코 체임버의 측정 방법의 불일치성·공약 불가능성과 불충분성에 대한 비판으로 이어진다. 키친즈 등(Kitchens et al., 2020)은 에코 체임버 연구의 문제를 여섯 가지로 집약하면서 가장 중요한 것으로 '측정'을 꼽는다.[37] 그간의 연구들은 다양한 온라인 플랫폼이 개별적으로 연구되거나 아니면 일괄적으로 묶여 분석되었기 때문에 사회적 요인과 기술적 특성 및 정보 제한 환경 간의 관계를 파악하기 어렵게 만들었다고 한다. 또 기존 연구는 콘텐츠 '노출,' '공유,' '생성' 등 서로 다른 (과정적) 지점을 측정해 잘못 비교하는 경우가 많았고, 정작 정보 제한 환경에 대한 우려와 더 직접적으로 관련이 있는 '소비'(콘텐츠 소비)는 간과하는 경향이 있었다.

'불충분성'은 두보이스와 블랑크(Dubois & Blank, 2018)가 주로 비판하는 논점이다. 이들은 그간의 에코 체임버 연구가 연구 대상을 지나치게 소셜 미디어 데이터나 특정 온라인 커뮤니티의 상호 작용 패턴에 국한해 왔다고 비판한다. 이 일면성과 협소성이 에코 체임버론의 취지를 심각하게 약화시켜 왔다는 것이다. 에코 체임버의 복잡한 역학은 디지털 공간에만 국한되지 않으며, 오프라인 환경에서도 얼마든지 형성될 수 있다는 점에서 온라인에만 의존하는 접근은 현

37 이 여섯 가지는 첫째, 에코 체임버의 개념적 명확성 부족, 둘째, 부정확한 개념화와 불일치한 측정, 셋째, 서로 다른 결과의 측정, 넷째는 대표성이 부족한 데이터의 사용(활동적인 이용자들에 대한 과도한 주목), 다섯째, 생태학적 오류 또는 집계 편향의 위험, 여섯째는 알고리즘 필터와 투명성의 부족 등이다. 이 중 가장 중시한 것은 둘째와 셋째에서의 측정 문제였고, 다섯째도 이와 관련 있다. 개인을 전체의 속성으로 무리하게 추론하는 '생태학적 오류'뿐만 아니라 사회를 개인의 집적으로만 보는 '개인주의적 오류 individualistic fallacy'도 있다.

상을 축소하거나 왜곡, 심지어 과장할 위험이 있다.

또 이미 여러 차례 확인된 바대로 사람들은 온라인에서만 하더라도 여러 플랫폼을 통해, 심지어 한 플랫폼 내에서도 상당히 다양한 정보에 노출된다고 보는 것이 훨씬 더 정확하다(Bakshy, Messing, & Adamic, 2016; Barberá, 2020). 이 정보들에서 전통적인 레거시 미디어들이 차지하는 비중도 높은 것으로 보고된다(Nechushtai & Lewis, 2019). 여러 조사가 보여 주는 것처럼 텔레비전이나 신문 등의 매스미디어들이 완전히 사라진 것은 아니다.

셋째, 한계는 공간적 무대의 특수성에도 있다. 에코 체임버는 주로 미국 사회를 대상으로 많이 연구되었는데, 미국은 이와 관련된 속성이 지나치게 강해 다른 국가로 일반화하기 어렵다. 미국은 정체성과 관련된 정서적 양극화가 강하게 나타나는 사회여서 조금만 자극을 받아도 집단 사이가 단절/분리된다. 최근의 한 조사에 의하면, 영국에서는 좌파 측의 에코 체임버로 소속되는 것으로 평가받는 사람들의 비율이 불과 2%, 우파 역시 5%에 불과하다. 이것은 다른 나라도 비슷하다. 그러나 미국에서는 무려 수용자의 10%가 당파적 뉴스에 의존한다(Fletcher et al., 2021).[38] 이 점에서 확실히 미국은 예외적

38 물론 이 역시 조사마다 차이가 있어 개별 수치를 무조건적으로 신뢰해서는 안 되는 측면이 있다. 예컨대 게스의 조사(Guess, 2021)에 의하면, 정치적 스펙트럼 전반에 걸쳐 미국인들 대부분은 비교적 중립적인 미디어 소비 패턴을 보이고 있으며, 그중 약 25%는 주류 뉴스 웹사이트와 포털로 구성되어 있다. 최근에도 기왕의 당파적 뉴스 다이어트와는 다른 사례들이 보고된다(Budak et al., 2024). 이런 조사조차도 일관되지 않다는 것은 우리가 적어도 이 분야에 관한 한 항상 불확실과 변화를 전제하고 살아야 하는 것을 의미한다. 물론 상대적으로 미국 사회가 '더 당파적'이라는 건 분명한 듯하다.

존재라 할 수 있다. 미국 내에서도 특히 주로 보수 공화당 지지자, 나이 든 노인들, 일부 정치적 관심이 높은 층, 특정 정치인에 대한 강한 지지자들(트럼프주의자들), 그리고 정치적 색채가 강한 일부 지역에서 효과가 더 크게 나타난다(Arguedas et al., 2022; González-Bailón et al., 2023). 이 인구 층에서는 팩트와 관련된 '인식론적 위기'까지 등장해 문제의 심각성을 더한다(Anderson, 2021). 미국에서는 팩트 여부가 비교적 분명한 사안에서조차 정서적 양극화나 확증 편향 등의 왜곡된 심리 작용의 강한 영향으로 공론장이 혼란에 빠진다.

이를 요약하면, 에코 체임버와 컴퓨테이셔널 방법의 결합은 다른 전통적 방법에 비해 훨씬 그 증명률이 높았다는 점에서 이 용어가 성행하는 데 한 계기가 되었다. 그러나 이를 통해 증명된 네트워크 효과는 에코 체임버의 전제에 불과한 클러스터링을 확인하는 정도에 그쳤고, 일부 수용자를 과잉 대표하게 만들었다. 이는 에코 체임버 현상을 문제의 새로운 원인으로 부각시켰다기보다 소셜 미디어가 디지털 데이터화의 기초가 되면서 나타난 일종의 동시 발생적 현상, 구조적 문제가 아닌 측정가능성에만 몰입한 결과에 가깝다. 또 대부분의 연구는 특정 플랫폼에 집중해 소셜 미디어 전체로 일반화하는 데 문제가 있었고, 측정 방식에서도 일관되지 않거나 충분치 않았다. 그 결과 마땅히 '과장되었다'는 비판을 들어야 했다. 마지막, 미국이라는 공간적 한계 역시 이론적 보편성을 갖추는 데는 문제가 있었다. 상대적으로 다른 나라에서는 양극화나 정치적 분리 정도가 그렇게 높지 않았다.

에코 체임버 연구와 방법

이처럼 에코 체임버 현상의 증명은 분석 방법과 깊은 관계가 있다 (Hartmann et al., 2024; Terren & Borge, 2021). 방법에는 대체로 컴퓨테이션 방법을 통한 '소셜 데이터 분석'과 전통적인 '설문 조사·실험,' 그리고 두 가지 이상이 동원되는 '혼합 방법'이 있는데, 이 중 에코 체임버 현상이 실증적으로 확인된 것은 주로 앞서 언급한 컴퓨테이션 소셜 데이터 분석이었다.

에코 체임버 연구를 방법론과 결과에 따라 분류한 표 3을 보면, 소셜 데이터 분석은 에코 체임버의 검증을 시도한 전체 112편 연구 가운데 78편으로 과반이 훨씬 넘는 비중(69.6%, 78/112)을 차지하고, 이들 연구에서 71.79%가 에코 체임버 가설을 충족시킨다. 이는 다른 연구에 비해 압도적인 수치다. 플랫폼에서 수집된 데이터는 사람들의 실제 행동이나 기분의 '흔적' 또는 '자취'로 묘사된다. 이는 사람들이

표 3 에코 체임버 연구의 방법론과 결과에 따른 분류

(단위: 편, %)

구분	소셜 데이터 분석법	설문 조사	실험	혼합적 방법
편수(112)	78(69.6)	19(17.0)	10(8.9)	5(4.5)
긍정적	71.79	10.53	60.0	40.0
부정적	15.38	57.89	30.0	20.0
혼합적	12.82	31.58	10.0	40.0
계	99.99	100.0	100.0	100.0

출처: Hartmann et al., 2024: 20.

'**단순히 무엇을 한다고** (사후에) **말하는 것**'이 아니라 '**실제로 무엇을 하는지**'를 알려준다(Pentland, 2015; Törnberg & Uitermart, 2021: 4에서 재인용. 강조 인용자). 이들 데이터 분석에는 그간 효용이 검증된 컴퓨터공학의 다양한 데이터 탐사 방법이 동원되고 가설도 충족된다. 이런 방법론 지향성이야말로 에코 체임버 논의의 중요한 특징 중 하나다.

반면, 수용자들이 자기 보고self-report하는 데이터인 19개의 설문 조사 연구에서는 상대적으로 에코 체임버 현상을 부정하는 게 훨씬 많았고(57.89%), 긍정적인 것은 2편밖에 없었다. 실험 방법에서는 긍정적인 연구가 6편으로 설문 조사보다 많았지만, 부정적인 것도 3편이나 되었다. 5편에 불과한 혼합적인 방법에서는 긍정과 부정이 똑같이 나왔다. 여러모로 혁신적 시도로 볼 수 있는 혼합 방법이지만, 숫자가 턱없이 적었고 내용에서도 의미 있는 특성이 발견되지 않았다.

데이터의 성격을 기준으로 디지털 추적 데이터와 자기 보고 데이터, 혼합 데이터 등 세 가지로 분류한 테렌과 보르헤의 리뷰(Terren & Borge, 2021)에서는 디지털 추적 데이터 연구가 43개인 가운데 24개(55.8%)가 긍정적이었다. 자기 보고 데이터 연구는 긍정적인 것이 하나도 없었고, 부정적인 것이 11개 중 5개(45.4%)나 되었다. 혼합 데이터는 연구가 하나밖에 없었고, 결과도 혼합적이었다.[39] 이를 통해

39 나중에 더 보겠지만, 이 연구는 이디 등(Eady et al., 2019)의 것으로 디지털 방법과 설문 조사 방법을 결합했다. 두 방법을 결합하면, 개별 수준에서의 풍부한 데이터와 대규모 소셜 미디어 데이터를 함께 활용해 측정 결과를 교차 검증하고, 온라인 행동의 역동성을 자연스러운 환경에서 관찰할 수 있게 해 준다.

보면, 적어도 학문적 성격에서 에코 체임버는 이론보다는 데이터와 방법론 지향이 훨씬 강한 현상이었다.

테렌과 보르헤 역시 이런 보고를 하면서 에코 체임버에 대한 증명 여부가 데이터의 성격과 밀접한 연관이 있음을 보여 준다. 그들은 크게 연구를 '커뮤니케이션과 상호 작용'과 '콘텐츠 노출'로, 데이터는 앞서 본 대로 '디지털 추적 데이터'와 '자기 보고식 데이터' 등을 기준으로 이분二分했는데, 에코 체임버는 주로 디지털 추적 데이터로 커뮤니케이션과 상호 작용을 분석한 연구들에서 집중적으로 증명되었다. 같은 분류를 한 아르게다스 등(Arguedas et al., 2022)은 두 데이터 사이의 차이가 크지 않아 분류의 의미가 떨어진다고 밝힌 바 있지만, 다른 리뷰와 교차해서 확인해 볼 때, 테렌과 보르헤의 것이 좀 더 신빙성이 있는 것으로 보인다.

데이터 분석 방법

이러한 데이터의 분석 방법은 대체로 다음의 순서 또는 단계를 따른다. 앞서는 트위터를 기준으로 간단하게 과정을 살펴보았으나 하트만 등(Hartmann et al., 2024)이 해부한 다음의 것은 이보다 훨씬 자세하다. 다소 건조하거나 반복적으로 느껴질 수도 있지만, 전체 구조를 이해하기 위한 기본 설명이라는 점에서 의미가 있다. 기본 설명은 하트만 등(Hartmann et al., 2024)을 따랐지만, 소략한 부분은 관련 연구들로 보충했고, 어려운 부분은 좀 더 알기 쉽게 풀어 썼으며, 순서에서도 일부를 바꾸었다.

소셜 미디어 데이터 수집　API 또는 스크래핑을 통해 소셜 미디어 데이터를 수집한다. 이는 트위터, 페이스북과 같은 플랫폼에서 이용자

간의 상호 작용, 팔로 관계, 좋아요 등의 데이터를 추출하는 것을 말한다. 데이터를 수집할 때는 특정한 시간 범위, 키워드, 이용자 활동 등과 같은 조건을 설정해 효율적으로 한다.

에코 체임버 연구에 활용된 데이터는 크게 두 가지, '상호 작용 기반 방법interaction-based methods'에 의한 것과 '콘텐츠 감안 데이터세트content-considering dataset'로 나뉜다. '상호 작용 기반 방법'은 '댓글,' '좋아요,' '공유' 등 이용자 사이에서 이루어진 상호 작용 데이터를 분석한다. 분석의 초점이 네트워크 구조 및 정보 전파, 곧 이용자 간 관계에 있지만 논의되는 콘텐츠의 내용까지 알지는 못한다.

'콘텐츠 감안 데이터세트'는 이용자가 생성한 텍스트, 감정sentiments, 키워드 빈도term frequency, 뉴스 URL 등으로 이루어지며, 비구조화된 데이터이므로 데이터를 이해하기 위해서는 레이블링, 클리닝 또는 자원 집약적인 머신 러닝machine learning(ML) 알고리즘이 적용되어야 한다.[40] 콘텐츠 기반 데이터는 이용자 성향 및 콘텐츠의 의미를 심층적으로 분석하고 에코 체임버가 형성되는 이유를 파악하는 데 중점을 둔다.

플랫폼마다 API 접근 권한이 다르며, 이는 데이터 수집의 용이성과 분석 범위에 영향을 미친다. 특히 케임브리지-어낼리티카Cambridge-Analytica 스캔들[41] 이후 페이스북은 이런 방식으로 외부에

40 게시물 내용이나 댓글 같은 콘텐츠 기반 데이터는 텍스트, 이미지, 비디오 등 다양한 형태의 비구조화된 데이터를 포함한다. 이러한 데이터는 분석 전에 라벨링 및 정리, 스팸과 같은 불필요한 정보의 제거, 오타 수정 등의 사전 처리 작업이 요구된다.

41 페이스북 이용자들의 개인 정보가 부적절하게 수집되어 정치 캠페인에 활용된 대규모 데이터 프라이버시 침해 사건으로 2018년에 폭로되었다.

데이터를 제공하는 것을 극구 꺼려 연구자들 사이에 많은 원성의 대상이 되어 왔다. 그러나 데이터를 제한 없이 쓸 수 있을 때도 무리가 없었던 것은 아니다. 플랫폼과 그들의 API는 항상 소유권이 비밀로 보장된 블랙박스로 존재해 왔고, 연구의 엄격성이나 윤리성, 그리고 사회적 가치를 지키는 데 상당한 한계가 있었다(Tromble, 2021).[42]

표 4는 그간의 에코 체임버 연구를 상호 작용 기반 데이터와 콘텐츠 감안 데이터로 나누어 데이터세트의 특징을 집약하고, 주요 소셜 미디어 플랫폼별로 이슈 또는 키워드를 제시한 것이다. 트위터에서는 리트윗 그래프가 8편으로 가장 많이 다루어졌고, 팔로-팔로잉 네트워크, 정당의 팔로워 및 맨션, 특정 이벤트에서 상반된 의견을 가진 해시태그와 맨션 등이 많았다. 페이스북에서는 '과학적'과 '음모론적'이라는 두 집단을 대조시킨 연구와 뉴스 출처(미디어)의 정치 성향을 기준으로 공유된 기사들을 분석한 연구가 많았다. 이를 보면 그간 연구자들이 어떤 주제에 관심이 있고 어떤 이슈에 주력해 왔는지를 추론하게 해 준다.

사건이 드러난 이후, 페이스북은 막대한 벌금을 부과받았으며, 전 세계적으로 이용자 데이터의 관리와 보호를 강화해야 한다는 요구가 높아졌다.

42 이 데이터의 성격과 연구자들의 자성 필요성을 트럼블(Tromble, 2012: 1)은 다음과 같이 말한다. "플랫폼과 그들의 API는 항상 소유권이 보호된 블랙박스로 존재해 왔고, 학문적 용도를 염두에 둔 것이 아니었다. 연구자들이 외견상 무한히 데이터를 채굴할 수 있었던 시절에도 우리는 그 데이터의 유형이나 품질에 대해 거의 알지 못했다. 더욱이 API 시대의 느슨함 덕분에 많은 연구자들은 연구의 엄격성, 윤리성, 또는 사회적 가치를 간과한 채로 연구를 수행할 수 있었다. 말하자면, 우리의 디지털 연구 과정과 결과물은 항상 높은 수준을 유지했다고 보기 어렵다."

표 4　데이터세트의 종류

구분	상호 작용 기반 데이터세트	콘텐츠 감안 데이터세트
데이터의 특징	• '댓글,' '좋아요,' '공유' 등 이용자 사이에서 이루어진 데이터 • 네트워크 구조 및 정보 전파, 곧 이용자 간 관계에 중점이 있음 • 콘텐츠의 정치적 성향이나 의미를 알기는 어려움	• 게시물 내용, 텍스트 사용, 감정sentiments 분석 등을 파악 • 데이터를 이해하기 위해 레이블링, 클리닝 또는 자원 집약적인 머신 러닝 알고리즘을 적용 • 이용자 성향 및 콘텐츠의 의미를 심층적으로 분석하고 에코 체임버가 형성되는 이유를 파악하는 데 중점이 있음
트위터/X API	• 리트윗 그래프retweet graph(8편) • 루머와 관련된 리트윗 캐스케이드retweet cascades(2편) • 팔로 – 팔로잉 네트워크(4편) • 정당의 팔로워 및 맨션(4편) • 특정 이벤트에서 상반된 의견을 가진 해시태그와 맨션(4편) • 후보자 팔로워, 해시태그, 맨션(각 1편)	• 공유된 콘텐츠evaluated shared content(1편) • 정치적 토크쇼에서 공유된 키워드(1편) • 특정 이벤트(예: 선거, 기후 변화, 백신)에 대한 정치적 트윗의 용어 빈도(3편) • 뉴스 출처(미디어)의 정치 성향을 기준으로 공유된 기사들(3편) • 특정 집단 또는 주제에 대한 게시물의 감정(2편) • 엘리트 및 비엘리트 계정 팔로잉(1편) • 정치적 성향 추정을 위한 해시태그(1편)
페이스북 API	• 특정 페이스북 페이지에서 이용자 활동(3편) • 두 집단('과학적'과 '음모론적')에서 좋아요, 게시물, 댓글(5편) • 오보misinformation와의 관계(1편)	• 트윗*의 감정 및 이용자의 선거(1편) • 뉴스 매체 성향 점수와 함께 공유된 뉴스 URL(3편) • 용어/키워드 클러스터 집단(1편) • 특정 페이스북 페이지에서 게시된 기사에 대한 이용자 반응(1편)
교차 플랫폼 비교	• 페이스북, 트위터/X, 레딧, 갭Gab에서 게시물, 댓글, 리트윗(1편)	• 트위터/X와 갭에서 트윗 분류(신뢰할 수 있는 트윗과 의심스러운 트윗)(1편) • 페이스북 이용자와 유튜브 콘텐츠 노출의 관계를 통한 양극화 예측(1편) • 레딧, 트위터/X, 갭에서 혐오 발언 점수(1편)

구분	상호 작용 기반 데이터세트	콘텐츠 감안 데이터세트
추적 및 소셜(서크 퍼펫 sock puppet) 데이터세트	• 데스크톱 및 랩톱 웹 추적 데이터(YouGov에서 수집)(1편)	• 빙Bing 툴바를 통해 수집된 웹 브라우징 기록(1편) • TV 패널과 2단계 수준의 랩톱/데스크톱 웹 브라우징 패널 간 비교(1편)
VKontakte** 스크래핑	• 친구 관계 및 페이지 팔로워 데이터(1편)	
레딧 API	• 특정 서브레딧(예: 클린턴과 트럼프 지지자) 게시물 및 투표(1편) • 기후 변화 관련 서브레딧(1편)	• 남성 권리 운동 관련 게시물 및 업보트***(1편) • 기후 변화와 관련된 서브레딧 게시물(1편) • 서브레딧 r/news 커뮤니티의 상호 작용, 감정 및 인구 통계 데이터(1편) • 정치 및 비정치와 관련된 101개의 인기 서브레딧(1편)
유튜브		• 특정 주제와 관련된 추천 알고리즘 분석(1편) • 백신 동영상 댓글
갭		• 뉴스 매체 성향 점수와 함께 공유된 뉴스 URL(1편)
웨이보		• 유전자 변형 생물체와 관련된 게시물(1편) • COVID－19 관련 콘텐츠(2편)

* 페이스북 항목에 트윗이 있는 이유는 두 플랫폼을 대상으로 했기 때문이다(Bessi et al., 2016).

** VKontakte는 러시아판 페이스북으로 불리며, 이용자들이 친구를 추가하거나 콘텐츠를 공유할 수 있는 소셜 네트워크 플랫폼이다.

*** 업보트는 레딧에서 사용되는 기능으로, 특정 게시물이나 댓글에 대해 긍정적인 평가를 표현하는 방식을 가리킨다.

출처: Hartmann et al., 2024: 14.

무방향 그래프 생성 수집한 데이터(상호 작용 기반과 콘텐츠 기반)를 바탕으로 무방향 그래프를 구성한다. 여기서 노드node는 이용자(또는 계정)를 뜻하고, 에지edge는 두 이용자 간의 상호 작용이나 콘텐츠 기반 연결을 나타낸다. 노드는 주로 이용자들로 구성되며, 에지는 친구 관계, 콘텐츠 공유, 뉴스 페이지에 대한 하이퍼링크 등 다양한 형태의 상호 작용을 통해 생성된다. 즉 이용자들은 이러한 상호 작용을 매개로 연결되며, 이 연결은 네트워크상에서 에지로 표현된다. 동시에 이용자는 자신이 공유한 게시물이나 뉴스 페이지와의 연결을 통해 의미 네트워크도 형성한다. 각 이용자는 성별, 연령 등 인구 통계 정보, 관심사, 활동 패턴과 같은 노드 속성 벡터를 갖는다. 에지에는 이용자 간의 사회적 유대 강도social tie strength, 예를 들어 상호 작용 빈도나 상호 작용 강도, 친구 관계 여부에 따라 가중치가 부여될 수 있다.

일부 콘텐츠 기반 데이터는 다음과 같은 과정을 통해 '가중치가 있는 무방향 네트워크weighted, undirected network'로 변환된다. 먼저 같은 유형의 노드 간 유사도, 곧 이용자 간 공유된 콘텐츠 또는 친구 관계를 기반으로 한 유사도를 계산한다. 그런 다음 이용자의 속성을 추정한다. 이용자 속성을 기반으로 −1(보수적)에서 1(진보적) 범위의 이념 점수나 정치적 성향 점수를 매긴다. 이에는 이용자가 공유한 뉴스 페이지를 정치적 성향에 따라 분류하는 방식, 이용자가 생성한 콘텐츠 점수를 평균 내어 게시물 수를 −1에서 1 범위로 정렬하는 방식, 또는 감정 분석을 사용해 공유된 콘텐츠를 분석하는 방식 등이 활용된다.

이러한 이용자 속성 추정 기술은 이름 그대로, 이용자가 소비 또는 공유하거나 상호 작용한 콘텐츠를 기반으로 정치 성향을 비롯한 특정 속성을 추정하는 데 활용된다. 이를 통해 서로 다른 성향을 지닌 집단 간의 상호 작용 양상도 분석할 수 있다. 이용자의 성향은 특정 (정치적) 집단에서 활동 이력, 게시물의 내용 분석, 방문한 웹사이트의 성향 점수, 공유된 뉴스 URL이 연결된 미디어의 성향 등을 종합적으로 고려해 추정된다.

무방향 그래프의 이분화 그래프로의 변환 다음, 무방향 그래프를 이분화 그래프bipartite graph로 변환한다. 이분화 그래프는 이용자와 콘텐츠 등 두 종류의 노드를 가지며, 서로 다른 노드 집단 간 관계를 모델링한다. 한쪽의 노드는 소셜 미디어 이용자, 다른 쪽의 노드는 콘텐츠(게시물, 해시태그, 링크 등)를 나타낸다. 이용자가 특정 콘텐츠를 소비하거나 생성하면, 해당 이용자와 콘텐츠 노드 사이에 에지가 생성된다. 이를 통해 이용자들이 특정 콘텐츠와 어떻게 연결되는지를 명확하게 나타낼 수 있다.

이를 에코 체임버 연구들, 그중에서도 콘텐츠 기반 연구들은 단일 모드unipartite mode 그래프로 변환하거나[43] 다중적 이분화 그래프multiple bipartite graph를 사용하거나[44] 아니면 이용자가 게시물을 통해 상호 작용을 하고, 리트윗이나 친구 관계의 강도에 따라 더 강

43 두 개의 노드 그래프를 변환해 같은 종류의 노드끼리만 연결된 단순한 그래프로 만드는 방식이다.

44 한 번에 여러 이분 그래프를 활용해, 이용자와 콘텐츠 사이의 다양한 관계를 분석한 시도다. 예를 들어 한 그래프는 '이용자가 소비한 콘텐츠'를 나타내고, 다른 그래프는 '이용자 간 친구 관계'를 나타낼 수 있다. 이 두 그래프를 결합하거나 비교함으로써 이용자－콘텐츠 관계와 이용자－이용자 관계를 동시에 분석할 수 있다. 여기에서 하트만 등이 든 사례는 델 비카리오 등(Del Vicario et al., 2016)의 것인데, 그러나 이 연구가 다중적 이분화 그래프 기법을 활용한 것으로 보이지는 않는다.

한 가중치를 부여하는 방식으로 수행했다. 일부 연구에서는 상호 작용 네트워크와 추정된 이용자 속성을 사용해 단순히 양극화나 동류 집단성 측정을 사용하기도 했다.

이분화 그래프로부터 네트워크 메트릭을 계산함 이 단계에서는 이분화 그래프의 속성을 기반으로 네트워크 메트릭network metrics을 계산한다. 일종의 (측정)지표인 메트릭은 이용자의 정치적 성향을 추정하고 에코 체임버의 탐지를 위해 활용된다. 어떤 메트릭을 사용할지는 앞서의 '상호 작용 기반'이나 '콘텐츠 고려' 같은 기본 데이터세트의 특성에 따라, 그리고 분석 대상의 세부 수준에 따라 달라진다. 콘텐츠 고려 방법은 이용자들이 서로 다른 관점을 접하는 정도(교차 콘텐츠 노출)를 측정하거나 같은 성향을 가진 집단들 간의 상호 작용인 에코 체임버를 탐지하는 데 주로 사용된다.

이처럼 메트릭은 연구 목적과 분석 단위에 따라 달라질 수 있는데, 접근 방식에서는 '연결주의적인 것connectionist'과 '위상적인 것positional'으로 나눌 수 있다. '연결주의적 접근'은 노드 간 연결 네트워크와 확산 경로의 역할에 중점을 둔다. 각 노드가 얼마나 다른 노드와 연결되어 있는지, 즉 네트워크에서의 연결 정도에 주목해 노드 간 연결의 가중치와 거리, 그리고 정보 흐름을 분석한다. 네트워크 내에서 정보, 자원, 영향력 등이 어떤 경로를 통해 전달되는지가 중요하다.

'위상적 접근'은 네트워크 내 관계 패턴이 각 노드의 역할을 어떻게 규정하는지에 주목한다. 각 노드가 어떤 기능을 수행하는지, 다른 노드들과 어떤 상대적 위치에 있는지를 분석하고, 클러스터링, 모듈성, 중심-주변 구조 등과 같은 네트워크 내 구조적 특성을 파악하고자 한다. 특히 특정 노드가 중심적인 역할을 수행하는지, 아니면 주변적인 위치에 머무는지가 중요해 '중심성centrality' 지표를 자주 활용한다.

많이 쓰이는 메트릭은 '상호 작용 메트릭,' '교차 콘텐츠 메트릭,' 노드 수준의 세분성granularity을 알아보기 위한 '중심성 메트릭,' 집단 및 네트워크 수준에서의 '양극화와 동류집단성 메트릭' 등을 들 수 있다. 이 메트릭 중에서 상호 작용 기반 방법이 많이 활용하는 것은 중심성 메트릭이다. 특정 노드에 연결된 에지의 수를 계산하여 중심성(영향력)을 측정한다. 노드 수준의 중심성 메트릭에는 '정도 중심성degree centrality,' '근접 중심성closeness centrality,' '매개 중심성betweenness centrality,' '고유 벡터 중심성eigenvector centrality' 등이 있다.

이러한 메트릭은 에코 체임버 내에서 영향력 있는 이용자를 식별하는 데 이용된다. 예를 들어, 높은 입도in-degree[45]를 가진 노드는 더 많은 에지로 인접 노드와 연결되어 있다. 에코 체임버 탐지 맥락에서는 어느 계정이 더 많은 리트윗을 직접적으로 받는지를 알아보는 리트윗 네트워크 분석에서 입도 중심성의 정도가 관찰될 수 있다.

'고유 벡터 중심성'은 얼마나 많은 연결이 있는지(연결의 수)뿐만 아니라 중요한 노드와 얼마나 밀접하게 연결되어 있는가를 측정하는 지표이다. 이 중심성은 네트워크 내에서 한 노드의 중요성이 그 노드와 연결된 다른 노드들의 중요성에 의해 결정된다는 점에 초점을 둔다. 이 중심성이 높은 노드는 네트워크 내 '권위자'로 간주될 수

45 입도는 노드로 들어오는 에지의 수이고, 출도out-degree는 노드에서 나가는 에지의 수다. 정도 중심성은 네트워크에서 특정 노드와 직접적으로 연결된 다른 노드의 수를 측정한 값이다.

있으며, 다른 구성원들에게 큰 영향을 미친다. '근접 중심성'은 하나의 노드가 네트워크 내 다른 모든 노드와 떨어져 있는 거리를 측정한다. 근접 중심성이 높은 노드는 '정보 전파자'로 간주되며, 네트워크 내 다른 계정에 더 쉽게 도달할 수 있는 능력을 가진다. '매개 중심성'은 네트워크에서 특정 노드가 다른 노드들 사이의 최단 경로에 얼마나 자주 위치하는지를 측정하는 척도다. 이 값이 높으면 높을수록 네트워크 내에서 중요한 연결 역할을 수행한다고 간주된다.

중심성 지표는 네트워크 내에서 영향력 있는 노드를 파악할 수 있게 해 주고, 에코 체임버의 특성을 이용자 단위로 개별 분석하는 데 활용될 수 있다. 그러나 중심성 측정만으로는 이용자 상호 작용 행동의 더 큰 구조를 파악할 수는 없다. 그래서 필요한 것이 모듈성modularity이다. '모듈성'은 네트워크 내 커뮤니티 구조를 평가하는 데 사용되는 지표로, 커뮤니티가 얼마나 다양한가를 나타낸다. 이 값은 노드들이 커뮤니티 내에서는 얼마나 강하게, 커뮤니티 간에는 얼마나 약하게 연결되어 있는지를 측정한다.

높은 모듈성은 커뮤니티 내부에서는 연결이 매우 강하면서, 커뮤니티 간의 연결은 약하거나 거의 없는 상태를 뜻한다. 네트워크 내에서 같은 관심사를 공유하는 이용자들끼리 강하게 연결되어 있을 경우, 곧 에코 체임버의 경우에 이러한 특성이 강하게 나타난다. 반대로, 낮은 모듈성은 네트워크 내에 명확하게 구분되는 커뮤니티 구조가 없고, 노드들이 무작위로 연결된 상태다.

많은 '콘텐츠 고려 연구'에서는 동류집단성 또는 극단화에 대한 측정을 시도한다(때로 둘을 잘못 혼용하기도 한다). 예를 들어 부틸라인과 윌러의 연구(Boutyline & Willer, 2017)는 트위터를 통해 극단적이고 보수적인 성향을 보이는 개인들이 온건하면서 진보적인 성향을 보인

이들보다 34% 더 높은 동류집단성을 보이는 점을 발견했다.[46] 이들은 보수적이고 정치적으로 극단적인 성향을 보이는 사람들이 인지적 안정성, 명확성, 친숙함 등의 '확실성 선호' 경향이 있고, 이런 선호 때문에 이들은 자신에 동의해 주는 사람들과 더 잘 어울리려는 성향을 보일 가능성이 높다고 추론한다. 여기에서 극단성은 온건성에 대조되는 말로 '어느 한 성향의 확실한 선택'을 의미한다. 이 연구는 보수적 성향이거나 극단적인 사회 운동이 진보나 온건한 운동에 비해 구조적으로 우위를 점할 가능성이 있음을 시사한다. 관용과 이해 역시 이런 성향이나 네트워크의 구조에 따라 다른 정도로 나타날 가능성이 크다. 또 연구의 내용으로 미루어 이들은 '진보냐 보수냐'보다 '극단적이냐 온건하냐'가 동질성(반대로는 배타성)에 영향을 더 많이 미친다고 보는 듯하다.[47]

부틸라인과 윌러는 개인의 정치적 동류집단성, 즉 정치적으로 유사한 대상과의 선택적 연결 경향을 중심으로 분석을 수행했으며, 이를 보완하기 위해 개인의 정치적 극단성(분명하고 일관된 정치 성향)도 함께 측정하였다. 이들은 극단성 정도를 '극단화 점수polarity score'[48]로 추산하고, 집단 소속 정보가 명확하지 않은 경우에는 이용

46 하트만 등(Hartmann et al, 2024: 27)은 이를 두고 3.8배 높다고 했는데 잘못 본 것이다. 정확하게 해석하면, "보수층의 동질성 비율은 진보층에 비해 3.8% 더 높았다(p < .001)"(p.563). 이를 상대적 비율로 환산하면, 34%로 꽤 높은 수치다.

47 이를테면 '극단적 진보'와 '온건한 보수'를 비교해 볼 필요성을 말한다. 부틸라인과 윌러 연구의 전체 논지로 미루어 극단적 진보가 온건한 보수보다 동류집단성의 정도가 더 클 것으로 보인다.

48 하트만 등은 이의 사례로 베시 등(Bessi et al., 2016)을 인용하나 사실

자 간 속성 거리로 이를 추정하였다. 동류집단성은 주로 네트워크 내 연결된 노드 간의 정치 성향 유사도를 바탕으로 측정되었다.

에코 체임버에 관한 연구에서는 정치적 성향이나 이념에 기반한 '이데올로기적 동류집단성'과 연령, 성별, 국적, 소득과 같은 속성에 기반한 '인구통계학적 동류집단성'이 사용되어 체임버 내 개인들이 얼마나 유사한 이데올로기적 또는 인구통계학적 특성을 공유하는지를 평가한다. 노드 수준의 동류집단성뿐만 아니라 집단 및 네트워크 수준의 동류집단성도 중요한 분석 요소다. 집단 수준 동류집단성 또는 더 심화된 의미로 '집단 극단화'는 집단 구성원들의 동질성 합계로 계산된다. 네트워크 수준 동류집단성은 네트워크 전체의 동질성을 평가하며, E-I 지수가 자주 활용된다. E-I 지수는 '외집단 간 연결out-group ties'과 '내집단 연결in-group ties'의 차이를 계산해 상대적 동류집단성의 정도를 나타낸다. 동류집단성은 이렇게 개인 간 유사한 선호와 소속감을 바탕으로 형성되며, 에코 체임버의 기반을 이루는 핵심 원리 중 하나로 작용한다.

동류집단성 측정은 네트워크 내 구조적 흐름을 간접적으로 드러내지만, 특성이나 특질을 공유하는 사람들과의 연결 성향을 연구할 뿐 집단의 구조적 조직을 직접 포착하지는 못한다. 이에 따라

베시 등은 극단화 점수를 산출하지는 않았다. 베시 등은 같은 콘텐츠(동영상)가 페이스북과 유튜브 등에서 어떻게 소비되는지를 비교 분석해 특정 콘텐츠가 양 플랫폼에서 차이 없이 에코 체임버의 형성을 유발한다는 점을 발견했다. 또 이용자들의 댓글 패턴이 에코 체임버 형성을 정확히 예측하는 데 유용한 지표임을 밝혀내기도 했다. 그러나 극단성의 점수화를 시도하지는 않았다. 하트만 등은 이러한 과정이나 결과가 이 점수화가 시도될 수 있게 기초를 마련했다고 본 듯하다.

동류집단성은 다음에 볼 커뮤니티 탐지와 병행하거나 결합해 측정된다. 동류집단성과 극단화 측정을 결합하려는 시도는 특히 동류 집단을 에코 체임버로 개념화한 연구에서 (동질성) 측정의 중요성과 유용성을 보여 준다.

커뮤니티 탐지 및 잠재 공간 모델 사용 비슷한 성향의 이용자들 간의 동질성 관계를 알아보기 위해서는 커뮤니티 탐지 알고리즘이 사용된다. 이에 쓰이는 대표적인 알고리즘에는 루벵Louvain 알고리즘, 라이덴Leiden 알고리즘, 랜덤 워크 모델, 탐욕 알고리즘greedy algorithms, 잠재 공간 모델latent space models, 흐름 안정성flow stability 또는 위계적 클러스터링 알고리즘 등이 있다. 이 알고리즘들이 이분화 그래프bipartite graph에서 커뮤니티를 탐지하기 위해 활용된다.

이 알고리즘들은 이분화 그래프 B(이용자와 콘텐츠 항목 간 연결을 나타내는 구조)를 기반으로, 특정 콘텐츠와 상호 작용할 가능성이 높은 이용자 집단을 식별하는 데 사용된다. 만약 이러한 커뮤니티가 유사한 속성을 가진 사람들이 모여 있는 것이라면, 이 커뮤니티는 이용자의 기존 신념과 의견을 강화하는 에코 체임버로 볼 수 있다.

커뮤니티 내 이용자 간의 유사성을 평가하기 위해서는 다양한 메트릭이 사용될 수 있는데, 이 중에서 하트만 등은 많이 쓰이는 루벵 알고리즘과 라이든 알고리즘, 잠재 공간 모델에 대해서만 좀 더 자세한 설명을 하고 있다. 루벵 알고리즘은 탐욕적 병합greedy agglomerative[49] 클러스터 알고리즘으로 모듈성 점수를 최적화하기 위

49 '탐욕적'이라고 하는 이유는, 매 단계에서 전체 네트워크에 대한 최적화를 고려하지 않고, 단순히 그 순간 가장 점수가 높아지는 병합을 선택하기

해 노드를 반복적으로 병합하여 커뮤니티를 형성한다. 모듈성 점수는 커뮤니티 내의 노드들이 외부의 노드들보다 얼마나 더 밀접하게 연결되어 있는지를 측정한다. 루뱅 알고리즘의 확장판인 라이덴 알고리즘은 커뮤니티 품질과 확장성을 향상시켜 커뮤니티를 추가로 세분, 하부 커뮤니티들로 나누는 정교화 단계refinement step를 도입했다.

잠재 공간 모델은 네트워크 내 노드들이 K개의 잠재적 커뮤니티 중 하나에 속한다고 가정하며, 두 노드 간 에지가 존재할 확률이 이들의 커뮤니티 소속에 따라 달라진다고 본다. 즉 이용자 간의 상호 작용 확률을 잠재적 공간에서의 거리로 변환하고, 이 공간에서 가까운 위치에 있는 노드들이 유사한 연결 패턴을 가질 가능성이 높다고 보는 것이다. 잠재 공간 모델은 저차원 임베딩 공간low-dimensional embedding space에 매핑해서 고차원 데이터의 복잡성을 줄이고, 핵심적인 패턴이나 관계를 더 쉽게 이해하거나 분석할 수 있게 해 준다.

에코 체임버의 존재 여부 판단 앞선 단계에서 네트워크 구조와 사용자 간 상호 작용 특성을 파악했다면, 이제 마지막 단계에서는 특정 메트릭의 임계값(t)을 설정해 이를 초과할 경우 에코 체임버가 형성된 것으로 간주한다. 이는 구조적 분절성이 실제로 의미 있는 집단화로 이어지는지를 확인하는 절차다.[50] 이 지표는 이용자들이 유사한

때문이다. 속도와 효율성을 높이기 위한 전략으로 선택된다.

50 예를 들어 E−I 지수를 활용한다면, −1에 가까울수록 거의 모든 연결이 내집단에 집중되어 있다는 뜻이므로 에코 체임버의 가능성이 높다. 연구자는 임계값 $t=-0.7$ 정도의 값을 설정해, 그보다 낮은 경우 강한 에코 체임버로 간주할 수 있다.

정보나 의견에 얼마나 반복적으로 노출되는지를 측정하며, 이러한 정보 편향의 강도를 바탕으로 에코 체임버의 존재 여부뿐만 아니라 질적 밀도까지 판단할 수 있게 한다.

설문 조사, 실험

설문 조사나 실험 같은 전통적 사회과학 연구 방법도 에코 체임버에 여러 차례 적용됐다. 하트만 등의 연구에 따르면 20편(표 3에 따르면 19편)으로 추산되지만 사실 훨씬 더 많다고 할 수 있다. 그러나 이 방법의 연구들은 대체로 에코 체임버의 존재를 충분히 증명하지 못했다. 특히 자기보고식 데이터에 의존하는 설문 조사 연구는 10.53% 정도만 긍정적 결과를 얻어냈다. 테렌과 보르헤는 이보다 적게 11편을 살폈지만, 이 중 증명한 것은 한 편도 없고 긍정/부정이 교차하는 혼합적 결과도 반을 조금 넘기는 정도였다(6편). 아마도 이 정도가 연구의 전부였다면 에코 체임버는 그저 스쳐 가는 학술적 유행어에 그쳤을지 모른다. 그러나 컴퓨테이션 접근이 특유의 과학주의적 시각화와 클러스터링 논리를 통해 에코 체임버를 상당히 증명했고, 특히 코로나 팬데믹 당시 실병의 전파와 백신 수용, 그리고 가짜뉴스 확산 같은 사례들을 통해 그 방법의 실효성을 보여 주면서 에코 체임버도 힘을 얻게 되었다.

물론 그렇다고 설문 조사나 실험이 전혀 의의가 없었던 것은 아니다. 확증 편향이나 선택적 노출, 동기화된 추론 등 관련 이론의 상당수가 심리학적 것인 만큼 실험은 에코 체임버와 일종의 구조적 친화성을 갖는다. 증명 여부에서도 실험은 설문 조사보다 훨씬 높은 확률로 에코 체임버 현상에 긍정적으로 부응했다. 하트만 등은 실험 방법의 반 이상(60%)의 연구가 긍정적 결과를 냈다고 보고한다.

이들에 따르면, 실험 연구는 주로 선택적 노출, 극단주의, 분노와 같은 개인의 여러 행위에 다양하게 걸쳐 있고, 사용된 데이터 세트의 규모도 102명에서 1,652명까지 폭넓게 구성되었다. 연구 방식은 주로 세 가지로, 특정 정치 성향의 콘텐츠를 공유하는 봇 계정을 참여자가 팔로하도록 한 뒤, 그에 따른 참여자의 노출 콘텐츠 변화나 행태 반응을 추적하는 방식, 실제 뉴스피드나 연구자 설계의 플랫폼 환경에서 콘텐츠 노출 조건을 조작하고, 이에 따른 행동 변화를 측정하는 방식이 있다. 마지막은 봇을 이용하여 연구자가 가짜 계정을 생성, 소셜 미디어나 플랫폼에서 '팔로,' '좋아요'나 특정 콘텐츠를 소비할 때, 플랫폼이 어떻게 반응하고 어떤 콘텐츠를 추천하는지를 측정하는 연구 방식인 서크 퍼펫sock puppet[51] 방식이 있다. 이 방식은 주로 필터 버블처럼 알고리즘의 자동 반응과 추천 경로가 미친 영향을 연구할 때 많이 사용된다.[52]

실험 연구의 용례는 매우 많고, 이 책에서 인용된 많은 연구도 이 방법을 사용했다. 그리고 그중 다수는 온라인에서 무작위 통

51 '서크 퍼펫'은 양말 인형극에서 유래한 용어로, 온라인상에서는 가짜 계정을 의미한다. 본래 장난스러운 의미였지만, 시간이 지나면서 여론 조작, 허위 정보 유포 등의 부정적 용도로 확장되었다.

52 하룬 등(Haroon et al., 2023)의 실험 연구는 서크 퍼펫을 이용해 이념적으로 친화적이거나 극단적인 콘텐츠에 대해 유튜브의 알고리즘이 얼마나 추천 영향력을 발휘하는가를 분석했다. 알고리즘은 실제 당파적 성향을 지닌 이용자들에게 이념 친화적 영상을 주로 추천하기는 하지만, 이용자를 다른 콘텐츠로부터 완전히 차단하지는 않았다. 이념 친화성은 특히 홈페이지 추천에서 두드러졌으며, 우파 성향이 강한 이용자에게는 시청 경로가 깊어질수록 더욱 강화되는 경향을 보였다. 여기에서도 우파와 그에 민감한 알고리즘이 문제가 된다.

제 실험으로 데이터를 얻어 컴퓨테이션 방식으로 집계·분석했으므로 굳이 분류한다면 혼합 방식이라고도 할 수 있다. 무작위 통제 실험은 참가자들을 무작위로 두 집단에 배정해서, 한 집단에는 특정 처치를 하고 다른 집단에는 하지 않음으로써 그 실험 처치의 효과를 명확하게 측정하는 방법이다.

트위터 이용자를 대상으로 한 월포위츠 등(Wolfowicz, Wisburd, & Hasisi, 2023)의 연구는 이런 사례에 잘 어울린다. 이 연구에서 한 집단(실험군)은 트위터의 개인화 알고리즘('필터 버블' 기능)의 추천을 차단한 상태에서 피드를 보게 하고, 다른 집단(대조군)은 트위터의 일반적인 개인화 알고리즘이 적용된 상태로 트위터를 사용하게 했다. 연구진은 이들이 트위터를 사용하는 동안 형성된 에고 중심 네트워크 ego-centric network 데이터와 설문 조사 응답 데이터를 결합해 분석했다. 에고 중심 네트워크 데이터는 한 사용자를 중심으로 그 사용자가 누구를 팔로하는지, 어떤 사람들과 상호 작용을 하는지, 그 관계망의 구조가 어떻게 생겼는지 등을 분석하는 데이터다.

여기에 추가로 설문 조사를 시행해 참가자 개개인이 자살 폭탄 공격에 관한 생각 여부('특정 상황에서는 자살 폭탄 공격이 정당화될 수 있다고 생각하는지')를 측정했다. 에코 체임버의 대리 지표로는 E-I 지수E-I index와 모듈성modularity을 활용했는데, 분석 결과 이 두 지표 모두에서 통계적으로 유의미한 상호 작용 효과가 나타났다. 실험군에서는 이 두 지표의 점수가 높을수록 급진화 가능성이 낮아졌고, 대조군에서는 반대 경향이 관찰됐다.[53] 결국 이는 에코 체임버(네트워크의 폐쇄

53 앞서 잠시 본 대로 E-I 지수가 높다는 것은 자기 집단 외부와의 연결이 많다는 의미로 보다 개방적인 네트워크를 뜻한다. 반면, 모듈성 값이 높

적 특성)가 알고리즘 강화 환경(필터 버블)을 강화시키는 효과로 귀결되는 과정을 보여 주었다. 세부적으로는 디지털 데이터 분석과 설문 조사 기법이 모두 동원되었으나 기본 설계는 실험인 연구였다.

설문 조사의 경우에는 에코 체임버를 잘 증명해 내지는 못했지만, 컴퓨테이션 연구에 의한 에코 체임버 연구를 유효하게 비판하는 준거가 된다는 점에서 다소 역설적이지만 의의를 찾을 수도 있다. 두보이스와 블랑크(Dubois & Blank, 2018)의 연구가 대표적인데, 이 연구는 전국을 대표하는 영국의 성인(인터넷 이용자)을 대상으로 설문 조사를 시행해 에코 체임버 현상을 실증(또는 반증)하려 했다. 그 결과, 정치적 관심이 높거나 다양하게 미디어를 소비하는 사람들은 에코 체임버를 피하는 경향이 있었다. 에코 체임버에 갇히는 것은 일부 소수에만 해당하는 현상이었다. 에코 체임버에 대한 그간 연구가 단일 플랫폼에 집중해 현실과 동떨어지거나 단순한 정의와 측정 방식을 사용해 실세의 복합적 미디어 환경을 반영하지 못했다는 점도 비판했다. 그들이 조사한 영국 성인들은 다양한 루트를 이용해 다양한 정보를 접하고 있었다. '에코 체임버 현상은 과장되었다'는 그들의 논문 제목을 따른다면, 에코 체임버는 지금의 온라인 환경의 다양성을 무시하는 상당히 일면적인 아이디어에 불과할 수 있다.

빔 등(Beam, Hutchens, & Hmielowski, 2018)의 연구는 2016년 미국 대통령 선거 기간에 수집된 3단계 패널 (설문 조사) 데이터를 사용하여 페이스북 뉴스 이용과 정치적 양극화 간의 상호 관계를 분석했다. 그런데 결과는 극단화가 아니라 오히려 반대로 정치적 입장이 온건한

다는 것은 네트워크 내 집단 결속력이 강하고 다른 집단과의 연결이 적다는 의미로, 에코 체임버 성향이 강하다는 것을 나타낸다.

것이 되는 탈양극화의 나선 효과spiral effect로 나타났다. 이는 페이스북에서 뉴스를 소비하는 사람들이 자신의 의견과 같은 사람들뿐만 아니라 점차 반대 의견도 접하게 되었기 때문이다. 이 뉴스 소비자들은 의식적으로 뉴스를 추구하기보다는 소셜 미디어 활동을 하면서 우연한 기회에 뉴스를 접하는 경우가 많았다. 이의 효과를 빔 등은 정파적 정체성보다 시민적 정체성의 강화로 해석했다. 이 연구는 같은 의견에 지속적으로 노출되는 것이 더 큰 정서적 양극화를 낳는다는, 이른바 '병행 모델'에 대한 어떤 증거도 발견하지 못했다고 하면서 에코 체임버 효과를 부인했다.

사실 설문 조사가 의존하는 자기보고식 데이터는 한계가 있다(Arguedas et al., 2022; Terren & Borge, 2021). 인간의 기억, 인식, 편향 등의 영향을 받을 수밖에 없어 기본적인 측정 오류가 많다. '사회적 바람직성 편향social desirability bias'도 커서 응답자는 스스로 생각하기에 '좋은 행동'은 과대 보고하고, '나쁜 행동'은 과소 보고한다. 또 이용자가 자신의 과거 행동을 정확히 기억하지 못할 회상 오류의 가능성도 있다. 지금처럼 이미지와 정보가 넘쳐나는 빠른 디지털 환경은 이러한 오류를 더욱 악화시킬 수 있다. 전수 조사를 목표하는 컴퓨테이션에 비해 설문 조사는 표본 크기가 항상 제한이 있어 결과를 일반화하는 데 무리가 있기도 하다.

혼합 방법

혼합 방법 역시 많지는 않지만 빼놓을 수 없는 방법이다. 하트만 등(Hartmann et al., 2024)은 표 4에서 봤던 대로 6개의 연구를 혼합 연구 방법 범주에 넣는다. 대부분 특정 플랫폼만을 대상으로 했고, 일부만 플랫폼 교차 분석(Kitchens et al., 2020)을 수행했다. 실험 연구 때처럼 주로 서크 퍼펫을 이용해 이용자 행동과 추천 시스템이 에코 체임버 형성에 미치는 영향이나 극단주의·허위 정보에 초점을 맞추었다. 실험과 설문 조사 데이터를 디지털 추적 데이터와 결합한 것이 대부분으로 질적 연구와 양적 연구를 결합한 것은 거의 없었다.[54]

혼합 연구 방법 역시 엇갈리는 결과를 보이는데, 동류집단성을 주축 개념으로 사용하는 연구는 에코 체임버 가설을 지지하고, 반대로 맥락적 노출context exposure을 사용하는 연구는 부정적인 결과를 보이는 경향을 보였다. 일차적이고 표피적인 관계에서는 동류집단성이 쉽게 눈에 띄지만, 좀 더 깊은 사회 맥락적 관계에서까지 에코 체임버의 성향이 나타나지는 않는다는 뜻이다.

이 방법은 아무래도 이중고를 겪어야 하는 연구상의 어려움 때문에 시도가 늘 적다. 그러나 적절성이나 필요성은 매우 크다고 할 수 있다. 앞서도 본 대로 각 방법, 데이터들의 한계가 뚜렷하기 때문이다. 특히 디시털 데이터는 많이 쓰이는 만큼 연구 결과도 늘 판박이처럼 닮아 있어 개별적 구체성이나 질적 맥락에 대한 분석은 항상 뒷전으로 밀려난다. 그러므로 설문 조사나 실험뿐만 아니라 (다음에 살펴볼) 질적 연구 방법과의 결합 필요성도 크다고 할 수 있다.

설문 조사와 인터넷 데이디를 결합한 연구 중 많이 주목받은 것 중 하나는 그간 관련 연구를 주도해 왔던 연구자들이 다수 참여한 이디 등(Eady et al., 2019)의 연구일 것이다. 이 연구는 소셜 미디어

54 하트만 등은 분석 대상에 넣지도 않은, 베일(Bail, 2021/2023)이나 그루사우스카이테 등(Grusauskaite et al., 2024), 퇴른버그 등(Törnberg & Törnberg, 2024)의 연구 정도다. 하트만 등은 나중의 논문에서는 그루사우스카이테 등은 포함했다.

플랫폼이 온라인 버블 또는 에코 체임버에 얼마나 머무르게 하는지를 파악하고자 미국인 대상의 대표 설문 조사 데이터를 응답자의 공개된 트위터 계정 데이터(N=1,496)와 연결하여 분석했다. 다음으로 사용자의 이념적 성향을 검증한 기존 데이터를 활용하여 설문 응답자들이 팔로한 모든 계정(N=642,345)과 해당 계정들이 게시한 전체 트윗(N 약 12억 개)을 분석해 온라인 정치 및 미디어 환경의 이념적 분포를 정량화하였다. 이후 진보(리버럴)주의자와 보수주의자가 상반된 태도의 메시지에 노출되는 정도를 두 가지 방식, 첫째는 응답자가 팔로한 계정을 통해, 둘째는 해당 계정에서 직접 또는 리트윗을 통해 전달된 트윗을 통해 분석했다.

연구 결과 응답자의 3분의 1 이상이 미디어 출처를 전혀 팔로하지 않았고, 미디어 출처를 팔로한 사람들 사이에서는 정치적으로 서로 반대편에 있는 이들이 절반 가량(51%) 같은 계정을 팔로해 상당한 이념적 중첩을 보였다. 그러나 샘플 내 가장 보수적인 20% 집단 중 61%는 〈뉴욕 타임스〉와 같이 '좌파'로 분류되는 미디어 계정을 거의 팔로하지 않는 것으로 나타나 이들의 온라인 미디어 소비가 이념적 차원에서 상당히 제한적인 것임을 보여 주었다. 물론 이 61%의 보수적 응답자 중 45%는 주류 미디어 또는 진보 성향 네트워크의 TV 뉴스를 시청한다고 보고했다. 따라서 온라인 행동만을 분석하고 오프라인 행동을 간과할 경우, 주류 뉴스에 대한 노출 수준을 과소평가하여 잘못된 결론을 낳을 수 있다.

물론 당파성별로 차이도 크게 나타났다. 예를 들어, 가장 좌측에 있는 이념적 집단의 16%와 두 번째 집단의 15%만이 5% 이상 폭스뉴스 같은 우측 미디어의 팔로 계정을 갖고 있다. 가장 우측 이념적 집단에서는 그래도 각 22%와 30%에 달하는 응답자들이 최소

5%의 팔로 계정이 MSNBC처럼 좌측에 있는 미디어에 있었다. 두 뉴스 네트워크의 이념적 위치가 절댓값으로 비교해 유사하다는 점을 고려하면, 이러한 팔로 활동의 비대칭은 주목할 만한 결과다. 또한 이 연구는 대중의 소셜 미디어 노출에 대해서도 중요한 사실을 밝혀주는데, 진보주의자 중 85%가 가장 보수적인 집단의 3분의 2 이상이 노출되는 이념적 관점(폭스뉴스)에 노출되지 않는다는 것이다. 동시에 보수주의자 중 78%는 진보주의자 중 78%가 노출되는 이념적 관점(MSNBC)에 노출되지 않는다.

이 연구의 결과는 진보와 보수 양측이 중간의 영역에서 폭넓게 미디어를 시청하지만, 소셜 미디어의 팔로 등에서는 자신의 입장에 충실한 에코 체임버적 현상을 보인다는 것이다. 다소는 예측 가능한 결과이지만 흥미로운 발견도 있다. 보수주의자들이 진보 성향으로 분류된 미디어 및 정치 계정을 팔로할 가능성이 더 높게 나타난 점이다. 이런 결과가 이후 연구에는 거의 나타나지 않는 것(주로 반대다)으로 미루어 일회적인 것으로 끝날 가능성이 높지만, 이런 혼합 방법의 연구들이 거의 없어 다시 시도해 볼 가치는 클 것으로 보인다. 가장 보수적인 응답자 중 거의 반수(45%)가 주류 미디어 또는 진보 성향 네트워크의 TV 뉴스를 시청한다고 보고한 점도 또한 색다른 발견이라고 할 수 있을 것이다. 이는 두보이스와 블랑크(Dubois & Blank, 2018)의 주장과도 어느 정도 일치하는 결과다.

방법론적 입장에서 볼 때, 이 연구는 개인의 이념적 성향(설문 조사를 통해 수집된 데이터)과 이들이 실제로 온라인에서 접하는 정치 및 미디어 환경(트위터 기반의 행위 데이터)을 결합해 보다 정밀하고 포괄적인 분석을 시도했다. 핵심은 트위터 데이터를 통해 어떤 미디어나 정치 계정을 팔로하고, 어떤 트윗을 소비하는지를 파악한 데 있지만, 설문 조사 또한 미국 전체를 대표할 수 있는 표본 구성을 가능하게 했으며, 개인의 정치 성향과 태도를 분석할 수 있는 기반을 제공했다. 이처럼 설문과 디지털 추적 데이터를 결합한 혼합 방법은 상호 보완적 장점을 지니고 있다.

질적 방법

컴퓨테이셔널 연구가 지배적인 에코 체임버 연구 장場에서 질적 방법의 중요성은 아무리 강조해도 지나치지 않는다. 컴퓨테이셔널 연구가 "피험자들을 추상적인 데이터 정도로 취급하는 경우가 많아서 디지털 자료 사이에 있는 공백을 이해하기 힘들게 하기"(Bail, 2021/2023: 34) 때문이다. 그러나 질적 연구는 정말 희귀하다 할 만큼 적다. 에코 체임버에 관해서는 말할 것도 없고, 가짜뉴스나 허위 정보에 관한 것처럼 외연이 더 넓은 연구 영역에서도 같은 현상이 지적된다(Broda & Strömbäck, 2024).

공화당 지지자 44명, 민주당 지지자 40명을 최소 한 시간 이상 인터뷰한 베일의 연구(Bail, 2021/2023)는 질적 연구의 대표 격이고, 영국의 EU 탈퇴 결정 이후 급증한 이슬람 혐오 트윗에 대한 심층 담론 분석, 노르웨이에서 14명을 심층 인터뷰로 분석한 모에 등(Moe, Lindtner, & Ytre-Arne, 2023)의 연구, 컴퓨터를 이용해 인터뷰를 진행하는 CAPI(computer-assisted personal interviewing)를 활용해 알고리즘 뉴스 앱의 이용자 101명을 분석한 두의 연구(Du, 2023) 등 4편 정도면 그래도 상당히 망라한 것이 아닐까 한다(다음에 살펴볼 그루사우스카이테 등의 양/질적 분석 연구 1편을 더하면 5편이다).

베일은 컴퓨테이션 방법이 대규모의 집단을 조사하고 새로운 실험을 할 수 있는 귀중한 기회를 제공하지만, 사람들이 기존 신념을 강화한 까닭을 조사하는 데 대량의 데이터는 필수적이지 않았다고 한다. 그보다는 오히려 '더 깊은'[55] 데이터가 필요했다. 즉 연구자들은 응답자의 관점에서 에코 체임버가 어떻게 경험되는지를 알고자 했다.

> "우리는 피험자들의 성장 과정, 친구, 가족 이야기를 듣고, 삶이라는 큰 그림 속에서 소셜 미디어와 정치적 양극화가 어떤 자리를 차지하는지 찾아내 그들이 어떤 사람인지 알고자 했다. 무엇보다 봇을 팔로한 결과 그들의 관점이 달라졌는지 알고 싶었다." (p.34)

베일 등(Bail et al., 2018)은 트위터 이용자 중 민주당과 공화당 지지자를 모집해 봇을 통해 일정 기간 상대 진영 엘리트의 트윗을 보게 했다. 이후 이념 성향이 어떻게 변화했는지를 관찰했는데, 실험 결과는 당초의 예상과 달리 '반발 효과backfire effect'로 볼 수 있는 것이었다. 봇을 통해 자신이 지지하지 않는 정당의 목소리를 들은 피험자들은 기존 입장이 완화되어 온건해지는 쪽으로 가기보다는 오히려 반발해 더 강경해졌다. 민주당 지지자들보다는 공화당 지지자들이 더 심하게 반발했고, 민주당 지지자들은 이보다 약했지만(통계적으로 의미 있는 수준은 아니었지만) 역시 같이 강해졌다. 이들에게 소셜 미디어는 "사회적 환경을 굴절하고 구부려 우리 정체성과 타인을 향한 시선을 왜곡하는 프리즘에 가까웠다"(p.71). 에코 체임버는 단순히 반대 정보를 차단하는 역할만을 하는 것이 아니라 상대 정당의 공격으로부터 스스로를 보호하는 역할도 했다. 극단론자들(과 그들의 영향)은 온

55 원어로는 '더 넓은wider'인데 문맥으로는 '더 깊은'이 어울려 보인다.

건론자들을 논쟁에서 배제하고, 자신을 강화하는 데 더해 상대편의 정체성까지 왜곡한다. 온라인 경험이 낳는 폐해는 이들 소수의 극단론자가 다수의 온건론자를 대신하면서 비롯된다.

에볼비(Evolvi, 2019)는 무페(Mouffe, 2013/2020)가 주장한 '경합과 적대agonism and antagonism' 이론을 준거 틀로 브렉시트 이후 이슬람 관련 트윗의 집단 극단화 현상을 분석한다. 그의 방법은 "언어, 이미지, 어조 및 기타 담론적 전략을 특정 정서적 혹은 정보적 이미지와 결합해 어떻게 의미를 집단적으로 구성하는지에 중점을 둔"(p.391) 심층적 담론 분석이다. 분석의 결과는 영국의 반이슬람 정서가 종교뿐 아니라 민족, 정치, 젠더와 같은 여러 정체성과 복합적으로 얽혀 있어 상대적으로 극복되기 어려운 모습을 취하고 있다는 것이다. 트윗의 다수는 소수자에 대한 부정적인 감정을 중심으로 집단 정체성을 형성하고, 그 정체성으로 동류성을 추구하며, 빈정댐, 분노, 공포 같은 감정으로 무슬림을 폄하했다. 그로 인해 트윗은 생산적 갈등은커녕 무슬림을 대화에서 배제하고, 상징적 폭력을 조장하는 적대성을 띠게 되었다.

모에 등(Moe, Lindtner, & Ytre-Arne, 2023)의 연구는 미디어 소비가 수용자의 일상생활과 사회적 상황과 영향을 주고받는 하나의 사회적 실천임을 강조하는 문화연구의 일환으로 진행되었다. 이 연구의 목표는 기후 문제에 관한 사람들의 입장과 이를 온라인에서 논의하는 방식이 시간 흐름에 따라 어떻게 진화하고, 일상적인 소통 과정에서 어떻게 지속적으로 형성·변화하는지를 보여 주는 데 있다.[56] 기후

56 양적 연구라면 목적을 기후 변화에 대한 태도와 특정한 소셜 미디어 사용 방식 사이의 (인과)관계의 규명 같은 데 두었을 것이다.

변화는 대중에게 낯선 주제라 허위 정보가 쉽게 퍼지고, 아주 간단한 자극으로도 논란이 격화된다. 모에 등은 수용자들이 소셜 미디어를 통해 의미를 형성하는 과정을 '정보 필터링,' '집단 입장 탐색,' '허위 정보에 대응,' '공동 행동가co-activists 동원,' '감정적으로 신념 조율' 등의 5가지 단계로 분석했다.

수용자들은 처음에는 재미있거나 의미 있는 콘텐츠를 선택하고, 온라인상에서 유사한 생각을 가진 사람들(집단)의 의견을 참고하며, 허위 정보에는 사실 여부를 검토한 후 반박하거나 무시하는 방식으로 대응했다. 때로 유사한 인식을 가진 사람들과 연대하거나 행동에 나서며, 마지막 여러 감정들을 조절해 자신의 신념을 안정화했다. 이 과정에서 가장 많이 느끼는 것은 여러 생각과 태도가 상충하면서 공존하는 양가성ambivalence이다. 수용자들은 확신과 불확실 사이를 오가며 끊임없이 자기 입장을 돌아보고 조정할 수밖에 없는, 소셜 미디어 시대의 불안정한 균형 위에 서 있는 것이다.

기후 변화는 정치적 논쟁에서뿐만 아니라 일상생활의 맥락에서도 찬반 양측의 입장이 극명하게 나뉘는 주제다. 그러나 소셜 미디어는 이러한 문제를 단순히 이분법적 갈등으로만 몰아가지 않으며, 이용자들이 긍정적 경험과 문제적 경험을 동시에 할 수 있는 공간을 제공한다. 시민들은 다양한 소셜 미디어를 각기 다른 방식으로 활용하면서, 자신의 입장을 정립하고, 소속감을 형성하며, 정서적 긴장을 해소하고, 유사한 입장의 동료를 찾거나 반대 견해를 탐색하는 등 복합적인 실천을 수행한다. 이러한 상황은 소셜 미디어가 논쟁적 이슈에서 양극화를 심화시키거나 폐쇄적인 에코 체임버를 형성할 가능성이 전혀 없다는 것을 의미하지는 않는다. 그러나 설사 그런 경우에도 이용자들이 보여 주는 자율성과 협상력, 그리고 주변 환경에 대한 성찰이 간과되어서는 안 된다. 모에 등은 이와 같은 결론이 일반화될 수 있다고 주장하지는 않지만(이는 질적 연구의 특성이다), 이러한 접근이 이 주제의 연구에서 필수적인 참조점은 되어야 한다고 생각한다.

로절린 두(Du, 2023)의 연구는 알고리즘 기반의 뉴스 앱들이 참가자들에게 어떤 영향을 미치는지를 '개인화personalization,' '뉴스 평가,' '에코 체임버,' '알고리즘 문해력,' '뉴스 문해력' 등 뉴스 소비의 여러 상호 연관된 준거에서 조사했다. 연구 결과, 뉴스 앱 이용자들은 종종 알고리즘의 판단을 신뢰하고 때로는 인간의 판단보다 선호하기도 했지만, 중요한 정보나 반대의 관점을 놓칠 가능성과 개인정보 보호 문제에는 우려했다. 또 참여자들은 알고리즘 기반 뉴스 추천에 대해 양가적 감정을 드러내면서도, 개인화된 뉴스피드에 대해서는 편안함, 감사함, 만족감을 느끼며, 뉴스 앱 사용을 '즐겁고 만족스러운 경험'으로 간주했다. 뉴스 앱 사용 후 대체로 정보를 능동적으로 탐색하는 행동이 줄었다고 보고하지만, 아이러니하게도 많은 참여자는 더 많은 정보를 얻고, 더 많이 알게 되었다고 믿는 경향도 보였다. '양가성'과 '아이러니' 같은 표현대로 대부분 '위험성은 있지만, 편하고 만족'해하는 모순성을 보이는 것이다.

이 점은 에코 체임버에 대해서는 비판적 성향으로 나타난다. 전반적으로 참여자들은 뉴스 알고리즘의 투명성을 높이고, 다양한 관점에 접근할 수 있는 환경을 조성하는 것이 중요하다고 강조한다. 한 참여자는 뉴스 콘텐츠에 사실 여부를 나타내는 레이블을 추가하거나, 알고리즘의 편향적 추천을 제한하는 기술적 조치를 제안한다. 또 다른 참여자는 기술에만 의존하기보다 이용자 스스로 정보의 사실성을 판단하고 평가하려는 능동적 노력이 필요하며, 다양한 정보원과 관점에 접근하려는 의식적 노력이 사회적 대화를 유지하는 데 중요하다고 강조한다.

참여자들이 이처럼 기술적 구조와 개인의 역할 모두에 대해 비판적이면서도 적극적인 인식을 보이는 경향은 이 연구가 아마존 HIT 플랫폼을 통해 표본을 모집했다는 점과 무관하지 않을 수 있다. 일반 대중에 비해 기술적 이해도나 디지털 리터러시가 상대적으로 높은 참여자들이 포함되었을 가능성이 높으며, 이러한 표본 특성이 연구 결과에 일정한 영향을 미쳤을 가능성도 존재한다.

로절린 두의 연구는 뉴스 앱에 대한 이용자의 만족도와 에코 체임버에 관한 비판적 시선을 같이 보여 준다는 점에서 양가성을 적절히 반영한다. 특히 만족도는 이용자들이 직접 자신의 경험을 표현한 결과로 양적 연구라면 아마도 클릭 수나 체류 시간 같은 간접적 수치로만 나타났을 것이다. 참여자들은 뉴스 앱 사용으로 인해 정보 탐색 활동 자체는 줄었지만, 아이러니하게도 이전보다 더 많은 정보를 얻고 있다고 느낀다. 이는 알고리즘이 이용자의 객관적 정보 습득과 주관적 인지 경험 사이에서 어떤 역할을 하는지에 대한 논의를 촉진한다. 이러한 양가성이야말로 디지털 사회와 디지털 민주주의가 지닌 핵심적 특징 중 하나이기 때문이다(조항제, 2022; 이 책의 보론 참조).

질적 연구의 전반적인 부진과 컴퓨테이션 방법에 대한 지나친 의존은 연구의 불구를 낳는다. 이 점 때문에 에코 체임버 연구는 끼리끼리의 동류집단성은 잘 보여 주지만, 이용자들이 '왜 그런지'에 대한 심층적 맥락을 밝혀주는 한 걸음 더 나아간 정교한nuanced 분석은 어렵다. 이를 허위 정보, 조작 정보, 가짜뉴스에 대한 메타연구에서 브로다와 스트룀벡(Broda & Strömbäck, 2024)은 다음처럼 신랄하게 비판한다.

> "그럼에도 그러한 연구는 중요하다. 왜냐하면 허위 정보, 조작 정보, 가짜뉴스의 콘텐츠에서 기인할 수 있는 모든 측면 — 예컨대 그 특성이나 확산 — 에 관해 보다 정교한 설명을 제공해 줄 수 있기 때문이다. 질적 콘텐츠 분석에서 도출된 통찰이 비교적 없는 상황인데, 심층 인터뷰나 포커스 그룹 데이터(FGD)를 활용한 연구는 거의 전무하다고 볼 수 있다. 즉 연구자들이 실제로 이용자 개개인과 대화하거나 그들과 직접 상호 작용을 하지 않는다는 점이 문제로 지적된다. 이렇게 직접 경험한 관점은 양적 연구의 결과를 강화하거나 그에 도전할 뿐만 아니라 양적 연구의 결과 간 불일치나 모순점을 설명하는 데에도 기여할 수 있다." (p.159)

이들의 결론은 질적 연구가 제공하는 심층적 통찰 없이는 허위 정보, 조작된 정보, 가짜뉴스와 관련된 필수적인 측면을 놓칠 수밖에 없다는 것인데, 이는 에코 체임버 연구에도 같이 적용될 수 있는 지적이라 할 수 있다. 왜 사람들이 에코 체임버에 빠지는지, 또는 그것을 왜 스스로 조장하는지, 그 에코 체임버에서 어떤 효능을 얻는지, 거기에서 스스로 문제를 느끼지는 않는지, 알고리즘의 개입에 대해 알고 있는지 등에는 확실히 양적 분석으로서는 접근하기 어려운 질적 분석의 영역이 존재한다.

양적/질적 혼합 방법

그런 면에서 양적 방법에 질적 방법을 더한 그루사우스카이테 등(Grusauskaite et al., 2024)의 연구는 하나의 시금석 역할을 한다고 할 수 있다. 기존 연구는 대부분 미디어의 영향에 초점을 맞추지만, 이 연구는 개인의 능력과 하위문화적 가치가 소통 과정에 미치는 영향에 주목한다. 이 연구는 사례 연구로, 유튜브의 음모론 관련 섹션 4개에 달린 1,199개의 댓글을 대상으로, 소셜 네트워크와 질적 분석을 합친 혼합 방법으로 접근한다. 이 연구의 주요 질문은 '이러한 공간은 얼마나 폐쇄적인가,' '이러한 네트워크 내에서 사람들은 어떻게 소통하는가'다. 이들이 주목하고자 한 것은 지금까지 간과됐던 온라인 상호 작용의 맥락적 요인, 곧 사회적·문화적·정치적 요인이다.

> "…… (문제는) 에코 체임버에 대한 통상적인 개념화는 온라인 공간에서의 현상뿐만 아니라, 그것이 사람들의 행동에 영향을 미치는 사회적·문화적·정치적 요인들까지 충분히 포착하지 못한다는 데 있다. 따라서 보다 깊이 있는 경험적 통찰을 얻으려면, 음모론이 퍼지고 있는 소셜 미디어 플랫폼에서 사람들이 실제로 정보를 어떻게 받아들이고 활용하는지를 면밀히 살펴볼 필요가 있다. 나아가 **단순히 알고리즘이 사람들을 특정 공간으로 이끈다는 논의에서 벗어나 이용자들이 온라인 환경에서 무엇을, 어떻게 논의하는지에 주목해야 한다.**" (Grusauskaite et al., 2024: 3. 강조, 괄호 안은 인용자)

이를 위해 연구자들은 1,199개의 댓글을 대상으로 사회적 네트워크 분석을 수행한다. 이 분석은 댓글 간 중앙성과 밀도를 측정해 네트워크 내에서 동류집단성과 이질집단성heterophily의 양상을 파악하고, 이를 바탕으로 에코 체임버의 존재 여부와 그 형성 방식을 규명하고자 한다. 이 방법은 단순히 댓글의 내용 분석에 그치지 않고, 이용자 간 상호 작용 패턴, 예컨대 동질적 관계 형성 여부 등을 정밀하게 추적할 수 있다는 점에서 강점을 지닌다.

이 연구의 의의는 음모론 내 도메인들이 하위문화의 영향을 받아 상당히 다양한 모습을 갖추고 있음을 발견해 낸 데 있다. 그들이 선정한 네 개의 도메인은 정치(큐어넌)와 과학(평평한 지구), 문화산업(할리우드와 일루미나티),[57] 그리고 우주의 미스터리(UFOs) 등 여러 분야를 망라한다. 이들에 달린 댓글은 중심에 동조해 이를 확산시키는 '지배적'인 것, 중심을 대안적으로 설명하려 하거나 일부를 의심하는 '협상적'인 것, 중심에 반대를 표명하는 '적대적'인 것으로 코딩되어 그 도메인의 성격을 드러내 보였다.

연구 결과, 큐어넌이 가장 동질적이면서 중심적이었다. 큐어넌에서는 동료들 간의 대화조차 거의 없었다. 압도적인 72%가 중심을 따르는 '지배적' 코드에 해당했다. 에코 체임버의 정도를 지수화하면 가장 높은 수준이다. 큐어넌에 이어 두 번째로 중심적인 음모론 도메인은 우주의 미스터리(UFOs)였다. 53.7%가 '협상적'으로, 전체적으로 네트워크가 완전히 열리지도 닫히지도 않은 중간 형태를 띠었다. 세 번째는 할리우드와 일루미나티로 핵심부의 상호 작용이 적고 주변부에 가지가 많은 분산된 구조를 가졌다. 네트워크 밀도가 0.006으로 나타나 이용자들의 참여도가 상대적으로 낮았다. 마지막, 평평한 지구 도메인은 높은 상호 작용 수준과 다양한 '읽기 방식'이 특징인 탈중앙화된 네트워크였다. 전체적으로 댓글의 23.7%(70개)가 동영상에 대한 '지배적' 코드였고, 53.3%(160개)는 '협상적,' 23.7%(70개)가 '적대적' 코드를 보였다. 이 네트워크는 네 유형 중 가장 이질적이었다.

이런 결과는 음모론 참여자들이라고 해서 지배적인 메시지

57 '할리우드와 일루미나티' 음모론은 할리우드의 유명 연예인들이 일루미나티라는 비밀 결사의 일원이며, 이들이 영화와 음악을 통해 특정 상징이나 암호화된 메시지를 은밀하게 퍼뜨린다고 주장한다.

만을 수동적으로 따르며, 해당 집단의 세계관을 강화하는 것에만 그치지 않는다는 점을 잘 보여 준다. 도메인의 성격에 따라 사람들은 영상의 이념적 메시지에 적극적으로 반응해 협상하거나 비판적인 태도를 보인다. 각 도메인 내부에서는 다양한 해석과 논쟁이 활발히 이루어지고 있다. 네 가지 사례는 동질적이고 폐쇄적인 논쟁(큐어넌)에서 더 개방적인 논쟁(평평한 지구)으로 구성되는 스펙트럼을 형성해 서로 다른 수준의 에코 체임버성echochamberness을 보여 주었다. 평평한 지구가 가장 탈중앙화된 네트워크이었지만, 나중에 나올 디아즈 루이즈 등(Diaz Ruiz & Nilsson, 2023)의 연구에 비추어 보면 단지 상대적으로만 그럴 뿐이다. 그림 2는 이런 네 유형의 특징을 한눈에 보여 준다. 흔히 에코 체임버라 하면 큐어넌 스타일만 생각하기 쉽지만, 네 음모론은 각기 다른 하나의 전형을 보여 준다.

이 사례들을 대상으로 '왜 큐어넌은 가장 폐쇄적인 획일성을 보이는가' 그리고 '왜 평평한 지구 영상을 시청하는 사람들은 더 개방적인 공적 토론에 참여하는가'라는 질문이 제기될 수 있다. 이에 대한 답은 온라인 및 오프라인 모두에서 나타나는 뚜렷한 하위문화적 차이에 있다. 큐어넌은 거의 종교적 결속을 연상시키는 강력한 사회적 응집성을 가진 '자기 참조적 세계self-referential universe'를 형성하는 반면, 평평한 지구는 논증에 기반한 과학적이고 개방적인 토론을 장려한다. 실제로 집단적 코드, 태도, 도덕, 독특한 상징 자원의 집합체로 표현되는 '하위 문화자본'은 이들 집단이 보여 주는 상이한 해석과 소통 방식을 설명해 준다. 이처럼 같은 음모론이라도 집단마다 공유하는 코드, 태도, 도덕, 상징 자원이 다르다는 점은 이 연구의 중요한 발견 중 하나라 할 수 있다.

이러한 결과는 에코 체임버의 기존 가설에 대해 문제를 제기

그림 2　여러 유형의 음모론 하위문화에서 나타나는 에코 체임버성

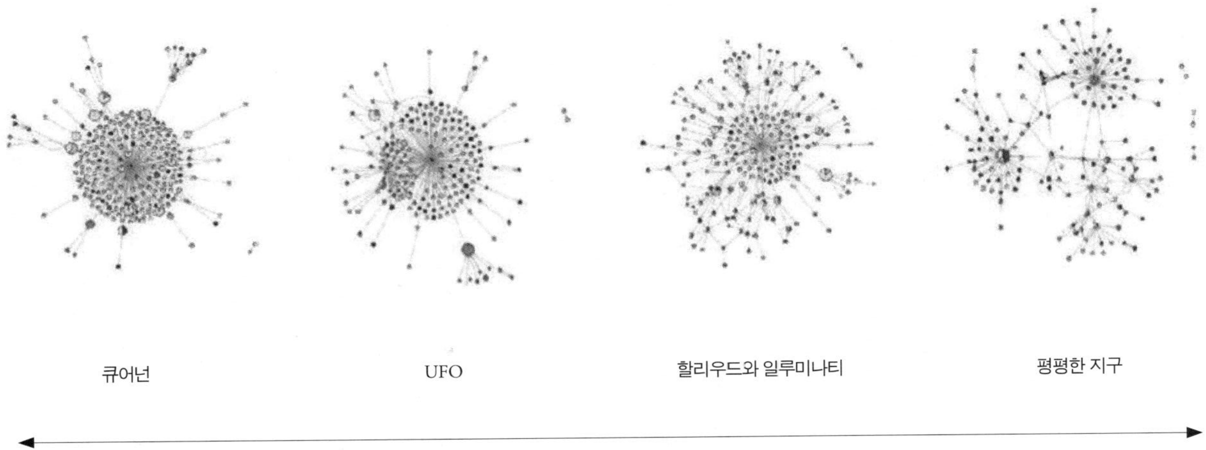

출처: Grusauskaite et al., 2024: 17.

한다. 자기 폐쇄성이나 동질성과 같은 에코 체임버의 특성이 유형에 따라 다르게 나타나므로 지금 필요한 것은 성급한 양적 '일반화'가 아니라 질적·맥락적 '유형화'라는 것이다. 여기에서 에코 체임버는 "고립된 방 안에서 고착된 아이디어가 반향을 일으키는 전형적인 모습"이 아니라 "하위문화들 사이 또는 하위문화 내부에서 다양한 수준으로 개방성을 가진 협상의 장소"(p.18)다. 어쩌면 이 점이야말로 지금까지 단순히 에코 체임버 효과가 '있다,' '없다'를 반복하며 늘 개념 정의의 원점으로 되돌아가곤 했던 기존 논의가 간과해 온 큰 맹점일 수도 있다. 중요한 것은 단지 '에코 체임버냐 아니냐'가 아니라 '어떤 유형의 에코 체임버이냐,' '에코 체임버의 수준이 어느 정도이냐'다.

같은 맥락에서 이 연구는 에코 체임버의 사회적 문제화에도 이의를 제기한다. 지배적이면서 중심적인 큐어넌과 달리 평평한 지구 같은 약한 에코 체임버는 같은 음모론 도메인이기는 해도 이질적이면서 상대적 밀도도 높아 큰 문제가 되지 않음을 보여 준다. 그래서 이 연구의 최종 결론은 에코 체임버가 단순히 알고리즘이나 미디어의 영향 때문이 아니라 특정 하위문화와 인간적 요인에 의해 복합적으로 형성될 수 있는 현상이라는 점이다.

방법론 측면에 초점을 맞춰 보면, 이 연구는 양적 방법과 질적 방법이 균형 있게 잘 결합된 사례라 할 수 있다. 사회적 네트워크 분석으로 도메인(네트워크) 내부의 구성원 간 관계와 각 유형 간 차이점을 정확하게 포착해 냈고, 질적 분석으로는 이들의 이런 차이가 내부 (하위)문화에서 연원한다는 점을 밝혀 주었다. 나아가 에코 체임버의 문제는 인간 생활에서 불가피하게 마련인 에코 체임버 자체보다 그 내부 문화가 어떤 성격을 띠냐에 따라 크게 다를 수 있다는 점도 알게 해 주었다. 전자만을 보여 주는 연구는 많았지만, 그 이유인 후자까지 분석하는 연구는 거의 없었다고 볼 때, 질적 방법의 필요성은 매우 높다.

양적 분석의 방법론적 문제

정량적 분석에도 문제는 있다. 지금까지 에코 체임버 연구는 대부분 정량적 분석, 특히 컴퓨테이션 방법에 매달려 왔다. 그러나 이런 접근은 소셜 미디어의 효과를 과장하는 경향이 있다. 실제로 부닥 등(Budak et al., 2024)은 소셜 미디어에서 허위 정보와 극단주의 콘텐츠가 대중에 미치는 영향이 그렇게 분명하지 않다고 한다. 그들이 보기에 소셜 미디어의 강효과론은 대체로 다음과 같은 잘못된 전제에서 출발한다.

첫째는 허위 정보에 대한 평균적인 노출이 많고 증가하고 있으며, 실제 많은 사람이 이를 자주 접하고 있다. 둘째, 이러한 콘텐츠에의 노출은 개인 이용자가 자발적으로 해당 콘텐츠를 찾으려는 행동보다 플랫폼 알고리즘에 의해 주로 유발된다. 셋째, 소셜 미디어 플랫폼에서 허위 정보 및 극단주의 콘텐츠에 노출되는 것과 바람직하지 않은 심리적·행위적 결과 간의 관계는 인과적이다.

그러나 세간에 많이 퍼져 있는 이런 전제는 대부분 학술적 연구에 의해 뒷받침되지 않은 말 그대로 '근거 없는 추정'일 뿐이다. 부닥 등(Budak et al., 2024)은 다음 네 가지를 대표적인 예로 들면서 이를 조목조목 비판한다. 다음은 부닥 등의 연구를 요약한 것이다.

(1) **유해 콘텐츠에 노출되는 클러스터링 수준을 보고하는 통계가 적절한 인구 분모 없이 제공되는 경우**

유해 콘텐츠에 노출된 일부 집단의 양적 규모를 보여 주는 통계가 인구 전체의 실제 분포나 구성을 반영하는 적절한 분모 없이 제시되면, 그 수치는 과대평가되거나 과소평가될 수 있다. 이에 따라 특정 집단의 노출이 전체 인구의 평균 노출 수준처럼 보일 수 있으며, 결과적으로 전체를 왜곡하게 된다.

2020년 〈뉴욕 타임스〉는 조 바이든의 조작된 영상[58]이 소셜 미디어 플랫폼에서 1,700만 회 이상 조회되었고, 이 중 수십만 건은 페이스북에서, 그리고 80만 건 이상은 유튜브에서 조회되었다고 보도했다. 마찬가지로 최근의 한 연구는 유튜브에 50만 회 이상의 조회 수를 기록한 딥페이크 영상이 31개나 있었다고 했다. 이러한 통계는 언뜻 보면 상당히 많은 것으로 보이지만, 해당 플랫폼의 규모를 고려하면 전혀 그렇지 않다. 예컨대 페이스북에서 2023년 1분기 동안 미국에서 가장 널리 조회된 상위 20개 게시물은 7억 7,630만 조회 수를 기록했는데, 이는 바이든 영상보다 훨씬 많은데도 미국 내 전체 콘텐츠 조회 수의 단 0.04%에 불과했다. 절대 수로만 보면 많은 것 같지만, 전체에 비춘 상대적 수는 그렇게 대단하지 않다.

(2) 유해 콘텐츠에 대한 개인 수준 노출을 보고하는 통계가 전체 개인 수준 노출에 대한 적절한 분모 없이 제공되는 경우

개인이 유해 콘텐츠에 노출되는 빈도나 비율을 보여 주는 통계가 그 개인의 온라인 활동 전체라는 분모 없이 제공될 경우, 개별 노출 비율이 잘못 해석될 수 있다. 예를 들어 일부 사람들의 특정 콘텐츠에 대한 높은 노출 비율이 인구 전체의 노출 수준처럼 보일

58 2020년 미국 대선 당시 조 바이든 후보의 발언을 조작해 마치 바이든이 도널드 트럼프 대통령의 재선을 지지하는 것처럼 보이게 만든 것이다.

수 있어 현실과 다르게 그 심각성이 과장되거나 반대로 과소평가될 수 있다.

온라인에서의 허위 정보, 신뢰할 수 없는 콘텐츠, 또는 기타 잠재적으로 유해한 콘텐츠에 대한 노출 빈도 역시 다른 뉴스 미디어와 비교했을 때는 상당히 적은 것으로 나타난다. 예컨대 2016년 미국 대선 전후 기간에 신뢰할 수 없는 것으로 확인된 490개 웹사이트의 기사들은 미국 시민들의 뉴스 사이트 방문 전체를 감안해 보면 기껏 5.9%만을 차지하는 데 불과했다. 국가 간 데이터에 따르면, 2017년부터 2021년 기간에 미국, 영국, 프랑스, 독일에서 신뢰할 수 없는 웹사이트는 평균적으로 선제 웹 트래픽의 0.1에서 4.4% 사이를 차지하는 데 그쳤다. 2016년 미국 대선 캠페인 기간 트위터에서 신뢰할 수 없는 출처도 정치적 URL의 6.7%만을 차지했다.

(3) **유해 콘텐츠에 대한 평균 개인 수준 노출을 보고하는 통계가 소수 이용자에서 나온 극단적인 값에 의해 왜곡되는 경우**

평균 개인 노출 수치를 산출할 때, 일부 이용자의 비정상적으로 높은 극단적인 값이 포함되면 그 평균이 왜곡될 수 있다. 이러한 왜곡은 일반적인 개인의 노출 수준을 정확하게 반영하지 못하며, 소수의 이용자가 전체 평균을 크게 올리거나 내리는 결과를 초래할 수 있다. 따라서 일반적 이용자들의 대표성을 확보하기 어렵다.

부닥 등은 기존 연구들에서 다음과 같은 사례를 모아 제시하는데 사실 절대 수나 상대적 비중이 모두 적다. 2016년 대선 기간 동안 가장 보수적인 정보 소비 패턴을 지닌 미국 시민 20%가 490개의 신뢰할 수 없는 웹사이트 방문 중 62%를 차지한 것. 마찬가지로, 2020년 7월부터 12월까지 유튜브 이용자의 6.3%가 극단주의 채널에 대한 노출의 79.8%를 차지한 것. 2016년에서 2019년 기간 동안 미국 시민의 1% 미만이 백신 회의론적 콘텐츠의 85%를 소비한 것. 또한, 2016년 미국 대선 전후 기간 트위터 이용자 1%가 신뢰할 수 없는 웹사이트 링크 노출의 80%를 차지한 것 등.

(4) 유해 콘텐츠에 대한 참여(공적 행위) 수준을 보고하는 통계가 (사적 행위로서) 노출 수준을 반영하지 못할 수 있는 경우

유해 콘텐츠에 대한 노출과 참여는 다른 개념이다. 노출은 개인이 특정 콘텐츠를 접했는지를 나타내지만, 참여는 이를 공유하거나 댓글을 다는 등의 공(개)적인 행위다. 참여를 통해 유해 콘텐츠에 대한 노출을 추정하는 것은 잘못된 결론으로 갈 수 있다. 예를 들어 개인이 콘텐츠를 보기만 하고 참여하지 않았다면 이는 사적인 노출 행위에 그치는 것일 수 있으며, 참여 통계로는 이런 노출 정도를 반영할 수 없다.

현재 공적 논의에 기초가 되는 많은 통계들은 단순 노출과 적극적 참여를 명확히 구분하지 않는다. 이는 플랫폼들이 총체적 노출 통계를 거의 공개하지 않기 때문인데, 그 결과 해당 통계는 종종 좋아요, 공유, 댓글 등 높은 참여율을 기록한 콘텐츠의 순위 게시판에서 가져오게 된다. 여기에서 서로 다른 둘 사이가 혼동되게 된다. 예컨대 페이스북에서 100회 이상 공개적으로 공유된 URL의 클릭 중 7.0%가 '허위 뉴스' 웹사이트로 연결되었지만, 전체 클릭 분포에서 차지하는 비중은 2.5%에 불과했다. 공적 참여가 높은 사이트의 비중이 대표 데이터를 대신하는 순간 큰 오류가 시작된다.

부닥 등이 내린 결론은 허위 정보 노출이 정보의 일반적 소비에서 차지하는 비중이 대체로 낮지만, 일부 집단에만 '그렇지 않다'는 것이다. 이를 착각하면 허위 정보의 폐해를 과장하는 오해를 낳을 수 있다. 부닥 등의 눈에 비친 소셜 미디어에 대한 공공 담론은 '학술적 엄격함'보다는 '인상적 그럴듯함'에 치중해 이런 어리석음을 범한다. 특히 부닥 등은 상관관계를 인과 관계를 착각(또는 조장)하는 데서 발생하는 치명적인 오해를 다음에서 보는 것처럼 신랄하게 지적한다(이하는 Budak et al., 2024 참조).

소셜 미디어에 대한 많은 비판은 상관관계를 인과 관계로 오해한 것이 많다. 정치적 양극화와 소셜 미디어 이용이 지난 몇십 년 동안 같이 증가한 것은 사실이다. 또 소셜 미디어를 더 자주 이용하는 사람들이 특히 동질적인 네트워크 내에 있을 때, 외집단에 대한 적대감이나 정서적 양극화의 정도가 더 높다는 것도 맞다. 이러한 상관관계는 인과 관계로 해석되기 쉽지만, 소셜 미디어 사용을 일정 기간 중단시켜 그 영향을 정교하게 측정한 한 실험 연구[59]에 따르면, 페이스북 사용이 줄어들더라도 정서적 양극화에는 별다른 변화가 없었다. 단, 개별 이슈에 대한 입장 차이(이슈 양극화)는 일정 부분 완화된 것으로 나타났다.

플랫폼의 개별 기능을 조작한 실험들 또한 엇갈린 결과를 보여 주었다. 예를 들어, 교차 뉴스 노출을 늘린 것은 정서적 양극화를 줄였지만, (에코 체임버를 낳는다고 알려진) 같은 생각을 가진 구성원으로부

59 실험 처지를 통해 소셜 미디어 활동을 중단시키고 태도나 반응의 변화를 살펴본 연구를 말한다. 이런 연구의 대표 격인 올콧 등의 2부작(Allcott et al., 2020; Allcott et al., 2024)은 뒤 연구가 앞 연구의 결과를 뒤집는 '반전'을 보여 준다(뒤에 자세히 살펴본다).

터 온 콘텐츠 노출을 줄이는 것은 아무 효과를 보이지 않았다. 패널 데이터의 경우에는 인과 관계가 반대 방향임을 시사하기도 했다. 즉 정서적 양극화가 미디어 이용 패턴에 영향을 미치는 것이지 그 반대가 아니라는 것이다. 부닥 등은 이 대목에서 노르트브란트(Nordbrandt, 2021)를 인용하는데, 이 연구는 나중에 자세히 살펴볼 것이다.

이와 비슷하게 프랑스의 '노란 조끼gilets jaunes'[60] 운동 역시 시위를 조직하는 데 플랫폼이 활용된 방식 때문에 언론에서 '완전히 페이스북에서 태어난 괴물'로 묘사되었다. 또 언론들은 소셜 미디어에서 유포된 반백신론자들의 허위 정보가 미국과 영국의 백신 접종률 하락을 초래했다고 주장했다. 이는 소셜 미디어 사용과 백신 접종률 간의 상관관계에 기반한 것이다. 분명히 노란 조끼 운동은 자신들의 행동을 알리기 위해 페이스북을 사용했고, 반백신 운동가들은 소셜 미디어를 이용해 허위 정보를 확산시켰다.

이러한 결과들이 정확히 지금처럼 나타나려면 플랫폼들의 역할이 반드시 필요했다는 점에서 플랫폼의 영향은 일정한 범위 내에서 사실일 수 있다. 부닥 등도 플랫폼 자체가 결과에 미친 기술적 영향 등을 무시하지 않는다. 하지만 보다 근본적인 수준의 원인임을 증명하려면 '페이스북 같은 소셜 미디어 사이트가 없었다면, 폭력적인 시위나 반백신 운동이 지금보다 덜 심각하거나 덜 확산되었을까' 같은 반사실적 시나리오의 타당성 여부까지 고려해야 한다. 이 시나

60 2018년 프랑스에서 시작된 대규모 반정부 시위로, 연료세 인상에 대한 반발에서 촉발되었지만, 점차 사회경제적 불평등과 정부 정책 전반에 대한 불만으로 확산된 운동이다. 시위 참가자들은 형광색 노란 조끼(자동차 비상용 조끼)를 입고 도로를 점거하며 시위를 벌였다.

리오는 실제 조건과는 다른 가상의 조건(플랫폼 부재)을 가정해 그 차이를 통해 인과 관계를 검증하려는 사고 실험을 말한다.[61] 노란 조끼 운동에 이 사고 실험을 적용한 결과는 물론 '인과는 명확하지 않다'라는 것이다. 이런 주장을 펴면서 부닥 등은 "소셜 미디어가 이러한 행위자들의 전략적 선택에 영향을 미칠 수는 있어도, 목표를 달성하는 데 필수조건은 아니라고"(p.48) 강조한다.[62]

물론 운동의 주된 커뮤니케이션 통로였던 소셜 미디어에 아무런 책임이 없는 건 아니다. 부닥 등 역시 인과 관계의 부정과는 별개로 소셜 미디어에 다음과 같은 조치를 주문한다. 첫째, 문제의 원인으로 지목되는 주변부 극단주의에 대한 노출·동원 수준을 보다 정밀하게 측정할 것. 둘째, 허위 정보와 극단주의 콘텐츠에 대한 수요를 억제하고, 이를 증폭시키는 미디어 및 정치 엘리트의 역할을 제한할 것. 셋째, 플랫폼이 관련 데이터를 공개함으로써 투명성을 높이고, 인

61 부닥 등(Budak et al., 2024)은 이런 제안을 하면서 소셜 미디어는 결코 원인이 아니라고 한다. 여기에서 원인은 행위를 일으킨 근본적 계기다. 물론 미디어는 이런 차원의 원인이 될 수는 없다. 그러나 원인에도 여러 수준과 층위가 있음을 인정하면, 미디어 역시 시위(의 속도나 파급력, 급진성)에 영향을 미친 하나의 원인임이 분명하다(이는 나중에 다시 다룰 것이다). 특히 극우 공동체에서 나타나는 언어·담론의 중요성이나 지도자에 대한 의존도 감소 같은 탈중심화 현상은 소셜 미디어의 전형적인 산물로 볼 수 있다(Törnberg & Törnberg, 2024).

62 소셜 미디어의 해악에 대한 주요 인과적 주장이 사실임을 입증하려면, "(플랫폼 전체가 부재한 세상을 추정해 본 다음에) 플랫폼 자체나 그 특정 기능에 대한 접근을 체계적으로 다양화시켜 보고, 그에 따른 결과를 신뢰성 있게 측정할 수 있는 실험 같은 연구 설계"(p.49. 괄호 안은 인용자)가 필요하므로 소셜 미디어의 총체적 영향을 묻는 질문은 '텔레비전 효과'와 마찬가지로 답변이 불가능한 질문이다.

과 관계를 밝히며 해악을 완화하기 위한 실험을 수행할 것. 넷째, 이러한 연구를 전 세계적으로 지원하고, 다양한 행위자들이 연구에 참여할 수 있는 체계를 마련할 것. 이들은 소셜 미디어를 문제의 주된 원인이라고 단정하진 않지만, 그럼에도 불구하고 책임은 있고, 그에 따른 정책적 개입과 규제도 필요하다는 점을 분명히 하고 있다.

마지막, 연구 윤리와도 일부 관련 있는 특유의 과장도 빼놓을 수 없다. 테오카리스와 융헤르(Theocharis & Jungherr, 2021)가 골라낸 본드 등(Bond et al., 2012)의 연구가 그러하다. 이 연구는 실험을 통해 6,100만 명의 페이스북 사용자를 대상으로 '소셜 미디어의 정치적 동원 효과'를 알아본 것으로 연구자들 사이에서 널리 인용도 되었다. 이 연구가 문제가 된 것은 초록이 다음처럼 연구 결과를 크게 과장했기 때문이다. "(이 실험을 통해 보내진) 메시지들은 수백만 명의 사람들의 정치적 자기표현, 정보 탐색, 그리고 현실 세계의 투표 행동에 직접적인 영향을 미쳤고, 단순히 메시지를 받은 이용자들뿐만 아니라, 그들의 친구들과 친구의 친구들에게도 영향을 미쳤다." 그러나 이 영향은 통계적으로 유의미했을 뿐이지 크기가 0.011~0.224%에 불과해 사실상 거의 없는 수준이었다. 본문에서는 이를 조심스럽게 잘 다뤘으나 초록은 너무 과장해 대조가 되었다.[63]

63 본문에서 각각을 살펴보면, '정치적 자기표현'에서는 통계적으로 유의미한 차이였지만 '극히 미미한 효과'(0.011%)였고, '친밀한 친구의 영향'에서는 정도가 소폭(0.099%) 커졌으나, 신뢰 구간 내 값이 0을 포함하고 있어 '효과가 크지 않고,' '실제 투표 행동'에서는 0.224% 증가했으나 역시 신뢰 구간이 넓어 '불확실성이 컸으며,' 마지막 '정보 탐색 행동'에서는 0.012% 증가했으나 역시 '효과가 거의 없거나 매우 미미했다'(Bond et al., 2012). 초록과는 거의 완전히 다른 내용임을 알 수 있다.

테오카리스와 융헤르는 이로부터 빅 데이터 연구의 한계와 위험성을 도출한다. 먼저 샘플 크기와 효과 크기 간의 불균형이다. 앞서 본드 등의 연구처럼 데이터가 방대할수록 통계적으로 유의미한 결과가 더 쉽게 나타나지만, 실질적인 의미는 없는 경우 또한 적지 않다. 때로 이는 대중 담론에서 과장되거나 왜곡된 해석으로 이어질 위험이 있다. 앞의 본드 등의 연구를 만약 초록만 보았다면 페이스북의 정치적 동원 효과가 매우 큰 것으로 오해했을 가능성이 높다. 본드 등은 이를 잘 알면서도 (아마도) 연구의 주목도를 높이기 위한 의도에서 이러한 초록을 작성했을 것이다. 연구자들은 효과 크기와 통계적 유의성을 구분하여 신중히 보고해야 한다.

적극적/극단적 수용자의 과다 대표

에코 체임버 현상을 분석한 연구들은 (반대) 정보 차단 가설과 함께 몇 가지 핵심적인 작동 메커니즘도 함께 보고하는데, 그중 하나는 '동류적이거나 당파적인 집단에 속한 이용자일수록 소셜 미디어에서 더 활발하게 활동할 가능성이 높다'는 점이다. 이와 같은 구성원-활동 편향은 소셜 네트워크에서 특정 성향의 목소리가 과대 표현되도록 하며, 에코 체임버가 형성되는 데 구조적으로 기여한다. 이를 두고 두보이스 등(Dubois & Blank, 2018; Dubois & Renna, 2023)은 "일부는 에코 체임버를 피하지 못하기 때문에 빠지고, 다른 (극단적) 일부는 오히려 에코 체임버를 스스로 형성하면서 빠진다"라고 했는데, 이는 결국 에코 체임버가 대중 전반이 아닌 소수의 사람만에 국한된 현상이라는 것을 의미한다.

소셜 네트워크가 '더 큰 소리와 더 빈번히 참여하는 목소리'가 더 많이 들리는 뚜렷한 특성을 지닌다는 점은 다음의 인용에서 보는 바대로 상당히 사실로 증명된다.

> "2019년 퓨리서치센터는 트위터에서 소수가 대다수 정치 게시물을 올린다고 보고했다. 조사에 따르면 활발하게 게시하는 유저는 전체의 6%에 불과하지만, 그들의 게시물은 전체의 20%, 정치 관련에서는 무려 73%를 차지한다. 게다가 극단주의자들은 활발하게 게시하는 전체 이용자들의 절반에 달한다. 극단주의적 관점을 지닌 사람은 미국 인구의 6%뿐이지만, 활발한 트위터 이용자 55%가 매우 진보 또는 매우 보수라고 밝혔다." (Bail, 2021/2023: 101)

이 점은 소셜 미디어의 문제가 플랫폼에서 활발히 활동하는 '적극적 이용자'로부터 비롯되기 쉽다는 것을 상기시킨다. 그러므로 만약 연구조차 이런 적극적 이용자만을 내표하게 되면 대다수 이용자를 도외시하는 심각한 편향-오류를 낳게 된다(Shore, Baek, & Dellarocas, 2018). 소셜 미디어의 어포던스가 이렇게 편향적이라는 점은 이미 여러 연구에서 이구동성으로 지적된 것이기도 하다.

예컨대 아루구테 등(Arugute, Calvo, & Ventura, 2023)은 브라질, 아르헨티나, 그리고 미국의 데이터를 이용해 소셜 미디어에서 활발한 뉴스 공유 행위를 살펴보면서 이데올로기적 일치성과 이슈 중요성의 관계를 분석했다. 이들은 이데올로기와 이슈가 서로 상관관계를 갖게 되면, 이데올로기적 성향이 강한(그래서 상대적으로 극단화된) 이용자들이 관찰 데이터에서 과잉 대표될 가능성이 높다는 점을 발견했다. 소셜 미디어 연구에서 이데올로기 성향이 약한 이용자들이 자주 경시되면서 극단화 현상이 실제보다 부풀려져 나오는 이유다.

'침묵의 나선spiral of silence' 이론을 원용한 버넷 등(Burnett,

Knighton, & Wilson, 2022)은 소셜 미디어에서 강경한 소수의 목소리에 의해 다수가 침묵하는 현상, 곧 소수를 다수가 위축시키는 현상이 나타날 수 있다고 주장한다. 이들은 이러한 현상이 침묵의 나선 이론을 '뒤집는' 것이라고 본다. 그러나 원래 침묵의 나선 이론에서 다수란 실제 다수가 아니라 '지각된 다수perceived majority,' '느끼는 다수'다.[64] 소셜 미디어의 강경한 소수는 익명성에 기대어 강한 주장과 정당화를 통해 자신을 지각된 다수처럼 보이게 만든다는 점에서, 이 현상은 기존 이론의 '반전'이라기보다 오히려 '확장'이나 '수정'에 가깝다고 볼 수 있다. 소셜 미디어에서는 실제 다수와 소수의 구분이 유동적이며, 소외에 대한 두려움도 단순한 '수적 열세'보다 '비난받을 것이라는 우려'에서 비롯된다. 그러나 특정 입장이 '담론적 다수'[65]로 기능하면서 반대 의견을 위축시키는 상황이 나타난다면, 침묵의 나선 이론은 여전히 유효한 설명 틀이 될 수 있다.

한편, 이 연구는 설문 조사를 통해 정치적 정체성과 이데올로기가 소셜 미디어의 자율 검열 의지 및 고립에 대한 두려움에 어떤 영향을 미치는지를 밝혀보려 했다. 연구 결과, 8개의 유형으로 분

64 그래서 오히려 실제 다수는 침묵할 수 있다. '침묵하는 다수silent majority'는 침묵의 나선 이론의 핵심 테제 중 하나다. 버넷 등(Burnett, Knighton, & Wilson, 2022)은 이 이론을 잘못 이해하고 있다.

65 전통적 나선 이론에서는 주류 미디어의 공명 효과나 잘못된 여론 인지 등에 의해 다수가 된 '지각된 다수'가 실제 다수일 수도 있는 소수를 침묵시켜 이들을 지배하는 나선의 회로를 만든다. 이에 비해 소셜 미디어에서는 익명을 이용한 공격성, 극렬성, 혐오 표현 등으로 소수가 논의의 장을 지배하고 다수를 참칭한다. 이런 다수들은 모두 '담론적 다수'로 부를 수 있다. 민주주의 여론 정치의 궁극적 목적은 선거에서 이기기 위해 모두 이 다수가 되고자 하는 데 있다.

류된 퓨리서치센터의 정치적 분류에서 가장 좌측과 우측에 있는 '견고한 리버럴solid liberals'과 '핵심적 보수층core conservatives'은 소셜 미디어에서 고립 공포를 느끼지 않고 자율 검열도 상대적으로 하지 않으며, 자신의 의견을 표현하는 데 상당히 적극적이다. 이들은 다수를 의식하지 않고 다수가 가할 수 있는 소외도 두려워하지 않는다. 그러나 중간에 위치한 온건층인 '기회주의 민주당층opportunity democrats'은 높은 고립 공포감을 경험해 자신의 의견을 표현하는 데 더 신중한 태도를 보인다. 민주당은 인종이나 지역·계층, 이데올로기 면에서 다양한 집단으로 구성되어 있는데, 이 특성은 고립 공포감에 상당한 영향을 미친다.[66] 반면, 공화당은 이데올로기적으로 단일한 경향을 보이기 때문에 내부 집단 간 고립 공포감의 차이가 상대적으로 작다. 따라서 소셜 미디어에서는 공화당/보수층의 목소리가 더 크게 공명할 가능성이 높다. 요약하면, 소셜 미디어에서는 적극적인 소수의 목소리가 크게 나타나 그보다 수가 많고 온건한 층의 침묵을 유도하고 여론 전체를 과다 대표할 가능성이 있다.

노르드브란트(Nordbrandt, 2021) 역시 이런 과다 대표의 폐해를 잘 지적한다. 노르드브란트는 강한 의견을 가진 소수에 주목하다 보면, 소셜 미디어를 양극화의 원인으로 잘못 판단하게 된다고 한다(양극화 부분에서 좀 더 자세히 다룰 것이다). 이에 대해 오스트리아의 마테스 등

66 일체성이 강한 공화당에 비해 민주당은 청년, 유색 인종, 여성, 노동계층 등 다양한 사회 집단의 이익과 정체성을 조합해 운영되는 '연합 정당'의 색채가 강하다. 그로스먼과 홉킨스(Grossman & Hopkins, 2016)는 미국의 양극화가 정당, 특히 공화당이 주도해 유권자의 '정렬'을 유도함으로써 발생했다는 '정당 원인론'을 주장한다.

(Matthes et al., 2023)은 게시물 공유나 댓글 작성, 코멘트 붙이기 등을 통해 소셜 미디어를 적극적으로 이용하는 일부 소수는 정서적 양극화를 촉진할 수 있다고 주장한다. 둘은 '원인이 무엇인가'에 대해서는 상반된 주장을 펴지만, 소셜 미디어에서 소수의 적극적 이용자가 중요하게 간주되어야 된다는 생각에는 일치를 보인다.

대체로 21세기 이후 미국 여론에서는 에코 체임버나 미디어 생태계와 관련해 보수층, 그중에서도 특히 극단적 보수층·공화당의 목소리가 상대적으로 높고, 이들은 교류에서도 훨씬 더 폐쇄적인 경향을 보인다. 예를 들어 바베라 등(Barberá et al., 2015)에 따르면, 정치적·비정치적 이슈 모두에서 보수주의자들은 진보에 비해 다른 집단과의 정보 교류에서 더 소극적이었다. 부틸라인과 윌러(Boutyline & Willer, 2017)의 트위터 연구에서도 보수적 성향은 진보 성향에 비해 34% 더 높은 동류집단성을 보였다. 이는 정치 성향과 인식적·관계적 동기와 같은 심리적 요인이 '선택적 친화성'을 갖는다는 기존 연구 결과(Jost, Federico, & Napier, 2009)와 부합한다. 보수주의자들은 불확실성을 회피하고, 안정성과 집단 내 결속을 중시하기 때문에 이질적 정보나 반대되는 관점을 배척하는 성향이 강하다.

정치심리학자 가렛 등(Garrett, Long, & Jeong, 2019)은 보수적 미디어에 노출되면 주요 정당의 대통령 후보들에 대한 정서적 양극화가 심화되며, 이렇게 심화된 호감도의 격차는 민주당에 대한 비판적인 오해를 낳는다고 한다. 정서적 양극화가 민주당 당원보다 공화당 당원 사이에서 더 뚜렷하게 나타나기 때문이다.

벤클러 등(Benkler, Faris, & Roberts, 2018)은 보수주의 뉴스 생태계가 진보주의 생태계와 비교해 훨씬 더 폐쇄적이고 에코 체임버화되어 있다고 주장했다. 특히, 공화당 당원과 보수주의자들은 폭스뉴스와 브레이트바트, 그리고 다른 보수적 미디어 등에 강하게 의존하며, 이 미디어들은 상호 연결이 밀접해 정보가 그 내부에서만 폐쇄적으로 순환된다. 이에 따라 미국의 미디어는 '보수와 그 나머지'라는 당파적 이원 체계로 형성된다.

게스 등(Guess, Nyhan, & Reifler, 2020)은 2016년 미국 대선 기간에 실시된 설문 조사와 웹 트래픽 데이터를 활용해 이른바 '가짜뉴스' 사이트에 대한 이용 실태를 분석했다. 이들 사이트에는 트럼프 지지자들의 방문이 가장 많았고, 해당 콘텐츠는 주로 페이스북을 통해 유통되었다. 하지만 전체적인 정보 소비에서 이러한 사이트가 차지하는 비중은 매우 작았으며, 주로 자신의 기존 입장에 강한 확신을 가진 일부 유권자들만이 이 사이트들을 반복적으로 이용했다.

마지막은 흠옐로프스키 등(Hmielowski, Hutchens, & Beam, 2020)의 연구다. 이들은 정당과 미디어의 관계에서 민주당과 공화당(또는 진보와 보수)이 같은 행태를 보인다는 '대칭'과 공화당이 자신을 지지하는 미디어와 더 친화적 관계를 보인다는 '비대칭' 사이의 대조를 먼저 제시한다. 보수는 개인 수준에서는 '폐쇄적 사고,' '독단성 및 질서에 대한 높은 요구,' '내집단 합의에 대한 더 큰 집착,' '폭스뉴스를 제외한 미디어에 대한 낮은 신뢰' 등을, 구조적 수준에서는 '명확한 규칙과 효율성'을 추구해 상대적으로 수직적인 커뮤니케이션 네트워크를 선호한다고 한다. 진보는 다양성과 포용을 중시해 보수보다 수평적인 네트워크를 선호한다.

이 연구는 2016년 대선 때 미국 국민의 미디어 이용 행태 및 정치적 신념과 관련된 세 가지 이슈(이민, 법 집행, 총기 규제)로 양당 사이를 규명했다. 그 결과, 진보와 보수 성향의 사람들 모두 자신과 정치 성향이 일치하는 미디어를 소비했고, 이러한 미디어 이용은 각각의 정치적 태도를 강화하는 데 기여했다. 반면 정치적 신념이 미디어 이용에 미치는 반대 영향에서 보수는 진보보다 더 뚜렷하게 보수 미디어의 에코 체임버를 형성했다. 이는 보수 측의 이념과 미디어 사이가 '강화적 나선 효과reinforcing spiral'를 더 크게 일으킨다는 것을 의미한다.[67]

이에 비해 진보(리버럴)나 민주당 측이 더 폐쇄적이어서 에코 체임버에 가깝다는 사례는 이디 등의 연구(Eady et al., 2019)가 거의 유일했다. 이 연구에서는 정치적 스펙트럼 양극단(진보와 보수)에 속한 사용자들이 상당 부분 중복된 계정을 서로 팔로하는 것으로 나타났다. 이는 일부 이용자가 자신과 이념적으로 일치하는 것뿐만 아니라 대립하는 관점을 가진 계정도 팔로하고 있음을 보여 준다. 그러나 보수주의자들은 진보 성향의 미디어 및 정치 계정을 팔로할 가능성이 더 높았던 반면, 진보주의자들은 보수 성향 계정을 팔로하거나 그들의 콘텐츠를 소비하지 않았다.

이처럼 소셜 미디어에서 소수·보수의 목소리가 높은 데에는 여러 가지 이유가 있을 것이다. 1990년대 후반부터 미국의 여론 정치에서 공화당 또는 보수주의가 곤경에 처해 있다는 것도 유력한 설명 중 하나다. 이 때문에 보수는 정치적 갈등과 당파적 대립을 조장

67　이와 조금 다른 얘기지만, 분노 담론 같은 것도 진보와 보수의 비교 대상이 될 수 있다. 분노 담론은 과도한 일반화, 선정주의, 오도하거나 명백히 부정확한 정보, 인신공격, 적에 대한 편향 같은 부정적 감정과 밀접한 연관이 있다. 이때의 분노는 자신보다 더 약한 자들을 희생양으로 삼는 복수심, 일종의 르상티망과 유사하다. 소비에라이와 베리(Sobieraj & Berry, 2011)는 정치 블로그, 라디오 토크쇼, 케이블 뉴스 프로그램에서 10주 동안 수집된 데이터를 분석해 분노가 보수 미디어에서 더 많았다고 보고한다. 보수 미디어가 수용자에게 더 부정적 감정을 일으킨다는 것이다.

하는 방식으로 지지층을 결집한다는 것이다. "…… 공화당은 부유층 감세와 같은 경제 정책을 추진하고 있지만, 이는 실제로 대다수 유권자에게 인기가 없는 정책이다. 이러한 '**보수주의자의 딜레마**'는 공화당이 정책 자체로 유권자의 지지를 얻는 대신 분열과 양극화를 조장하는 전략을 활용할 유인을 더욱 강하게 부추긴다"(Wilson, Parker, & Feinberg, 2020: 225. 강조는 인용자). 이 지적이 맞는다면, 보수주의는 소셜 미디어에서의 담론 전쟁에서 양극화를 조장해 자신의 주의를 과다 대표시킬 가능성이 높다.[68]

최근 정체성 정치의 득세와 관련된 '문화 전쟁culture wars,'[69] '문화적 반동cultural backlash' 등도 이와 관련이 있을 것으로 보인다. 또 정서적 양극화와 정당·이데올로기를 일치시키는 정렬 등의 현상도 영향을 미쳤을 것이다. 이러한 모든 요소를 이 대목에서 다루기는 어렵다. 여기서는 소셜 미디어와 에코 체임버가 보수와 진보 전체가 아니라 특정 정당이나 이데올로기 내 일부에만 적용될 수 있다는 사실을 확인하는 정도로도 충분하다.

68 이럴 때 격화시키는 감정이 분노다(이전 주를 참조하라). 과거의 영화와 지금의 빈한한 처지에서 오는 억울함과 소외는 분노를 일으키기에 최적의 조건이다. 보수적 미디어, 특히 극단적 표현을 상술로 삼는 소셜 미디어의 논객들pundits은 이 분노의 기폭제를 제공하면서 양극적 적대성을 키운다.

69 '문화 전쟁'은 갈등의 쟁점이 정책 차원을 넘어 본질적 삶의 가치나 도덕적 기준·정체성 같은 문화적 기반을 두고 벌어지는 사회적 갈등이며, 이를 통해 사회는 양극화된다. 정치적 타협의 여지가 거의 없고, 상대방은 '적'이 되어 설득이 아니라 응징의 대상이 된다.

컴퓨테이션 방법의 혁신: 일례로서 서명된 '네트워크 분석'

최근 컴퓨테이션 방법의 지속적인 발전은 이 분야의 학습 필요성을 한층 높이고 있다. 소셜 네트워크 분석은 본질적으로 '누가 누구와 상호 작용하는가'에 초점을 맞추지만, 정작 그 상호 작용의 구체적인 내용은 별도로 고려하지 않는 경우가 많다(Törnberg & Törnberg, 2024). 특히 이러한 연구들은 소셜 미디어 플랫폼의 API에 크게 의존하는데, 이 경우 '친구 끊기'나 '좋아요 취소' 같은 단절 행위는 포착되지 않는다는 큰 한계가 있다. 그 결과, 이러한 접근은 자칫 소셜 미디어 상의 소통을 편향된 방식으로 묘사할 위험이 있다. 디지털 추적 데이터는 일반적으로 개인의 속성이나 그들의 온라인 및 오프라인 공간에서 활동에 대해 불완전한 정보만을 제공하거나 아니면 아예 정보를 제공하지 못한다(Terren & Borge, 2021).

> "이 데이터만으로는 인간 행동을 사회과학 이론과 연결하거나 그 행동을 개인 수준의 요인으로 설명하는 데 활용하기에는 한계가 있다. …… 소셜 네트워크 분석은 보통 소셜 미디어 플랫폼의 API에 의존하는데, 이는 '친구 끊기unfriending'나 '좋아요 취소' 같은 '단절disconnectivity' 행위는 고려할 수 없다. 따라서 소셜 미디어 커뮤니케이션에 대한 편향된 그림을 그릴 가능성이 있다." (Terren & Borge, 2021: 107)

마지막 대목에서 제기된 '편향된 그림'이라는 비판은 소셜 네트워크 분석이 실제 네트워크에서 발생하는 '단절'이나 '관계 변화' 같은 중요한 행위를 충분히 반영하지 못한다는 데서 비롯된다. 이로 인해 연구자가 보는 네트워크의 모습은 실제보다 더 긍정적이거나 안정적인 관계로 왜곡될 가능성이 크다. 이러한 한계는 소셜 네트워크 분석이 실질적인 사회적 역동성보다는 주로 이권(광고)에 유리한 연결망 분석에 초점을 두는 데서 생겨난다. 존과 니센바움(John & Nissenbaum, 2019)은 이를 두고 소셜 미디어의 API 설계가 특정 방향으로 '무지'를 조성하고 있다고 비판한다.

이에 대해 키우체니어스 등(Keuchenius, Törnberg, & Uitermark, 2023)의 "서명된 네트워크 분석signed network analysis"은 다음의 요약에서 볼 수 있는 것처럼 그런 약점을 상당히 극복한 것이다.

> "서명된 네트워크를 리트윗 네트워크인 서명되지 않은 네트워크와 비교한 결과, 전통적인 접근 방식은 갈등과 무관심(정확하게는 갈등/호응과 무관심)을 혼동함으로써 토론을 왜곡한다는 사실을 발견했다. 반면, (서명된 것이 가능해져) 부정적 연결을 포함하게 되면 토론 내에서 연합과 분열에 대한 우리의 이해가 풍부해진다. …… 이러한 발견은 **네트워크에서 이용자 상호 작용의 (긍정적 또는 부정적) 극성polarity을 연결의 서명으로 나타내는 것이 양극화된 소셜 미디어 활동에 대한 결론을 근본적으로 바꾼다**는 점을 보여 준다."
>
> (Keuchenius, Törnberg, & Uitermark, 2023: 1. 괄호 안과 강조는 인용자)

'서명된 네트워크 분석'은 네트워크의 각 연결에 긍정적 또는 부정적 서명을 부여하여 관계의 성격을 명확히 파악하는 방법이다. 이를 통해 단순한 연결 여부뿐만 아니라 관계의 질적 측면까지 분석할 수 있다. 예를 들어 '좋아요'는 긍정적 연결로, '싫어요'는 부정적 연결로 표시하여 네트워크의 복잡한 상호 작용을 더 정확하게 모델링할 수 있다.

이런 분석을 통해 보면, 어떤 집단은 서로를 공격하는 반면, 어떤 집단은 아무런 교류 없이 고립되어 있는 양상을 확인할 수 있고, 논쟁 구도 내에서 갈등, 지지, 그리고 무관심을 구분할 수 있다. 이는 단순한 연결 여부를 넘어 '경직되고static' '대립적'이며, 때로는 '적대적'인 관계의 성격과 의미를 분석하는 데 중대한 진전이 된다. 현재 연구는 부정적 상호 작용을 아예 배제하거나(리트윗 연구), 긍정적 상호 작용과 부정적 상호 작용을 혼동하여(멘션 연구) 온라인 논쟁의 갈등적 차원을 제대로 포착하지 못하고 있다. 이러한 한계는 소셜 네트워크 연구에 분열과 갈등을 포함할 수 있는 방법론의 필요성을 다시금 부각시킨다.

다른 한편, 이 분석은 토론에서 나타나는 '리더'나 '권위자,' '희생양,' '긍정적 중재자,' '부정적 중재자' 등 다섯 가지 역할에 해당하는 개인들의 네트워크상 위치도 새로이 식별해 낼 수 있다. 이는 특히 적대성이 강하게 나타나는 양극화된 토론에서 개개인이 다양한 형태의 상호 작용, 곧 갈등과 무관심, 리더십과 소외pariahdom, 정보 공유와 혐오 행위 등을 하고 있음을 밝혀낸다. 사회학적 관점에서 이러한 다양한 상호 작용은 집단 형성과 정체성 강화에 중요한 역할을 한다. 에코 체임버야말로 바로 이 과정의 산물이다.

그러나 '서명된 네트워크 분석'도 트위터의 API 제한으로 인해 앞서 나온 친구 끊기 같은 비연결성 행위를 완전히 포착하기는 어렵다(John & Nissenbaum, 2019). 이러한 행위는 플랫폼에서 명시적으로 제공하지 않거나 데이터 수집 과정에서 누락될 수 있기 때문이다. 따라서 '서명된 네트워크 분석' 역시 관계의 복합적 측면을 고려하는 데 일부 유용하지만, 비연결성 행위를 포착하는 완전한 해결책이 될 수는 없다.

컴퓨테이션 방법의 한계와 대안적 접근의 등장

컴퓨테이션 방법은 최근 들어 빅 데이터나 AI와 함께 크게 주목받고 있다. 지금까지 볼 수 없는 수준의 데이터 처리, 추리가 필요 없는 전집 자료 분석의 매력은 학자들을 열광시켰다. 그러나 이 데이터나 방법의 한계 또한 여러 차례, 어쩌면 주목받은 만큼이나 지적받았다는 점은 그렇게 잘 알려져 있지 않다. 이러한 논쟁을 모두 다루는 일은 이 책의 범위를 넘어선다. 다만 에코 체임버 논의 자체가 컴퓨테이션 방법에 대한 의존도가 절대적으로 높으므로 그 핵심적인 부분만큼은 검토가 불가피하다. 의존도만 놓고 볼 때, 에코 체임버는 컴퓨테이션 연구의 '트로이의 목마'라 해도 과언이 아니다.

빅 데이터나 컴퓨테이션에 대해 '중간' 과학도[70]의 입장에서 꾸준하게 탐구해 온 이는 많다. 여기서는 퇴른버그 등의 네덜란드 학자들의 입장(Törnberg & Törnberg, 2018; Törnberg & Uitermark, 2021)을 주로 살펴볼 것이다. 이 중 페테르 퇴른버그Peter Törnberg는 스웨덴 출신으로 컴퓨터공학에서 출발해 미디어, 문화, 도시, 경제 등 다양한 분야를 연구하는 학자다. 이들의 주장을 '비판'(컴퓨테이션의 철학적 한계)에서 '대안'(대안적 컴퓨테이션 사회과학)의 순서로 살펴본다.

이들은 먼저 디지털화에 대한 초기 논의가 탈근대의 틀 속에서 비물질화dematerialization의 관점으로 다루었던 점을 상기시킨다. 이후 온라인 환경은 더 집중화되었고, 비물질화된 기술의 유동성은

70 사회과학과 자연과학의 중간 입장에서 사회나 사회 이론, 연구 방법 등을 연구하는 학자군을 말한다.

독점적 온라인 플랫폼이 권력적 힘을 갖는 방향으로 진화했다. 이런 현상과 초기 논의 간의 대조는 디지털 사회에 관한 연구 경향 내에서 다음 인용처럼 내적 모순을 부각시킨다.

> "질적 변화가 점점 더 지배적으로 등장하는 가운데, 연구 초점은 (오히려) 양적 방법으로 이동했다. 플랫폼이 사회적 행위를 형성할 수 있는 권한을 갖게 되었음에도, 연구 초점은 사회적 맥락에서 **사회적 패턴의 자연화로 옮겨졌다**. 의미가 점점 더 논쟁의 대상이 되고 파편화되고 있음에도, 해석학의 역할은 감소했다. 플랫폼이 정교한 데이터 조작을 통해 자신들의 이익을 추구하는 권력의 중심지로 부상했음에도, 그들이 제공하는 데이터는 점점 더 사회적 삶을 이해하는 열쇠로 신뢰받고 있다. 이러한 모순은 부분적으로 디지털 시대의 사회 현실의 본질에 대한 철학적 논의의 부족에서 기인한다." (Törnberg & Törnberg, 2018: 1. 강조, 괄호 안은 인용자)

여기서 '자연화'는 자연과학과 사회과학 간 경계가 허물어지면서 사회 현상도 자연과학적 방법으로 설명하려는 경향의 한 표현이다. 이는 사회과학 입장에서는 '이론의 종말'로 간주된다. 이는 마노비치의 언명, "디지털은 문화에 물리학, 화학, 신경과학의 규모를 부여했다. 이제 우리는 충분한 데이터와 빠른 컴퓨터를 통해 실제로 '문화의 물리학'을 연구할 수 있게 되었다"(Manovich; Törnberg, & Törnberg, 2018: 2에서 재인용)에서 그 효과가 단적으로 드러난다. 콩트가 처음 사회학을 '사회물리학'이라고 부르려 했던 일화가 생각나는 대목이다(Coser, 1971/1986).

이런 복잡계 과학과 나중에 나오는 빅 데이터가 직접 연결되어 어떤 연구 흐름을 만들어 낸 것은 아니다. 그때까지만 해도 컴퓨테이션은 사회를 주로 일반적인 시뮬레이션과 에이전트 기반 모델링 agent-based modeling(ABM)(후술된다)을 통해 접근했다. 그러나 소셜 미디어가 등장하고 인간의 일상적 행동의 상당 부분이 디지털화되면서 사정이 사뭇 달라졌다.

소셜 미디어의 등장 및 성행은 다음의 두 가지 측면에서 컴퓨테이션의 계기를 마련했다(Törnberg & Törnberg, 2018). 첫째, 소셜 미디어는 사회적 상호 작용의 정량화 가능성을 크게 증가시켰다. 예를 들어 페이스북 게시물의 '좋아요' 수는 추가적인 작업 없이도 양화가 가능하다. 전통적인 상호 작용 데이터는 연구자들이 직접 기록해야 하고, 이 과정에서 억양, (일시적) 침묵, 미묘한 표정 등까지 같이 해석해야 하는 부담이 따른다. 반면 소셜 미디어를 통해서는 훨씬 쉽게 우리의 사회적 삶이 양화되며, 더 체계적으로 구조화·정렬될 수 있게 된다. 우리는 숫자와 코드화된 데이터에 점점 더 의존해 사회적 세계를 탐색하고, 의미를 숫자, 텍스트, 그리고 미리 정의된 이모티콘 세트 중 하나로 단순화시키고 있다. 시스템 연구에서 역사적으로 양적 접근이 증가되어 온 것은 이러한 본질적인 정량화 경향을 대변한 것이다. 주류 경제학의 강한 수학적 지향성은 이의 전형적인 예로 볼 수 있다.

둘째, 소셜 미디어는 바이럴성 연쇄 행위처럼 확산되는 '동시 행위synchronistic behavior'를 크게 증가시켰다. 이는 즉각적 반응을 유도하는 소셜 미디어의 설계 방식과 밀접히 연관된 것으로 보인다. 소셜 미디어는 우리의 본능을 자극해 빠르고 감각적인 반응을 이끌어내며, 이러한 반응은 반복되면서 특정한 패턴을 형성한다. 패턴화된 행위 방식은 예측가능성을 낳고, 플랫폼과 데이터 분석 기업은 이를 통해 이용자의 행동을 정량화하고 모델링한다. 더 반응적·본능적이고 본질적으로 정량화된 사회적 삶과 빅 데이터를 근본적으로 새롭고, 날것 그대로이며, 자연적인 것으로 이해하는 태도의 결합은 '순진한 자연주의naïve naturalism'의 부활을 초래한다. 순진한 자연주의란 데이터를 '가공되지 않은 자연적 실체'로 간주하고, 이를 통해 사회적 현실을 투명하고 왜곡 없이 읽어 낼 수 있다는 믿음을 말한다.[71]

이처럼 소셜 미디어를 비롯한 디지털 데이터의 확산은 '컴퓨테이셔널 사회과학computational social science(이상 CSS)이라는 새로운 연구 패러다임을 등장하게 했다. 컴퓨테이셔널 사회과학은 학계와 산업 사이에서 디지털로 개량된 21세기 자본주의에 대해 실질적 정당화 기능을 수행한다. 이는 신자유주의에 방법적 도구와 과학적 정당성을 제공하는 신고전주의 경제학의 기능에 비견된다. 체제와 학문의 이런 상동 관계에 대안의 관점을 제기하는 것이 바로 비판적 실재론critical realism의 메타 이론에 기반한 '비주류heterodox' 컴퓨테이셔널 사회과학(이상 HCSS)이다. 이는 '비판적'이면서 '방법론적 다원주의'이고 '해석적'이면서 '설명적' 성격을 가진 접근 방식이다(Törnberg & Uitermark, 2021).

CSS는 데이터 분석 산업과 밀접한 연계를 통해 사회과학 분야에 컴퓨터 과학의 방법을 도입한다. 동시에 기존의 전통적인 (양적) 연구 방법이 간과해 왔던 사회 세계의 상호 작용적 복잡성을 조명하

71 키친(Kitchin, 2014)의 다음과 같은 지적은 이러한 믿음이 잘못된 것임을 밝혀준다. "(빅)데이터는 단순히 중립적이고 객관적인 방식으로 세상에서 추출된 자연적이고 본질적인 요소가 아니며, 해석이 필요 없는 자명한 것으로 받아들여질 수 없다. 데이터는 그것을 구성하는 복잡한 조합assemblage 속에서 **구성되는 것**이다"(pp.4~5, 강조는 인용자).

는 새로운 인식론을 제공한다.[72] 이 인식론에 따르면 사회과학은 공학이나 물리학과 다를 하등의 이유가 없다. CSS의 성장과 함께 사회 현상의 연구는 점점 컴퓨터 과학자, 물리학자, 그리고 기타 '하드 과학' 연구자들의 영역이 되어 가고 있다. 같은 맥락에서 디지털 사회에 대한 접근도 점차 데이터 분석으로 옮겨 가고 있다. CSS의 세계관은 온라인 플랫폼과 디지털 데이터에서 발견되는 네트워크적이고 상호 작용적인 사회 세계의 본질과 일치한다.

CSS가 사회 세계를 연구하는 접근법은 주로 세 가지, 곧 '패턴 밝히기pattern identification,' '시뮬레이션,' '실험화experimentation'다 (Törnberg & Uitermark, 2021). 이 접근은 서로 중첩되고 결합하지만, 때로 내적 긴장을 유발하기도 한다. '패턴 밝히기'는 대규모 데이터를 분석하여 사회적 현상에서 패턴, 상관관계, 추세를 찾아내는 방법이다. 사회와 자연의 다양한 영역에 적용될 수 있는 규칙성을 주로 탐구하는데, 이러한 규칙은 종종 시스템의 근본적 특성과 이에 따른 보편적 메커니즘을 반영하는 것으로 이해된다. 예를 들어 사회 네트워크에서 관찰되는 불균등 '멱법칙 분포power-law distribution'는 기존에 많은 연결을 가진 노드가 더 많은 추가 연결을 얻는 '선호적preferential 연결' 메커니즘으로 설명될 수 있다. 또한 대규모 데이터를 정량적으로 특성화하는 기술적 분석에서도 핵심적인 이론 기반이 된다.

72 CSS는 디지털 추적 데이터와 커뮤니케이션 연구를 이론적 · 방법론적으로 결합하는 변화를 시도한다. 전통적인 사회과학 접근법과의 차이는 예컨대 '샘플링 대 전체 집단,' '정규 분포 대 멱법칙 분포,' '일반화(추리) 대 시뮬레이션,' '연역적 대 귀납적,' '속성 대 관계,' '지각된(사람들이 무엇을 지각하는가) 대 실제적(사람들이 어떻게 행동하는가)' 등에서 볼 수 있다 (Choi, 2020).

둘째, '시뮬레이션'은 사회 시스템을 컴퓨터 모델로 재현하여 그 동태를 연구하고 다양한 시나리오에서 결과를 예측하는 방법이다. 이 모델은 미시적 상호 작용이 거시적 패턴으로 나타나고, 사회적 제도, 조직, 행동 또한 개별 구성원의 행동 단위에서부터 만들어질 수 있다고 본다. 시뮬레이션 접근법은 개별 행위자 간 상호 작용에 대해 가설을 수립한 후, 컴퓨터를 통해 다수의 인과 과정을 시뮬레이션함으로써 이러한 미시적 상호 작용이 어떻게 집합적으로 거시적 역학을 만들어 내는지를 분석하는 방식으로 진행된다. 기존의 가설–연역적 모델링 형태를 컴퓨터 방법과 논리를 기초로 재구성하는 것으로 볼 수 있다. 앞서 잠시 나온 '에이전트 기반 모델링'이 대표적인 방법인데, 이는 개별 에이전트(행위자)들이 정해진 규칙에 따라 상호 작용을 하도록 설계한 후, 이러한 미시적 행동의 반복과 상호 작용이 집합적으로 어떤 거시적 패턴을 낳는지를 분석하는 시뮬레이션 기법이다.

셋째는 '실험화'다. CSS는 주로 대규모 온라인 실험을 통해 미시적 메커니즘을 밝히는 데 초점을 맞춘다. 이는 이른바 A/B 테스트 같은, 상업적 방식에서 비롯된 온라인 실험에서 전형적인 예를 찾아볼 수 있다. 이러한 실험에서는 연구자가 온라인 플랫폼을 구축·수정하고, 특정 처치가 이용자 행동에 미치는 영향을 관찰한다. 특히 온라인 실험은 이용자 개개인의 경험을 조정해 그 변화가 어떻게 특정한 (거시적) 결과로 나타나는지를 분석한다. 온라인 실험을 통해 '좋아요'를 많이 받은 게시물이 계속 더 많은 '좋아요'를 받게 되어 멱법칙 분포를 형성하는 것 등을 예로 들 수 있다.

HCSS는 이러한 CSS와 반대되면서 또 보완도 한다. CSS를 완전히 거부하기보다는 문제가 되는 인식론적 특성들을 세심하게 해부하고, 방법론과 메타포를 전복시켜 그 안에서 비판적 잠재력을 찾으려 한다. 다시 말해 "데이터 중심 과학의 방법론적 접근을 다른 인식론적 프레임에 재배치하여 사회과학자들이 빅 데이터로부터 귀중한, 상황적·반성적인 통찰을 얻을 수 있도록 하는 것"을 목표로 한다(Kitchin, 2014: 9). HCSS는 인과 메커니즘, 복잡성, 그리고 양적/질적 구분의 구시대적 성격을 비판하는 CSS의 특징을 공유한다. 그러나 문화와 의미의 역할을 강조하고, 메커니즘을 '상황적'이고 '조건적contingent'으로 본다는 데서는 큰 차이가 있다. 기존의 디지털 방법이 개별 플랫폼의 고유한 문화와 실천에 주목하고, CSS가 보편적 네트워크 패턴의 발견을 강조하는 반면, HCSS는 특정 미디어에 대한 외견적 관찰에 머무르지 않고 미디어화된 사회적 삶 전체를 구조화하는 더 큰 권력, 예컨대 기업 권력, 자본주의, 인종 차별 등을 포괄하는 전체 시스템을 비판적으로 검토하는 데 초점을 맞춘다.

'비판적'이고 '방법론적으로 다원주의적'이며 '해석적'이고 '설명적'인 HCSS의 특징(Törnberg & Uitermark, 2021)을 하나씩 살펴보면, 첫째, '비판적'이란 말은 '비판적 실재론critical realism'에서 왔다.[73] 여기에서 이론은 실천의 하나이고, 무언가를 이해한다는 것은 그것을 변화시킨다는 것과 같으며, 역도 마찬가지로 성립한다. CSS가 데이터를 경제적 가치를 지닌 상품으로 간주하면서 그 가치와 구조가 플랫

73 비판적 실재론에서 '비판'은 두 가지 의미를 지닌다(Wright, 2011). 첫째는 이론적인 것으로, 실재를 불충분하게 반영하는 다른 이론들 — 예를 들어 과학적 객관성과 중립성을 지나치게 과신하는 실증주의나 객관적 실재조차 인간 담론의 구성물로 여기는 강한 구성주의 — 에 대해 비판적이다. 둘째는 실천적인 것으로, 사회적 고통과 악을 만드는 사회 구조에 대해 비판적이다. 실재를 잘못되게 또는 불충분하게 반영하는 이론은 이런 잘못된 사회 구조가 형성되는 데 일조한다.

폼 권력에 의해 형성된다는 사실을 은폐하거나 무시하려 할 때, 비판적 실재론은 오히려 이러한 권력의 조건을 명시적으로 인정하고, 연구자가 자신의 연구 결과에 대해 책임을 져야 한다고 요구한다. 이는 CSS를 현재 그것이 사용되고 있는 목적과는 다른, 대안적인 목적을 위해 활용해야 하고, 구체적으로는 해방적 목표를 두고 정의와 평등을 지향해야 한다는 것을 의미한다.

둘째, HCSS는 '방법론적으로 다원주의적'이다. 이는 기왕의 방법론적 이분법 — 양적 대 질적, 실증주의 대 해석학, 보편주의 대 특수주의 — 을 넘어서기를 시도하며, 종종 방법론의 다양한 혼합을 지향한다. 한 노골적 비유에 따르면 "방법론적 난혼methodological promiscuity"(Törnberg & Törnberg, 2024: 39)이다. 이 혼합은 연구 대상의 복잡성과 특수성에 맞춰 방법과 데이터를 선택하는 '존재론적 고려'가 기초가 되는 것으로, 특정의 데이터와 방법이 항상 부분의 설명에 그친다는 점을 인정한다. "크든 작든, 데이터는 그것들이 생성된 과정을 이해하지 않고는 해석될 수 없다"[74](Shaw, 2015: 1)라는 점에서 데이터의 부분적 객관성을 주장하기보다 총체적 맥락성을 시도한다. 컴퓨테이션, 민속지학, 통계적 접근 방식을 결합하는 것은 이를 위한 전형적 시도다. 양적 데이터가 항상 질적 해석을 요구하는 것처럼 HCSS에는 방법(들)의 혼합, 다원주의적 총체성이 중요하다.[75]

74 그다음 문장은 이렇다. "통계적 데이터 과학은 과학적 도구로 설계된 시스템에는 적용될 수 있지만, 그렇지 않은 시스템에 적용되면 혼란을 초래할 가능성이 높다"(Shaw, 2015: 1).

75 다음에 살펴볼 퇴른버그 등(Törnberg & Törnberg, 2024)의 '해석적 컴퓨테이션' 방법을 예로 들 수 있다.

셋째, 많은 CSS 학자는 사회과학에서의 '해석'에 대해 암묵적으로든 명시적으로든 비판적인 입장을 취한다. 그들은 해석이 새로운 지식을 생산하기보다는 기존의 선입견을 강화하는 경향이 있고, 일정한 유용성이 있다 해도 이론의 타당성에 관한 판단과는 분리되어야 한다고 본다. 이러한 입장은 엄격한 객관주의에 기반한 것이지만, 실증주의가 쇠퇴한 오늘날에는 이미 설득력을 잃은 지 오래다. 이에 비해 비판적 실재론을 기초로 하는 HCSS에 해석과 인과 메커니즘은 이론을 형성시키는 불가분의 전제(들)다. 사회 시스템에서 인과 관계는 상징과 의미를 통해 발생하므로 인과 분석은 본질적으로 해석을 병행할 수밖에 없다. "아무리 복잡하거나 불투명해 보일지라도 사회적 세계는 인간 행위자들에게 해석과 이해가 가능한 대상이다. 어느 정도 (또한 반대로도) 그것은 그러한 해석과 이해를 통해 형성된 구조이기도 하다"(Couldry & Hepp, 2018: 5, 괄호 안은 인용자). 사회적 관계는 본질적으로 '의미'를 지닌다. 국가, 기업, 종교, 혹은 가족은 우리가 그것들을 해석하는 방식과 독립적으로 존재하지 않는다. HCSS에 컴퓨테이션 방법은 해석을 대체하는 것이 아니라 지원하는 것이다. 그런 면에서 사회과학은 자연과학이 될 수 없다.

넷째, CSS와 비판적 실재론은 모두 사회 현상을 설명하기 위해 이를 만들어 내는 인과 메커니즘을 밝히기 위해 노력한다. 그러나 '설명'을 이해하는 방식에서 깊은 차이가 존재하며, 이에 따라 둘은 컴퓨테이션 방법을 평가하고 활용하는 틀이 근본적으로 다르다. CSS의 '발생적 설명generative explanation'은 '무엇이 일어났는가'를 넘어 '왜 이런 현상이 일어났는가'와 '그것이 어떻게 발생했는가'를 설명하려 하면서 더 깊은 층위까지 분석의 수준을 심화시킨다. 단순히 현상을 기술하거나 관찰된 패턴을 설명하는 것에 그치지 않고, 그 현상을 심층적인 메커니즘으로부터 '생성'(재구성, 예측)할 수 있는 모델을 컴퓨터상에서 구축하는 것이다. CSS는 설명하기보다 예측하고 통제하려 한다. 빅 데이터는 패러다임 사이의 이런 차이가 서로 협상하면서 경합하는 자리다(McFarland, Lewis, & Goldberg, 2016).

이와 달리 HCSS는 CSS 접근이 인과성의 한 가지 형태에만 주목할 뿐, 사회 세계에서의 주체성과 의미 구성, 그리고 사회적 출현에서의 권력과 집합 행동의 역할은 간과한다고 비판한다. HCSS는 개인을 사회 시스템이나 구조와 분리된 개별 단위로 간주하기보다 양자가 '서로 구성된다mutually implicated'고 본다.[76] 동류집단성 같은 사회적 메커니즘 또는 선호적 연결 관계는 그것이 발생하는 맥락 속에서 구조의 논리에 의해 형성·촉진되고, 활성화된다. 이는 이러한 메커니즘이 사회적 삶의 처음이 아니라 이미 기존에 의해 맥락화되고 조건화된 것이라는 점을 의미한다.

HCSS와 해석적 컴퓨테이션 연구

큰 틀의 HCSS 안에서 퇴른버그 등(Törnberg & Törnberg, 2024)이 제시하

76 유명한 셸링의 분리 모델Schelling's Segregation Model을 예로 들 수 있다. 이 모델에 따르면, 특정 인종에 대한 강한 혐오 없이 자신이 속한 인종이나 집단과 함께 살고 싶다는 약한 선호만으로도 주거지 전체에 강한 분리가 발생할 수 있다. 실제 셸링은 바둑판 형태의 모형 위에 말을 옮기며 이 과정을 수작업으로 입증했다. 그러나 이에 대한 비판도 얼마든지 제기될 수 있다. 셸링의 연구에서 강한 분리를 초래한 '선택'은 진공 상태의 '원자'가 아니라 당시의 사회적 조건과 정책적 환경에 의해 영향받고 있었던 '개인들'이 상호 구성적으로 한 것이기 때문이다. 개개인의 선호와 그 집적은 '하나의 설명'이지 '유일한 설명'은 될 수 없다.

는 나름의 구체적인 대안은 '해석적 컴퓨테이션 연구'다. 퇴른버그 등이 스톰프런트Stormfront[77]라는 극우 공동체를 연구하면서 썼던 방법으로, 양적·질적 분석을 단계적으로(순환적으로) 번갈아 수행하면서 방법론적 다양화를 꾀하는 다층적multi-layered 혼합 연구다. 인간의 해석이 데이터의 뒤로 밀려 부수적인 것으로 취급되는 것이 아니라 연구 과정 전체를 주도한다. 다음의 설명은 퇴른버그 등(Törnberg & Törnberg, 2024, 3장)에 따른 것이다.

해석적 컴퓨테이션 연구는 기존의 방법에 두 가지 방식으로 도전하는데, 하나는 '컴퓨테이션'으로 이의 가능성과 한계에 대해서는 앞서 CSS와 HCSS에 대해 언급한 그대로다. 해석적 컴퓨테이션 연구는 (비판적) 방법론적 다원주의를 추구하는 HCSS의 일환이다. 다른 하나는 '온라인 민족지ethnography'로, 기존의 민족지적 방법은 주지하다시피 특정 시간대에 비교적 적은 수의 적극적 이용자만을 대상으로 삼기 때문에 전체 규모나 흐름을 반영하지 못했다. 비유로 말하면 민족지 데이터는 일종의 '단면,' '스냅샷snapshots'이다. 이에 비해 디지털 데이터는 온라인 커뮤니티 내에 개인 차원 '구성원'과 새로 생성되는 '사회 구조,' 그리고 '규범' 사이의 접점을 연구할 수 있는 총체적이면서 종적인 분석을 가능하게 한다.

77 1995년에 전 KKK 회원이자 백인 우월주의 운동가인 도널드 블랙Don Black에 의해 개설된 미국 기반의 백인 민족주의·네오나치 성향의 극우 온라인 커뮤니티로 인터넷에서 가장 오래된 백인 우월주의 포럼 중 하나다. 현재는 플랫폼들의 공식 사이트 차단으로 과거만큼은 아니지만, 그래도 여전히 극단주의 이념을 퍼뜨리는 데 영향을 미치고 있다. 데일리스토머Dailystormer, 갭Gab, 보앳Voat, 포챈4chan 등의 지금 성행하는 대부분의 극우 플랫폼은 스톰프런트의 후예로 볼 수 있다.

전통적인 민족지 데이터는 공동체 내 구성원들과 신뢰를 구축하고 친밀한 대인 관계를 형성해야 수집할 수 있는데, 이는 극우 단체와 같이 연구자를 적극적으로 위협하는 집단의 경우, 연구자의 위험을 초래할 수 있다. 반면 온라인 민족지는 물리적으로는 외부에 있지만 담론적으로는 내부에 접근할 수 있는 '원격적 내부자distanced insider'의 입지를 제공해 겉으로 드러나지 않는 내밀한 사정을 관찰할 수 있게 해준다. 또한 공동체 내부의 과정을 체계적이고 정교한 실증 방법으로 파악할 수 있게 해 주며, 전통적 민족지의 참여 관찰을 기반으로 복잡하고 유동적인 사회 현실을 세밀하게 볼 수 있게 한다. 이러한 미시적 통찰은 거시적 분석만으로는 쉽게 포착되지 않는 삶의 깊은 단면을 조망하게 해 준다.

이처럼 온라인 민족지가 전통적 민족지의 한계를 보완하며 새로운 분석적 입지를 제공해 준다면, 해석적 컴퓨테이션은 바로 여기에 컴퓨테이션이라는 강력한 방법론을 추가한다. 다시 말해, 해석적 컴퓨테이션은 전통적 민족지의 원칙을 유지하면서 데이터 수집과 분석, 코딩, 시각화 등의 컴퓨테이션 기법을 결합해 보다 총체적이고도 체계적으로 연구를 수행하는 방식이다. 이는 디지털 민족지 혹은 '넷노그라피netnography'라 부를 수 있는 새로운 방법론적 틀이다. 그런 틀에서 볼 때, 연구 대상 및 도구로서 소셜 미디어는 디지털 사회에 특화된 새로운 이슈뿐 아니라 인간 사회생활에 관한 오랜 과제까지 조명할 수 있는 새로운 장이자 현미경의 역할을 한다. 민족지가 디지털 시대에 추구해야 할 현장은 바로 이러한 미디어 공간이다.

이처럼 해석적 컴퓨테이션 연구는 해석적 방법과 계산적 방법을 비판적으로 통합하는 시도이며, 형식적이고 자동화된 분석에 해석만 일부 덧붙이는 기존의 구태의연한 방식과는 본질적으로 다르다. 이의 목표는 해석을 대체하거나 기계화하는 것에 있지 않고, 보다 넓은 방법론적 체계를 통해 해석적 깊이를 적극적으로 수용하는 한편, 알고리즘적 요소 또한 활용해 방대한 데이터에도 적응할 수 있도록 하는 것이다.

이의 과정은 세 단계로 진행되는데, 먼저 1단계는 자동화된 귀납적 방법을 활용하여 연구 대상 코퍼스를 매핑·탐색하고, 다음 단계는 질적 방법을 통해 심층적이고 해석적인 분석을 수행한다. 마지막은 통계적 방법 등을 활용해 식별된 패턴의 외적 타당성을 검증한다. 이 과정의 기본 사고를 이루는 접근 방식은 '귀추적abductive 분석'이다. 이 방식은 기존 이론과 지식을 바탕으로 데이터 자료를 탐색하고, 예상치 못한 관찰이나 흥미로운 발견에서 출발해 개념이나 가설을 도출한다. 귀추적 분석은 '근거 이론grounded theory'[78]처럼 개념을 사전에 전제하지 않고 데이터에서 자연스럽게 형성되도록 하며, 사회적 세계의 주관적인 측면까지 분석에 포함될 수 있게 한다.

퇴른버그 등은 이 과정을 그림 3으로 제시하면서 각 단계에 대해 자세하게 설명한다. 1단계에서는 탐색적 분석을 통해 데이터를 매핑하고, 패턴을 감지할 수 있는 분석의 틀을 설계한다. 이 과정의 초점은 기존 이론과 예상 효과에 따라 맞춘 전체 흐름의 설계에 있다. 이 단계에서는 특성이 드러나지 않은 데이터에서 패턴이나 구조를 발견하는 기계 학습 방법인 '비지도 학습unsupervised learning,' 텍스트 마이닝, 클러스터링 기법 등이 활용된다. 예를 들어, 토픽 모델링topic modeling, 워드 임베딩word embedding, 감성 분석sentiment analysis, 소

78 이론을 미리 설정하지 않고, 자료(데이터)로부터 이론을 '귀납적으로' 도출해 내는 질적 연구 방법론의 일종이다.

그림 3 해석적 컴퓨테이션 연구의 세 단계

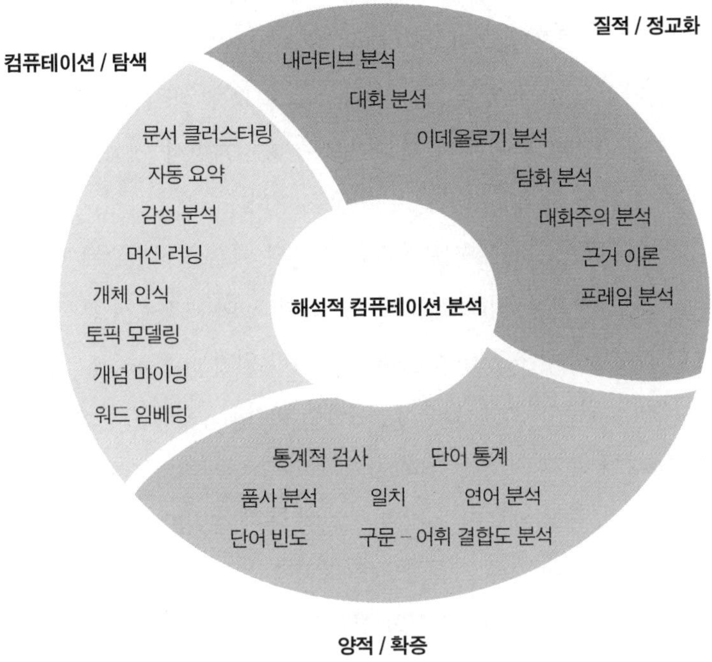

출처: Törnberg & Törnberg, 2024: 42.

셜 네트워크 분석(SNA)의 커뮤니티 탐지, K－평균K-means 클러스터링, 주성분 분석(PCA) 등이 사용될 수 있다.

이 방법(들)은 대규모의 복잡한 데이터세트를 구조화해 비교 가능하게 만들고 해석과 가설 설정을 위한 기반을 마련해 준다. 에코 체임버의 경우, 친구 관계를 기반으로 구축된 소셜 네트워크에 커뮤니티 탐지 기법을 활용해 클러스터를 식별한다. 이 과정을 통해 네트워크 내부의 클러스터 경계가 뚜렷해지고, 각 클러스터의 성격을 보다 세밀하고 질적으로 탐색할 필요가 생긴다. 이를 대략적/세부적,

표면적/심층적 차원으로 나눈다면, 에코 체임버에 관한 많은 연구들은 이제 경계가 식별되는 대략적이고 표면적인 단계에 아직 머무르고 있고, 세부적/심층적인 연구들은 이제 막 시도되고 있다는 게 정확한 진단일 것이다. 앞서 본 '서명된 네트워크 분석' 같은 것이 활발해지면 클러스터의 활동이 심층적으로 밝혀지면서 에코 체임버의 정체가 보다 분명하게 드러날 수 있을 것이다.

두 번째 단계에서는 이전에 도출된 패턴을 바탕으로 데이터를 보다 정밀하게 분석해 가설을 정교화한다. 이 과정에서 분석의 초점은 멀리서 전체 구조를 조망하는 '원거리 읽기distant reading'에서, 개별 사례나 세부 요소에 집중하는 '세부 읽기close reading'로 전환된다. 이때 구성된 분석 지도는 주요 자료와 특징적인 텍스트를 선별하는 데 활용되며, 특정 패턴이나 의미 구조에 대한 정밀한 탐색을 가능하게 한다. 연구자가 기존 가설을 정교화하거나, 나아가 새로운 가설을 도출하는 것은 모두 이런 과정의 결과이다.

컴퓨터 기반 방법은 이런 과정을 더욱 체계적이고 신뢰도 높게 수행할 수 있게 해 준다. 대규모 데이터를 효율적으로 분석해 줄 뿐만 아니라 체리-피킹의 오류cherry-picking fallacy[79]나 연구자의 선입견적 편향이 개입되는 것을 방지하는 분석 틀을 제공해 주기 때문이다. 예를 들어 친구 네트워크 분석에서 연구자는 각 클러스터에서 중심적인 인물들을 선정하여 자세히 조사할 수 있다. 이들의 게시 글과 프로필을 살펴보면, 커뮤니티 내 분열이 어떤 요인에 의해 발생하

79 체리 피킹의 오류란 전체 데이터나 증거 중에서 자신의 주장에 맞거나 유리한 부분만을 선택적으로 골라내고, 나머지 불리한 정보는 무시할 때 발생하는 오류를 말한다.

는지를 감지할 수 있고 이를 중심으로 가설도 세울 수 있다. 여기에서 퇴른버그 등은 '지리적 요인'을 대표적인 분열 요인으로 내세우나 아마도 한국처럼 비극적 역사와 압축 성장을 한 나라에서는 지역(아마도 영호남 갈등 같은) 못지않게 계층·이데올로기·젠더·종교 같은 다른 요인이 더 크거나 여러 요인들이 서로 중첩·복합될 가능성이 높다.

마지막 세 번째 단계에서는 연역적 통계 분석을 통해 가설을 검증하고 확증한다. 앞서 첫 번째와 두 번째 단계에서는 연구자가 귀납적 방법을 사용하여 중요한 패턴을 발견하고 가설을 만들었다. 세 번째 단계에서는 더 연역적인 방법을 활용하여, 가설을 전체 데이터 세트에서 검증하고 신뢰성과 외적 타당성을 높인다. 이 과정에서는 통계적 기법이나 지도 학습supervised machine learning 방법을 활용해 가설을 구체적으로 실행할 수 있게 만들고, 데이터 전반에서 패턴이 유지되는지 확인할 수 있다.

예를 들어 지리적 요인으로 클러스터가 형성된다는 가설을 검증하기 위해, 연구자는 각 구성원의 프로필에서 출신지에 대한 가장 기본적인 데이터를 분석할 수 있다. 이를 통해 각 클러스터가 특정 지역에 의해 구분되는지 확인할 수 있고, 만약 일부 클러스터가 특정 지역과 연관되지 않는다면, 연구자는 다시 두 번째 단계로 돌아가 추가 분석을 수행해 그 클러스터를 특징짓는 다른 요인을 탐지할 수 있다. 지리적 출신 같은 귀속적 요인 외에 다른 것을 분석하려면 상대적으로 더 어려울 수 있지만 불가능한 것은 아니다.

그런 측면에서 퇴른버그 등이 그린 그림 3에서 세 번째 양적/확증 단계의 대표적인 예로 거론한 방법들은 '통계적 검증'을 제외하면 그 기준에 잘 맞지 않아 보인다. 즉 텍스트 데이터에서 빈도, 길이, 분포 등을 정량적으로 측정하는 방법인 '단어 통계word statistics,' 문법적 역할(명사, 동사, 형용사 등)의 표지 부착tagging 작업인 '품사 분석part-of-speech,' 특정 단어들이 함께 나타나는 빈도를 분석하는 방법인 '연어 분석collocation,' 특정 주제와 관련된 단어들이 얼마나 자주 등장하는지 확인해 패턴을 찾는 데 사용되는 '단어 빈도' 분석word frequencies, 텍스트 데이터에서 특정 단어가 문서 내에서 어떻게 사용되는지를 양적으로 분석하는 기법인 '일치 분석concordance,' 특정한 문법적 구조에서 단어들이 어떻게 함께 배치되는지를 연구하는 방법인 '구문-어휘 결합도 분석collostructural analysis'[80] 등은 모두 '자연어 처리'에 가까운 것이어서 오히려 첫 번째 단계에서의 '탐색' 과정에 더 잘 어울린다고 할 수 있다.

세 번째 단계의 '통계적 검증+지도 학습 방법'에는 이와 다른 예들이 있어야 할 것으로 보인다. 지금의 이 구조라면 사실상 두 번째 단계에 나열된 해석적 모델들, 예를 들어 담론 분석, 프레임 분석, 내러티브 분석 등의 성과가 다음 단계로 전달되어 검증 대상으로 확립되어야 하는데, 모델이 열거하는 사례에는 그것에 어울리는 방법이 거의 없다. 퇴른버그 등 역시 정작 세 번째 단계의 분석으로 보여 줘야 하는 스톰프런트 사례에서는 두 번째 단계에 가까운, 뒤르켐의 이론을 중심으로 한 질적 정체성 분석에 주력하고 세 번째 분석까지 가지는 않는다.

일종의 '해석적 확증interpretive confirmation'으로 부를 수 있는 세 번째 단계는 기존의 양적 일반화와는 다른, 심층적 의미를 해석하는 질적 방법까지 포괄하는 복합적 분석이어야 할 것이다. 이 모델

80 원문에는 collostructural로 되어 있는데 collostructional의 오기로 보인다.

에서 퇴른버그 등이 거론한 빈도 분석이나 연어 분석, 일치 분석 등은 확증 차원으로 '상향'되는 방법이라기보다는 해석된 구조의 '반복 확인'에 그칠 가능성이 크며, 그런 의미에서 세 번째 단계는 아직은 미해결로 남아 있는 미래의 숙제로 보인다.

단계라는 단선적인 용어를 사용했지만, 사실 이는 고정되고 순차적인 절차라기보다는 동적이고 순환적recursive인 과정이다. 각 단계는 특정 현상의 여러 측면을 조명하며, 연구자는 서로 다른 방법을 '왔다 갔다' 하면서 현상에 더욱 입체적으로 접근할 수 있다. 여기서 목표는 단순 검증이 아니라 사회적 현실의 다양한 측면을 드러내고, 신뢰성과 현실성을 갖춘 연구 방법을 구축하는 것이다. 각 방법의 인식론적 장점을 조합해 현상을 다양한 각도에서 분석함으로써 연구자는 단편적인 데이터 조각(들)이 아니라 하나의 전체적인 그림을 그릴 수 있다.

4장

이론적 구성: 발전은 있는가?

한계도 있고 단점도 있지만, 그래도 방법에서 컴퓨테이션 등은 상당한 혁신을 낳았다고 할 수 있다. 그러나 이론적 측면에서는 이렇다 할 발전이 없어 사실상 '몰이론적atheoretical' 상태에 머물러 있다는 지적이 많다. 주창자인 선스타인의 이론이 상당히 단순하고 도식적임에도 불구하고 이를 비판적·창의적으로 심화하려는 시도는 잘 보이지 않는다. 그러니까 에코 체임버 연구는 단적으로 이론은 없이 현상적 증거를 발견하기 위해 방법에만 매달려 왔던 셈이다. 이대로 뚜렷한 성과 없이 답보 상태가 이어진다면, 에코 체임버를 포함한 소셜미디어 연구는 컴퓨테이션 기반의 기술적 성과에 머무르고, 그조차도 자칫 일시적 유행에 그칠 가능성이 높다. 이 장에서는 이러한 이론 지형을 살펴보고, 쟁점과 과제를 제시한다.

에코 체임버 연구가 활용해 온 이론적 틀은 대체로 심리학적 베이스에서 발전했으며, 주로 개인의 인지적 편향이 집단적 현상으로 나타나는 과정을 함께 조망한다. '확증 편향,' '선택적 노출,' '동기화된 추론motivated reasoning' 등은 개인 차원의 정보 처리 성향을 설명하고, 이러한 성향이 집단적으로 확산되는 메커니즘으로는 '정보 캐스케이드informational/cybercascade'가 자주 언급된다. 집단 차원을 보다 명시적으로 다루는 이론으로는 '집단 극단화,' '동류집단성,' '접촉 이론,' '최소 집단 이론' 등이 많이 원용된다.

반면, 사회적 차원에서 이론은 거의 시도된 바 없다. 선스타인의 대표적인 연구들에서도 사회 구조나 권력·제도 맥락에 대한 분석은 거의 등장하지 않는다. 그런 측면에서 신뢰 구조에서 내/외집단 사이의 차별을 강조하는 응우옌의 '사회적 인식론,' 에코 체임버가 정체성 형성에 미치는 영향에 주목하는 뒤르켐 등의 '의례 이론'이나 에코 체임버(들)이 담론적 헤게모니를 위해 경합한다는 '프레이밍 이론' 등은 사회적 맥락을 모색하는 새로운 이론적 시도로 볼 수 있다.

확증 편향과 선택적 노출

따로 썼지만, 사실 역사적으로 학자들은 다음의 인용에서 보는 것처럼 이 둘을 거의 동의어처럼 여겨 왔다. "라자스펠트, 베렐슨, 그리고 고데트(1944)가 용어를 처음 사용한 이후, 선택적 노출은 정보 이용자들이 자신의 태도와 일치하는 메시지를 일치하지 않는 메시지보다 선호하는 현상을 설명하는 데 자주 사용됐다. 이러한 패턴을 더욱 구체적으로 설명하는 용어는 확증 편향이다"(Knobloch-Westerwick et al., 2015: 489).

확증 편향은 정보 검색뿐만 아니라 정보 해석도 때로 왜곡시키며, 기억에도 편향을 가져온다. 사람들은 자신의 신념과 일치하는 정보는 열심히 찾고, 오래 기억하며, 그렇지 않은 정보는 피하거나 쉽게 잊어버리는 경향이 있다. 확증 편향은 개인 차원에서뿐만 아니라 집단이나 사회 전체에도 영향을 미칠 수 있다. 특히 사회적 의사결정 과정에서 확증 편향이 작용하면, 특정 신념이나 관점이 집단 내에서 강화되고, 반대 의견이 배제되어 사회적 갈등을 조장할 수 있다. 물론 이런 과정에서 바람직한 사회적 가치로 여겨지는 '사회적 응집social cohesion'도 달성될 수 있다. 정치적 합의나 종교적 신념이 강화되는 것도 이러한 현상의 일환으로 설명될 수 있다(Nickerson, 1998).

확증 편향이 '인지적 성찰cognitive reflection'과 '인지에 대한 욕구need-for-cognition'가 높은 참가자들에게서 더 강하게 나타난다(Knobloch-Westerwick, Mothes, & Polavin, 2020)는 점은 잘 알려지지 않았다. 언뜻 보면 직관적이고 비논리적인 사고를 하는 사람이 확증 편향이 강할 것 같지만, 의외로 그렇지 않은 사람들도 반드시 객관적인 정보를 더 수용하는 건 아니다. 오히려 그들은 자신의 기존 신념을 더욱 정교하게 방어하는 방향으로 정보를 선택하고 처리한다. 인지적으로 더 정교한 사람들이 확증 편향을 더 강하게 보인다는 이런 주장은 우리의 상식에 의문을 제기하고, 단지 더 많은 정보, 더 많은 사실, 더 많은 교육이 확증 편향에 대한 답이라고 생각하는 선스타인식 통념에 재고를 요구한다.

확증 편향과 에코 체임버의 관계는 상당히 직접적이다. 닫힌 체임버 속에서 같은 목소리가 에코된다고 하는 에코 체임버의 논리 자체가 확증 편향과 다음에 나올 선택적 노출의 이론적 파생물처럼 보이게 하기 때문이다.[81] 물론 개인 심리 수준의 편향이나 미디어 수

81 그래서 불리안느 등(Boulianne, Koc-Michalska, & Bomber, 2020)은 에코 체임버를 독자적인 범주로 설정할지, 아니면 확증 편향의 파생적 현상쯤

용 방식만으로 에코 체임버 같은 '인지 공동체'(물론 강한 공동체는 아니라 해도)까지 설명할 수는 없다. 그러나 이런 편향이 없다면 에코 체임버가 형성될 수 없다는 것 또한 자명한 사실이다.

확증 편향은 에코 체임버에만 한정되지 않으며 지금의 미디어 생태계 전반을 설명하는 가장 핵심적인 키워드 중 하나다. 이와 함께 사용되는 다음과 같은 다양한 유의어 또는 가족 유사성을 지닌 개념들만 보아도 확증 편향의 개념적 지위를 알 수 있다. '친화 편향congeniality bias,' '일치 편향congruency bias,' '내 관점 편향myside bias,' '(기존의) 강화 추구reinforcement seeking,' '정보 회피information avoidance,' '편향된 정보 검색biased information search,' '동기화된 정보 검색motivated information search,' '수용자 파편화audience fragmentation,' '수용자 분리/단절audience segregation,' '에코 체임버,' '필터 버블,' '정보 버블information bubbles,' '정보 고치information cocoons,' '사이버발칸화,' '폐쇄된 커뮤니티gated communities,' '정보 저장고information silos,' '스페리큘sphericules'(작은 공론장들), '레드 미디어/블루 미디어red media/blue media'(보수와 진보 미디어), '인터넷 게토internet ghettos,' 혹은 '정보 묵시록infocalypse'[82] 등이 있다(Dahlgren, 2020).

선택적 노출은 이런 확증 편향이 주로 미디어(정보)에 적용되어 사람들이 개인 차원에서 "자신의 기존 신념에 어울리는 메시지를 선택하게끔 동기화"(Stroud, 2018)될 때 발생한다. 선택적 노출도 하나의

으로 다루어야 할지를 고민했다고 한다. 그들의 선택은 정보(선택적 수용)와 의견(반대 구성원 · 집단의 배제) 등에서 에코 체임버를 좀 더 강하게 해 독자적 범주로 만드는 것이다.

82 정보의 범람과 심각한 왜곡으로 진실과 허위가 뒤섞여 정보의 신뢰도가 크게 저하된 상태를 말한다.

그림 4 선택적 노출의 공급과 수요 요인의 다양한 예

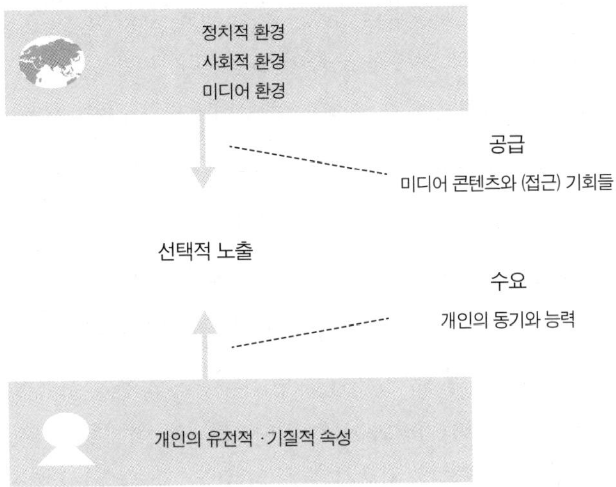

출처: Dahlgren, 2020: 13.

편향이다. 스트라우드(Stroud, 2018)에 따르면 선택적 노출이 발생하는 이유는 다섯 가지, 곧 '인지 부조화cognitive dissonance의 회피,' '정확성과 목표 지향성으로 구성된 동기화된 추론,' '정보 효율의 추구,' '기분과 감정(특히 분노와 공포),' '정보의 질' 등이다. 이 중 동기화된 추론의 목적 지향성은 같은 성향을 보인 사람끼리 모여 협력하게 만드는 원동력으로, 불확실성을 피하고 신속하게 결론을 내리려는 욕구에 바탕해 자신이 처한 상황에 대한 명확한 이해와 예측가능성을 추구한다.

선택적 노출은 그림 4에서 보듯, 개인 수준(유전자, 선유 성향)과 사회적 수준(조건적 환경)의 다양한 요인이 상호 작용하여 만들어지는 일종의 '충돌 변수collier'로 이해할 수 있다. 다시 말해, 선택적 노출은 개인의 유전자, 성격적 성향 같은 내부(수요) 요인과 사회적·문화적·미디어적 환경으로 이루어진 외부(공급) 요인이 교차하는 접점에서 발생한다(Dahlgren, 2020). 내부 요인에서 확증 편향 위주의 선택적 노출이, 외부 요인에서는 비선택적 노출이 작용하고, 이 같은 선택과 비선택의 충돌에 의해 최종적 노출이 결정된다.

이 점은 선택적 노출에 확증 편향이라는 심리적 요인 외에도 '수용자 구성audience composition'이라는 사회적 요인이 작용할 수 있음을 말해 준다(Dahlgren, 2020). 수용자 구성은 특정 미디어나 콘텐츠를 소비하는 집단의 인구통계학적·정치적·사회적 특징을 뜻한다. 확증 편향이 개인적 요인으로 작용하여 선택적 노출을 조장한다면, 수용자 구성은 집단의 특성, 곧 나이나 성별, 교육 수준, 계층이나 지역, 성격이나 가치관, 사회적 지위와 소속 집단, 정치적·이데올로기적 성향 등을 통해 선택적 노출을 심화시킨다. 최종적 노출은 이처럼 선택과 비선택, 내부와 외부, 수요와 공급의 상호 작용으로 결정된다.

이런 상호 작용을 보여 주는 전형적인 예는 뉴스에 대한 수요가 소비자의 정치적 성향과 당파적인 미디어 사이의 인식적 친화 정도에 따라 달라진다는 것을 보여 주는 아이엔거와 한(Iyengar & Hahn, 2009)의 연구다. 실험에서 공화당원과 보수 성향의 사람들은 폭스뉴스에서 방송된 뉴스를 선호하며, CNN과 NPR의 뉴스를 회피하는 경향을 보였다. 반대로, 민주당과 진보 성향은 CNN과 NPR에는 비슷한 관심을 보였지만, 폭스뉴스는 회피하는 경향을 보였다. 이러한 정파적 친화성에 기반한 선택적 노출의 패턴은 논란이 되는 이슈뿐만 아니라 범죄나 여행과 같은 비교적 가벼운 주제에서도 동일하게 나타났다. 또 같은 성향의 미디어를 선호하는 경향은 정치적 적극성이 높은 정파적 개인들 사이에서 더 뚜렷했다. 이런 선택적 노출은 개인 차원을 넘어 보다 정치적이고 미디어적인 차원에서도 포착될 수 있는 현상이다.

선택적 노출과 미디어 이용 동기 모델

수용자들은 미디어를 소비할 때 나름의 평가 기준을 가지고 있다. 이 평가는 크게 두 가지, 즉 인지적인 측면(이해하거나 판단하는 것)과 감정적인 측면(느끼고 반응하는 것)으로 나눌 수 있다. 그리고 이 두 평가 방식은 그것이 있는지/없는지, 또는 긍정적인지/부정적인지에 따라 네 가지 유형으로 나타난다. 표 5는 이런 평가 유형을 정리한 것으로, 팜그린과 레이번(Palmgreen & Rayburn, 1985)이 제시한 모델이다.

여기에서 '믿음'은 미디어(와 메시지)가 가진 특정 속성이나 노출 결과에 대한 신뢰, 곧 인지적 평가를 말한다. 이는 미디어에 대한 직접적인 경험, 다른 사람들로부터 얻은 정보, 또는 미디어의 속성에 대한 추론을 통해 형성된다. '평가'는 미디어의 속성이나 노출 결과에 대한 감정적 평가로, 개인의 필요와 가치관에 따라 달라진다. 요컨대 믿음은 '미디어가 특정 속성이나 결과를 지닌다고 인식하는 것'

표 5 미디어 이용 동기 모델(GSGO 모델; 추구된 만족과 획득된 만족 모델)

구분		인지적 평가 (속성/결과에 대한 믿음)	
		있음	없음
감정적 평가	긍정적	I : 긍정적 접근 (미디어/메시지가 좋아하는 속성/결과와 관련됨)	II : 대안의 모색 (좋아하는 속성/결과와 관련되지 않음)
	부정적	III : 진정한 회피 (미디어/메시지가 싫어하는 속성/결과와 관련됨)	IV : 부정적 접근 (싫어하는 속성/결과와 관련되지 않음)

출처: Palmgreen & Rayburn, 1985.

이고, 평가는 '미디어나 메시지에 대한 주관적인 감정 반응'이다. 이는 이용자가 해당 미디어나 메시지를 자신에게 유리하거나 긍정적으로 보는지, 아니면 불리하거나 부정적으로 보는지를 반영한다.

Ⅰ의 '긍정적 접근' 유형은 이용자가 미디어(와 메시지)에 좋아하는 속성이나 결과가 있다고 믿고 긍정적으로 평가할 때를 말한다. 이 경우 이용자는 미디어를 소비할 가능성이 높다. 이용자가 자신이 시청하는 뉴스 채널이 편향되어 있지 않다고 믿으면서 긍정적으로 평가할 때, 만족스럽게 그 채널을 소비할 가능성이 높다. Ⅰ사분면 안에는 인지적 평가에서는 부정적이지만 감정적 평가에서는 긍정적인, 그래서 모순적인 것도 포함될 수 있다. 일례로 약 15%의 미국인은 자신의 당적과 관계없이 당파적 채널(폭스, MSNBC+CNN)을 교차 시청하지만, 양당을 균형 있게 보도하는 다른 채널은 거의 외면하는 경향을 보인다(Broockman & Kalla, 2024).[83]

Ⅱ의 '대안 모색' 유형은 이용자가 미디어를 좋아하는 속성이나 결과와 연관 짓지 않지만, 긍정적으로 평가할 때 나타난다. 이 경우, 이용자는 이 미디어를 소비하면서도 다른 대안을 찾는다. 긍정적으로 보기는 하지만 충분히 만족하지 못하기 때문에 다른 가능성을 염두에 둔다. 중립적 채널은 때로 적극적인 지향성을 가진 수용자에게 이런 필요성을 느끼게 한다.

83 이러한 결과는 사람들이 미디어를 소비하는 것이 동기화된 추론에서처럼 정확성이나 목표 지향성 때문이 아니라 오히려 '고착화된 습관' 때문이 아닌가 하는 추측을 불러일으킨다. 많은 당파적 텔레비전 시청자들은 자신이 에코 체임버에 갇혀 있다는 사실을 모른 채, 자신의 뉴스원이 지닌 편향성의 영향권 내에 있다. 이 역시 선택적 노출과 비선택적 노출이 결합해 만든 것이다.

Ⅲ의 '진정한 회피' 유형에서는 이용자가 미디어에 싫어하는 속성이나 결과가 있다고 믿고 부정적으로 평가할 때 나타난다. 이 경우, 이용자는 미디어 소비를 적극적으로 피할 가능성이 크다. 특정 뉴스 채널이 정치적으로 편향되어 있다고 믿으면서 이를 부정적으로 평가한다면, 이 이용자는 이 채널을 진정하게 회피할 것이다. 그러나 이 회피가 현실에서는 그렇게 유효하게 발생하지 않는다는 지적 또한 많다.

특히 미디어 구조나 사회적 관습 때문에 개인의 의도나 의지가 작용하지 않는 '우연적 노출incidental exposure'의 비중이 상대적으로 높은 경우가 자주 발견된다. 예컨대 공영 방송이 발전한 유럽에서는 미국에 비해 '의도하지 않은 시청'의 비율이 높고(Aalberg, van Aelst, & Curran, 2010), 미국에서는 보수적 미디어 사이에 정보의 폐쇄적 순환 구조(Benkler, Faris, & Roberts, 2018)와 이들에 대한 충성도 높은 고착된 소비 구조(Broockman & Kalla, 2024)가 존재한다. 소셜 미디어의 알고리즘 추천이 개별 수용자의 당파적 선택을 다양화시키기도 하고(Messing & Westwood, 2014), 검색 엔진이 '자동화된 (우연적) 발견automated serendipity'을 보장해 오히려 다양하고 균형 잡힌 뉴스 소비를 유도하는 것으로 나타나기도 한다(Fletcher & Nielsen, 2018). 이는 심지어 영국, 미국, 독일, 스페인 등 4개국을 비교한 결과다. '내가 뉴스를 찾는 것'이 아니라 '뉴스가 나에게 오는 것news finds me'이라는 발상(Gil de Zúñiga & Diehl, 2019)도 이런 선택적 노출에 전형적으로 반대되는 뉴스 소비의 관습적 패턴 중 하나다. 이런 사례들은 '진정한 회피'가 당연히 발생하는 일이 아님을 알게 해 준다.

Ⅳ의 '부정적 접근' 유형은 이용자가 미디어를 싫어하는 속성이나 결과와 연관 짓지 않지만, 부정적으로 평가할 때 발생한다. 어떤 뉴스 채널이 자신이 싫어하는 정치적 편향이나 잘못된 정보를

꼭 포함한다고 믿지는 않지만, 그 이용자는 이 채널의 뉴스를 편집 스타일 때문에라도 부정적으로 평가할 수 있다. 이 경우, 이용자는 미디어를 적극적으로 회피하지도 그렇다고 충분히 만족하지도 않는 소극적인 태도를 보인다. 이 유형에서도 Ⅱ유형만큼은 아니라도 더 나은 대안을 찾으려 할 수 있다.

표 5의 의의는 미디어나 메시지에 대해 수용자들이 노출할 때 선택을 단순히 감정적으로 하지 않는다는 점을 보여 주는 데 있다. 미디어의 특정 속성이나 노출 결과에 대해 인지적 평가를 한다는 것은 수용자들이 개인 차원에서도 상당히 '복잡하게' 대처하는 것을 의미하기 때문이다. 특히 최근 들어 뉴스 미디어들이 특정한 정치적 색채를 띠고 두 개의 진영으로 나뉘면서 이른바 '양극화된 자유주의 체제'(Nechushtai, 2018)로 바뀌었다는 평가를 받는 미국에서는 이런 믿음이 선택적 노출에서 큰 기준이 된다. 이 믿음은 자신이 소비하는 미디어가 편향되어 있다는 인식도 포함한다. 다시 말해, 해당 미디어가 특정한 편향을 갖고 있다는 점을 알면서도, 그 편향이 자신의 입장에 부합하고 현 정치 상황도 올바르게 해석한다고 믿는 것이다. 이는 단순한 수용을 넘어 보다 적극적으로 '편향을 소비하는 것'으로 볼 수 있다.

그러나 회피의 정도는 기대한 것보다 그렇게 강하게 나타나지 않는다.[84] 이미 여러 차례 지적했듯이 선택적 노출과 선택적 회피

84 자명해 보이는 선택적 노출은 의외로 잘 입증되지 않는다. 시어스와 프리드먼(Sears & Freedman, 1967)의 초기 리뷰에 따르면, 선택적 노출 이론은 (1) 사람들은 자신을 지지하는 정보를 찾는다, (2) 사람들은 지지하지 않는 정보를 피한다, (3) 두 경향은 인지 부조화가 크면 클수록 더 자주 발생한다, (4)

는 대칭적이지 않다(Garrett, 2009). 한쪽 또는 양쪽 입장을 담은 기사를 놓고 선택할 때, 개인은 선호하는 입장에 끌리더라도 반대 입장을 완전히 배제하지는 않는다(Garrett, 2017). 아예 적극적으로 반박을 위해서나 반대에 대한 면역 같은 것을 위해 일부러 부정적인 것에 노출되기도 한다. 극우 공동체 스톰프런트 이용자들의 활발한 대외 활동은 이의 적절한 예가 될 것이다(Bright et al., 2022). 브런스(Bruns, 2019: 97)는 이를 두고 '그들은 그들이 혐오하는 것을 감시하는 것'이라고 한다. 소셜 미디어에서 의외로 반대 메시지에 대한 노출이 많이 발견되는 것도 이런 필요 때문이다. 표 5에서 각 유형 간 차이, 경계선이 그렇게 뚜렷하지 않다는 점도 유의해야 할 사항이다. 사람들이 추구하는 것과 회피하는 것의 차이도 그렇게 확연하지 않다.

선택적 노출과 에코 체임버

서두에서 밝힌 대로 선택적 노출 이론의 역사는 매우 오래되었다. 정보나 메시지를 피하기 훨씬 어려운 매스 미디어 시절에도 '제한 효과 이론'의 기초로 이 이론이 활용되었다(Lazarsfeld, Berelson, & Gaudet, 1944/2015). 물론 '스스로 클릭(선택)하는' 온라인 환경, 특히 이용자의 관계-친밀성을 위주로 하는 오늘날의 소셜 네트워크에 비할 바는 아니다. 소셜 미디어의 어포던스를 통해 이용자는 자신의 성향에 맞는 콘텐츠와 계정만을 팔로하고, 반대 성향의 정보는 쉽게 피할 수 있다. 자연히 이는 편향된 정보만을 일방적으로 소비하게 하고, 다른 관점에 대한 이해나 고려는 저해함으로써 반민주적이라는 비판을

두 경향은 개인이 초기 의견에서 자신감이 없을 때 더 자주 발생한다(p.777) 등의 네 가지로 구성된다. 그러나 증명은 주로 (1)번 명제에 집중되었다.

받게 된다.

그러나 시어스와 프리드먼(Sears & Freedman, 1967)에 따르면 선택적 노출은 모든 정보 선택 상황에서가 아니라 특정 조건이나 상황에서만 집중적으로 나타난다. 예를 들어 사람들은 자신에게 중요한 주제에는 더 강한 선택적 노출 경향을 보이지만, 덜 중요한 주제에서는 더 다양한 정보를 받아들일 수 있다고 한다. 이 설명은 사람들이 메시지를 처리하고 받아들일 때, 중앙 경로와 주변 경로라는 두 가지 경로를 통해 이루어진다고 주장하는 '정교화 가능성 모델elaboration likelihood model(ELM)'(Holbert, Garrett, & Gleason, 2010)을 연상시킨다. 이 모델에서 중앙 경로는 메시지의 내용과 논거를 깊이 검토하는 경로이고, 주변 경로는 화자의 매력이나 신뢰도처럼 여러 부수적이면서 다양한 단서에 의존하는 경로다. 또 선택적 노출은 개인의 동기화, 신념의 강도, 그리고 심리적 안정감과 같은 요인에 따라서도 달라질 수 있다. 선택적 노출은 편향된 정보 선택 이상의 복잡한 심리적 과정이다.

스트라우드(Stroud, 2018)는 미디어의 수가 늘고 선택 가능성도 확대되면 오히려 정치적 시야는 좁아질 수 있다는 역설을 지적한다. 정보의 선택권이 많아질수록 특정 미디어와 정보 출처에 의존하는 경향이 강해져 다양한 정치적 관점에 대한 노출은 줄어들 수 있다는 것이다. 바로 이 점에 의해 확증 편향과 선택적 노출은 에코 체임버 현상의 기초 논리가 된다.

확증 편향은 사람들이 자신과 맞는 정보만 받아들이고 반대 정보를 거부하도록 유도한다. 에코 체임버 안에서는 이러한 확증 편향이 극대화되고, 반대로 싫어하는 정보는 강하게 피하는 반확증 편향이 작용한다. 선택적 노출은 선호하는 정보원이나 소셜 미디어 계정만 선택적으로 팔로하도록 만든다. 에코 체임버는 이러한 확증 편향과 선택적 노출의 결과로, 외부 정보를 배제하고 내부의 동질적인 정보만 주기적으로 재확인하는 구조를 형성한다. 이 구조가 심해지면 개인이나 집단은 더욱 극단적인 의견을 갖게 되고, 마침내는 사회 전체가 양분되어 극심한 갈등(양극화)을 야기할 수도 있다. 선택적 노출과 확증 편향, 수용자의 정형화된 구성은 에코 체임버(그리고 양극화)를 형성·강화시키는 중요한 메커니즘이다(Modgil et al., 2022).

확증 편향이 선택적 노출과 에코 체임버, 양극화로 이어질 가능성은 가장 전형적으로 부르고넬리 등(Brugonelli et al., 2019)의 페이스북 연구에서 증명된다. 이 연구는 두 가지 상반된 내러티브(과학적 뉴스와 음모론 뉴스)를 중심으로 이에 참여한 120만 명의 페이스북 이용자의 연결 패턴을 조사해 확증 편향의 '도전 회피'와 '(자기) 강화 추구' 등의 두 가지 메커니즘을 분석했다. 분석 결과, '도전 회피' 메커니즘에서는 두 개의 명확하고 양극화된 집단, 곧 에코 체임버의 형성이 촉발되어 이용자들이 유사한 신념 체계를 가진 친구들로 둘러싸이는 경향이 나타났다. 다음으로 '(자기) 강화 추구' 메커니즘에서는 콘텐츠의 선택과 확산이 동질적 이용자들의 '이웃' 활동에 의해 주도되었음을 네트워크 기반 접근법을 통해 밝혔다. 그리고 이 경향은 이용자 참여가 증가할수록 강해졌다. 자기 강화는 같은 에코 체임버 내에서도 순환적으로recursive 반복되어 고도로 양극화된 하위 클러스터를 형성하는 데 기여했다.[85]

도전 회피는 '온라인 화합성online conviviality'을 유지하려는 노

85 이 연구는 에코 체임버의 형성에 관심을 집중한 나머지 클러스터(과학과 음모) 사이의 차이점에는 주목하지 않았다. 이 차이는 델 비카리오 등(Del Vicario et al., 2016)이나 졸로 등(Zollo et al., 2017)을 참조할 수 있다.

력과 연관된다(Seargeant & Tagg, 2019). 온라인 화합성이란 차이를 무마하면서 논쟁적 토론을 피하고, 대립적이지 않은 공존을 유지하려는 욕구를 의미한다. 소셜 미디어의 이용자들은 이 미디어를 의견을 공평하게 나누는 포럼으로 생각하지 않으므로 불쾌하거나 부정확하다고 여기는 데이터는 조용히 무시하는 경향이 있다. 이러한 갈등 회피 전략은 이용자들이 온라인 관계를 스스로 자신의 관계를 관리·조정하려 하는데서 비롯된다. 따라서 도전 회피는 미디어 이용 목적이나 선택적 회피 성향, 알고리즘적 어포던스와 정치 상황 등 여러 요소들이 복합적으로 맞물려 작동하는 '맥락 디자인context design'의 일환으로 이해할 수 있다.[86]

선택적 노출에 대한 논의들은 항상 판단과 기억이 병행되는 정보 처리 모델에 의존하는 경향이 있다.[87] 기억을 별도로 논의하지 않는다는 뜻이다. 그러나 미디어가 주요하게 작동하는 에코 체임버 현상에는 기존 신념이 강화되어 가는 과정에 이전과 다른 정보 환경과 정보 피드, 정보의 성격과 주기 등이 작용해 판단과 기억 사이

86 '맥락 디자인'은 온라인에서 사람들이 상호 작용을 통해 공동으로 맥락을 창출하고, 그 의미와 규칙을 협상 · (재)설계하는 과정을 포착하려는 개념이다. 맥락 디자인은 참여자 간의 상호 작용을 넘어 디지털 환경의 어포던스, 커뮤니케이션의 지역적 규범, 이용자의 목표, 미디어 이데올로기 등 다양한 상황적 요소를 아우른다(Seargeant & Tagg, 2019). 나는 이용자의 능력 또는 주체성과 소셜 미디어 · 네트워크의 어포던스를 결합한 이 개념이 '맥락 붕괴context collapse'(나중에 나온다)와 더불어 앞으로 발전시켜야 할 중요한 개념이라고 생각한다.

87 선택적 노출의 정보 처리 모델은 '독립,' '가용성,' '편향된 회상,' '편향된 코드화biased encoding,' '불일치 – 편향 코드화' 등의 다섯 가지다(Hastie & Park, 1986). 이 중 독립에서만 기억과 판단이 분리되어 나타난다.

의 관계를 분리할 가능성이 상당하게 존재한다. 이것이 알라타위 등(Alatawi et al., 2021)이 '회상(기억) 효과'가 더 편향적일 수 있다는 점을 강조하는 이유다.

정보가 과잉되면서도 유기적 연결성이 부족한 '정보 과부하와 단편화,' 좋아요, 댓글, 공유 같은 '사회적 큐의 필수적 사용,' 이미지, 동영상, 밈meme과 같은 시각적 요소가 지배적인 '멀티미디어 콘텐츠,' '짧은 정보 주기와 빠른 이슈 전환' 등을 특징으로 하는 소셜 미디어상에서는 판단과 기억 사이가 이전 경험과는 상당히 다를 수 있다. 그래서 바이러스처럼 빠르게 확산되거나 자극적인 정보는 잘 기억하지만, 그 정보가 놓인 맥락은 일부만, 그것도 왜곡되게 기억되는 경향을 만든다. 또 자신의 신념과 일치하는 정보는 잘 기억하지만, 반대 정보는 쉽게 잊어버리는 '편향된 회상'이 발생할 수 있다. 소셜 미디어의 정보는 빠르게 업데이트되며, 이전 정보는 쉽게 잊힌다. 특정 사건이나 주제에 대해 일시적으로 높은 관심이 생성되더라도 장기적 인식 변화로 이어지지는 않는다. 이런 특수성은 소셜 미디어가 정보 처리와 기억 형성에 미치는 영향에 대해 전통적 모델을 수정하거나 대체한 새로운 '디지털 기억 모델'을 필요로 한다.

그러나 이런 시도를 한 연구를 찾아보기는 어렵다(과문의 탓일지도 모른다). 에코 체임버 연구는 기존의 확증 편향이나 선택적 노출을 편의적으로 활용은 하지만 그저 일방적 '적용'에 그칠 뿐, 이를 수정하거나 새로운 모델을 제시하는 이론적 기여는 거의 하지 않았다. 이 점은 이 연구가 이론이나 설명이 아닌 방법이나 측정,[88] 이 결과를 보

88 물론 지금의 선택적 노출 연구의 경향 자체가 수용자가 '의식하지 못한 채unobtrusive' 관찰되는 측정 방법을 이전의 '회상해서 보고하는 방법'보

여 주는 시각화에 중점이 있는 스타일임을 다시 한번 잘 보여 준다.

확증 편향 극복의 어려움

확증 편향은 우리가 자신을 외부의 의견이나 반대로부터 보호하기 위한 심리적 장치이다. 그러나 과도하면 필요한 변화를 저해하는 문제가 되기도 한다. 따라서 이는 적절히 조절되어야 하는데 이를 위한 연구는 아직 초기 단계에 있고, 제시된 방안들 역시 해결책 못지않게 새로운 문제를 제기한다. 확증 편향을 완화시키는 데는 다음과 같은 여섯 가지의 (잠재적) 어려움이 존재한다(Lilienfeld, Ammirati, & Landfield, 2009). 이런 어려움을 파악하는 것은 확증 편향과 에코 체임버, 나아가 극단주의나 음모론에 대한 해결책을 구상하는 데 큰 도움이 된다.

첫째는 확증 편향에는 특유의 맹점, '편향 맹점bias blind spot'으로 부를 수 있는 어려움이 있다. 대부분의 사람은 자신이 편향되지 않았다고 믿기 때문에 편향을 줄이려는 노력 자체를 거부할 소지가 크다. 이런 사람들에게 자신의 편향을 먼저 인식시키는 과정이 효과를 거둘 수 있을까? 이 질문에 대해 '그렇다'고 확실히 대답하기는 어렵다.

다 선호한다는 이유도 있을 것이다. 아무래도 회상은 실시간으로 기록되는 웹사이트 로그나 클릭 데이터보다 훨씬 부정확하다. 이를 노블로크베스터윅(Knobloch-Westerwick, 2014)은 선택적 노출 연구의 네 번째 '명제'(원칙)로 부른다. 다섯 번째도 이와 직접 연관되는 것으로, (준)실험 연구에서는 이용자 스스로 기억을 떠올려 답하는 방식introspection보다 실제 이용 데이터를 바탕으로 이용 동기를 추론하는 방식을 더 선호한다. 선택적 노출의 이런 변화된 연구 경향과 에코 체임버의 컴퓨테이션 방법은 서로 밀접하게 영향을 주고받았다.

둘째, 동기가 부족하다. 많은 사람들은 확증 편향 교정이 자기 삶에 실질적인 도움을 준다고 느끼지 않기 때문에 이러한 개입에 무관심할 수 있다. 연구를 통해 밝혀진 바에 따르면, 사람들은 자신의 판단이 중요한 결과를 초래할 수 있다고 느낄 때, 보다 신중하게 증거를 검토하는 경향이 있다. 다음의 '동기화된 추론'에서도 나오지만, 이렇게 중요성이나 심각성을 느낄 때, '정확성 동기'(사실)가 '목표 지향성 동기'(신념)를 앞선다. 따라서 확증 편향이 실제로 큰 손실을 초래할 수 있다는 점을 들어 설득한다면 효과적인 개입이 가능할지도 모른다.

셋째, 비판적 사고의 범위에 한계가 있다는 점이다. 비판적 사고는 확증 편향을 완화하는 데 도움이 되지만, 다른 맥락이나 일상적 판단으로 확장하기는 쉽지 않다. 즉 어떤 특정 영역에서 편향을 줄이는 사고 기술을 익혔다 하더라도, 그것이 자동적으로 다른 상황에도 적용된다고 보장할 수는 없다. 이러한 한계를 극복하기 위해서는 다양한 상황을 가정한 반복 훈련이 필요할 수 있으며, 학습 효과를 유지하고 확산하기 위해 정기적인 '보강 세션booster sessions' — 이미 습득한 기술을 되짚고 강화하는 학습 — 이 필요할 수 있다.

넷째, 개인 차이, 문화적 차이가 크게 작용한다는 점이다. 개별적 성격이나 인지 스타일이 확증 편향 완화 노력에 영향을 미칠 수 있다. 예를 들어 개방성이 높은 사람들은 더 쉽게 새로운 관점을 받아들이고, 독단성이 높은 사람들은 확증 편향에 계속해서 머무른다. '빠른 결론에 대한 욕구need for closure'가 강한 사람들은 불확실성을 싫어하기 때문에 반대 의견을 받아들이지 않을 가능성이 높다. 보수주의자들이 일반적으로 확증 편향이 강한 이유다. 문화적 차이도 중요한 역할을 할 수 있다. 서구 문화는 아시아 문화에 비해 더 흑백론적 사고를 하는 경향이 있다.

다섯째, 처방의 역효과, 곧 반발 효과의 가능성을 경계해야 한다. 확증 편향을 줄이려는 노력은 오히려 반발을 일으켜 사태를 악화시킬 수 있다. 이는 어떤 사건이 발생한 이후, 사람들이 마치 해당 결과를 사전에 먼저 있었던 것처럼 착각하는 '사후 확신 편향hindsight bias'[89] 연구에서 잘 예증된다. 이 실험에서 참여자들은 현실과 다른 시나리오를 떠올려 보도록 요청받았음에도 오히려 처음 결론을 더 타당하게 느낀다고 응답했다. 이는 사람이 본래 가진 인지적 제약 때문에 다양한 대안을 떠올리기 어렵고, 그 결과 상황을 이미 일어난 일에 맞춰 해석하는 경향이 자동적으로 강화되기 때문이다.

이처럼 확증 편향을 줄이기 위한 개입이 되레 편향을 강화하는 반대 결과로 나타날 수 있다는 점은 다른 심리학적 현상에서도 유사하게 관찰된다. 예컨대 '태도 예방 효과inoculation effect'에 관한 연구에서는 약한 수준의 반대 의견에 노출될 경우 오히려 기존 신념이 더욱 공고해지는 반작용이 확인된 바 있다. 따라서 반대 관점을 제시하는 방식과 수위는 매우 신중하게 설계되어야 한다.

여섯째, 이데올로기적 극단주의에는 감정의 역할이 매우 중요하다. 확증 편향 외에도 항상 '뜨거운 인지' 같은 형용모순으로 표현될 수 있는 강한 감정적 요소, 곧 증오, 분노, 두려움 등이 동반된다. 특히 증오·분노는 이성을 마비시키는 '혐오'로 발전하기도 한다.[90] 강한 감정은 확증 편향과 상호 작용하는데, 확증 편향이 외집단에

89 '사후 확신 편향'은 결과가 필연적이었다고 느끼는 착각으로, 이를 줄이기 위해 실험에서는 참여자에게 다른 시나리오를 상상하게 한다.

90 유튜브가 문제 되는 콘텐츠에 대한 추천 정책을 바꾸어 노출을 제한해도 일부 '성난resentful' 수용자에겐 전혀 소용이 없다(Chen et al., 2023).

대해 부정적 인식을 유발하면 거기에서 강한 부정적 감정이 생겨나고, 이 감정이 동기화된 추론을 자극하면 다시 확증 편향이 강화되는 도식이다. 한번 이 루프에 빠지면 아주 자그마한 오해도 큰 혐오로 발전할 수 있다. 따라서 인지적 접근법만으로는 이데올로기적 극단주의를 줄이는 데 한계가 있을 가능성이 높다.

이런 어려움은 확증 편향과 밀접한 관계인 에코 체임버에 대한 치유책에도 그대로 이어진다. 알라타위(Alatawi et al., 2021)의 진단에 따르면, 에코 체임버 역시 극복의 어려움으로 '대체로 사람들은 자신이 에코 체임버 속에 있는지 모른다,' '자신의 신념과 일치하는 콘텐츠만을 선택(해서 계속 그 신념 속에 머무르려)한다,' '자신의 세계관과 충돌하는 정보에 저항한다,' '외부의 도움을 불신한다' 등이 꼽혀 확증 편향과 거의 다르지 않다. 결국 이러한 문제들은 개인의 심리적 방어 메커니즘이 급변하는 미디어 환경에 제대로 대응하지 못해 과부하를 일으킨 결과로, 특히 일부 취약층에는 병리적 양상으로 나타난 것이다. 그런 면에서 확증 편향에 필요한 처방은 점진적 설득과 내면 질서의 회복이지 결코 일방적 차단이나 통제가 아니다.

동기화된 추론

'동기화된 추론motivated reasoning'도 많이 원용된다. 이 이론은 독자적으로보다는 앞의 확증된 편향이나 선택적 노출과 자주 결합한다. 같은 계통의 이론이기 때문일 것이다. 동기화된 추론에는 쿤다(Kunda, 1990)의 논문이 가장 많이 인용된다. 이 책의 설명 역시 주로 이에 의존한다.

사람들은 정보나 증거를 처리할 때 자신이 원하는 결론에 도달하기 위해 무의식적이든 의식적으로든 추론 과정을 조작한다. 객관적이고 논리적으로 정보를 평가하려 하지 않고, 그들의 믿음이나 목표를 지지하는 동기에 따라 결론을 유도한다. 이때 동기는 신념에 접근하는 방식을 특정 방향의 인지로 편향시켜 추론에 영향을 미친다(Kunda, 1990: 480). 이런 과정을 통해 개인은 기존 믿음을 강화하거나 자신이 원하는 결론을 지지하는 방식으로 정보를 선택적으로 수용·해석한다.

동기화된 추론에서 동기는 두 가지인데, 하나는 '정확성'이고 다른 하나는 '목표 지향성directional goal'이다. 정확성 동기는 사람들이 가능한 한 정확하고 진실한 결론에 도달하려고 할 때 작용하는 동기다. 이 경우, 사람들은 증거를 논리적으로 평가하고 공정하게 처리하며, 사실과 일치하는 결론에 도달하기 위해 노력한다. 반면, 목표 지향성 동기는 '결론 중심 추론'으로 사람들이 특정 결론에 도달하고자 하는 욕구가 있을 때 작용하는 동기다. 이 경우, 사람들은 자신이 도달하고자 하는 결론을 지지하는 정보를 더 많이 수용하고, 그 결론과 상충하는 정보는 무시하거나 배제한다. 이는 자기 합리화나 기존 신념 강화 같은 인간의 심리적 본능에 기초한다. 잘못된 정보나 편향된 수용이 자주 이 동기에서 발생한다. 정확성을 추구하는 동기는 가장 적절하다고 여겨지는 신념과 전략을 사용하도록 권장하는 반면, 특정 결론에 도달하고자 하는 동기는 원하는 결론을 얻을 가능성이 높은 전략의 사용을 권장한다.

이처럼 사람들은 특정 목표 지향성, 특정 결론에 도달하려고 할 때, 정보를 믿는 기준을 상당히 선택적으로 적용한다. 자신이 믿고 싶은 정보에는 관대한 기준을 적용하지만, 그에 반대되는 정보에는 엄격한 기준을 적용한다. 선택적 노출에 앞서 선택적 신뢰가 작용한다. 여기에는 인지적 일관성도 들어 있다. 자신의 기존 신념과 일치하는 정보를 더 선호하고 수용하기 때문이다. 물론 정서적 요소도 병행된다. 긍정적 감정을 강화하거나 부정적 감정을 회피하려는 욕구는 특정한 결론에 이르도록 동기를 부여할 수 있다.

> "지향성 – 목표 동기가 사람들이 자신에 대해 갖는 태도, 특성, 그리고 과거 경험에 대한 자기 인식을 편향시킬 수 있다는 증거가 많다. 이러한 자기 성격화self-characterization는 종종 기존의 자기 – 지식에 의해 제한되며, 이는 지향성 – 목표 동기가 기억 검색 과정에 편향을 일으켜 자기 개념을 왜곡한다는 점을 간접적으로 보여 준다. 또한 바람직한 자기 이미지를 강화하거나, 원하는 자기 개념을 뒷받침하는 기억이 더 빠르게 떠오르는 현상에서도 이러한 편향이 드러나며, 이는 지향성 – 목표 동기에 따른 기억 왜곡을 뒷받침하는 직접적 증거로 볼 수 있다." (Kunda, 1990: 486)

이런 동기가 논의되면, 두 동기가 상충할 때 어느 쪽이 우선하는지가 중요해진다. 특히 정체성이 강하게 작용하는 정치에서는 대체로 목표 지향성 동기가 정확성 동기를 앞선다. 많은 사람이 자신이 선호의 '지향을 가진' 정당이나 정치인을 위해 (반대되는) 사실을 결코 '정확하게' 받아들이지 않으려 할 것이기 때문이다. 정치적 지지가 인지적 편향을 낳는다는 지적은 이를 두고 하는 말이다. 그러나 쿤다는 명시적이지는 않지만 정확성 동기가 앞설 수 있는 경우도 제시한다.

먼저는 개인이 결론의 정확성에 대해 높은 책임을 져야 할 때, 즉 의사 결정이 매우 중요할 경우, 정확성 동기가 강화되어 지향성 동기를 이길 수 있다. 예를 들어 잘못된 정보에 근거한 결론이 큰 피해로 이어질 수 있는 상황에서는 지향성보다 정확성에 더 집중하려는 경향이 나타난다. 둘째, 결론의 신뢰성과 타당성이 특히 중시되거나 외부의 평가 가능성이 존재할 때도 정확성 동기가 강화된다. 자신의 판단이 평가받을 수 있다는 인식은 객관적인 근거에 바탕한 신중한 추론을 촉진한다. 증거가 매우 명확하고 일관될 경우에도 정확성 동기가 앞선다. 강력한 증거가 특정 결론을 명백히 지지할 때는, 지향성 동기도 이를 무시하기 어려워 객관적 판단을 하려는 경향이 나타난다. 마지막, 넷째는 (둘째와 비슷하게) 제삼자의 객관적 관점에서 평가받을 때다. 자신의 판단이 타인에게 공개되거나 객관적으로 평가될 상황에 부닥칠 때, 정확성 동기가 더 우세하게 작용할 수 있다. 타인의 관찰 아래 있어 자신의 (편향된) 결론을 정당화하기 어렵다고 느낀다면, 정확성 동기에 의해 더 공정하게 결론을 내리려는 동기가 강해진다.

이를 정치 측면에 국한해 보면, 일반 시민이 내리는 정치적 결정이 이런 조건에 있는 경우는 매우 드물 것이다. 특히 정치적 갈등이 심해지고 양극화 현상이 일상적으로 나타나는 환경에서는 설사 부정확하다 하더라도 목표 지향성이 우세할 것이다. 그 의사 결정이 개인이 져야 하는 책임의 결과로 나타나는 경우가 거의 없을 것 같기 때문이다. 더구나 에코 체임버 같은 것이 형성되어 주변의 의사까지 같은 것으로 확인된다면, 결론이 있는 목표 지향성 동기는 다른 동기를 압도하기 쉽다.

이런 동기화된 추론을 에코 체임버에 적용하려 한, 흔치 않은 심리학적 철학 연구자는 아브누르(Avnur, 2020)다. 아브누르는 온라인 에코 체임버의 심리적 기저와 그로 인한 사회적 결과를 깊이 있게 탐구하면서 이를 동기화된 추론 관점에서 분석한다. 그의 글은 에코 체임버의 문제점을 단순히 정보의 편향된 흐름으로만 보는 것을 넘어 개인과 집단의 심리적 동기가 어떻게 이 현상을 촉진하고 유지하는지에 초점을 맞춘다.

아브누르는 온라인 에코 체임버를 사람들이 자신과 유사한 의견을 공유하는 소셜 네트워크 환경으로 본다. 중요한 것은 이러한 네트워크가 단순히 외부 의견을 차단하는 데 그치지 않고, 동기화된 추론을 통해 이용자의 인지적 편향을 강화한다는 점이다. 이 편향은 증거 자체가 아니라 증거를 어떻게 해석하고 활용하는지에 영향을 미친다. 예컨대 개인은 이미 알고 있는 정보나 증거를 자신의 목표나 이해관계(지향성 동기)에 맞추는 경향이 있으며, 정보의 의미와 신뢰도 역시 자신에게 유리하게 조정한다. 이러한 작용이 반복되면서 편향은 더욱 심화된다.

아브누르는 또한 방대한 양의 정보에 쉽게 접근할 수 있는 현대 사회의 문제점에 대해 논의한다. 과도한 정보 접근성은 이용자들이 다양한 관점에서 정보를 평가하는 것이 아니라 자신이 선호하는 정보만을 선택적으로 해석하는 것을 더 쉽게 만든다. 이에 따라 사람들은 자신의 신념을 강화하는 정보만을 수용하며, 개인과 집단의 편향된 인식은 심화 일로를 달린다.

결론적으로 정보의 과잉 접근성이 개인의 인지적 편향과 동기화된 추론을 강화해 사회적 합의와 공공 담론의 질을 저하하는 결과를 초래한다. 사람들은 정보의 풍부함을 긍정적으로 보지만, 실제로는 자신의 기존 신념을 강화하는 데만 초점을 맞추어 의견은 더욱 고립되고 사회적 양극화는 심화할 수 있다. 이는 비판적 사고 없이 유사한 정보만을 반복적으로 수용하고, 다른 견해는 배제하는 경향을 더욱 강화시킨다.

아브누르는 트럼프를 사례로 들어 지지자와 반대자들이 서로 다른 방향으로 정보를 수용하는 방식을 보여 준다. 지지자들은 그에 대한 긍정적인 보도나 그의 정책의 성과를 강조하는 정보를 더 많이 접하고 이를 신뢰할 가능성이 크다. 반면, 반대자들은 그를 비판하는 기사나 그의 정책 문제점을 다루는 보도를 선택적으로 수용하며, 그에 대한 부정적인 인식을 강화한다. 우파적 성향이 강한 〈워싱턴 이그재미너〉는 트럼프 지지자들에게, 상대적으로 자유주의 성향이 강한 〈워싱턴 포스트*The Washington Post*〉는 반대자들에 의해 근거로 활용된다. 그들이 사용하는 담론의 전략은 다음과 같다.

> (1) 같은 증거를 접하게 되더라도, 독자는 그 증거를 통해 각자 자신이 원하는 결론에 이르도록 유도된다.
>
> (2) 어떤 증거가 핵심적인 것으로 인식되는지는 그것이 특정 결론에 유리한지 아닌지에 따라 달라지며, 이는 기사마다 다르게 나타난다.
>
> (3) 마음에 들지 않는 결론을 뒷받침하는 증거는, 그 자체를 진지하게 다루기보다는 대안적 설명이나 반박 가설이 같이 제공 또는 강조되어 독자가 그 증거를 중요하게 고려하지 않도록 유도된다.
>
> (4) 증거를 어떻게 해석하고 그 해석이 어떤 의미를 가질지가 독자가 선호하는 결론과 긴밀히 연결되고, 그 결론으로 이어지는 해석과 추론이 강화되는 방식으로 전체가 설계된다.

이는 정보의 의미나 신뢰도를 자신이 선호하는 결론에 유리하도록 조작하는 방식이다. 결론이 미리 정해져 있어 증거는 이에 따라 권장되거나 반대로 경시되며, 증거 자체보다 증거를 다루는 방식이 훨씬 더 중요하다. 그래서 같은 증거일지라도 개인마다 해석이 다르므로 결론 또한 달라지고, 반대 증거가 등장하면 집중적으로 무시·반박되어 증거 자체를 무시하는 추론 경로가 만들어진다. 반대로 호의적 증거가 등장하면 원하는 결론으로 이어지는 추론 경로가 곧바로 권장된다.

아브누르는 트럼프 대통령과 러시아(의 온라인 공작)와의 관계를 수사한 뮬러 특검 팀의 보고서[91]에서 자신의 입장을 예증한다. 보고서에 따르면, 러시아 정부는 다양한 방식으로 2016년 미국 대선에 개입했다. 소셜 미디어를 이용한 여론 조작과 해킹으로 민주당의 이메일을 유출한 사건[92]이 특히 대표적이다. 그러나 뮬러는 트럼프 캠프와 러시아 사이에 불법적인 공모가 있었다는 결정적 증거를 찾지 못했다고 결론 내렸다. 트럼프 캠프의 일부 인물들이 러시아와 접촉한 사실은 있으나 이를 공모로 판단할 법적 증거는 충분하지 않다고 판단했다.

이에 대해 트럼프 지지자들은 보고서의 결론에서 뮬러가 "범죄의 명확한 증거가 없다"라고 말한 부분에 주목했다. 이를 통해 트럼프는 '무죄'라는 해석을 내렸고, 트럼프가 러시아와 공모하지 않았다는 점에만 초점을 맞췄다. 예를 들어, '충분한 증거가 없어 기소하지 않는다'는 내용을 '아무런 잘못이 없다'는 의미로 확대하여 해

91 2016년 미국 대선에서 트럼프 캠프와 러시아의 공모 여부를 수사한 특검 팀의 활동 내역 보고서다. 수사 책임자는 로버트 S. 뮬러Robert S. Mueller III 전 FBI 국장이었고, 수사 목적은 러시아가 2016년 대선에 개입했는지, 트럼프 캠프가 러시아와 공모했는지, 트럼프 대통령이 사법 방해를 했는지였다.

92 민주당 이메일 유출 사건은 민주당 전국위원회(DNC)의 서버를 러시아 정보 기관(GRU)이 해킹해 그 안의 내용을 위키리크스에 공개한 사건이다.

석했다. 반대 측에서는 보고서가 언급한 트럼프와 러시아 사이의 여러 접촉 및 의심스러운 행위에 집중했다. 이들은 뮬러 보고서가 범죄의 증거를 '명확하게 찾지 못했다'고 한 것을 '완전한 무죄가 아니다'라고 해석하고, 트럼프와 그의 캠프가 부적절하게 행동했을 가능성을 주장했다. 또한 반대 측은 보고서에 명시된 '기소를 위한 충분한 증거가 부족하다'는 문구를 트럼프의 방해로 수사의 어려움과 제한이 있었을 가능성이 있고, 이를 법적으로는 몰라도 도덕적·윤리적으로는 비난받을 수 있는 여지로 보았다.

뮬러 보고서가 애매한 결론을 낸 것은 사실이지만, 대립하는 서로가 각자에서 유리한 해석을 앞세워 공방을 벌이는 상황을 보고서만의 책임으로 돌릴 수는 없다. 또 이런 공방이 상대적으로 이의의 여지가 적은 팩트의 영역에서도 벌어지는 것을 보면, 정체성의 문제는 더 이상 정서적이고 문화적인 차원에만 머물지 않음을 알 수 있다. 다협과 절충, (그렇게 되지 않을 때의) 회피나 불일치 수용은 이제 정치인의 전유물이 아니라 일상의 시민들도 익숙해져야 하는 태도가 되었다.

동기화된 회의주의

타버와 로지(Taber & Lodge, 2006)의 '정치적 신념의 평가에서 동기화된 회의주의'는 동기화된 추론과 확증 편향(반증 편향)의 증명을 통해 양극화 현상에 대한 분석까지 나아가는 논문으로, 앞서의 설명들을 정리하기에 적합한 연구다. 타버와 로지는 정치 영역에서 동기화가 '태도 극단화'와 확증 편향으로 나타나며, 특히 자신의 기존 신념과 일치하지 않는 정보에 대해서는 강한 비판적 태도(회의주의)를 보이면서 반증 편향disconfirmation bias을 보인다는 점을 입증한다. 이 이론은 양극화가 왜 미국 사회에서 정치적 신념을 넘어 정서적으로 '자동화된 automated 반응'으로 굳어지게 되었는지를 잘 보여 준다.

'태도 극단화'는 사람들이 동일한 정보에 노출되더라도 자신의 기존 신념에 따라 그 정보를 다르게 해석하고, 그 결과 원래 입장을 더욱 강화하게 된다는 이론이다.[93] 태도 극단화는 확증 편향과 반증 편향을 통해 설명된다. 사람들은 자신의 기존 신념과 일치하는 정보는 쉽게 수용하고, 반대되는 정보에 대해서는 더 비판적이고 회의적으로 접근한다. 이로 인해 정보는 객관적으로 수용되기보다는 기존의 생각을 지지하는 방식으로 해석되고, 결과적으로 태도는 계속 강화되면서 극단화된다.

그러나 이런 초기 극단화 이론은 감정과 동기의 역할을 충분히 고려하지 못했다는 비판을 받는다. 타버와 로지는 사람들이 정보에 반응할 때 나타나는 극단화가 단순한 인지적 조정이나 선택적 노출의 결과가 아니라 초기 단계에서 작동하는 반사적이고 감정적인 반응, 즉 '당파적 동기화'에 의해 촉진된다고 보았다. 기존 사회심리학 연구들이 주로 감정을 배제한 '차가운 인지' 이론(특히 인지부조화)에 의존함으로써 설명력을 스스로 제한한 데 반해, 이들은 감정이 개입된 '뜨거운 인지'의 측면에서 극단화를 재구성하려 했다.[94]

93 그래서 '극단화'란 말이 꼭 맞는지에 대한 의문이 제기될 수 있다. 이 점은 뒤의 '집단 극단화'에서 상세하게 살펴본다.

94 한 가지 더 그들이 수정이 필요한 것으로 제안한 것은 '측정 문제'다. 그들은 미세한 태도 변화를 측정하기 어려운 척도의 한계 문제를 지적한다. 그간 연구자들은 보통 실험의 전과 후에 각각 하나의 질문(단일 항목)만으로 태도의 변화와 극단성 정도를 측정해 왔는데, 이처럼 항목 수가 적은 측

타버와 로지는 두 가지 실험을 통해 시민들의 정치적 신념과 인지적 편향의 연관성에 접근했다. 주제는 미국 내에서 정치적 성향을 명확히 드러내는 이슈인 '소수자 우대 정책'과 '총기 규제'에 관한 찬반 주장이었다. 실험에서 참가자들은 자신과 입장이 일치하거나 일치하지 않는 다양한 주장을 읽고 평가했고, 일부 실험에서는 관련 자료의 출처를 직접 선택했다. 특히 후자는 실제 세계에서의 정보 선택 및 처리 방식을 모방하려는 시도로, 이를 통해 연구는 단순한 설문조사나 관찰 연구보다 더 높은 신뢰성과 타당성을 확보할 수 있었다.

실험 결과, 사람들은 자신의 신념에 부합하는 자료를 더 자주 선택하고, 반대되는 자료는 피하려는 경향이 관찰되었다. 또 반대 정보에는 반박과 비판을 가하고 신뢰성을 의심했으며, 지지 정보에는 선호와 강화 편향을 보였다. 이 편향은 찬반 논쟁에서 균형 잡힌 정보를 대했을 때도 마찬가지였다. 이는 사람들이 중립적 정보를 접해도 자신의 신념을 강화하는 방식으로 정보를 해석하는 인지 전략을 갖고 있다는 것을 보여 준다. 태도 강도의 효과도 확인되었는데, 강한 태도를 갖고 있는 시민들이 동기화된 회의주의를 보일 가능성이 더 높았다. 즉 신념이 강할수록 반대 정보를 더욱 비판적으로 처리하고, 지지 정보를 선별해 수용하려는 경향이 나타났다.

이 연구는 또한 정치적 지식 효과도 지지했다. 정치적 지식

정 방식은 신뢰도 면에서 취약하다는 문제가 있다. 또 다른 하나는 태도가 극단적인 사람일수록 변화 가능성이 크다고 가정하면서도 실제로는 측정 척도의 상·하한에 따른 제한이나 평균으로의 회귀 효과 때문에 이런 변화를 제대로 포착하지 못한다는 점이다. 이에 따라 그들은 태도 측정 시 단일 항목 대신 6개 문항으로 구성된 척도를 사용해 신뢰도를 높였고, 특히 실험 전(t1) 단계에서 극단값에 있는 응답자의 수를 줄였다고 한다.

이 많은 사람들은 자신에게 불리한 정보에 대해 더 잘 반박할 수 있는 논리와 근거를 지녔기 때문에 동기화된 편향에 더 취약했다. 다시 말해, 정치적 식견이 높은 사람들은 반대되는 정보에 대해 더 적극적으로 반박하면서 자신의 입장을 지키려는 경향이 강했다.

동기화된 추론 관점에서 보면, 정치적 신념은 단순한 의견 이상으로 개인의 정체성과 깊이 연결되어 있기 때문에 신념 유지의 심리적 동기는 강화되고, 정확성 동기는 약화된다. 타버와 로지에게 이런 가능성은 오랜 시간에 걸쳐 시간과 인지적 자원을 투자해 신념과 태도를 형성해 온 개인에게는 지극히 합리적인 반응이다. 그러나 극단화되면 더 이상 환경 변화에 적응하지 못하는 '속담 속 타조'가 될 뿐이다.

> "우리가 공감하는 한 관점에서 보면, 태도 강도의 효과와 반증 편향은 태도와 관련된 정보에 대한 합리적 반응이라고 할 수 있다. 오랜 시간에 걸쳐 신중하게 형성된 자신의 태도에 큰 비중을 두는 것은 매우 합리적인 일이다. …… 이는 신념과 태도가 보호해야 할 소유물로 비유될 수 있다는 것을 시사한다. '이 신념, 이 감정은 내 것이다!' …… 극단적인 경우, 새로운 정보를 왜곡하여 항상 기존 신념을 지지하도록 만든다면, 사람은 더 이상 환경에 합리적으로 반응할 수 없다. 마찬가지로, 기존 신념에 대한 위협을 피하기 위해 정보 흐름을 조작하는 것 역시 속담 속 타조처럼 비합리적인 행동에 지나지 않을 뿐이다." (Taber & Lodge, 2006: 767)

타버와 로지의 연구는 동기화된 추론과 확증 편향, 태도 극단화의 연관성을 실험적으로 입증하며, 사람들이 자신의 신념에 부합하는 정보에는 호응하고 반대 정보는 비판적으로 처리함으로써 어떻게 극단적 태도를 형성하는지를 보여 준다. 특히 통념과 달리 신념이 강하거나 정치적 지식이 높은 사람일수록 중립적인 정보마저도 기존 입장을 강화하는 데 활용해 오히려 극단화에 이를 수 있다. 양극화된 환경에서는 확증 편향이 더 두드러져 정보 해석과 양극화가 상호 강화되는 악순환이 나타나며, 이는 미디어 소비와 정보 선택이 정치적 갈등과 사회적 분열을 심화시키는 주요 메커니즘의 하나임을 함축한다.

집단 극단화 이론

집단 극단화는 에코 체임버를 수상하는 선스타인이 여러 책(Sunstein, 2009/2011, 2017)에서 반복적으로 주장해 온 이론이다. 그는 특히 주민, 배심원, 심지어 의사나 재판관 같은 전문가들 사이에서도 이런 집단 극단화가 실증되었다고 주장하고 이를 온라인에도 적용한다. 그의 에코 체임버론에서 집단 극단화는 가장 핵심적인 이론이라 해도 과언이 아니다.

집단 극단화는 특정 이슈에 관한 토론에 참여하거나 노출된 후 집단 구성원들이 기존 입장보다 더 극단적으로 치우치게 되는 현상을 말한다(Isenberg, 1986). 비슷한 의견을 가지고 있는 집단에서 토론이 벌어지면, 처음보다 의견이 더욱 강해지고 때로 과격해지기까지 한다는 '집단 유인 태도 극단화group-induced attitude polarization'다. 여기에서 '극단화'라는 말이 과연 적절한지 개념 명명에 의문이 제기될 수 있는데, 일반적으로 극단화는 단지 양적으로 '강해지는' 것을 뜻하지는 않기 때문이다.[95] 사실 정확하게 말하면, '집단 극단화'보다는 '집단적 자기 강화group reinforcement'가 맞다. 이는 '태도 극단화'나 '신념 극단화' 이론의 경우에도 마찬가지다. 극단화 여부의 판단 기준이 이전의 자신과의 비교, 곧 '전보다 태도가 더 강(약)해졌나'뿐이기 때문이다. 그러나 여기에서는 혼란을 피하기 위해 이론의 원래 명칭을 따를 것이다. 논리적으로 아주 맞지 않을 때만 '강화'를 쓸 것이다.

집단 극단화는 '사회적 비교social comparison'와 '설득적 논증 이론persuasive arguments theory' 등의 두 가지 세부 이론으로 구성되는데, 아이젠버그(Isenberg, 1986)에 의하면 설득적 논증 이론이 좀 더 높은 비중을 차지한다. 사회적 비교(또는 '사회적 영향력')는 개인이 자신의 의견을 다른 구성원과 비교하여 집단의 가치관에 더 일치하려 하거나, 더 돋보이도록 의견을 강하게 표현하려는 경향이다. 사람들은 집단 내에서 긍정적 평가를 받기 위해 더 강경한 입장을 취하고, 이를 통해 소속감과 자존감을 강화하려 한다. 설득적 논증 이론은 동질적 집단 내에서 유사한 주장이 반복되거나 새로운 논거가 제시되면서 기존 신념이 확고해지는 과정을 설명한다. 토론 과정에서 각 구성원은 우세한 다수의 입장을 뒷받침하는 설득적 논거를 새롭게 제시하게 되고, 이러한 논거들이 다른 구성원들에게 영향을 미쳐 집단

95 극단화라는 말은 '내용,' '태도와 신념 유지 방식,' '규범' 등의 차원에서 다양하게 함의를 읽을 수 있다(Malcom & Ranalli, 2025)(이 설명은 나중에 다시 나온다). 그러나 집단 극단화 이론 속에는 그런 함의가 없다. 이 이론은 주로 동질적인 집단 내에서 유사한 의견이 반복적으로 공유될 때, 입장이 처음보다 강화되는 과정을 설명하는 데만 초점이 맞춰져 있다. 그런 면을 아울러 봐도 '극단화'보다는 '자기 강화'가 맞는 표현이다. 이 이론은 '집단적 자기 강화론'으로 명칭이 바뀌어야 한다.

전체가 극단화에 이르게 한다는 것이다.[96]

아이젠버그는 집단 극단화가 정치적·사회적 의사 결정에 미치는 영향에 주목했다. 그는 집단, 특히 사회를 구성하는 주요 집단이 극단적인 결정을 내리게 되면 사회적 갈등이 심화될 수 있으며, 정책 결정 과정에서 합리성이 저하될 위험이 있다고 경고했다. 이는 집단 극단화 현상이 단순히 개인이나 개별 집단의 의견에 그치지 않고 사회 전체의 공공 정책과 민주주의에 영향을 미칠 수 있다는 점에서 중요한 사회적 함의를 지닌다.

그러나 선스타인식 집단 극단화 이론은 여러 (동질적) 집단의 사례에서 주로 이전보다 강해진 태도 변화만을 보여 줄 뿐, 정작 논의 과정에 대한 구체적인 분석이나 실험적 증거는 거의 제시하지 못한다. 만약 이런 '의견 역학' 과정에 대한 분석이 있다면, 어떤 논의 경로를 통해 기존 태도가 강해지는지, 혹시 그 과정에서 의견 지도자들의 역할은 있는지, (선스타인은 사형제를 비롯해 몇 주제는 집단 극단화 현상이 발생하지 않았다고 했는데) 의제의 성격별로 극단화 정도에 차이가 발생하는지, 내집단 선호와 외집단 반감이 동일한 메커니즘에서 나오는지, 그 정도나 양상이 서로 다르지는 않은지에 대해서도 자세히 살펴볼 수 있을 것이다. 물론 정치나 종교처럼 양극화와 근본주의가 득세하는 영역은 별도의 분석이 필요할 것이다.

물론 다른 의문도 많다. 집단에도 주민이나 배심원, 법정, (온

96 개인의 선택은 논거의 수와 설득력에 의해 결정되며, 논거의 설득력은 타당성과 참신성에 의해 좌우된다. 이에 따라 얼마든지 극단화 여부가 바뀔 수 있다(Isenberg, 1986). 물론 확증 편향이나 동류집단성 등에 따라 새로운 입장으로의 변화보다는 기존 입장이 강화될 가능성이 높다.

라인에서인) 미투, 큐어넌 등 다양한 형태가 있는데, 이에 따라 극단화 양상이 달라진다면 어떻게 달라지는지, 집단이 '동질적이다'는 하나의 전제만 있는데 이를 더 강화 또는 약화시킬 수 있는 다른 요인은 없는지,[97] 같은 정보(의 반복)를 중시하는 인지주의 경향이 강한데 이 차원을 넘는 문화적·정체성적 차원은 고려하지 않아도 되는지, 극단화에도 양적 강화만이 아니라 극단주의extremism 같은 질적 일탈 같은 것도 있는데 이 차이는 어떻게 발생하는지,[98] 개인 차원의 태도 극단화 이론과는 어떤 관계가 있는지, 또한 개인의 입장을 명확하게 하고 주변 정체성을 하나로 수렴시키는 정치적 정렬sorting과 어떤 관계를 맺는지도 살펴봐야 할 문제다. 이러한 의문에 대한 논의는 자연히 집단 극단화를 심리학적 차원에서 사회적·역사적 차원으로 상향시킨다. 지금의 상태는 너무 개인의 심리 차원으로 국한되어 있어 지나치게 환원적이고 단순화된 경향이 강하다.

특히 '극단'이라는 말을 공유하고 있음에도 집단 극단화, 극단주의extremism, 양극화는 그 함의가 뚜렷이 다르다. 집단 극단화는 자기 강화를 통해 의견이 심화되는 과정을, 극단주의는 이 강화가 일정한 선을 넘을 경우에 나타날 수 있는 정상성에 대한 부정을, 양극

97 서로 반대되는 집단이 존재할 때, 양측 모두 더욱 극단화되는 경향이 있다는 도이즈(Doise, 1969)의 연구 결과를 참조할 수 있다.

98 탈리스(Talisse, 2019/2024)는 집단 극단화를 '신념 극단화'로 바꿔 부르면서 '기존 태도의 양적 강화,' '질적 변화,' '헌신commitment의 강화' 등의 세 가지 특징을 든다. 그러나 왜 그런 변화들이 나타나는지 이유는 역시 설명하지 않는다. 극단화라는 표현의 적절성에 대해서도 마찬가지다. 중립에서 어느 한 방향으로 '질적 변화'가 일어났다면, 이는 방향 선택이지 극단화는 아니다.

화는 대립 항의 존재를 전제로 한다. 그러나 이처럼 서로 다른 개념들임에도 불구하고 현실에서는 자주 혼용되며,[99] 이들 간의 관계를 체계적으로 분석한 시도는 드문 편이다.

집단 극단화가 꼭 극단주의나 양극화로 발전하는 것은 아니지만, 그 반대, 곧 극단주의나 양극화는 대부분 집단 극단화 과정을 거칠 것으로 보인다. 그러나 그렇다 해서 선스타인이 예로 드는 현상들, 1930년대의 파시즘부터 1960년대의 과격 학생 운동, 1990년대 이후의 이슬람 테러리즘, 1994년 르완다의 인종 청소, 옛 유고 연방과 이라크에서 벌이진 민족 갈등, 2008년의 금융 위기 같은, 세계사에서도 손꼽히는 엄청나면서도 비극적인 것들에서 집단 극단화의 역할이 두드러졌다는 증거가 보이는 것은 아니다.[100] 이들에서 집단 극단화가 차지하는 몫이 없지는 않겠으나 선스타인은 이를 분명하게 과장한다.

여기에서 선스타인은 전형적으로 모트와 베일리 교리의 오

99 이처럼 극단화와 극단주의는 분명히 다른데, 한국어 번역본 《우리는 왜 극단에 끌리는가》(Sunstein, 2009/2011)에서는 둘을 모두 '극단'으로 번역해 혼란을 부추긴다. 이렇게 되면 polarization이 극단주의에 빠지는 extreme polarization은 '극단적 극단화'가 된다. 기존에 많이 썼던 '극화極化' 라는 표현을 써도 이상한 건 마찬가지다('극단적 극화'?). 이보다는 당연히 '극단적 자기 강화'나 '극단적 양극화'가 더 어울린다.

100 선스타인(Sunstein, 2019/2023)이 드는 예 하나는 2차 세계 대전 당시 루스벨트 행정부의 고위급 관리였던 루서 귤릭Luther Gulick이다. 루서 귤릭은 민주주의 국가들과 그들의 적인 파시스트들의 전쟁 능력을 비교해 민주주의의 우월함을 '폭넓은 비판과 토론을 허용해 많은 재앙을 피할 수 있었다'는 점에서 찾았다. 그러나 선스타인도 인정한 바대로 당시 소련은 폭정 아래에서도 용맹하게 잘 싸웠고, 파시스트들의 상명 하달식 대중 관리 역시 그렇게 비효과적이지 않았다. 루서 귤릭 정도의 사례로는 반증도 많아 위의 큰 주장을 감당하기 힘들다.

류를 범한다. 그는 먼저 집단 극단화가 낳은 병폐로 파시즘이나 인종 청소처럼 엄청나게 극단적인 현상을 먼저 제기한다(베일리). 그 주장이 비판을 받으면, 선스타인은 일부 재판의 배심원이나 콜로라도 주민의회 같은 증명할 수 있는 예를 들어 이를 피한다(모트). 파시즘 같은 사건에 그런 집단 환각적 요소가 분명히 있기는 할 것이다. 그러나 아무래도 '같은 태도를 가진 사람들이 모여 논의했으므로 강화(극단화)되었다'보다는 '애초부터 극단적인 신념이나 목표를 공유했던 사람들이 계획적으로 모여 더 극단화된 결정을 내렸다'가 훨씬 더 실상에 가까울 것이다.

또 선스타인(Sunstein, 2009/2011, 2017)은 이런 집단 극단화 현상이 온라인과 소셜 미디어에서도 (더 대규모로) 발생한다는 점을 지적해 왔다. 온라인에서는 유사한 의견을 가진 사람들이 더 쉽게 모일 수 있고, 알고리즘이 개인의 원래 성향에 맞게 정보를 공급해 주므로 집단 극단화가 빠르게 이루어질 가능성이 있다는 것이다. 그는 이러한 온라인 환경이 민주주의, 특히 정확하고 다양한 정보가 필요한 인식론적·숙의적 민주주의에 부정적인 영향을 미칠 수 있다고 경고하며, 특정 의견만을 공유하는 커뮤니티에서 극단적 의견이 강화되는 현상이나 사례들을 부각시켰다.[101]

101 그가 거론하는 대표적인 집단 중 하나가 이슬람 과격 집단이다. 그러나 그의 판단은 여기에서도 '정보적' 차원에 집중된다. 이슬람 과격 집단이 제한된 정보 때문에 '인식론적 불구crippled epistemology'(Sunstein & Vermeule, 2009)의 상태에 빠진다고 보는 것이다. "구성원 개개인이 비이성적으로 변하는 게 아니라 그들이 접하는 정보의 출처가 지극히 제한적이고, …… 자신들이 믿는 모든 정보가 고립된 집단에서 일어나는 상호 작용의 결과물이 되기"(Sunstein, 2009/2011: 164) 때문에 그들은 테러리스트가 된다

그러나 집단 내 강화를 강조하는 집단 극단화 이론만으로 이런 현상들을 설명하기는 쉽지 않다. 특히 앞서 지적한 여러 의문들에서 본 대로 한계 내에 있는 기존 심리학 이론으로는 상황적·사회적 요인에 따라 변화하는 집단 간 의견 역학을 거의 설명하지 못한다.[102] 역사적·문화적으로 형성되는 개별적 집단 특성 등도 마찬가지다. 밝혀진 바가 거의 없는 온라인에서는 더욱 그러할 것이다. 심리학자인 마이어스와 램(Myers & Lamm, 1976) 역시 대인적 비교와 정보적 영향(상대적으로 더 강한 효과를 지닌다)이 크다고 보면서도 사회적 특성의 중요성을 잊지 않는다.

집단 극단화는 동일한 의견을 가진 사람들로 이루어진 집단에서 개인의 편향된 정보 처리와 추론이 비판적으로 검토되지 않으면서 발생하는 자기 강화 현상이다. 구성원들이 유사한 관점을 공유하기 때문에 대안적 정보나 주장이 거의 제기되지 않고, 기존 입장을 의심할 필요도 줄어든다. 대부분의 논의는 기존 입장에 집중되며, 집단 평균의 수위가 점점 더 올라간다(극단화된다). 집단 극단화는 동질적인 집단과 동질적 의견, 개인적 편향이 만드는 누적적 자기 강화 현상이다.

고 한다. 선스타인은 계속 그들이 '나름으로 합리적'이라고 주장하는데, 이는 그가 과격화의 원인을 문화적 요인이나 (집단) 정체성 같은 것에서는 찾지 않기 때문이다. 그러나 주지하다시피 이런 인지 – 합리성 측면은 일부만의 설명, 그것도 상당히 피상적인 설명에 머무를 수 있다.

102 블리욱 등(Bliuc et al., 2024)은 심리학의 한계를 극복하기 위해 컴퓨테이션 사회학과 정치학의 설명을 대거 원용하고 있다.

집단 극단화와 에코 체임버

집단 극단화가 온라인 논의, 곧 에코 체임버와 양극화에 미친 영향에 대한 논문 121개를 리뷰한 이안돌리 등(Iandoli et al., 2021)은 이 영향의 정체가 '결론을 내릴 수 없을' 만큼 혼재되어 있다고 하면서 이론적 측면에서 집단 극단화를 보완하는 두 개의 이론, '동류집단성'과 '담론적 논변discursive argumentation' 이론을 제시한다. 동류집단성은 비슷한 사람끼리 무리를 이루는 인간의 기본적 성향을 지적한 것이고, 담론적 논변은 토론에서 우위를 확보하기 위해 유리한 아젠다를 제시하는 수사적 도구이자, 개인·집단이 자주 활용하는 추론reasoning의 한 유형이다.

담론적 논변 이론은 사람들이 자신을 상대방의 공격으로부터 방어해야 한다는 인식을 가질 때, 원래의 입장에서 더욱 급진적으로 변할 가능성이 높다고 주장한다. 소셜 미디어 이용자들이 이념적으로 다양한 상대와 교류하는 이유도 균형 잡힌 의견을 갖추려는 목적보다는 수사적 경쟁에서 이기기 위한 것에 가깝다(Mercier & Sperber, 2011). 담론적 논변은 다양한 구성원, 상반된 의견이 병존하는 실제 상황에서 에코 체임버 같은 것의 형성을 설명할 수 있는 이론이다. 비슷한 의견을 가진 사람들이 다수의 주장을 반복적으로 공유하면서 점진적으로 극단화된다는 설득적 논증 이론에 비해 훨씬 더 현실에서 자주 관찰되고, 에코 체임버를 형성하지만 결코 반대 주장이나 정보를 차단하지 않는다는 기존 연구와도 부합한다.

> "이 경우(담론적 논변 이론이 필요한 경우), 집단 극단화(GP)는 다양성의 부재가 아니라 오히려 다양성에 대한 노출 때문에 발생한다. 온라인 상호 작용은 유사한 타자들을 집결시키는 동시에 이데올로기적

으로 적대적인 정보에 (이용자들을) 노출시키는 도구와 가상 공간을 제공함으로써 **두 경향 모두를 가능하게 한다**. 따라서 GP가 무엇인지나 설명 메커니즘에 대한 의견 차이보다는, 다양성과 동류집단성 사이의 균형, 그리고 GP를 상쇄할 수 있는 규제적·기술적 장치의 설계에 대한 논의가 중심이 된다." (Iandoli et al., 2021: 2. 괄호 안, 강조는 인용자)

이안돌리 등이 제시하는 집단 극단화의 개념 지도는 그림 5와 같다. 이 그림에서 집단 극단화는 네 가지 조건 및 효과와 관련을 맺는다. 먼저 '사회적 선행 조건,' 즉 이미 존재하는 정보 환경이나 집단 극단화를 촉발하는 외부적 자극triggers 같은 게 존재한다. 크게 보아 이 조건에는 정보의 다양성, 에코 체임버의 수준, 당파적 미디어의 보편화 정도 같은 미디어 생태계의 특성 등이 망라된다.

둘째, 집단 극단화에 영향을 미치는 주요인으로 '인지적·사회적 메커니즘'이 있다. 이는 크게 두 가지 요소로 구성되는데, 하나는 집단 내부에서 이루어지는 사회적 비교(사회적 영향력)와 소속감 등에 의해 결정되는 '내부 응집성'이고, 다른 하나는 담론적 논변[103]이 작동해 외부로부터의 반론에 대응해 나가는 '외부 적응'이다. 내부 응집성이 클수록, 외부 대응을 잘할수록 집단 극단화는 강해진다.

셋째, 극단화가 이루어지는 공간이 소셜 미디어이므로 이 미디어의 어포던스(디자인적 특성과 기능적 속성) 문제가 중요해진다. 이의 예로 알고리즘 등에 의한 특정 정보의 우선 문제, '좋아요'나 '댓글 달

103 원래 용어는 persuasive이지만 '설득적 논증 이론'과 혼란을 피하고자 '담론적'으로 번역했다.

그림 5 집단 극단화가 맺는 네 가지 조건 및 효과(개념 지도)

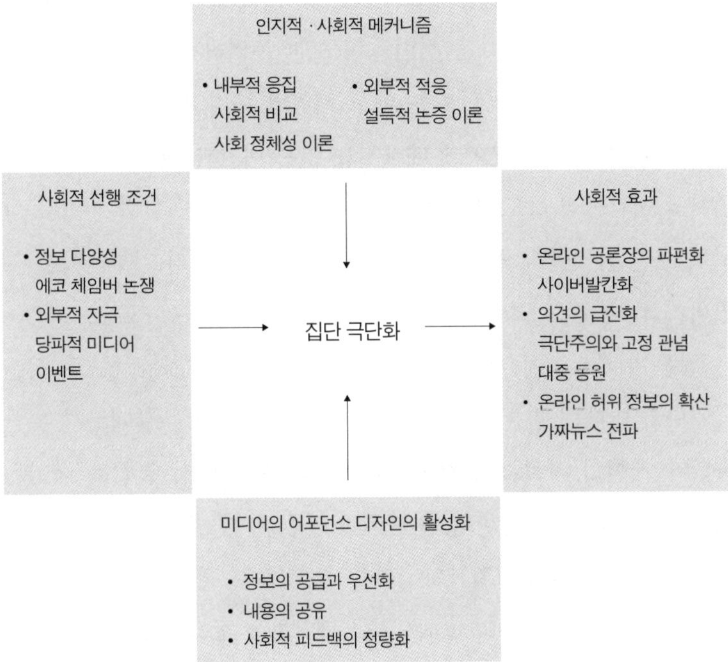

출처: Iandoli et al., 2021: 4.

기' 같이 동조자를 모으는 호응 장치나 '혐오 표현'을 비롯한 반대 배제 형식의 정도 문제, 피드백 같은 것이 양화(좋아요/공유/댓글 수 등)되어 나타나면서 유발하는 동조 효과 문제 등을 들 수 있다. 이외에도 양극화가 되기 쉽게 정치 편향을 만연케 하는 미디어 문화 문제, 플랫폼에 대한 각종 정책 규제 문제 등도 빼놓을 수 없을 것이다.

마지막으로 집단 극단화의 '사회적 효과'인데 앞서 여러 번 언급했던 온라인 공론장의 파편화, 사이버발칸화 등이 대표적인 현상(병폐)이고, 의견의 급진화, 극단주의와 고정 관념 강화, 대중 동원 등도 나타날 수 있다. 온라인의 또 다른 문제인 오보나 가짜뉴스도 집단 극단화에 의해 빠른 속도로 확산될 수 있다.

같은 생각을 하는 사람들이 모여 논의하게 되면 기존 주장이 강화된다는 집단 극단화는 에코 체임버 논리의 핵심 중 하나다. 그러나 이런 집단 극단화에 대해서는 많은 비판과 대안이 제기된다. 앞서의 이안돌리 등도 비판적 입장에서 기존 집단 극단화 논리를 상당히 보완한 것이다. 물론 선스타인의 기본 테제까지 거부하지는 않았다. 그러나 랜드모어 등(Landemore & Mercier, 2012; Mercier & Sperber, 2011)은 같은 이론('논증적 추론 이론argumentative theory of reasoning')[104]으로 집단 극단화와 반대의 결론을 제시한다. 논증적 추론 이론은 대화를 통한 숙의가 개인의 사고를 발전시키고 '더 나은' 집단적 결정을 내리는 데 효과적이라고 주장한다. 이는 숙의민주주의가 주장하는 공적 담론의 이상과 대체로 일치한다.

선스타인은 논의(숙의)는 집단 극단화를 초래하기 쉬우므로 차라리 개인들의 개별 판단을 그냥 단순 집계해 결론을 내는 방식이 더 나을 수 있다고 한다. 그간의 숙의 이론의 주장을 정면으로 부정하는 것이다. 랜드모어 등은 이에 대해 사회적 상호 작용을 통한 논증이 내적 숙고보다 더 강력한 사고 수정(극단화의 반대) 메커니즘을 제공한다고 반박한다. 그들에 따르면, 인간의 논증적 추론은 진리를 발견하는 데

104 명칭은 앞의 '담론적 논변 이론'보다 '논증적 추론 이론'이 더 정확하다. 원래의 이론은 확증 편향까지 논증적 추론의 일부로 간주하므로 집단 극단화도 포괄한다고 볼 수 있다(Mercier & Sperber, 2011). 그러나 랜드모어 등의 반대 주장에서 볼 수 있듯이 논증적 추론 이론은 숙의 이론과 보다 친화적이며, 선스타인도 이를 자신의 근거로 삼은 적은 없다.

초점이 맞춰져 있지 않고, 오히려 사회적 관계를 통해 타인의 주장을 평가하거나 설득하는 데 적합하도록 진화했다. 그래서 개인의 고립된 내적 숙고는 이런 추론에 큰 도움이 되지 않는다. 상호 논증 과정이야말로 기존의 신념을 바꾸는 데 핵심적 계기 역할을 한다.

선스타인은 앞서 본 대로 두 가지 메커니즘, 즉 '사회적 비교에 따른 영향'과 '제한된 논거 풀pool,' 그리고 보완적으로 기존을 고수하는 경로의존성에 의해 극단화가 발생한다고 주장한다. 유사한 관점을 가진 사람들끼리 사회적 비교와 상호 동조 속에서 경쟁적으로 논의를 전개하다 보면, 제한된 논거에 의해 특정한 방향으로 논의가 쏠리게 된다는 것이다. 만약 다양한 관점을 가진 사람들이 독립적으로 논의에 참여한다면, 집단 극단화는 줄어들 것이다. 이런 조건에서는 유통되는 정보도 훨씬 다양해지고 질도 높아질 수 있다. 이른바 "라이벌들의 팀"(Sunstein, 2009/2011)을 말한다. 이렇게 내부 구성이 상대적일 때는 반대 정보나 정보의 신뢰성 여부에 신경 써야 하는 이유가 크게 증가한다.

이런 선스타인의 주장이 크게 틀리지는 않을 것이다. 그러나 선스타인은 조금 과장되게 내적 고민을 숙의의 가치보다 앞세우는 단계까지 나간다. 랜드모어 등은 이에 대응해 집단 극단화는 잘못 설계된 논의 환경에서 비롯된 부작용일 뿐, 숙의 자체의 결함이 아니라고 반박한다. 특히 찬반 논거가 제대로 고려되지 않는 논의는 숙의가 아니라 단순한 집담集談에 불과하다고 한다. 인간의 사고는 대체로 설득력 있는 논증에 호응하도록 진화했으므로 논의가 여러 관점을 포함하고, 논증의 질이 중시된다면 극단화는 줄어들 수밖에 없다는 것이다.

"첫째, 집단 극단화 문제는 외적 숙의보다 내적 고민을 선호할 이유가 되지 못한다. 왜냐하면, 설령 (주변 동료에게) 동조해야 하는 압력이 혼자 추론하는 사람에게 아무런 영향을 미치지 않는다고 하더라도, 그녀의 머릿속에 있는 제한된 논증 풀이 분명히 영향을 미칠 수 있기 때문이다. 둘째, 다른 사람들과의 숙의를 반대하는 이러한 주장은 극단화 법칙이 논증적 추론 이론의 지지자들과 대부분의 **숙의민주주의자가 정의하는 숙의의 기준을 충족시켜 주지 못하는 특정 유형의 커뮤니케이션에만 적용된다**는 사실 때문에 약점을 드러낸다." (Landemore & Mercier, 2012: 927. 괄호 안, 강조는 인용자)

잘 준비된 숙의에서는 참가자들이 상대방의 논증에 설득당해 합리적이고 논리적인 결론으로 수렴되거나 기존의 의견이 정당화된다 해도 더 합리성을 갖추는 방향으로 진행된다. 확증 편향은 개개인 모두에게 있다. 숙의가 인식론적 이점을 유지하려면, 확증 편향이 '인식론적 손실epistemic damage'을 초래하지 않도록 논의 방식이 설계되어야 한다. 찬반 논거가 균형 있게 제시되고, 이질적 관점을 가진 사람들이 여러 대안을 모색하다 보면 문제 해결에도 도움이 되어 더 나은 해결책이 모색될 수 있다.[105] 같은 생각을 하는 사람들 사이에서 찬반의 긴장 없이 진행되는 토론은 본질적으로 숙의가 아니며, 집단 극단화 논리는 이런 집단에만 적용된다는 점에서 민주적 숙의를 반대하는 근거가 될 수 없다. 더구나 이런 사람들의 대화조차도 적절한 숙의의 기본 원칙만 준수한다면 절대로 극단화되지 않는다는 실증

105 물론 그냥 다양성이 아니고 정보만 단순히 제공하는 수준도 아니다. 논증의 형식으로 찬반의 증거들이 충분히 제시되는 것이다. 랜드모어 등이 중시하는 것이 바로 찬반을 균형 있게 고려하는 논의 방식이다.

적 결과(Strandberg, Himmelroos, & Grönlund, 2019)도 있다.

앞서 본 집단 극단화 논리에 이 원칙을 대비시켜 보면, 같은 관점이 계속 지배하는 문제에 대해서는 '조정자facilitator' 등을 두어 반대되거나 대안이 되는 관점을 제기할 수 있고, 기존 의견을 재고할 수 있는 계기도 마련할 수 있다. 이를테면 논의의 규칙을 마련하거나 주제를 명확히 하고, 발언 시간을 조정하는 방식으로 숙의 환경을 조성하고, 참여자를 교육하는 등의 대책을 구상할 수 있다. 제한된 논거 풀이 끼치는 사회적 영향 부분에는 참여자들이 특정 관점에 과도하게 영향받지 않도록 상호 존중과 상호성을 위한 여건을 조성할 수 있다. 예를 들어 참여자들은 "자신의 의견을 표현하고, 다른 사람들의 의견을 경청하며, 존중하는 태도로 행동하고, 다루고 있는 문제와 대안에 대해 배우며, 명확하게 이유를 설명해 자신의 관점을 설득해야 한다"(Strandberg, Himmelroos, & Grönlund, 2019: 43)라는 준칙을 숙지한다.

이 실험에서 집단 극단화는 숙의적 규범이 없는 상태에서는 나타났으나 규칙과 조정이 적용된 환경에서는 그 정도가 상당히 감소하였다. 물론 이는 통제된 조건(실험)에서 얻어진 결과로, 현실과는 다를 수 있다. 실제로는 유사한 생각을 하는 사람들끼리 논의하는 일이 훨씬 더 빈번하게 벌어지며, 이로 인해 극단화가 누적·강화될 가능성이 높을 것이다. 따라서 실험 속 준칙의 효과가 현실에서 나타나기 위해서는 자발적 실천만으로는 부족하며, 구조적 환경 설계와 지속적 훈련이 병행되어야 한다.

한편 대면 논의와 온라인 논의는 큰 차이 없이 비슷하게 작동했다. 온라인 환경이 대면 논의보다 더 의견을 극단화하는 경향은 나타나지 않았다. 이 점은 온라인 논의에서도 특정한 논의 규칙과 적절한 중재가 있다면 얼마든지 집단 극단화를 방지할 수 있다는 점을 말해 준다.

집단 극단화와 극단주의 가능성

앞서 언급한 대로 집단 극단화는 반드시 극단주의로 발전하지 않지만, 정치적 양극화나 극단주의는 항상 집단 극단화적 요소를 포함하게 마련이다. 스미스 등(Smith et al., 2024)은 집단 극단화가 극단주의로 발전하는 과정을 여섯 개의 명제로 정리한다(명제 7은 필자가 후속 연구를 토대로 추가한 것이다). 이 명제들은 심리적·사회적 변화의 전개 양상을 설명하기 위한 개념적 틀이며, 현실에서 진행되는 순차적 과정 같은 것을 의미하지는 않는다. 실제 상황에서는 이 모든 단계가 끝까지 전개되지 않을 수 있고, 동시에 나타날 수도 있다. 그러나 이 구조는 후속 단계가 반드시 앞선 단계에 기초한다는 점에서, 선행 명제 없이 다음 명제가 독립적으로 나타나는 일은 없다는 점을 전제한다.

1. 커뮤니케이션은 비슷한 생각을 지닌 사람들이 서로 연결될 수 있도록 해 주며, 이를 통해 사회적 이슈에 대해 자기 생각을 강화(극단화)하고, 서로 합의하고, 그래서 집단화하는 것을 가능하게 한다. 따라서 커뮤니케이션이 없으면 이런 집단 극단화를 통한 새로운 집단의 형성 가능성도 사라진다: **커뮤니케이션의 유인, 기회, 장, 새로운 네트워크·미디어가 변화를 만든다. 에코 체임버의 맹아도 여기서부터 싹튼다.**
2. 사람들은 세상에 대한 의견을 형성하며, 원하는 변화를 이루기 위해 같은 의견을 가진 사람들과 집단을 이룬다: **중요한 것은 의견이 형성되고 이를 기초로 변화를 도모하려는 집단 조성 과정이다.**

에코 체임버도 이때 같이 형성된다.

3. 명제 2에서 설명한 새로운 집단은 사람들이 감정, 신념, 행동에 대한 아이디어를 커뮤니케이션을 통해 조율·통합하며, 이를 사회적 정체성의 일부로 내면화하면서 형성된다. 따라서 이러한 새로운 정체성('의견 기반 집단')[106]은 집단 극단화 과정의 결과다: **의견과 집단이 정체성의 두 축이 되고, 집단 논의를 통해 점차 의견이 강화(극단화)된다. 에코 체임버가 효과를 발휘하기 시작한다.**

4. 집단 극단화를 통해 형성된 새로운 의견 기반 집단은 자신의 입장을 반대 집단과의 차이를 통해 정립하게 되며, 이 과정이 정치적 양극화로 발전한다: **상대 집단에 대한 적대감이 일종의 정체성이 되면서 양극적 진영화가 만들어진다. 이제 에코 체임버는 상례화된다.**

5. 강력한 반대 세력들은 명제 1과 명제 2에서 언급된 커뮤니케이션을 방해하거나 약화·차단하려고 시도할 것이다: **양극적 에코 체임버의 내/외부에서 정보 회로의 편향·커뮤니케이션의 장애 문제가 발생한다.**

6. 명제 1, 명제 2, 명제 4에서 나타난 결과로 집합적 행동이 촉발될 수 있고, 사람들이 세상을 지금과 다르게 만들 수 있다고 믿으며, 그 변화를 위한 운동의 일부로 자신을 인식하는 풀뿌리 해결책이 사회 변화를 이끌 수 있다: **집합적 행동이 얼마만큼 지지를**

106 이 집단은 소셜 네트워크상에서 만들어지는 새로운 형태의 집단이다. 특정 정치적·사회적 사안에 대해 찬성 또는 반대 입장을 공유하는 사람들로 구성된다. 양극화는 '보이지 않는 과정'이지만, 새로운 사회적 정체성으로 만들어지는 이 집단은 '보이는 결과'다. 처음의 (찬성과 반대의) 견해 차이가 집단을 형성하고, 이후에 신념, 가치관, 규범 등 정체성의 모든 측면으로 차이가 확산되면서 양극화로 진행된다.

얻는가에 양극적 진영화의 방향과 미래가 결정될 것이다.

처음 비슷한 의견을 가진 사람들의 커뮤케이션이 에코 체임버의 맹아를 형성하는 데서 시작해 마지막, 집합적 행동이 풀뿌리 해결책으로 전환되는 데서 끝나는 해피엔딩이다. 그러나 이에 반대가 되는 배드엔딩의 극단주의 역시 얼마든지 가능한 대안이다. 같은 필진(Bliuc et al., 2024)의 연구를 바탕으로 새롭게 구성해 본 것이 다음의 극단주의 7명제다. 대체로 극단주의는 양극화 이후 각 진영 내부에서 강경파와 온건파 간의 분열이 심화되면서 나타난다. 이런 분열로 형성되는 극단주의 소집단은 자신들이 고립되었다는 인식에서 외부 집단을 위협으로 간주하고, 내부 결속을 더욱 강화하려 한다. 이러한 압박은 때로 자해적 폭력으로 치닫기도 한다.

> 7. 이 집합적 행동은 서로 대립하는 적대적 내러티브를 형성, 사회를 두 '진영'으로 분열시킨다. 집단 수준에서는 추가적 분열·급진화[107]로 분파factions 및 소그룹cells이 생겨나고, 이는 더욱 극단적인 견해를 가진 하위 집단으로 발전해 과격하고 폭력적인 집단 행위의 가능성을 증가시킨다.

집단 극단화는 기존 집단 내에서도 일어날 수 있지만, 의견 기반 집단에서 더 전형적으로 나타난다. 커뮤니케이션은 의견을 공

107 이 분열은 사회적 차원의 진영화 이후 협상을 모색하는 양측의 온건 세력에 대한 반대로 집단적 동일시가 강한 강경파가 주도한다. 이런 분파 구성원들이 새로운 내집단을 형성한다(Bliuc et al., 2024).

유하는 계기이며, 이에 기회와 유인을 제공하는 것은 소셜 미디어라는 새로운 장이다. 소셜 미디어는 물리적 거리나 기존 제도(환경)의 개입을 축소하고, 동시에 다자간 대화를 유도해 즉각적으로 정보를 확산시킨다. 의견 기반 집단이 만들어지면 사람들은 여기에서 애초 의견이 더욱 강화(극단화)되고, 집단에 대한 소속감과 헌신도 느끼게 된다. 나중에는 의견을 넘어 감정, 신념, 행동에서도 합의를 이루어 점점 더 강한 정체성을 형성한다. 상대가 있으면 이 정체성은 적대적인 것으로 발전하고, 자주 적대감은 소속감을 넘어서기도 한다.

결국 집단 극단화 과정은 양극화를 초래하고, 대규모 집단행동으로 발전할 가능성을 높인다. 정치사회적 변화는 개인 차원의 신념 변화가 아니라 의견 기반 집단의 형성과 강화, 결국에는 집단행동과 풀뿌리 해결책을 통해 완성된다. 반면 극단주의는 진영·집단 내 추가 분열을 통해 더 급진적이면서 폭력적인 분파로 발현되어 물리적 충돌을 발생시킬 위험성을 키운다.

다음의 과정은 대립하는 양 극단주의가 '공동 급진화co-radicalization'의 길로 치닫는 (악)순환적 경로의 사례다. 먼저 백인 우월주의자들이 온라인 공간에서 익명으로 반反무슬림 담론을 퍼뜨린다. 다음으로 IS(이슬람 극단주의 단체)가 이러한 담론을 이용해 무슬림의 분노를 자극하고, 외부 적대 세력에 맞선 내부 결집을 시도한다. 양측의 담론이 일반 대중에게 확산되며, 지지세를 얻는다. 그러면 서구의 극우 지도자들은 다시 IS의 활동을 근거 삼아 반이슬람 담론을 강화하고, 이를 통해 자신의 정치적 입지를 다진다. IS 역시 이러한 서구 극우의 움직임을 자신들에 대한 공격으로 규정하며, 이를 내부 지배의 정당화 도구로 삼는다. 이처럼 양 진영은 표면적으로는 적대 관계에 있으나 내부적으로는 서로를 이용한 강화 행위를 통해 극단주의의를 정당화하고, 결국 공동의 급진화 경로를 밟게 된다.

태도 극단화와 집단 극단화

'태도 극단화'는 앞서 잠시 본 대로 사람들이 반대 논거를 접하더라도 기존의 태도가 변하기보다는 오히려 강화되기 쉽다는 이론이다. 확증 편향이나 동기화된 추론, 반발 효과는 이런 사람들의 심리를 설명한다. 사람들은 유유상종으로 모이므로(동류집단성) 그런 집단의 논의에서 기존 태도가 더욱 고착되면 '집단 극단화'가 된다. 집단 극단화 논의에서는 태도 극단화가 그렇게 중요한 요소가 아니지만, 양자는 필연적으로 서로를 강화해 주는 순환적 연쇄 관계를 맺는다.

태도 극단화 속의 사람들은 자신의 입장을 확인해 주는 긍정적 증거는 있는 그대로 수용하는 반면, 부정적 증거는 비판적으로 평가하여 수용하지 않는다. 로드 등(Lord, Ross, & Lepper, 1979)의 연구는 태도 극단화를 보여 주는 고전적 사례로, 사형 제도에 대한 찬반 입장이 분명한 참여자들에게 반대되는 자료를 제시하고, 이를 어떻게 해석하고 평가하는지를 실험했다.

연구 결과, 참여자들은 자신의 신념을 지지하는 자료에 대해서는 긍정적으로 평가하지만, 반대되는 자료에 대해서는 비판적으로 평가했다. 반대 자료는 신뢰성이나 설득력이 낮다고 보고하거나 연구 방법에 문제가 있다고 까다롭게 지적했다. 반면, 자신의 입장을 지지하는 자료는 신뢰성이 높다고 후하게 평가했다. 이는 '편향된 동화biased assimilation' 현상을 잘 보여 주는 결과였다.

이러한 편향된 정보 해석은 참여자들의 태도를 더욱 강화해 실험 시작 전보다 더 극단화된 태도를 보이게 했다. 즉 사형 제도를 지지하는 사람들은 더욱 강한 지지 태도를 보였고, 반대하는 사람들은 더욱 강한 반대 입장을 나타냈다. 혼합되거나 무작위적인 증거에 노출되었을 때도 마찬가지여서 처음 입장은 완화되지 않았다. 이는 사회적 논쟁에서 대립하는 태도를 가진 사람들이 설사 같은 증거를 접하더라도 의견 차이가 줄기는커녕 오히려 더 커져 양극적 진영화로 격화할 수도 있다는 점을 말해 준다.

다른 구성원들이 함께 아는 정보에 대해 말하면, 호응하는 다른 이들에게는 물론, 말하는 스스로에게도 유능한 사람으로 생각되는 보상, 곧 '상호 강화' 현상을 경험한다는 것도 있다(Wittenbaum, Hubbell, & Zuckerman, 1999). 실험에서 사람들은 자기가 이미 아는 정보를 들을 때, 지식, 능력, 신뢰도 면에서 자기 자신과 상대방 모두에게 후한 점수를 주었다. 이런 경향은 결국 집단의 성향을 '올바른 방향' 보다는 '기존 방향의 강화,' 곧 자기 강화와 극단화로 이끌고 간다.

폴란드에서 성소수자 권리에 대한 숙의 과정을 분석한 보이체샤크(Wojcieszak, 2011)의 연구 역시 이를 증명한다. 이 연구는 숙의 실험을 통해 숙의 이론과 태도 극단화론 중 어느 쪽이 현실에 더 잘 맞는지를 알아보려 했다. 극단적 입장을 가진 참여자들이 숙의 과정을 거치면서 자신의 견해가 달라짐을 느꼈는지, 그리고 논쟁적 사안에 대해 토론한 후 스스로 보고한self-reported 극단화 정도가 실제와 얼마나 일치하는지를 분석했다. 여기서 핵심은 참여자가 자신이 변했다고 인식하는 방향과 강도, 그리고 이 자기 인식이 실제 태도 변화와 얼마나 일치하는지를 살펴보는 데 있다.[108] 이 실험은 논쟁적이고 갈등이

108 이 연구에서는 흔치 않게 사전-사후 테스트와 자기 보고된 결과가 일치하는데, 이 점은 양극화 현상의 객관적 측정과 개인의 주관적 인식이 서로 잘 맞아떨어짐을 말한다. 양극화는 심리적으로 매우 명확하게 자각되는

심한 주제에서는 논의가 기존의 극단적 입장을 강화할 가능성이 있음을 보여 줌으로써 숙의 이론의 핵심 가정에 도전한다. 특히 극단적 입장의 참여자들은 의견 차이를 인지하면서 논쟁된 이슈뿐 아니라 관련된 다른 주제에서도 강한 태도를 보여 사회적 양극화 현상이 특정 이슈를 넘어 태도 전반으로 확장될 수 있는 점까지 시사했다.

그러나 이런 극단화 이론이 실험실이 아니면 잘 증명되지 않는 점은 유념해야 할 부분이다. 맞춤형 반대 의견을 제시했을 때, 기존 신념이 어떻게 변하는지를 측정한 최근의 한 실험 연구(Velez & Liu, 2024)에서는 기존 태도가 강화(극단화)되기보다 오히려 약화되는 경향을 보였다. 반대 정보를 단순히 접하는 것만으로 극단화는 유발되지 않았다. 심지어 '더 강한 감정적 요소'를 포함한 반대 의견에 노출되었을 때도 기존 태도의 강도가 감소하는 효과가 관찰되었다. 반대 주장이라고 해서 항상 반발만 부르는 것이 아니라 오히려 건강한 의심을 북돋는 역할을 할 수도 있음이 확인된 것이다.

그러나 반대 의견을 더 논쟁적이고 감정적으로 강한vitriolic 방식으로 제시했을 때는 태도 극단화가 발생했다. 반면 온건한tamer 방식으로 반대 의견을 제시했을 때는 태도 극단화가 관찰되지 않았다. 반대 의견이 공격적이고 논쟁적일수록 태도 극단화가 유발될 가능성이 크며, 이는 기존 연구에서도 확인된 바 있다(Taber & Lodge, 2006). 앞서 보이체샤크의 연구 역시 이를 증명한다.

물론 이 같은 결과가 깊이 내면화되어 안정적이며 개인적으로 중요한 태도에서도 같게 나타날지는 알 수 없다. 아마도 주변적

현상일 수 있어 사람들은 자신의 극단화 과정을 경험적으로 체감할 수 있다.

인 성격을 띠는 문제에 대해서는 태도 변화가 발생할 수 있지만, 강한 투자감(앞서 언급한 정치적 입장에 대한 일종의 소유감)을 느끼는 특정 이슈나 원인에 대해서는 역시 기존 신념에 의존할 가능성이 있어 극단화가 발생할 가능성이 여전하다고 할 수 있을 것이다.

다른 연구 또한 정치 학습에서 태도 극단화는 "일반적이라기보다는 예외적 현상"이라고 주장한다(Guess & Coppock, 2020: 1500). 사실 태도 극단화 이론이 개인 차원의 신념 강화만을 일방적으로 강조하는 것과 달리 사람들은 특정 상황에서 반대 입장을 받아들이거나 기존 신념을 수정하는 경우도 적지 않다. 이럴 때 중요한 것은 사회적 압력이나 집단 규범, 상대방의 신뢰도 등 상황적 요인이다. 태도 극단화 이론이 너무 이런 요인과 맥락을 고려하지 않은 채 개인의 태도가 '자동으로' 극단화된다고 가정한다면, 아무리 일반적 성향을 설명하는 이론이라 해도 스스로 설명력을 약화시키는 것이다. 특히 이 이론이 현실의 양극화를 실험적으로 재현하는 데 반복적으로 실패해 온 점은 이론에 내재된 가정들을 다시 한번 깊이 성찰할 필요성을 보여 준다.

태도 극단화와 반발 효과

태도 극단화와 관련해 살펴볼 필요가 있는 또 하나의 중요한 쟁점은 '사실 오류misperceptions'에 팩트체크 같은 교정 행위가 미치는 효과 문제다. 정치심리학자 나이언과 라이플러(Nyhan & Reifler, 2010)는 잘못 아는 정보에 대한 외부적 교정이 자칫 역효과, 곧 '반발 효과backfire effect'를 초래할 수 있다고 주장해 큰 관심을 끌었다. 이 반발은 물론 확증 효과에서 주장하는 대표적인 태도 극단화 행위 중 하나다. 반발 효과는 민주당 지지자들이나 진보층보다 주로 공화당 지지자나 보수층에서 많이 나타났는데, 특히 연구 이후에도 보수층의 행위가 계속 문제되고, 이라크의 '대량 살상 무기(의 부재)' 같은 사실의 인식 수준도 별반 바뀌지 않으면서 이 연구는 더욱 주목을 받았다.

그러나 나중에 나이언(Nyhan, 2021)은 이런 초기 연구를 부정하면서 '반발 효과'가 과장된 것이었다고 토로했다.[109] 실제 나이언의 이런 문제의식과 실험 방식은 이를 재연한 이후 연구들에서는 거의 증명되지 않았고, 오히려 교정 행위는 잘못된 신념을 수정하는 데 효과가 있었다. '교정 정보는 완벽하지는 않다 해도 적어도 부분적으로는 효과가 있었던 셈이다.' 그러나 나이언은 이를 수긍하면서도 한 가지 중대한 지적을 잊지 않았는데, '교정의 효과가 잘 지속되지 않는다'는 점이다. 교정의 효과는 시간이 지남에 따라 정치나 미디어 엘리트들의 (기존) 강화 메시지에 밀려 점차 약화되고, 결국은 원래의 잘못된 믿음으로 되돌아가는 경향을 보였다.

이러한 점에 비추어 보면, 반발 효과를 줄이는 예방책 못지않게 교정 효과를 극대화·지속하는 방안이 필요하다. 미디어는 이 점에서 상당히 결정적인 역할을 한다. 특히 미디어가 논쟁하는 양측

109 이 과정에는 미디어의 왜곡된 보도 역할도 컸다고 한다. 일부 미디어와 대중 담론에서 이 연구는 '모든 교정 정보가 역효과를 낸다'는 식으로 내용이 왜곡되었기 때문이다. 실제로 ABC 뉴스는 이 연구를 "우리는 자신의 믿음과 모순되는 사실을 접하면, 그 사실을 무시하거나 왜곡해 잘못된 자신의 입장을 유지한다"라고 보도했다. 그러나 정확하게는 '교정 정보의 효과가 제한적일 수 있으며, 일부 이념적 확신이 강한 보수층의 경우에는 오히려 역효과를 낼 수도 있다'였다. 그러므로 미디어를 탓하는 나이언의 지적이 틀렸다고 할 수는 없지만, '반발 효과'를 부각한 그의 논문 제목, "교정이 실패할 때: 잘못된 정치 인식의 지속성"이 지나치게 자극적이었다는 점도 부인하기 어렵다.

을 아무런 팩트 체크 노력도 없이 '여與는 이렇게 말했고 야野는 저렇게 말했다'는 식의 중립적 외양으로 보도하는 것은 교정 효과를 저해하는 무책임한 행위다. 또 잘못된 정보와 특정 집단의 정체성이 결합하는 것을 차단할 수 있는 대책이 무엇보다 중요하다. 교정을 잘 이해하고 수용하더라도 기존 신념을 바꾸지 못하는 것은 정체성이 가진 강한 구심 효과 때문이다. '이 정보는 맞지만, 잘못된 정책의 책임은 여전히 상대 정당에 있다'고 하는 책임 귀인 방식 같은 것을 말한다. 교정 행위의 효과를 믿고 이를 실천하는 것도 중요하지만, 그 효과가 지속적으로 작동하도록 여건을 만들어 주는 게 더 중요하다.

나이언은 자신의 초기 연구를 수정하며, 교정 행위가 일정한 효과를 가질 수 있음을 인정했다. 그러나 그는 단순한 교정만으로는 왜곡된 인식이 지속되는 문제를 해결할 수 없다고 보았다. 정보를 수용·해석하는 인식적 정체성에 핵심이 있기 때문이다. 인식적 정체성이야말로 허위 정보 판단, 교정의 수용 여부, 정보 해석의 방향성까지 깊이 관여하는 심리 기제다. 그러나 이 정체성으로도 팩트 체크까지 견뎌내는 집단적 수준의 인식 왜곡을 완전히 설명할 수는 없다.

여기에서 나이언이 주목한 것은 정치·미디어 생태계다. 이 생태계가 하나의 폐쇄적 체임버(또는 버블)를 형성해 '사실 오류'를 계속해서 재생산한다는 것이다. 교정 행위가 일시적으로는 효과를 보이지만 이런 체임버로 인해 곧 무력화되고, 사람들은 다시 기존의 신념 체계 속으로 되돌아가게 된다. 이런 환경적 조건을 통칭해 '양극화'로 부른다면 바로 이 양극화가 체임버를 조성하고, 이 체임버에 충성도가 높은 보수층이 교정에 대해 반발 효과를 보이는 것이다. 그 결과 체임버는 더 공고해지고, 사실 오류도 그대로 이어진다.

반발 효과론은 나이언의 초기 연구에만 국한되지 않는다.

앞서도 잠시 본 대로 사회학자 베일의 대규모 온라인 실험 연구(Bail et al., 2018; Bail, 2021/2023)에서도 반발 효과는 크게 나타난다. 베일 등은 정치 분야에서 피험자와 다른 생각이나 의견을 전해 주는 봇을 이용해 교차 정보 노출의 효과에 대해 실험했는데, 기대했던 결과는 '원래의 생각이 조금이라도 더 온건해지리라는 것'이었다. 상대에 대해 잘 알게 되면 아무래도 모를 때보다 더 상대를 잘 이해하게 되고 적대감도 약해질 것이라는 '접촉 이론'적 가정을 따른 것이다. 그러나 '그가 목격한 풍경은 암울했다.' 민주당 지지자도 공화당 지지자도 실험 봇을 팔로하고서 온건해지지 않았고, 오히려 그 반대가 되어 버렸다. 특히 공화당 지지자들이 반발하는 정도가 매우 컸다. 이에 베일은 다음처럼 생생하게 이 충격을 표현했다.

> "처음 이 결과를 보았을 때 우리는 코딩에 (혹시) 실수라도 있었는지 의심할 정도였다. 몇 시간 동안 우리가 거친 단계를 (다시) 확인하고 조사했지만, 결과는 같았다. 다른 하위 집단에서도 결과는 일관되었다. 피험자가 정당 활동을 열심히 하든, 정치에 대체로 무관심한 중도든 상관없었다. 실험에 참여하기 전 어떤 에코 체임버에 있든, 견고하든 약하든 상관없이 봇을 팔로하고 나서 반응은 비슷했다." (Bail, 2021/2023: 32, 괄호 안: 인용자)

이런 베일과 앞서 본 나이언의 연구는 물론 상당히 다르다. 나이언은 교정 행위에 대한 것이어서 피험자들이 그래도 수긍이 잘 되는 정보에 대한 반발이었지만, 베일은 상대 당의 직접적인 목소리여서 훨씬 더 반발을 잘 부를 수 있게 조건화된 것이다. 물론 그렇다 해도 교차 정보 자체가 가진 의의 — 극단화를 완화할 가능성 — 가 완전히 없어지는 건 아니다. 베일의 경우에도 교차 정보는 여전히 양극화에 대한 나름의 해결책이었다.[110]

교차 정보가 원칙적으로는 해법이라 해도 이를 어느 정도 제공하느냐(Han Lin et al., 2025), 어떤 방식으로 전달하느냐(Velez & Liu, 2024)는 여전히 해결되지 않은 중요한 문제다. 특히 교차 정보와 양극화 사이는 비례적인 '직선 관계'가 아니라 임계점을 중심으로 일종의 'U자 곡선'을 그린다는 논리가 실증적으로 더 설득력을 얻고 있다. 직선 관계란 교차 정보가 증가하면 양극화가 따라서 완화되는 것이다. U자 곡선은 지나치게 적으면 완화 효과가 나지 않고, 지나치게 많으면 반발 효과를 낳을 수 있는 관계로 중간 정도가 최적점이 된다. 교차 정보가 많아질 때 반발하는 이유는 원래 자기 입장이 완전히 틀렸을 수 있다는 두려움이 정체성을 위협하면서 심리적 불안을 자극하고 방어 기제를 촉발하기 때문이다(Han Lin et al., 2025). 의제의 성격,[111] 교차 정보의 출처(미디어)에 대한 신뢰나 지지 당파에 대한 정치적 확신 정도, 주변의 의견 지도자의 역할 정도도 중요한 매개 요

110 물론 이에 대한 반대도 많다. 특히 스톰프런트처럼 확신성이 높은 극우 집단은 반대 의견과 활발하게 교류하는데, 그것은 개방성이나 대화 의지 때문이 아니라 오히려 반대 의견을 비판해 지지자들을 더 많이 참여하게 하는 전략을 쓰기 때문이다(Bright et al., 2022). 이런 집단에 대한 교차 정보의 효과는 다른 집단과는 다르게 나타날 것이다.

111 '정치, 경제, 문화 등에서 어떤 영역에 해당하는지,' '오래된 의견인지 새로 습득한 것인지' 등을 말한다. 특히 정치는 상대적으로 기존 태도를 견지하는 정도가 강한 영역이다. 선스타인(Sunstein, 2009/2011)은 낙태와 사형 제도, 국가 안보 등의 확고한 신념을 가진 분야에서는 집단 논의를 통해서도 변화가 일어나지 않는다고 했다. 그러나 '왜 그런지,' '이런 주제들이 더 있는지'에 대해서는 논의하지 않았다.

인이 될 수 있다.

대체로 인지 부조화, 동기화된 추론 등이 기초가 된 태도 극단화 계열의 심리학 이론들은 정치학의 숙의민주주의 계열에 비해 순응이나 설득(변화)보다 반발과 저항(기존 조건)을 강조하는 경향이 있다. 아무래도 개인의 인지 기제와 태도 형성에 중심을 두는 심리학은 전통적으로 설득이 작동하는 논증 영역보다 저항과 반발이 일어나는 방어 기제에 더 치중하기 때문인 것으로 보인다. 심리학에서 설득적 논증은 주로 기존 태도의 변화 여부와 관련된 결과에만 치중해 정보나 의견들이 부딪치고 조정되는 과정, 곧 의견 역학에 대한 주목이 상대적으로 약하다.[112] 물론 다른 분야에서도 충분치 않은 건 마찬가지다. 양극화를 낳는 과정(들)이 단지 개인 또는 집단의 심리(학)적 차원이나 논변의 논리 차원, 기술의 선별 차원(알고리즘이나 뉴스 추천 시스템)에 국한되지 않는다는 점은 지금까지 누누이 살펴본 바와 같다.

"사회심리학 역사에서 확고한 경험적 근거를 가졌다"(Lamm & Myers, 1978: 146)라고 평가받는 태도 극단화 이론은 앞의 집단 극단화와 비슷하게 지금 같은 디지털 사회 속의 개인·집단의 인식적 병폐를 설명하기에 너무 단순하고 막연하다. 교차 정보에 대한 노출 효과나 반발 효과가 갖는 정치적 의미, 특히 양극화에 미치는 영향에 대한 설명에서도 마찬가지다. 물론 인간의 기본적 속성과 관련된 논의이므로

112 소셜 미디어 연구에서 심리학적 접근은 개인 차원의 심리 기제에 기초해 작동하는 내생적endogenous 역학에 주목한다. 그러나 개인의 행동은 네트워크 전체의 집합적 역학에 피드백을 제공하고, 이 네트워크의 클러스터 구조는 다시 교차 정보 노출의 범위와 양상을 규정해 개인의 인지와 태도에 영향을 미친다. 그러나 이 과정 전체는 심리학의 영역을 넘어선다 (González-Bailón & Lelkes, 2023).

참고의 의의가 전혀 없다고는 할 수 없다. 그러나 지금과 같이 급변하는 사회를 설명할 수 있는 이론으로는 상당히 불충분해 보인다.

동류집단성 이론

동류집단성은 에코 체임버 논의에서 아마도 (세어 보지는 않았지만) 가장 많이 나오는 이론 중 하나일 것이고, 이 이론을 잘 정리한 맥퍼슨 등(McPherson, Smith-Lovin, & Cook 2001)은 앞서 언급한 응우옌(Nguyen, 2020)과 더불어 가장 많이 인용되는 연구일 것이다. 동류집단성 부분에서 따로 인용되는 글이 아니라면 맥퍼슨 등의 것과 이에 대한 필자의 해석이다.

동류집단성은 인간의 기초적 품성으로, 오래전부터 인간 사회의 기본 조건 중 하나로 이해되었다. 앤슨 아우(Au, 2023)는 "동류집단성은 (사회를 구성하는 다양한 관계의) 네트워크 안에서 전개되는 광범위한 사회적 패턴을 가늠하는 중요한 리트머스 테스트다. 동시에 그것은 사회 변화를 이끄는 매개로서 기능하고, 여러 주체 간 상호 작용을 조직하는 사회적 역동성의 중심에 있다"(p.1. 괄호 안은 인용자)라고 하면서 동류집단성의 중요성을 잘 표현한다. 동류집단성은 상징적 지표이자 매개이며, 상호 작용의 중심으로 모든 사회적 교류 또는 연대에 고루 영향을 미친다.

'유사성은 연결을 낳는다'는 명제가 잘 표현하듯이 동류집단성은 사람들이 자신과 비슷한 배경, 신념, 태도, 행동을 가진 사람들과 더 강한 사회적 관계를 맺는 경향이 있다는 이론이다. 동류집단성은 결혼, 우정, 직장 관계, 조언, 정보 공유 등 모든 사회관계에 영향을 미치며, 이에 따라 개인의 사회적 네트워크는 인구학적·행동적·심리적 특성에서 동질성을 띠게 된다. 예를 들어 사람들은 같은 인종이나 민족, 비슷한 나이와 교육 수준, 종교적 배경을 가진 이들과 더 자주 상호 작용하며, 이러한 관계에 따라 집단 간 경계 분리와 (집단) 내부 응집력 강화라는 이중 구조가 만들어진다.

이런 동류집단성에는 두 가지 형태가 있다. 하나는 주어진 기초 관계에 의존하는 '지위 동류집단성status homophily'이고, 다른 하나는 가치관이나 신념을 중심으로 형성되는 '가치 동류집단성value homophily'이다. 지위 동류집단성은 사회적 지위나 배경이 비슷한 사람들끼리 상호 작용하는 경향으로, 주로 인종, 민족, 성별, 나이처럼 선천적으로 '귀속된 것'을 통해 맺어진다. 종교, 교육 수준, 직업, 같은 행동 패턴같이 후천적으로 '습득된 것'을 가진 사람들끼리의 연결도 이 동류집단성에 포함된다. 반면 가치 동류집단성은 다가올 미래에 대해 어떻게 대응할지를 결정하는 다양한 내적 태도들과 연관된다. 신념과 가치관의 유사성은 개인의 행위 선택을 이끌 뿐 아니라 사회적 연대의 형성에도 중요한 토대가 된다. 아우(Au, 2023)에 따르면, 동류집단성은 사회적 환경과 제도적 구조 같은 '구조적 요인'과 심리적 선호 및 태도 지향으로 이루어지는 '사회심리적 요인' 등 두 개의 설명 메커니즘을 갖는데, 전자는 지위는, 후자는 가치에 가깝다고 할 수 있다.

'기초 동류집단성baseline homophily'과 '근친적 동류집단성Inbreeding homophily'의 분류도 있다. 기초 동류집단성은 개인의 선택이나 의도가 아니라 인구 분포나 사회 구조의 영향으로 자연스럽게 형성되는 유사한 사람들 간의 관계 패턴을 말한다. 근친적 동류집단성은 사람들이 자신과 비슷한 이들과 관계를 맺으려는 의식적 선택에서 비롯된다. 이 용어는 특정 집단 내부에서 폐쇄적이고 반복적으로 형성되는 관계를 가리키며, 그러한 관계는 개인의 선택뿐 아니라 사회적 맥락에 의해서도 유지·강화되는 경향을 갖는다.

동류집단성은 인간관계의 가장 기초적인 수준에서 출발해 친연적 유대를 거쳐 가치관이나 신념의 공유로 심화되며, 인간관계 전반을 조직하는 핵심 원리로 작용한다. 이는 네트워크의 형성·확산의 동인이 되는 동시에, 형성된 네트워크에 의해 스스로가 제약되는 구조적 특성을 갖는다. 동류집단성은 지위 기반의 구조적 속성에서 비롯되어 개인의 신념·가치와 같은 사회심리적 요인을 통해 강화된다. 특히 동류성이 친연 수준을 넘어 가치 지향적·정치적 결속으로 이행할 때, 네트워크는 강한 배타성과 권력적 구도를 띨 수 있다. 최근 미국에서 백인·남성·기독교·중장년층·상층 계층 등이 보수·공화당을 지지하는 것이 전형적인 예다. 흑인·여성·청년·다른 종교(들)·진보·민주당이 이의 반대 진영에 있지만 상대적으로 특권층이 아니어서 권력 정도가 높지 않다. 이 같은 범주들의 정치적 정렬 양상은 사회마다 다르게 나타나며, 맥퍼슨 등은 이처럼 범주들이 '중첩되어 형성되는 유대 구조'야말로 동류집단성에 대한 미래 연구의 핵심 과제라고 지적한다.

동류집단성을 형성하는 중심 요인foci of formation은 지리적 근접성, 가족, 조직, 그리고 사회 시스템 내에서의 '동형적 위치'다. 여기서 동형적 위치란 서로 다른 제도나 구조 속에서 기능적으로 유사하거나 동일한 역할을 수행하는 지위를 의미한다. 이 가운데 지리적 근접성은 오랫동안 핵심 요인으로 작용해 왔으며, 첨단 기술의 비약적 발전으로 미디어 영향력이 크게 확대되었음에도 여전히 이러한 공간적 제약은 사라지지 않았다. 지리적 요인은 소득 수준 같은 경제적 요소나 학교와 같은 교육 환경과 결합하여 사회적 네트워크 내 동질성을 더욱 강화하는 경향이 있다.

유사성이 높은 개인 간의 관계는 낮은 유사성을 가진 관계보다 더 오래 지속되며, 이는 사회적 공간 안에서 새로운 국지적 '틈새 niche'를 형성하는 기반이 된다. 특정 관심사, 가치관, 신념 등이 중심이 되어 이러한 틈새가 구성되면, 사회는 점차 이질적인 집단으로 분화되며 그 공간은 '로컬화'된 단위들로 재편된다. 로컬화는 정보가 네트워크 내부에서 한정된 경로를 따라 집중적으로 순환되는 경향이다. 로컬화를 통해 집단 간 경계는 점점 더 뚜렷해지고, 그 경계의 수준이나 정도는 로컬화의 독특성이나 배타성 여부에 의해 결정된다.

이런 동류집단성에는 긍정적 측면과 부정적 측면이 있다(Au, 2023). 긍정적 측면은 동류집단성이 높을수록 집단 내 동질성이 강화된다는 것이다. 사람들이 비슷한 배경과 가치를 공유할 때 서로의 이해도가 높고, 결속력도 커진다. 이는 자원을 효율적으로 쓰게 하고, 지원과 협력도 쉽게 만든다. 부정적 측면으로는 동류집단성이 높아질수록 집단 간 교류가 제한되어 외부와의 정보 교환이나 상호 작용이 줄어든다는 점이다. 동류적 집단들은 내부적 결속력과 안정성을 도모하면서 때로 사회 전체의 조화를 저해하고 사회적 갈등을 심화시킨다.

이러한 동류집단성의 효과는 단지 집단 내 결속이나 집단 간 단절이라는 수준에만 머물지 않는다. 나아가 그것은 네트워크 내에서 정보와 상호 작용이 분포되고 이동하는 방식을 구조적으로 조직하고, 사회 전체의 형성과 작동 방식에까지 영향을 미친다. 다음 인용은 동류집단성이 네트워크 구조 자체에 내재하는 원리이며, 정보 전파와 관계 형성의 생태 역학을 형성한다는 점을 잘 보여 준다.

> "동류집단성의 원칙은 유사한 사람들 간의 접촉이 이질적인 사람들 간의 접촉보다 더 높은 비율로 발생한다는 것이다. 동류집단성이 널리 퍼져 있다는 사실은 네트워크를 통해 전파되는 문화적·행동적·유전적 또는 물질적 정보가 **로컬화되는 경향**이 있음을 의미한다. 동류집단성은 사회적 성격에서의 거리가 네트워크 거리, 즉 한 개인이 다른 개인에 도달하기 위해 거쳐야 하는 관계의 수로 변환된다는 것을 시사한다. 또 네트워크에 크게 의존하는 사회적 실체는 사회적 공간 속에서 로컬화되는 경향이 있고, 사회적 형태들의 생태계에서 다른 형태들과 상호 작용하는 **특정한 근본 역학**을 따르게 된다." (McPherson, Smith-Lovin, & Cook, 2001: 416. 강소는 인용자)

동류집단성은 사회적 형식들을 작동시키는 '특정한 근본 역학' 가운데 하나다. 유사한 사람들 간에는 정보가 빠르게 확산되지만, 다른 집단 간에는 흐름이 제한되며, 이러한 경향은 동류집단성의 강도가 높을수록 더욱 뚜렷해지며, 일정한 안정성과 내부 응집력을 생성하지만, 동시에 외부 변화에 대해서는 폐쇄적 경향을 강화하게 된다. 여기에 상호 작용의 상호 의존성과 생태계적 변화도 함께 고려하면, 한 실체의 변화가 다른 실체의 변화를 유발 또는 억제하는 구조적 메커니즘이 드러나며, 이는 개별 실체의 적응과 진화 과정을 이해하는 이론적 기반이 된다. 나아가 이러한 원리는 네트워크 내 정보, 자원, 권력 등이 어떤 방식으로 어떻게 분포되는지를 설명하는데도 도움을 준다.

이렇듯 동류집단성은 정보뿐 아니라 자원의 흐름에도 영향을 미친다. 로컬화된 동류성은 자원의 분포를 편향시키고, 결과적으로 사회적 불평등을 초래할 수 있다. 예컨대 사회 내 특권적 지위를 공유하는 사람들 사이에서 형성되는 폐쇄적 네트워크는 인간관계의 친밀성을 권력 재생산의 수단으로 전환시켜 그런 네트워크에 소속되지 않는 사람들을 인적·물적으로 배제한다. 정치에서는 특정 정치 성향을 지닌 사람들 사이에서 형성되는 네트워크가 그 성향에 대한 정보만을 지속적으로 선택·흡수하므로 같은 성향의 사람들이 계속해서 같은 의견을 강화하는 일종의 "정보 고치information cocoon"(Sunstein, 2017)를 조장한다.

동류집단성이 에코 체임버와 연결되는 지점은 바로 여기다. 같은 배경, 성향, 가치를 지닌 사람들이 유사한 정보만을 선택적으로 흡수하게 되면 그 자체로 사회적 분열과 불평등의 온상이 되는 것이다. 물론 앞서도 본 대로 긍정적 측면과 부정적 측면이 교차하는, 인간인 이상 일정하게 형성될 수밖에 없는 동류집단성 자체를 문제로 삼기는 어렵다. 그러나 동류집단성이 인적·물적으로 배제·억압의 기제가 되고, 그런 현상이 소셜 미디어·네트워크의 선택적 어포던스와 결합하게 되면, 아마도 큰 사회 문제가 될 수 있음에 과장이 있지는 않을 것이다. 이를 잘 보여 주는 것은 사람들이 사회적 유대를 형성할 때 동류집단성뿐만 아니라 정치적 아크로필리political acrophily — 온건한 사람들보다 더 극단적인 정치적 견해를 가진 이들과 어울리려는 성향 — 에도 영향을 받는다고 제안한 골든버그 등(Goldenberg et al., 2022)의 연구다.

이 연구는 기존 이론을 분류해 사람들이 특정 집단에 대해 보이는 네 가지 '전형prototype'을 보여 준다. 정치적 집단의 경우에는 확신이 있거나 강한 입장의 구성원들이 주로 이 전형을 보여 주는데, 그것은 극단적인 견해를 가진 사람들이 해당 정치 집단의 정체성을 더 뚜렷하게 드러내기 때문이다. 이를 뒷받침하는 연구들은, 첫째, 집단 평균에서 벗어난 극단적 견해를 온건한 견해보다 더 긍정적으로 평가하는 경향을 말하는 '집단 일탈group deviance,' 둘째, 사람들이 더 일관된 정치적 견해를 가진 사람들을 좋아하는 경향이 있고, 이러한 경향이 종종 더 극단적인 입장으로 나타난다는 주장(일종의 '정체적 일관성'이라 부를 수 있는 경향),[113] 셋째, 사람들이 자기 측 대표자가 너무 극단적이어서 상대방 대표자보다 더 멀게 느껴진다고 하더라도 그 대표자를 더 선호한다고 주장하는 '방향성 투표directional voting' 개념, 마지막 넷째는 사람들이 집단 내에서 다른 사람들보다 '더 나은' 존재로 보이기 위해 극단적인 견해를 표현하려는 경향이 있음을 보여 주는 '태도 극단화'다. 앞서의 태도 극단화와는 다르고 집단 극단화의 세부 이론으로 나오는 '사회적 비교'와 비슷하다.

골든버그의 정치적 아크로필리 이론은 사람들이 동류집단성만이 아닌 극단적 정치성을 통해서도 정체성을 확인하고 대표성을 인식한다는 새로운 현상을 설명하며, 최근의 양극화된 정치 환경에서 벌어지는 중도 소멸과 적대화의 구조적 메커니즘을 해명하는 데 중요한 통찰을 제공한다.[114] 그러나 이 이론은 이제 막 실험실을 벗어나 관찰 연구(Zimmerman et al, 2024)를 시도하는 중이다. 현실에서 아크로필리가 실험실보다 더 강하게 나타날 수 있다는 심증 역시 가설에

113 이들이 인용한 논문 중에서 짐머만 등의 연구(Zimmerman et al., 2022)는 사람들이 정치적 견해가 비슷한 사람들을 선호하는 경향이 있지만, 선거 등에서는 유사성 이상의 요인, 즉 정치적 견해가 일관되고 확신에 찬 사람들을 더 선호한다는 점을 보여 준다.

114 "사람들의 유대 선택이 동류집단성뿐만 아니라 아크로필리의 영향을 동시에 받는다면, 분리의 속도는 더 빨라지고 결과는 더 극단화될 수 있다"(Goldenberg et al., 2022: 226).

머물러 있다. 동류집단성은 아직 극단화보다는 동질화 양상이 우세하다. 동류집단성은 아직은 극단화가 아닌 동질화의 수준에 머무르고 있다.

정보 캐스케이드 이론

정보 캐스케이드information cascade는 상대적으로 다른 이론에 비해 원용이 많이 되지는 않지만, 선스타인은 2001년 책에서부터 사이버캐스케이드cybercascade로 이를 확장해 지속적으로 주목한다. 이 이론의 대표적인 연구로는 비크찬다니 등의 연구(Bikhchandani, Hirshleifer, & Welch, 1992)를 꼽을 수 있다. 유행, 패션, 관습, 그리고 문화적 변화에서 사람들이 자신의 생각이 아니라 다른 사람들의 말이나 행동을 따라 결정을 내린다는 게 핵심 주장이다. 이 연구는 정보 캐스케이드를 양적으로 공식화(수학적 모델링)하는 데 중점을 두었지만, 이 자리에서 이를 다룰 필요는 없을 것이다. 다음은 이 논문에서 정보 캐스케이드 이론을 설명하는 데 필요한 부분을 추출, 재정리한 것이다. 보충은 선스타인의 사이버캐스케이드로 했다.

정보 캐스케이드는 사람들이 자신이 가진 개인적인 정보를 무시하고 다른 사람들의 행동을 관찰하여 그들의 행동에 영향을 받는 현상이다. 이 이론은 개인들이 순차적으로sequential 결정을 내릴 때, 이전 사람의 행동을 충분히 검토해 보지 않은 채 유력한 '신호'로 받아들여 잘못된 행동이 폭포수처럼 연쇄적으로(캐스케이드다) 나타날 수 있다고 하는 것이다. 사람들이 한 번 캐스케이드를 형성하면, 그 이후의 사람들도 이를 따르는 경향이 강하게 생겨나므로, 캐스케이드에는 초기 결정자들의 행동이 중요하다. 처음 선택이 나머지 구성원들의 결정을 좌우하고, 결과적으로 합리적일 때도 있지만 사실상 대부분은 최적이 아닌 행동이 지배적인 것으로 확산된다. 유행, 패션, 관습, 그리고 문화적 변화 등에서 그런 캐스케이드가 많이 발견된다.

언뜻 보아 많은 사람들이 믿는다는 이유로 그 행동을 따르는 것은 합리적인 판단이다. 특히 불확실한 상황에서 발생하기 쉬운 정보 캐스케이드는 더욱 그렇다. 사람들은 자신의 정보가 충분하지 않다고 느끼거나 타인의 결정이 자신의 정보보다 더 유용할 것으로 판단할 때, 다수의 행동을 따르는 것이 더 합리적이라고 믿는다. 그러나 이때 전제되어야 하는 것은 그 사람들의 믿음이 각자 독립적으로 증거를 검토한 결과여야 한다는 점이다. 다수의 합리적 인간이 검증한 결과라면 그 믿음은 참일 가능성이 높다. 그런 사람의 숫자가 많다면 참일 확률이 더욱 증가하게 된다. 그러나 이 캐스케이드에서는 각자가 정보를 독립적으로 검토하지 않으므로 참일 가능성이 오히려 낮아진다. 정보 캐스케이드가 비합리적인 것은 그런 이유 때문이다(Sunstein, 2017).

여기에 선스타인은 '평판적 캐스케이드reputational cascade'를 추가한다. 어떤 신념이 옳다고 생각하면서도 주변의 평판을 유지하기 위해 그 신념을 버리고 집단의 의견을 따르는 경우다. 신뢰를 받는 사람들도 이런 압력에 희생되어 의견을 바꾸거나 침묵한다. 선스타인은 '성희롱'의 예를 든다. 성희롱이라는 사회적 관행은 성희롱이 법적 개념으로 확립되기 훨씬 전부터 존재해 왔고, 무수히 많은 여성이 그 피해자가 되었으며, 당연히 이를 혐오했다. 그러나 이에 항의할 경우, 나타날 결과가 두려웠기 때문에 대부분의 여성은 침묵할 수밖에 없었다. 현재도 이와 같은 범주에 속하는 관행이 많을 것이다. 이러한 관행들이 피해를 낳고, 그런 피해가 잘 알려져 있음에도 불구하고 이의를 제기할 때, 집단으로부터 불이익을 받을 것(평판 캐스케이드)으로 믿기 때문에 지속되는 것이다.

그러나 사람들이 한번 자신의 불만이 혼자만 느끼는 것이 아님을 알게 되면, 반대의 평판 캐스케이드가 거꾸로 증가하기 시작하면서 때로 그 행동을 넘어 체제 전체에 대해 집단적으로 의문이 제기될 수 있다. 사람들이 자신이 느끼는 불만이나 의견이 사회 전반에 널리 퍼져 있음을 깨달으면, 그때부터 공개적으로 자기 생각을 표현할 수 있게 되기 때문이다. 평판 캐스케이드는 한편으로는 기존 체제의 지속을, 다른 한편으로는 큰 변화를 낳는 양가성을 갖는다.

사회적 압력, 집단 압력 또는 주변 압력의 형태로, 행사되는 정보 캐스케이드에서 중요한 것은 앞서 본 대로 초기 결정자다. 일부 선행 주자의 결정이 집단에 큰 영향을 미치며, 이들이 만든 경향성이 이후 수많은 사람들에게 확산될 수 있다.[115] 결과적으로 많은 사람들이 최적의 선택이 아닐 수도 있는 결정을 하게 된다. 그러나 이 캐스케이드는 빠르게 형성되는 만큼 본질적으로 불안정하다. 캐스케이드의 방향과 상반되는 강력한 새로운 정보나 증거가 제공되면 앞서 성희롱 사례에서 본 것처럼 쉽게 깨질 수 있으며, 집단의 행동도 급격

115 비크찬다니 등은 1960년대에는 대학생들이 '대안적 문화'에 관심을 가졌고, 1980년대에는 '비즈니스 준비 단계의 성취자들'로서 성향을 보인 이유를 사회적 환경의 변화와 영향력 있는 개인들의 새로운 시도가 촉발한 캐스케이드 현상으로 설명한다. 그러나 '대안적 문화' 사례에서 보듯, 캐스케이드가 반드시 비합리적 결과로만 나타나는 것은 아니다.

히 변화할 수 있다. 정보 캐스케이드가 '군중 행동'과 비슷하면서도 다른 이유도 바로 이처럼 변화를 설명할 수 있기 때문이다.

비크찬다니 등은 유행이나 패션과 같은 현상이 독립적 개인의 선택에 기반한 것이 아니라, 초기의 몇 가지 선택과 그것에 대한 사회적 반응이 캐스케이드로 만들어졌음을 설명한다. 초기의 인기 있는 선택이 많은 사람들이 따르는 유행을 만들고, 이후의 개인들은 단지 다수의 행동을 따르는 것으로 결정을 내린다. 사회적 관습과 문화적 변화도 이러한 정보 캐스케이드의 일환이다. 사람들이 다른 사람들의 행동에 기반해 비슷한 행동을 하게 되면서 기존의 문화적 패턴이 유지되거나 변화할 수 있다는 것이다.

정보 캐스케이드 이론이 에코 체임버 현상을 설명하는 이론으로 자주 인용되는 이유는 자명하다. 두 개념이 모두 집단 내 정보의 흐름과 의사 결정 과정에서의 왜곡을 설명해 주기 때문이다. 정보 캐스케이드와 에코 체임버 모두 정치 사회적·경제적 현상에서 사람들이 어떻게 결정하고 행동하는지에 대해 중요한 통찰을 제공한다. 먼저 집단적 의사 결정의 영향을 두 이론 모두 강조한다. 사람들은 자신의 독립적인 판단보다 집단의 의견이나 행동을 따른다. 정보 캐스케이드에서는 초기의 몇 명의 행동이 계기적으로 다른 사람들의 결정을 유도하고, 에코 체임버에서는 특정 커뮤니티 내에서 같은 정보가 반복적으로 강화되고 외부 정보가 차단되어 동일한 의견이 변화 없이 지속·강화된다.

정보 캐스케이드와 에코 체임버 모두 개인들이 비합리적인 결정을 내릴 수 있는 상황을 설명한다. 에코 체임버에서는 개인들이 다양한 정보에 노출되지 않고 내부 정보만을 반복해서 접하기 때문에 잘못된 정보나 신념이 강화될 수 있다. 에코 체임버의 환경은 개인의 인식적 자율성을 억압하고, 진실 추구의 기준도 왜곡한다. 정보 캐스케이드에서는 초기의 선택이 계속해서 확대되며, 이후 사람들은 자신의 생각을 무시하고 대세를 따르는 경향이 생긴다.

에코 체임버와 정보 캐스케이드를 연결하게 되면, 편견이나 가짜뉴스와 같은 다수의 잘못된 의견이 왜 비판이나 검증 없이 수용되는지를 설명할 수 있고, 현대 정보 환경에서 개인과 집단이 어떻게 잘못된 판단을 주고받고 서로 영향을 미치는지를 이해하는 데 중요한 통찰을 얻을 수 있다. 이 두 개념은 정보 흐름의 왜곡, 집단 내 신념의 수렴, 그리고 사회적 분열의 확대 과정을 분석하는 핵심 분석틀로 기능하며, 사회적 편향과 정치적 양극화의 구조를 해명하는 데도 이론적으로 기여할 수 있다.

정보 캐스케이드는 다음 인용에서 보는 것처럼 소셜 미디어와 연관되어서도 상당한 설명력을 보여 줘 이 분야에서 유용성을 증명한다. 특히 리트윗은 언팔로 및 팔로 활동의 급증을 급증시켜(캐스케이드) 사회적 연결·조직 관계에서 갑작스러운 전환을 초래하기까지 한다.

> "온라인 소셜 미디어 플랫폼은 주로 소셜 네트워킹과 정보 공유를 중심으로 한 서비스의 특성 때문에 정보 캐스케이드에 특히 취약하다. …… 정보 캐스케이드는 신념과 행동을 변화시키는 것뿐만 아니라 **사회 조직에도 영향을 미칠 수 있다**. 예를 들어, 트위터에서의 리트윗 캐스케이드는 소셜 네트워크를 통해 전파되는 정보의 직접적인 결과로써 사회적 연결 관계에서 갑작스러운 전환을 가리키는 언팔로 및 팔로 활동의 급증을 유발한다. 지금까지의 연구는 캐스케이드 과정에서 공유되는 정보의 내용에는 무지했지

만agnostic, 당파적 뉴스가 공유될 경우 개인의 네트워크 구조에 실질적인 변화를 일으킬 수 있으므로 보다 면밀히 주목할 필요가 있다." (Tokita, Guess, & Tarnita, 2021: 2. 강조는 인용자)

이 모델(Tokita, Guess, & Tarnita, 2021)에서 양극화는 상당 부분 언팔로 행위로 촉진된다. 이러한 행위는 특정한 의도가 없어도 서서히 온라인 네트워크의 동질성을 유도하며(이질적인 것을 계속해서 배제하니까), 이는 반대 정보에 대한 노출을 줄이고 집단 외부에 대한 적대감을 조장해 나간다. 결국 정보 캐스케이드는 언팔로와 결합해 동질적 네트워크를 만들고, 양극화를 심화시킨다.

그러나 정보 캐스케이드 역시 다른 이론과 마찬가지로 별다른 발전 없이 그대로 에코 체임버 연구에 적용된다는 의심을 벗기 어렵다. 지금처럼 정보 채널이 과잉된 상황에서 특정한 캐스케이드가 네트워크(또는 사이버 공간) 속에 인지적 폐쇄성을 지닌 에코 체임버를 안정적으로 만든다는 가정 자체가 지나치게 단순하고 우연적이다.[116] 소셜 미디어 플랫폼을 통해 정보가 확산되는 최근의 흐름을 조

116 선스타인(Sunstein, 2009/2011)은 폭력을 지지하지 않는 사람이 다수일 때도 집단 내 결정이 폭력을 정당화하는 경우가 있다고 하면서 이를 다음처럼 설명한다. "폭력을 지지하는 사람들에게 얘기할 차례가 먼저 오고, 그다음에 임계점(폭력을 용인하지 않는 선)이 낮은 사람들이, 그리고 그 뒤에 약간 높은 임계점을 가진 사람들이 얘기하도록 차례가 정해진 경우를 생각해 볼 때, …… 캐스케이드가 일어날 것이라는 점을 쉽게 예상할 수 있다"(p.90). 그러나 이 정도 경우의 수(발언 순서, 높은 상호 영향, 반대 주장의 타이밍, 동질적 네트워크 구조 등)가 연쇄적으로 일어나는 경우라면, 그저 '우연'이라고 해도 이상할 것이 전혀 없다. 선스타인의 주장은 다분히 과장이다.

금만 깊게 살펴보아도 '불확실한 정보 상황에서 순차적으로 앞의 몇몇 선행 주자의 행동을 따라간다. 그것이 새로운 유행이나 문화적 규범을 만든다'는 정보 캐스케이드의 가설은 금방 무너질 수 있다.[117] 선스타인 역시 용어만 바꾼 거 외에 별다른 첨가나 수정이 없다.

접촉 이론

집단 간 접촉이 서로가 가진 편견을 감소시킬 수 있다는 내용의 접촉 이론contact theory은 고든 올포트Gordon Allport가 1954년에 낸 유명한 저서 《편견*The Nature of Prejudice*》(1954/2020)에서 제시한 이론이다. 이 이론은 여러 정치사회적 맥락에서 집단 간 갈등을 줄이고, 상호 이해와 협력을 촉진하는 데 필요한 심리학적·사회학적 기초를 제공한

117 그래서인지 위키피디아도 이의 대안으로 신념 전파의 사회적 영향 모델, 곧 '사회적 영향 네트워크 이론social influence network theory'을 제시한다. 이 이론은 사람들이 자신의 네트워크 내 다른 사람들의 신념에 대해 어느 정도 생각을 지녔다고 한다. 따라서 이 이론은 사람들이 다른 사람들의 관찰 가능한 행동에만 의존한다고 가정하는 정보 캐스케이드의 전제를 완화한다. 또 사람들을 단순한 대기열queue(정보 캐스케이드가 순차성을 강조한 것) 대신 소셜 네트워크 속에 깊숙이 포함시켜 분석한다. 각 개인은 네트워크에서 자신과 연결된 다른 사람들의 의견을 관찰하고, 그에 따라 자신의 생각을 조정한다. 사람들의 의견 변화가 단일 라운드의 상호 작용에서 끝나지 않고, 반복적인 상호 작용을 통해 의견이 안정화되거나 새로운 합의에 도달하는 과정을 보여 주기도 한다. 이 이론은 정보 캐스케이드의 '사람들이 행동을 완료할지를 채택이냐 거부냐 같은 이분법적으로 결정한다'는 가정을 경감하고, 개개인이 그 행동을 해야 한다고 느끼는 신념의 강도를 연속적인 척도를 통해 측정한다.

다. 다음은 위키피디아의 내용을 기초로 일부를 보완한 것이다.

접촉 이론의 핵심 가정은 집단 간 접촉이 증가하면 상대에 대한 편견, 고정 관념, 차별 같은 것이 줄고, 집단 간 관계가 개선될 수 있다는 것이다. 그러나 이에는 일정한 조건이 필요한데, 올포트는 다음과 같은 네 가지를 제시했다. 첫째는 '평등한 지위'다. 두 집단이 접촉 상황에서 사회적·경제적·심리적으로 평등한 지위를 가져야 한다. 지위의 불평등은 편견을 강화하거나 기존 고정 관념을 재확인할 가능성을 높인다. 둘째는 '공통의 목표'다. 접촉은 공동의 문제를 해결하거나 목표를 달성하기 위해 이루어져야 한다. 상위 목표superordinate goals가 설정되면 두 집단은 서로 협력하도록 유도되기 쉽다. 셋째는 '집단 간 협력'이다. 경쟁보다는 협력적인 환경에서 접촉이 이루어져야 한다. 갈등이나 경쟁 상황에서는 편견이 더 악화될 수 있다. 넷째, 권위, 법률, 관습 같은 '규범의 지원'이다. 집단 간 접촉은 공식적인 권위, 법률, 또는 사회적 규범의 지원을 받아야 한다. 규범은 평등하고 우호적인 상호 작용을 촉진하고, 내집단과 외집단 간 비교를 억제하는 데 도움을 준다.

올포트는 접촉 상황에서 비공식적이고 개인적인 상호 작용이 중요하다고 강조했다. 구성원 간의 친밀한 상호 작용은 서로에 대한 더 깊은 이해와 집단 간 우정 형성을 가능하게 한다. 그러나 반대로 이러한 조건이 충족되지 않을 경우, 접촉은 표면적인 것에 머무르거나 부정적인 결과를 초래할 수 있다. 오히려 접촉이 고정 관념을 강화시키는 계기가 될 수도 있다.

접촉 이론은 단순한 접촉만으로도 편견이 감소한다고 가정하는 경향이 있다. 그러나 접촉 효과는 문화적·역사적·정치적 맥락에 따라 다르게 나타날 수 있다. 만약 집단 간 경쟁이나 갈등 상황이라면(이것이 일반적이다), 접촉이 오히려 부정적 태도를 강화할 수 있다. 또 문화적 차이가 큰 조건에서는 접촉이 편견을 감소시키기 어려울 것이다. 이는 앞서 본 조건이 오히려 접촉 이론의 가정을 부정하는 반례反例가 될 수도 있다는 점을 시사한다. 올포트의 조건이 너무 이상적인 상황을 가정하고 있어 실제에서 이러한 조건을 충족시키는 것은 어려울 수밖에 없기 때문이다.

호볼트 등(Hobolt, Lawall, & Tilley, 2024)의 연구는 접촉 이론과 앞서 동류집단성 이론을 같이 '당파적 양극화partisan polarization' 현상에 적용한다. 이 현상의 원인으로 가장 많이 꼽히는 것이 당파성을 띤 동질적 에코 체임버, 곧 정치적 동질성을 띤 폐쇄적 인지 집단이다. 호볼트 등은 이 집단이 과연 정책적 양극화와 정서적 양극화를 주도하는지를 대규모로 사전 등록된 '현장 실험lab-in-the-field experiment'을 통해 검증하고자 했다. 미국이 아닌 영국에서의 연구이고 실험실 한계를 극복하고자 한 현장 실험 연구이므로 나름의 의의가 크다.

실험 결과, 동질적 당파 집단에서 논의한 참가자들은 에코 체임버의 효과가 나타나 정책적 양극화와 감정적 양극화가 더 심화되는 경향을 보였다. 에코 체임버는 내부 신념과 태도를 강화시켰고, 반대 의견에 대한 수용성을 약화시켰다. 다양한 당파 지지자들이 포함된 혼합 집단에서는 상대적으로 양극화가 완화되었으며, 상대 정당에 대한 적대감이 줄어드는 경향을 보였다. 이는 사람들이 다양한 관점을 접촉하게 되면 상호 이해가 촉진될 가능성을 보여 준다. 혼합 당파 집단에서는 올포트가 제시한 조건들이 일정 부분 충족되었으며, 이는 접촉 이론이 타 집단에 대한 적대감을 줄이고 상호 이해를 촉진할 수 있다는 이론적 근거가 될 수 있음을 보여 준다.

최소 집단화 이론 또는 사회 정체성 이론

최소 집단화 이론도 많이 원용된다. 이 이론은 집단이 아주 사소한 차이로 나뉠 때조차도 내집단을 선호하고 외집단을 차별하는 경향이 있다는 점을 실험으로 보여 준 것이다. 이 이론은 잘 알려진 타이펠 등(Tajfel et al., 1971)의 연구에서 발표되었다.

타이펠 등은 먼저 집단을 둘로 나누었는데, 그 기준을 극히 '사소한 조건'으로 설정했다. 이 조건은 개인적 이익과 전혀 관계되지 않고, 사전에 이미 형성된 태도가 강하게 있어 그 이유로 (외집단을) 차별할 가능성이 도저히 없는 조건이다. 이를테면, 그 조건은 단지 특정 그림(칸딘스키 또는 클레의 그림)을 더 선호하거나, 동전을 던져 무작위로 정하는 방식이다. 그러나 그렇게 나뉜 상황에서도 참여자들은 보상과 벌의 분배에서 자신이 속한 집단(내집단)을 선호하는 경향을 보였다.

다음으로는 가상의 금전적 보상 또는 점수를 다른 참가자들에게 배분해야 하는 과제를 줬다. 각 참여자는 자신에게 자원을 배정할 수 없고, 반드시 다른 참여자들(내집단 또는 외집단에 속한 사람)에게만 자원을 배정해야 한다. 매트릭스 형태로 제시된 다양한 자원 배분 옵션이 이들에게 제시되었다. 첫째 옵션은 내집단과 외집단 모두에게 많은 자원을 배분하여 전체 이익을 극대화하는 '최대 공동 이익'이었고, 둘째는 내집단에게 가장 많은 자원을 배정하는 '내집단 최대 이익'이었으며, 셋째는 내집단이 외집단보다 더 많은 자원을 받게 하여, 두 집단 간 자원 격차를 최대화하는 '내집단과 외집단 간의 최대 차이' 방식이었다.

실험 결과, 참여자들은 내집단 최대 이익과 내집단과 외집단 간의 최대 차이를 선택하는 경향을 보였다. 내집단이 외집단보다 더 많은 자원을 받게 하려는 내집단 편향이 나타난 것이다. 가장 특기할 점은 참가자들이 내집단과 외집단 간 차이를 극대화하기 위해 객관적인 최대 이익을 희생하는 때도 많았다는 점이다. 즉 전체 이익이 줄어드는 한이 있어도 자신이 속한 내집단이 더 많이 갖는 구조를 선택한 것이다.

이후 타이펠 등은 사람들이 왜 이렇게 자기 집단을 선호하는지 이유를 탐구했다. 이는 '개인의 정체성과 자아 개념이 집단 소속을 통해 강화되고, 집단에 대한 긍정적 평가가 자신의 정체성을 강화하는 심리적 기제가 있다'는 가설로 발전했다. 타이펠 등은 사람들이 소속 집단에 대해 긍정적으로 평가할수록 자신의 정체성을 더 긍정적으로 인식한다는 점을 밝혔다. 그래서 그가 정의하는 '사회 정체성' 개념은 다음처럼 자아 정체성의 일부다. "사회 정체성은 개인이 하나(또는 여러) 사회 집단에 속해 있다는 인식에서 비롯되며, 그 소속에 대해 느끼는 가치와 감정적 의미를 반영하는 자아 개념(자기 정체성)의 일부"(Tajfel, 1981: 255, 괄호 안은 인용자)다.

사회 정체성을 바탕으로 이론이 체계화되면서 이제 개인은 집단에 소속됨으로써 자신을 정의하고, 자기 정체성과 자존감을 강화하는 존재가 된다. 하지만 이의 결과로 내집단과 외집단 사이의 차별이 나타나 내집단 소속감이나 친밀감 못지않게 외집단에 대한 배타성과 적대감이 또 다른 정체성으로 등장한다. 특히 소셜 미디어를 통해 '의견 기반 집단'이 보편화되면서 '내가 누구와 함께하는가'와 '내가 누구에게 반대하는가'가 동시에 중요해지고, 때로 반대가 정체성의 더 큰 요인이 된다(Smith et al., 2024).

브리워(Brewer, 2001)는 이런 사회 정체성을 네 가지 유형으로 나누면서 정체성의 지평을 다면화·복합화한다. 첫째는 '개인-기반 정체성'으로, 이는 개인이 집단의 가치를 스스로의 자아에 내면화하는 것이다. 둘째는 '관계적 정체성'으로 자아가 특정 사회적 역할이나 타인과의 관계 속에서 규정되는 것이다. 셋째인 '집단 기반 정체성'은 개인이 집단의 일원으로 소속감을 느끼고, 그 집단의 규범과 가치를 자아에 통합할 때 발생하는 정체성이다. 넷째, '집합적 정체성'은 사회 운동 같은 더 큰 공동체와 자신을 동일시하는 광범위한 정체성으로, 공동체적 가치와 소속감을 중심으로 자아를 형성할 때 작용하는 것이다. 브리워는 이러한 다양한 정체성이 개별이 아닌 복합적 상호 작용을 통해 정치적 태도에 영향을 미친다고 본다. 따라서 하나의 정의만이 아닌, 네 가지 정의를 통합적으로 고려해야 사회적 정체성에 대한 보다 정확하고 포괄적인 이해가 가능해진다.

에코 체임버론, 특히 이를 양극화론과 연계시킨 주장들은 대체로 이 이론의 '내집단 편향과 외집단 차별' 주장에 민감하다 (Nguyen, 2020). 특히 정치 성향을 중심으로 다른 취향이나 기호의 집중적 정렬이 가능한 소셜 미디어에서 전개되는 의견 역학 구도에서는 이런 편향과 차별 때문에 에코 체임버가 형성된다. 낙태 시술자였던 조지 틸러의 총격 사건[118]에 대해 트위터에서 벌어진 '친생명pro-life'과 '친선택pro-choice' 지지자들 간의 대화는 이의 전형적인 예가 될

118 조지 틸러George Tiller는 미국 캔자스주의 산부인과 의사로 임신 후반기 임신부에게도 낙태 시술을 해온 것으로 알려져 있다. 이에 따라 낙태 반대 운동가들에게서 많은 비난을 받았고, 그가 일하던 클리닉은 여러 차례 공격과 위협을 받기도 했다. 2009년 5월 31일, 틸러는 교회에서 예배 도중 낙태 반대 운동가인 스콧 로더Scott Roeder에 의해 총격을 받고 사망했다.

수 있다(Yardi & Boyd, 2010).

잘 알려진 바대로 온라인이 유유상종의 다양한 커뮤니티들로 구성되어 있지만, 트위터에서는 공적 타임라인(모든 이용자가 볼 수 있는 공개된 트윗 피드)을 통해 다양한 관점을 접할 수 있다. 야르디와 보이드가 이 사건에 대한 3만 개의 트윗과 그 이후에 발생한 양측의 대화를 수집해 양자의 관계를 분석해 본 결과, 같은 생각을 하는 사람들 간의 대화는 집단 정체성을 심화시켰지만, 다른 생각을 하는 사람들 간의 대화는 내집단 편향과 외집단 적대감을 강화시켰다. 사람들은 이전보다 다양한 관점을 접하게 되기는 하였지만, 외집단 사람들과는 결코 의미 있는 대화를 나누지 않았다. 결국 사람들에게 다양한 관점은 화해적인 토론에 참여할 수 있는 능력과 별반 관계가 없음을 잘 보여 주었다.

'친생명'과 '친선택,' 낙태를 두고 서로 반대하는 두 에코 체임버는 처음에는 개인 선택에 따라, 나중에는 집합적 정체성에 의해 사회 전체를 양극화시키는 '진영'으로까지 발전되었다. 두 집단은 낙태라는 동일 주제에 대해 많은 정보를 공유했음에도 서로 간 의미 있는 대화를 나누지는 않았다. 주제에 따라 다르겠지만, 이런 현상이 반복된다면 그 사회는 매번 큰 갈등을 겪고 큰 사회적 비용을 치를 것이다. 따라서 외집단 또는 반대 집단에 대해 '동의하지 않는 것에 동의하는agree to disagree' 관용(Mutz, 2006)은 지속 가능한 사회 운영에 반드시 필요한 덕목이 된다. 소셜 미디어와 에코 체임버의 경험은 바로 이를 절실히 일깨워 준다.

5장

판단: 과연 극복해야 할 병폐인가?

지금까지는 주로 '에코 체임버의 정체가 무엇이냐,' '그 개념은 어떻게 정의될 수 있는가,' '과연 에코 체임버가 존재하는가,' '그 존재는 경험적으로 증명 가능한가'를 알아보았다면, 이제는 에코 체임버가 정말로 극복해야 할 병폐인지 여부를 묻고 이에 대한 대답을 시도해 봐야 할 차례다. 물론 지금까지 병폐로 보았기 때문에 많은 연구자들이 문제를 제기해 왔고, 필터 버블처럼 에코 체임버와 관련된 현상도 지속적으로, 그리고 비판적으로 논의했을 것이다.

그러나 이에 대해서는 따져 봐야 할 것이 많이 있다. 먼저 이 현상이 갖는 본원적 한계부터 확인해 볼 필요가 있다. 즉 에코 체임버는 일정하게 폐쇄적인 동류집단성이 만들어 내는 정보 흐름의 왜곡 또는 편향된 의견 형성 과정과 그에 따른 집단 내부(에코 체임버 안)에서의 의사 결정 체계의 배제성과 억압성·비시민성 등이 문제인 현상이다. 만약 소셜 미디어가 이런 에코 체임버를 다수 만들어 내고 갈등을 일으킨다면 민주주의의 이름으로 이를 규제해야 할 필요가 클 것이다.

그러나 지금까지 만들어진 진리 또는 과학(으로 간주된 것)이 조금이라도 이 에코 체임버적 성격을 지닌 (과학) 공동체의 산물임을 감안해 보면, 또 대부분의 인간 공동체가 크든 작든 에코 체임버적 성격을 갖고 있음을 떠올려 보면, 에코 체임버 문제의 핵심은 에코 체임버 자체보다 에코 체임버에 담긴 '내용'에 있다는 점을 알게 된다. 이 내용과 에코 체임버는 마치 사물을 구성하는 두 가지 요소인 '의미와 형태'처럼 불가분의 관계이기는 할 것이다. 그러나 논리적 차원에서 둘은 엄연히 다르다. 그렇다면 이 둘의 관계를 면밀하게 살펴볼 필요가 있다. 때마침 철학계에서는 이 문제를 두고 활발한 논의를 전개해 왔으며, 특히 이 논의는 에코 체임버가 만들어 냈거나 영향을 미쳤을 것으로 주장되는 허위 정보(뉴스)의 유통, 양극화 등도 집중적으로 다루었다. 이들이 에코 체임버를 비롯해 소셜 미디어에서 가장 심각하게 문제되는 것이기 때문이다. 이에 따라 이 책에서도 여기에서 이 주제들을 다룬다.

마지막에는 최근 페이스북의 직간접적 주관으로 미국의 정치·미디어·심리·데이터학자들이 대거 참여해 만들어진 5부작을 살펴봄으로써 최근 에코 체임버와 소셜 미디어에 대한 논의의 최신 주소를 진단해 볼 것이다. 이 5부작이 지닌 의미는 나름대로 심대하다 할 수 있다. 그간 우후죽순처럼 쏟아지던 관련 연구들을 체계화하고, 자료도 아예 플랫폼이 제공한 최신·최고급이며, 참여 저자들 역시 대부분의 관련 연구자들을 망라했기 때문이다. 그러나 이 연구는 연구 내적 문제 못지않게 연구 외적, 특히 플랫폼의 책임과 관련해 생각해 봐야 할 많은 정치사회적 문제를 안고 있다. 우리는 이것의 맥락과 내용을 정확하게 알 필요가 있다.

에코 체임버와 비이상적 인식론

지금까지 통념은 양극화/극단화가 우리의 민주주의와 공론장에 심각한 병폐가 된다고 비판해 왔다. 그러나 철학자 벡비(Begby, 2022)는 결코 '신념 극단화belief polarization'[119]가 위협적이지 않고 반드시 개인의 인식론적 비합리성을 반영하는 것도 아니라고 주장한다. 에코 체임버에 대해서도 집합적 합리성의 차원이라면 몰라도 개인 차원에서는 결코 '인식론적 오류'로 나타나지 않는다고 한다. 오히려 비이상적인 사회인식론적 맥락에서는 에코 체임버가 체계적인 허위 정보와 기만으로부터 자신을 방어하는 가장 나은 방법일 수도 있다. 만약 에코 체임버가 사실 판단과 가치 판단이 교차하는 정치적·공적 맥락에서 나타난 것이라면 더욱 그러할 것이다.

이렇게 에코 체임버를 보는 시각은 라키(Lackey, 2021)를 따른 것이다. 라키의 반전反轉적 생각은 단적으로 '진실 친화적 에코 체임버'라는 표현에서 잘 드러난다. 만약 이런 에코 체임버가 있다면 이를 비판할 수 있을까? 라키는 어려울 것이라고 한다. 신념이 에코 체

119 앞서 본 '태도 극단화'에 비해 좀 더 인식론적 측면에 치중한 "서로 다른 기존 신념을 가진 양측이, 새롭게 제시된 혼합된 증거(상반된 해석이 가능한 증거)에 대해 보이는 상이한 반응 경향"(Begby, 2022: 2, 주 4, 괄호 안은 인용자)으로, 동일한 증거를 접하더라도 사람들은 기존 신념을 뒷받침하는 방향으로 그것을 해석하고 처리하는 경향이 있다는 것이 일반적인 뜻이다. 그러나 벡비는 이를 "정보를 다른 사람들과 교환한 후에 주제에 대해 더 확고해지거나 더 극단적인 견해를 가지게 되는 현상들을 포괄해서 부르는 이름"(p.1)으로 확대해서 정의한다. 이는 신념 극단화를 '다른 사람이 해당 증거에 어떻게 반응하는지에 대한 정보까지 포함하는 현상'으로 확장해 이해하려는 시도다.

임버에서 형성되었다고 해서 반드시 그 신념의 인식론적 지위가 훼손되는 것은 아닐 수 있기 때문이다. 라키는 그 차이를 설명하기 위해 '신뢰주의적 접근reliabilitism'을 취하는데, 신뢰주의는 인식론에서 지식이나 정당화된 신념은 신뢰할 수 있는 탐구 과정의 결과여야 한다고 주장하는 주의다. 라키에 따르면, 에코 체임버라 해서 신뢰주의를 반드시 훼손시키지는 않는다. 단적으로 말해 좋은 에코 체임버는 우리가 진실에 닿도록 안정적으로 안내하는 반면, 나쁜 에코 체임버는 우리를 진실에서 더 멀어지게 만든다. 따라서 우리는 폭스뉴스와 원 아메리카 네트워크One America Network와 같은 보수 성향의 미디어-의견 클러스터와 마찬가지로 CNN, MSNBC 등의 진보 성향의 미디어-의견 클러스터도 얼마든지 에코 체임버로 묘사할 수 있다. 그러나 이 둘은 스스로 에코 체임버임과 관계없이 인식론적 신뢰성 측면에서 결정적인 차이가 있다.

벡비는 이렇게 라키의 주장을 정리하면서 자신은 이와 다르다고 한다. 그는 개별 신념의 인식론적 합리성을 평가하는 문제에 초점을 두며, 라키처럼 신뢰주의에 기대지는 않는다. 그래서 그는 설사 '나쁜,' 곧 신뢰할 수 없는 에코 체임버에 속해 있다 하더라도 그 사람이 가지는 신념의 인식론적 지위가 반드시 훼손된다고 생각하지 않는다. 대신, 벡비는 앞에서 본 대로 특정한 사회 환경에서는 완전한 인식론적 합리성조차도 진실에서 더 멀어질 수 있다고 한다. 벡비에 따르면, 우리는 불리한 환경에 처해 나름의 합리적 대응을 할 수 있지만, 그건 거기에서 그칠 뿐이다. 이는 비난할 바는 아니지만, 그런 대응의 결과가 진실에서 멀어진다면, 그것 또한 감수할 수밖에 없다.

벡비는 독특하게 신념 극단화를 '집단 내 극단화'와 '집단 간 극단화'로 나눈다. '집단 내 극단화'는 같은 집단 내에서 발생하는 신념의 극단화를 의미하는데, 예를 들어, 같은 정치적 입장을 가진 사람들이 계속해서 토론하고 의견을 나눌 때, 의견이 점차 더 극단적으로 변하는 현상을 말한다. 일반적인 집단 극단화 논리와 비슷하다. '집단 간 극단화'는 서로 다른 집단이 상호 작용할 때 발생하는 신념의 극단화를 의미한다. 이런 상호 작용에서 집단들은 상대의 생각을 받아들이기보다는 원래의 입장을 더 확고하게 하고, 결과적으로 서로에 대한 대립이 심화되는 경향을 보인다.

집단 간 대화가 대립을 초래하는 것은 잘못된 사회인식론적 환경이 조성되어 있기 때문이다. 벡비는 이 환경에서는 사람들이 자신의 신념과 대립하는 집단을 만나면 방어적 태도를 보이면서 이 집단을 '반동료anti-peer'로 간주할 가능성이 커진다고 한다. 여기에서 동료란 인식 능력이나 접근할 수 있는 정보 면에서 자신과 대략 동등하다고 믿을 이유가 있는 사람, 곧 신뢰할 만한 인식 능력과 정보 접근성을 가진 사람이다. 반동료 집단이 된다는 것은 결국 신뢰할 수 없는 사람이 된다는 뜻이다.

벡비는 현대의 많은 사회적 논쟁에서 정보와 의견이 소통이 아니라 오히려 불신과 분열을 심화시키는 매개로 작동하는 현상에 주목한다. 특히 그는 정보의 출처나 맥락에 대한 인식이 낮을수록, 사람들이 의견 차이를 가진 상대를 신뢰할 수 없는 집단으로 인식하게 되는 경향이 강해진다고 지적한다. 즉 견해 차이 때문이 아니라, 정보에 대한 불확실성과 적대적인 소통 환경이 사람들을 방어적이고 폐쇄적인 태도로 이끈다는 것이다. 이러한 상황에서는 의견 차이가 클수록 상대를 '반동료 집단'으로 보고, 이들에 대항해 자신의 기존 입장을 방어적으로 고착시킬 가능성이 더욱 높아진다.

벡비는 신념 극단화가 지금 사회의 병폐적 측면과 연관된 현상으로 원인이 상당히 복잡하다고 한다. 그가 기존 태도 극단화 이론의 개인 차원을 넘어 사회적 차원의 인식론과 (정보) 생태계적 사고로 차원을 상향해서 접근하는 이유다. 벡비의 논리는 앞서 본 브리워의 네 가지 유형의 다양한 사회적 정체성, 곧 관계–집단–집합적 정체성과 상당히 잘 어울린다. 그는 진리에 도달하려는 노력을 좌절시키는 지금의 여러 악조건 속에서 신념 형성의 규범을 제시하는 '비이상적 인식론'을 기대하는데 그가 보기에 지금은 이를 피할 수 없다.

> "간단히 말해, 우리는 자신의 인지적 한계를 인식하는 책임 있는 존재로서 공동의 관심사에 대해 다른 사람들의 의견을 고려해야 한다. 하지만 이 의견들에는 신뢰할 만한 정보뿐만 아니라, 단순한 잡음, 잘못된 정보, 심지어 조작된 허위 정보까지 뒤섞여 있을 수 있음을 경계해야 한다. …… 우리는 이런 **비이상적 상황에 적합한 인식 정책**을 세워야 한다. …… 이런 현실을 고려할 때, 우리가 신념을 수정하고 받아들이는 과정에서 신념 극단화(BP)나 에코 체임버 현상이 발생할 가능성이 높아진다고 하더라도, 이는 **불가피한 선택이며 비난받을 일이 아니다**. 다만, 이런 과정이 결국 우리의 집단적 문제를 더욱 악화시킬 위험이 있다는 점도 함께 인식해야 한다." (p.3. 강조는 인용자)

공동의 관심사에 대해 다른 사람과 정보와 의견을 나눠야 한다는 당위는 인정한다. 그러나 지금의 환경은 단순한 잡음, 잘못된 정보, 악의적 허위 정보 또한 뒤섞여 있는 매우 불확실하면서 적대적인 것으로, 신뢰할 수 있는 동료 집단을 찾기 어렵다. 이런 유감스러운 환경에 더해 우리 인식 능력의 제한성까지 고려해 보면, 신념 극단화와 에코 체임버는 결코 비합리적인 대처라 말하기 어렵다.

그래서 지금의 사회생활에서 신념 극단화는 "공적 담론이 제공하는 정보에 대한 비합리적이고 감정에 의해 좌우된 반응"(p.15)인 것은 아니다. 벡비처럼 '비이상적'이라고 할 수는 있어도 정보나 지식의 흐름 자체를 훼손시키는 '인식론적 부패epistemological corruption'[120]가 될 수는 없다. 오히려 신념 극단화는 제한된 인지 자원이라는 악조건 속에서 이루어지는 선택적 정보 처리라는 점에서 합리적 판단이 될 여지도 있어 보인다. 벡비 역시 신념 극단화를 단순한 인지 오류나 감정적 반응으로 돌리기보다는 사회-인식론적 조건과 관계 구조에 따라 형성된 합리화의 한 양상으로 이해한다.

> "…… 에코 체임버의 실제적 유해성에 대한 논의만으로는 사람들이 에코 체임버에 빠질 때 반드시 인식론적 규범을 위반하게 되는지의 문제를 해결할 수는 없다. 인지적 신뢰를 형성하는 것은 인간 인지 능력의 핵심적인 기능이다. …… 이 신뢰는 본질적으로 선별적일 수밖에 없다. 신뢰를 형성하는 과정은 외부적으로 조작될 수도 있고, 여러 요인에 의해 잘못된 방향으로 흐를 수도 있다. 그러나 **그렇다고 해서 반드시 인식론적으로 잘못된 행동을 하고 있다고 볼 수는 없다.**" (Begby, 2022: 16. 괄호 안은 필자. 강조는 인용자)

에코 체임버가 해로운지 아닌지를 묻는 것과 그것이 인식론적 규범을 반드시 위반하는지는 별개의 문제다. 설령 에코 체임버

120 '인식론적 부패'는 진리를 탐구하고 지식을 얻는 과정에서 필요한 인식론적 기준과 태도가 왜곡되거나 손상되는 현상이다. 나중에 다시 나온다.

가 해롭다고 해도 거기에 빠지는 과정에서 반드시 인식론적으로 잘못된 행동을 한다고 단정할 수는 없다. 진실한 에코 체임버도 존재할 수 있기 때문이다. 물론 지금 상황은 좋지 않아 벡비는 '비이상적'이라고 했지만, 사실은 이보다 훨씬 더 심각한 적대적·교착적인 것에 가깝다. 이런 조건에서 신념 극단화와 에코 체임버는 반드시 잘못된 행동을 한다는 의미가 아니며, 집단적 차원에서는 몰라도 개인 차원에서는 결코 비합리적인 행위를 하는 것이 아니다.

에코 체임버와 증거 선점

'증거 선점evidential preemption'은 누군가가 특정 증거를 수용하거나 평가하기 전에 그 증거를 미리 무시·비판하는 현상이다. 특정 증거를 받아들이기 전에 그 증거의 가치나 신뢰성을 부정해 버림으로써 자신의 기존 신념이 도전받지 않도록 하는 것이다. 벡비(Begby, 2021)는 이 같은 '증거 선점' 개념을 통해 에코 체임버가 가능한 인식론적 구조를 설명하면서, 그것이 진리 추구와는 무관하더라도 필연적으로 비합리적인 것으로 볼 수는 없다고 주장한다.

일반적으로, 청자가 화자의 증언에 근거하여 믿음 p를 가진다면, 청자는 또한 화자가 p와 관련된 충분히 크고 대표성 있는 증거를 바탕으로 자신의 믿음을 형성했을 것이라고 가정할 이유도 갖게 된다. 증거 선점은 화자가 p라는 증언을 제공하는 것과 함께 청자가 이와 상반되는 증거와 마주칠 가능성도 같이 경고할 때 발생한다. 이를테면 '제 반대자들은 여러분에게 q라고 말할 것입니다. 그러나 저는 (단호히) p입니다'라는 식이다. 결코 'p입니다, 비록 다른 사람

들은 q라고 생각하지만요'라고 양보하는 방식으로 말하지 않는다.[121]

이 경고는 청자가 반대 증거를 예상해 p에 대한 확신을 조절하도록 하는 것이 아니라, 오히려 그 증거가 실제로는 잘못된 이해를 불러일으키는 것이거나 이미 감안하여 쓸모없는 증거라는 것을 암시하면서 일종의 '면역'을 주기 위한 것이다. 화자는 반대 증거가 나오더라도 청자가 믿음 p를 수정할 필요가 없다고 강하게 확신시키려 한다.

벡비는 증거 선점에 두 가지 유형, '중립화에 의한 것'과 '출처 불신에 의한 것' 등이 있다고 한다. '중립화'는 반대 증거가 등장하더라도 그것이 기존 신념을 크게 위협할 이유가 없다는 점을 미리 알려줌으로써 청자의 신념을 안정시키는 것이다. 증거 선점을 안 했을 경우, 청자는 다른 증거에 의해 얼마든지 생각이 바뀔 수 있다. '출처 불신'은 반대 증거의 신뢰성을 떨어뜨리기 위해 그 증거를 제공하는 출처를 미리 불신하게 하는 방식이다. 증언자는 청자에게 반대 증거가 있을 수 있지만, 그 출처가 비도덕적이거나 신뢰할 수 없는 사람들에 의해 만들어졌다고 말함으로써 반대 증거의 타당성을 의심하게 만든다. 이렇게 되면 그 증거는 무시되거나 받아들여지지 않을 가능성이 커진다.

증거 선점은 '인식론적 그루밍epistemic grooming'으로 이어진다. 화자가 증거를 선점함으로써 청자는 이후에 등장할 수 있는 다른 증거들까지 미리 배제하도록 유도된다. 한번 화자의 선점 전략에 의해 고려된 증거는 나중에도 증거 능력을 상실당하기 쉽다. 에코 체임버

121 전자는 반대자와의 대결 구도를 전면화하여 청중을 자기편으로 끌어들이려는 투쟁적 수사修辭 전략이고, 후자는 자신의 입장을 중심에 두되 반대 견해를 그래도 언급해 줌으로써 보다 다원적이고 절제된 태도를 취한다.

가 이런 메커니즘이 작동하는 전형적인 사례다. 예컨대, 어떤 에코 체임버에 속한 사람이 자신의 신념에 상반된 증거를 접하게 되면, 그는 쉽게 이를 의심하고 거부하거나 적극적으로 반박하려 할 것이다. 이미 그 증거는 불신된 상태이기 때문이다.

그러나 벡비는 증거 선점이 반드시 인식론적 합리성을 저해하는 것은 아니라고 한다. 사람들은 자신이 통제할 수 없는 특정한 인식적 상황에서 에코 체임버를 선택하게 되고, 그 체임버는 일종의 그루밍을 통해 외부 정보에 대한 면역력을 형성시킨다. 이런 경우에 에코 체임버 구성원의 방어적 대응은 고의로 진리에 반하거나 비합리적으로 내린 결정이 아니다. 오히려 자신의 (올바른) 기존 신념을 지키는 정당한 행위로 간주되어야 한다. 물론 벡비에게 에코 체임버가 정당한 해결책일 리는 전혀 없다. 다만 "우리가 어떻게 이러한 상황(에코 체임버)에 이르게 되었는지를 새로운 시각으로 이해하는 데 도움이 될 수 있다"[122](Begby, 2021. 524. 괄호 안은 인용자)라고 생각할 뿐이다.

이렇게 에코 체임버를 합리적일 수 있는 하나의 인지 전략으로 평가하는 것은 라키나 벡비만이 아니다. 가짜뉴스를 에코 체임버와 비교하는 팬틀(Fantl, 2021)도 그렇다. 팬틀은 가짜뉴스에 대응하기

122 이의 앞부분은 이렇다. "오늘날 미국의 공적 생활에는 에코 체임버가 만연해 있다. 내가 말한 내용이 이러한 현실에 대해 인식론적 정당화(또는 최소한의 변명이라도)를 제공한다고는 생각하지 않는다. 미국 대중은 도널드 트럼프가 트위터 계정에 올린 발언들을 **믿지 않아야 마땅하다**. 왜냐하면 그 말들이 사실인지 아닌지를 판단할 수 있을 만큼, 공개적으로 확인할 수 있는 정보들이 이미 충분히 존재하기 때문이다"(강조는 원저자). 객관적으로는 충분하지만 실제적으로는 그렇지 되지 못하는 현상을 직시하자는 것이다.

위해서는 기존 지식이나 신념을 잘 유지해야 한다고 많은 이들이 주장하지만, 이는 인지적 편향에 대한 일반적인 처방과 모순된다고 주장한다. 그도 그럴 것이 인지적 편향에는 기존 신념에 맞지 않는 증거들을 중시하라고 하면서, 가짜뉴스에 대해서는 오히려 기존의 지식과 비교 검토하라고 주문하기 때문이다.

팬틀은 이러한 갈등에 대한 해결책으로 '신념을 약화시키라'는 권고에 반대하는 방식을 제시한다. 보통은 이 방식이 인지적 편향을 극복하는 대안이다. 그러나 그는 모든 상황에서 논거와 관계없이 열린 마음을 가져야 한다는 권고는 있을 수 없다고 한다. 이는 신뢰할 수 없는 정보에 대한 면역력이 필요한 가짜뉴스의 경우에 특히 그러하다. 가짜뉴스에 잘 대응하려면 신념을 자주 수정하기보다 잘못된 정보를 가려내고 거부하는 능력을 개발하는 것이 우선이다. 그러나 이런 대응은 에코 체임버에서는 문제가 될 수밖에 없다. 정보가 편향되고 태도가 폐쇄적인 에코 체임버에서 벗어나려면 다양한 관점과 반대되는 증거를 수용할 수 있는 열린 마음이 필수적이기 때문이다.

'반대 논거에 대해 항상 열린 마음을 가져야 한다'(에코 체임버에서 벗어나기 위해)가 (A)다. '때로는 신념을 강하게 고수해야 한다'(명백하게 가짜인 뉴스에 저항하기 위해서라도)가 (B)다. (A)와 (B)를 동시에 주장해야 하는 팬틀의 입장은 일견 모순적으로 보인다. 때로는 반대 논거에 열린 마음을 가지면서도 근거가 정당한 입장에 대해서는 강하게 고수하는 신념을 가진다면, (A)와 (B) 사이에 갈등이 없다. 그러나 다음의 (C)가 참일 경우에는 모순이 발생한다. (C) '만약 반대 논거에 대해 항상 열린 마음을 가져야 한다면, 결코 강하게 고수하는 신념을 가져서는 안 된다.'

여기에서 팬틀은 '정당화된 열린 마음'과 '정당화된 강한 신념'이 양립할 수 없다고 보고, 후자인 강한 신념을 바탕으로 많은 사람들이 반대할 것 같은 (C) 명제를 지지한다. 신념이 정당화될 수 있다면 반대 논거 역시 오도된 것이므로 받아들여서는 안 된다는 것이다. 그의 논법은 p는 참이며(당신은 이를 강하게 믿고 있으며, 이는 옳다), 이에 따라 p에 대한 모든 반대 논거는 거짓 결론을 가지므로 오도된 것이다(따라서 p를 강하게 믿어야 하며, p에 대한 반대는 오도된 것이다). 그리고 반대 논거가 오도된 것이라는 점은 이들에게 기존 신념의 자신감을 줄여서는 안 되는 결정적인 이유가 된다.

팬틀의 주장에서 중요한 것은, 반대 논거를 받아들일지/무시할지를 결정할 때, 우리가 어떤 기준과 조건을 고려해야 하는가다. 우리는 무엇을 믿어야 하는가뿐만 아니라, 그 믿음을 어떤 근거와 방식으로 정당화할 수 있는지를 고민해야 한다. 원칙 C가 묻는 '반대 논거에 어떤 태도를 취할 것인가'는 결국 우리가 그 신념을 강하게 고수할 정당한 이유가 있는지를 따져 보는 문제다. 그렇다면 그런 신념을 정당하게 갖기 위해 필요한 조건은 무엇인가 — 바로 이 점이 핵심이다.

에코 체임버의 네트워크 모델

이런 에코 체임버의 중립화론을 주장하는 연구자 중 하나인 엘징가(Elzinga, 2024)는 그림 6에서 보는 바와 같은 에코 체임버의 네트워크 모델을 제시한다. 그림에서 원형 노드는 개별 에이전트(사람이나 집단)를 나타낸다. 각 에이전트는 네트워크 내 다른 에이전트들과 연결되어 있으며, 정보의 교환을 통해 기존 신념이 강화되거나 다른 신념으

그림 6 에코 체임버의 네트워크 모델

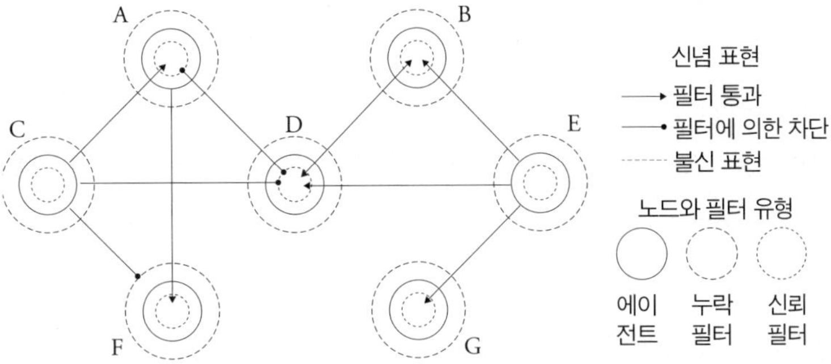

출처: Elzinga, 2024: 377.

로 바뀔 수 있다.

필터의 유형에는 '누락 필터omission filter'와 '신뢰성 필터credibility filter'가 있는데 점선으로 표시된 원이 누락 필터로, 특정 정보나 주장이 에이전트에게 전달되지 않도록 차단하는 역할을 한다. 신뢰성 필터는 가장 안쪽의 점선 원으로 표시되며 정보의 신뢰 여부를 판단해 전달 여부를 결정한다. 특정 정보를 신뢰할 수 없다고 간주하면, 이를 차단해 해당 정보가 에이전트에게 영향을 미치지 않도록 한다.

신념 표현에는 먼저 '필터를 통과하는 신념filter bypassing'은 화살표로 표시되며 필터를 통해 차단되지 않고 전달된다. '필터에 의해 차단된 신념filter blocked'은 점과 선으로 표시되며, 필터에 의해 차단되는 신념이다. 화살표는 일반적인 정보 흐름을 나타내며, 각 에이전트 간의 신념이 어떻게 강화되고, 필터를 어떻게 통과하는지를 설명한다. 필터는 들어오는 메시지에만 적용되며, 필터링된 정보는 네트워크 내 특정 에이전트에게 도달하지 않는다.

그림 6을 보면 오른쪽의 노드 E는 폭스뉴스나 전형적인 우파 성향의 뉴스 미디어를 나타낼 수 있고, 왼쪽의 노드 C는 MSNBC나 전통적으로 좌파 성향(사실은 리버럴이지만 원문을 따르기로 한다)의 뉴스 미디어를 나타낼 수 있다. 다른 노드들은 일반 시민 중 정치적 성향이 오른쪽인 노드 B와 G, 그리고 왼쪽인 노드 A와 F와 같게 볼 수 있으며, 가운데 있는 노드 D는 좌파 성향의 정보는 받기는 하지만 불신하고 우파 쪽은 신뢰하는 것으로 미루어 정치적으로 중도 또는 중도 우파에 있는 것으로 볼 수 있다.

A는 왼쪽(미디어)으로부터 정보를 얻어 F에게 전달한다. D와도 연결은 되지만 D는 이를 불신해 대화가 원활하지 않다. F는 C와 연결은 되지만 직접 정보를 얻지 않으며 주로 A에게 영향을 받는다. A가 나름의 인플루언서 역할을 하는 걸 알 수 있다. B는 E를 신뢰하므로 정보도 받고 D와는 서로 믿으면서 정보를 활발하게 교환한다. 그러면서 부분적으로 (불신하기는 해도) 왼쪽으로부터 정보도 받는 걸 알 수 있다. G는 E로부터 정보를 받으면서 신뢰하지만 이를 다른 사람과 교류하면서 나누지는 않는다. 물론 이 모델은 노드나 노드 간의 모든 가능한 연결을 다루고 있지는 않다는 점을 유념해야 한다. 예를 들어 좌파 성향의 에이전트들도 얼마든지 폭스뉴스를 시청할 수 있지만, 아마도 신뢰의 렌즈를 통해 바라보지는 않을 것이다. 또한 정보원(미디어)들 간에도 종종 정보 교환이 이루어질 수 있지만, 그림에 포함하지는 않았다.

그림 6은 에코 체임버가 반대 의견을 듣지 않는 것이 아니라, 구조적으로 반대 의견이 들어오지 못하도록 차단하는 메커니즘을 갖추고 있음을 나타내는 데 목적이 있다. 즉 우파 쪽에서는 A와

G, D가 일정한 에코 체임버를 형성, 주로 G가 주도하지만 D는 좌파 쪽의 정보도 전해 주면서 G와 강한 유대를 갖고, D는 이들과 교류는 없지만 E의 영향으로 성향은 이들과 같다. 좌파 쪽에서는 주로 A가 중심이 되어 C로부터의 정보를 F에 전달하며, D와 교류는 하지만 서로 믿지는 않는다. 오히려 필터를 그대로 통과하는 정보는 기존 신념을 강화하는 데 이용될 수 있다.

또한 그림 6은 서로 다른 에코 체임버들이 인식론적으로 불평등한 위치에 있지 않다는 점을 보여 준다. 그림에서 A와 B는 서로 다른 정보 필터링을 거치며 각자 고립된 신념 체계를 강화하지만, 그 구조 자체는 같다. 예를 들어 좌파와 우파 각각의 에코 체임버가 서로에 대해 비슷한 방식으로 필터를 설정하고 자기 입장만을 강화한다면, 이 둘은 공유하는 정보나 정치적 입장에서는 대립할 수 있지만, 구조적으로는 동일한 메커니즘을 취한다고 할 수 있는 것이다. 이 가상의 네트워크는 좌우 진영이 어떻게 에코 체임버 내 신념을 강화하고, 동시에 외부 집단에는 불신을 쌓아가는지를 잘 보여 준다. 이는 에코 체임버의 구성원들이 내부에서는 서로를 신뢰하며 동일한 정보를 공유하지만, 외부의 신념이나 정보는 의도적으로 배제하거나 불신하는 경향을 드러낸다.

이 점은 엘징가 역시 앞서 본 라키나 팬틀과 같은 문제의식, 곧 에코 체임버를 중립적인 것으로 인식함을 보여 준다. 엘징가는 벤클러 등(Benkler, Faris, & Roberts, 2018)의 분석을 빌려 미국 우파 미디어의 폐쇄적 특성이 어떻게 역사적으로 형성되었는지를 살펴본다. 이에 따르면, 이 네트워크는 라디오 진행자 러시 림보에서 출발해, 기존 미디어의 중립성과 차별화한 폭스뉴스를 거쳐, 극우적 논조를 전면화한 브레이트바트의 등장을 통해 완성되었다. 이들 미디어는 기존에는 보기 어려웠던 우파 담론을 노골적으로 전개했고, 반대 정보로 느끼는 우파의 인지적 불편을 해소해 주는 일종의 '면역 작용'을 지속적으로 수행해 왔다. 구체적으로는, 좌파(리버럴) 입장을 보도하는 MSNBC나 CNN의 신뢰성을 훼손함으로써(앞서 나온 팬틀의 '출처 불신' 전략이다) 우파 수용자가 기존의 당파적 신념을 의심 없이 유지하도록 하는 것이다.

엘징가는 바로 이런 우파의 폐쇄적 네트워크가 에코 체임버에 대한 논의를 본질적 부정론으로 이끌었다고 본다. 엘징가의 생각은 지금처럼 범람에 이른 정보 환경이나 일반 시민들의 정치에 대한 평소 (무)관심, 제한된 친교 범위 등을 고려해 볼 때, 에코 체임버가 어느 정도 불가피하다는 데서 출발한다. 우파나 좌파나 모두 에코 체임버 속에 있는 것이다. 그러나 상대적으로 우파의 에코 체임버는 앞서 본 바대로 좌파나 중도파의 정보를 무시·왜곡하는 폐쇄성과 낭피성의 정도가 훨씬 심하다. 잘못된 정보를 유통하고, 음모론을 퍼뜨리는 등 인식적 결함을 강화할 위험이 크다. 이 점은 에코 체임버 자체가 나쁘다기보다는 우파의 에코 체임버가 나쁜 것이라는 점을 강조한다.

병폐로서의 에코 체임버

쉬크스와 중립론의 공방

쉬크스(Sheeks, 2023)는 앞서 보았던 에코 체임버 중립성론(또는 다양성론)을 정면으로 비판한다. 사실 이 모든 논의에 계기가 된 연구는 다음에 나올 응우옌(Nguyen, 2020)의 '에코 체임버와 인식론적 버블Echo

Chambers and Epistemic Bubbles'이다. 그러나 쉬크스의 글이 앞의 연구들을 비판하기 위해 쓰인 것이므로 먼저 이를 다루는 것이 논쟁을 소개하는 데는 더 적절할 듯하다. 주지하다시피 지난 20년 동안 인식론적 버블과 에코 체임버에 대한 지적 관심이 기하급수적으로 증가한 이유는 이러한 현상들이 도덕적·사회적·정치적·인식론적으로 문제가 있다고 많은 이들이 추론했기 때문이다. 그러나 일부 철학자들은 인식론적 버블과 에코 체임버 비판에 강한 의문을 제기하고 있다.

쉬크스는 이런 회의적 견해에 기존의 비판론 입장에서 다시 반박한다. 그가 보기에 인식론적 버블과 에코 체임버는 인식론에 모두 본질적인 결함이 있어 우리가 그 안에 매어 있다면 당연히 벗어나기 위해 노력해야 한다. 중립론적 관점에 비추어 보면, 진리에 도움이 되는(좋은) 버블과 도움이 되지 않는(문제가 있는) 버블이 있어, 전자의 경우라면 오히려 버블 안이 정당할 것이다. 그러나 중요한 것은 버블 안에 있는 주체들이 자신이 어느 쪽에 속해 있는지 분별하기 어렵다는 점이다. 따라서 애초부터 버블 자체에 대해 경각심이나 비판적 거리를 유지하려는 태도가 필요하다.

이를 이해하기 위해 '인식론적 버블' 개념에 대해 좀 더 살펴볼 필요가 있다. 쉬크스보다 먼저 이 버블에 대해 말한 이는 앞서 본 응우옌이다. 그는 필터 버블을 원용해 인식론적 버블 개념을 만들고, 이를 에코 체임버와 분리한다. 이런 개념적 구분은 이후의 연구자들에게 많은 지지를 받은 것으로, 버블이 '생략 또는 누락과 불충분'으로 일종의 인식론적 태만을 조장한다면, 에코 체임버는 '배제와 맞대응'을 의견의 형성과 유지에 핵심적인 키워드로 삼는, 집단의 정체성 결정結晶 행위에 가깝다. 그래서 버블에 대한 응우옌의 정의는 "누락에 의한 배제 과정을 통해 발생하는 불충분한 정보 범위를 가진 사회적 인식 구조”(Nguyen, 2020: 143)다.

그러나 다음 두 연구자의 것은 에코 체임버와 버블을 크게 구분하지 않으면서 인식론적 버블을 통해 양자를 포괄하려 한다. 정치학자 앤더슨(Anderson, 2021)은 “오류이거나 근거 없는 사실 주장에 의혹을 품을 수 있는 내적 성향이 결여된, 같은 생각을 하는 사람들로 구성된 상대적으로 분리된 사회적 네트워크”(p.11)로 정의한다. 앤더슨은 이러한 버블의 ‘의혹 성향 결여’가 구성원들로 하여금 ‘그 안에서 유포되는 잘못되거나 오도된, 혹은 근거 없는 주장에 동조하는 의견을 형성하게 하고, 그에 대한 교정도 거부하게 만든다’는 점을 덧붙인다. 쉬크스는 “지지하는 관점이 반복적으로 강화되며, 반대 의견은 부재·무시되는 제한적이고 폐쇄된 사회적 인식 구조”(Sheeks, 2023: 687)로 정의한다. 이 인식론적 버블 개념은 내부의 동의는 확대하고 외부의 반대는 차단한다는 점을 강조한다.

이를 종합하면, 우선 ‘버블’이므로 닫힌 구조라는 점이 공통적이다. 응우옌은 주로 누락이나 생략 때문에 형성되는 협소한 인식을, 앤더슨은 근거 없는 사실을 의심하지 못하는 격리된 무능한 집단 또는 네트워크를, 마지막 쉬크스의 것은 에코 체임버의 정의에 좀 더 가깝게 기존의 반복적 강화와 반대 의견의 무시 같은 배제적 의견 역학을 강조한다. 쉬크스의 버블에 갇힌 사람들은, 집단적 다수일 수도 있고 특정 의견 지도자가 주도할 수도 있는 어떤 의견이 반복적으로 강화되는 중첩적 순환 구조 속에 있다.

그러나 이 구조는 쉬크스가 ‘신화’로 부르는 나름의 이익을 갖는다. 즉 라키처럼 ‘동일한 신념과 관점을 공유하는 사람들’이 진실을 추구하면서 이런 목적에 맞는 정보-필터링을 통해 더 큰 인식적 이익을 얻을 수 있다고 보거나, 벡비처럼 비이상적 상황에 맞춘

(나름으로) 합리적인 인식론으로, 특히 신뢰할 수 있는 상대와 없는 상대를 구분할 방법의 하나로 에코 체임버를 활용할 수 있다고 한다. 팬틀 또한 혼란과 오류를 초래할 수 있는 환경에서 에코 체임버가 다른 시각의 방해를 받지 않고 신념의 일관성을 유지함으로써 자신들의 지적·사회적 목표를 효과적으로 달성하게 해 준다고 한다.

그러나 위의 현상적 정의만 봐도, 버블은 인식론적으로 치명적인 한계가 있음을 알 수 있다. 먼저 이 버블에는 관점의 다양성이 부족하다. 이 버블 내에서는 인식적 한계(무능이나 악조건) 때문에 다양한 관점이 결여되어 구성원들은 반대되는 증거나 논거를 접할 기회를 얻지 못한다. 이에 따라 행위자들은 인식론적으로 자신의 신념을 재검토해 오류 가능성을 깨닫거나 열린 마음과 겸손한 태도를 갖출 기회를 잃게 된다.

두 번째는 독립성이 부족하다는 점이다. 인식론적 버블은 동일한 관점이 반복적으로 강화되는 구조를 지니므로 그 안의 의견들은 제한된 맥락에 종속된다. 의견들이 다양한 증거에 기초하거나 다른 배경 신념과 필터링 메커니즘에 비추어 형성될 때만 독립적이라고 할 수 있고, 인식론적 힘은 사실 거기에서 나온다. 그러나 이 버블에서는 구성원들이 독립성 부족을 스스로 자각하지 못하기 때문에 자신의 신념을 뒷받침하는 증거를 실제보다 과대하게 판단할 가능성이 높다.

그러나 이에 대한 중립론적 견해의 대응 역시 만만찮다. 팬틀은 다양한 관점의 결여가 문제가 될 수 있다는 전통적인 관점을 오히려 거부함으로써 첫째 비판에 응수한다. 그는 인식적 주체가 새로운 반대 주장이나 증거에 항상 개방적일 필요는 없고, 오히려 주체가 합리적이라면 자신의 신념에 대한 확신을 줄여서는 안 된다고 한다. 만약 자신이 진실한 신념만을 지지하는 인식론적 버블 속에 있다고 확신한다면, 그 버블 밖의 대안적 관점을 찾을 이유가 하등 없다는 것이다. 실제로 목표가 오직 진실한 신념을 획득하고 거짓 신념을 피하는 것이라면, 다양한 관점에 노출되지 않는 것이 오히려 인식론적 이익을 가져다줄 수 있다.

둘째, 독립성 지적에 대해서는 라키가 나선다. 그는 인식론적 버블이 실제로는 충분한 독립성이 없지 않다고 주장한다. 인식론적 버블 내의 구성원들의 관점이 상호 독립적이지 않거나, 설사 비독립적이더라도 그게 꼭 문제가 되지는 않는다는 것이다. 만약 구성원들이 독립적으로 판단하지 않는다면, 어떤 관점 p를 받아들일 확률은 그 관점이 참이든 거짓이든 같아야 한다. 그러나 라키는 아무리 버블 내 구성원이라 하더라도 참과 거짓을 결코 같은 확률로 받아들이지는 않는다고 한다. 그들도 일정 수준에서는 합리적 판단력을 유지하며, 대부분은 특정 인물을 맹목적으로 따르는 '구루guru의 추종자'처럼 행동하지 않는다는 것이다.[123]

그러나 쉬크스의 다음과 같은 반박은 논쟁의 추를 비판론 쪽으로 당긴다. 첫째, 인식론적 버블은 결코 고정되어 있지 않고 상

123 라키의 주장을 그렇게 요약하면서 쉬크스는 다음을 덧붙인다. 특정 뉴스 미디어의 정보를 수용 · 공유할 때, 우리는 '자율적 의존성autonomous dependence'이라는 다소 모순적인 조건에 놓이게 된다. 즉 그 미디어에서 읽고 공유한 내용에 대해 우리는 (i) 그것을 자신의 의견으로 표현하는 데 일정한 책임을 지면서, (ii) 그 증언이나 증언 출처에 반박할 여지가 있는지를 살피지만, 그것의 진위나 타당성을 스스로 검증하기는 어렵고, (iii) 결국 그 출처의 신뢰성과 타당성을 어느 정도 믿고 이를 전제로 삼게 된다는 것이다. 라키의 진단이 상당히 현실적이라는 것이 여기에서도 드러난다.

황에 따라 쉽게 변화하는 '가변적' 인식 구조라는 점이다. 처음에는 '바람직한' 버블로 여겨졌다 해도 그 상태가 결코 불변할 수는 없다. 예를 들어 특정 버블이 처음에는 인간 활동에 의한 기후 변화라는 과학적 사실을 지지해 잘못된 관점을 배제하는 데 기여할 수 있다. 그러나 시간이 지나면서 이 버블은 점차 왜곡되거나 잘못된 방향으로 변질될 위험이 있다. 결국, 어떤 지식도, 그리고 그 지식을 생산하는 구조도 시간이 지나면 잘못된 편견을 강화하는 도구로 변질될 수 있고, 이러한 변화는 사전에 예측하기 어렵다. 따라서 버블 안에 계속 머무르는 것은 인식론-합리적으로 정당화될 수 없다.

둘째, 인식론적 버블 내부에서 그 버블이 '좋은' 상태를 계속 유지하는지를 확인하는 것이 상당히 어려운 문제라는 점이다. 만약 버블 안에서라면, 반드시 내부의 관점에서만 그 버블이 좋은지, 좋지 않은지를 판단해야 한다. 이 판단이 객관적 성격을 갖기 어렵다면, 문제는 단순히 버블의 내용이 아니라 그 논의나 정보 순환 구조와 관련된 인식론적 틀, 곧 폐쇄성에 있다는 점을 알게 된다. 해당 버블이 여전히 진리를 추구하고 그에 도달할 수 있는 '좋은' 것인지 확인하려면 결국 그 안에서 벗어나야만 하므로 버블의 한계는 분명하다 하겠다.

응우옌과 부트스트랩식 확증

앞서 본 대로 인지철학자 응우옌(Nguyen, 2020)은 필터 버블과 에코 체임버를 구분하고 필터 버블보다 훨씬 폭넓은 개념인 '인식론적 버블' 개념을 제기했다. 여기에서 에코 체임버는 인지 공동체의 한 형태로, 그 안에서 구성원들은 제한된 정보만 주고받으며 서로의 신념을 확인·강화한다. 이때 작동하는 '부트스트랩식 확증bootstrapped corroboration'[124]은 오류나 편향된 정보조차 진실처럼 받아들이게 만든다.

'부트스트랩식 확증'은 외부의 반대되는 정보나 반박을 적절한 고려 없이 무시하거나 배제함으로써, 내부 신념의 진위를 의심하지 않는 자기 확증 체계를 말한다. 이 체계 속에서 신뢰는 내부와 외부 중 어느 한쪽만을 선택해야 하는 제로섬 관계로 전락한다. 구성원들은 동일한 신념을 공유하는 다른 구성원들이 정보를 반복해서 확인해 주므로 자신의 견해를 성찰해 볼 필요성을 전혀 느끼지 않고 인식적 자신감만 과도하게 커진다. 외부적 검증 없이 자신의 주장만으로 정당성을 구축한다는 점에서, 이는 단순한 순환 추론circular reasoning을 넘어 반증 가능성을 아예 차단한 '인식적 자기 폐쇄'라 할 수 있다. 물론 이는 매우 어리석고 위험스러운 짓이다.

> "내가 설명한 인식론적 버블은 …… 부트스트랩식 확증이라는 위험도 초래할 수 있다. 소셜 네트워크와 개인화된 검색 기술의 이용자들은 동의하는 내용을 더 자주 접하게 되면서 자신의 인식적 자신감을 과도하게 부풀리려 하는 유혹을 받을 수 있다. …… **그러나 확증은 단순한 복사본이 아닌 인식적으로 무언가를 더해 줄 때만 가치가 있다.** 비트겐슈타인의 예를 빌리자면, 동일한 신문 더미를

124 '부츠의 끈'에서 유래한 부트스트랩은 지금은 '자력으로 해내다,' '외부 도움 없이 하다'는 뜻이지만, 부트스트랩식 확증은 이와 전혀 다르다. 부트스트랩식 확증은 자신이 스스로 기준을 만드는 '자기 참조적' 방식으로 증거를 구성하거나, 독립적 확증 없이 스스로를 정당화하는 것이다.

보면서 각 신문의 헤드라인이 p라고 말할 때마다 p에 대한 믿음을 높이는 것은 분명한 오류이다. 한 신문이 p라고 주장하는 사실에는 인식적 가치가 있지만, 그 신문의 복사본 수가 많다고 해서 추가적인 가치가 생기지는 않는 것이다." (Nguyen, 2020: 144. 인용 주 생략, 강조는 인용자)

특히 에코 체임버는 특정한 집단적 경계를 통해 내집단과 외집단을 구분하고 그들 사이의 신뢰도에 큰 구분을 두면서 적절한 증거와 논의를 배제하고 때로 억압한다. 따라서 이들은 불일치나 반대를 만나면 피하는 것이 아니라 이에 대항함으로써 자신을 오히려 강화하는 수단으로 삼는다. 이를 응우옌은 '불일치-강화 메커니즘'이라고 부른다.

응우옌은 이 메커니즘에 의존하는 에코 체임버가 '증거의 교환 법칙commutativity of evidence principle'을 위반한다고 지적한다. 증거의 교환 법칙은 "무엇을 합리적으로 믿는지는 그에 대한 증거 전체에 달려 있으며, 그 증거를 어떤 순서로 얻었는지는 믿음의 정당성에 영향을 미치지 않는다"(p.156)라는 것이다. 증거로만 본다면 처음 얻은 지식이 나중 것보다 나을 수 있는 이유는 아무것도 없으므로 불일치-강화 같은 행위는 매우 어리석은 짓이다.

무지의 산물인 인식론적 버블이 계몽(몽매에서 벗어나게 하는 진짜 지식)을 필요로 한다면, 사이비 종교 집단인 컬트처럼 내부의 교화indoctrination가 하나의 전형인 에코 체임버는 '특정 의견의 특권화'와 '반대 의견의 배제'의 산물이므로 단순 '교차 노출' 수준으로는 체임버를 벗어나게 할 수 없다. 이럴 경우 이 교차(반대 의견 노출)는 상대에 대한 이해를 도모하기보다 오히려 큰 반발을 부르기 일쑤이기 때문이다.[125] 이를 응우옌은 사이비 종교로 예증한다(Nguyen, 2020). 사이비 종교가 세뇌할 때 일반적으로 사용하는 기법은 '정서적 고립'이다. 이 세뇌 기술은 종교의 신도들을 비신도들로부터 적극적으로 고립시켜 신도들이 종교에 더 의존하게 만든다. 새로운 신도들은 모든 비신도를 불신하게 되며, 이는 세뇌된 사람을 종교에서 빼내려는 시도에 대해 인식론적 방어막을 제공한다.

따라서 사이비 종교는 인식론적 버블이 작동하는 방식과 완전히 다르다. 인식론적 버블은 단지 구성원을 무지하게 만드는 데 그치며, 무지는 단순한 노출로도 정정될 수 있다. 물론 이 역시 '무조건적'이라는 것은 아니다. 다만 그럴 가능성이 상대적으로 훨씬 더 높다는 뜻이다. 반면, 에코 체임버의 기능은 신뢰 조작을 통해 구성원을 신뢰 측면에서 비신도들과 분리시키는 것이다. 즉 신도들은 단순히 차단만 되는 것이 아니라, 반대되는 주장, 고려 사항, 또는 증거의 일반적인 출처로부터 적극적으로 소외된다. 신도들은 외부의 출처를 불신하도록 면역되었기 때문에 관련 정보에 노출된다고 해서 받을 수 있는 영향은 거의 없게 된다.

125 이 점과 관련해 살펴볼 필요가 있는 것은 선스타인과 버뮬(Sunstein & Vermeule, 2009)의 '인지적 침투cognitive infiltration' 전략이다. 이들은 음모론이 반대 정보나 출처(주로 정부나 기존 미디어)까지 모두 음모로 간주해 버리는 '자기폐쇄적self-sealing' 구조를 갖고 있기 때문에 이에는 집단 내부에 은밀히 참여해 새로운 정보나 논리적 반박을 제시함으로써 구성원의 신념 체계에 균열을 일으키는 인지적 침투 전략이 효과적일 수 있다고 주장한다. 그러나 이런 전략은 아무래도 외부 정보에 무지한 폐쇄적 집단(버블)에 좀 더 통할 수 있다. 약간이라도 바깥 정보에 개방적인 집단, 면역이 된 집단에는 역효과를 불러올 가능성도 있기 때문이다.

그래서 응우옌은 이런 에코 체임버에서 벗어나려면, 팩트 체크 같은 허위 정보의 정정이나 새로운 정보의 노출 정도로는 충분치 않다고 하면서 데카르트를 원용한 '사회인식론적 재부팅reboot'을 요구한다. 이는 지금까지 믿었던 모든 증언 출처에 대해 '조건부의defeasible' 자세를 갖는 것으로, 인식 차원을 '개인적인 것에서 사회적인 것'으로, '내부에서 외부로' 전환하면서 '인지적 신생아cognitive newborn'가 되는 것이다.[126]

물론 이런 전환은 매우 어렵다(어른이 신생아가 되는 게 쉬울 수 없다). 인간은 누구나 자신과 비슷한 사람들과 정해진 동류 공동체의 인식론적 버블 속에서 또는 이런 버블을 만들며 살아가기 때문이다. 특히 리부트는 주체가 자신의 신념 또 지식 체계에 상당한 결함이 있다고 자각할 때만 시도할 수 있다.[127] 하지만 에코 체임버 구성원들은

126 심리학에서 편향 완화의 기법으로 제시하는, 인간의 인지적 사고를 '시스템 1' 모드에서 '시스템 2' 모드로 전환하는 것과 비슷하다. 여기에서 '시스템 1'은 자동적 · 직관적이며, 경험적이면서 휴리스틱한 방식이고, '시스템 2'는 통제되고 논리적이면서 규칙에 기반한 방식이다(Lilienfeld, Ammirati, & Landfield, 2009). 인지적 편향에 휩쓸려 음모론에 빠지는 사고방식은 시스템 1과 밀접한 연관이 있다. 이 모드 전환은 응우옌의 인식론적 리부트와 조금 다른 부분도 있는데, 둘 다 '어렵다'는 점은 동일하다.

127 물론 그렇게 느낄 때도 쉽지는 않을 것이다. 코디(Coady, 2024)는 이를 다음처럼 비판한다. "(사회인식론적 재부팅이 잘못된 이유는) 우리가 증거에서 얻은 믿음과 그렇지 않은 믿음을 분리할 수 있다고 전제하기 때문이다. 하지만 실제로 …… 우리의 믿음은 너무나 상호 연결되어 있어서 이러한 분리가 불가능하다. …… 설사 우리가 믿음을 증거에 의존하는 것과 그렇지 않은 것으로 나눌 수 있다고 하더라도 단지 전자만 중단해야 한다는 것은 완전히 자의적인 것ad hoc으로 보인다. 그렇다면 왜 감각 해석에 따른 믿음이나 기억 혹은 추론에 기반한 믿음은 같이 중단하지 않는가?"(p.100. 괄호는 인용자).

그러한 이유를 인식할 가능성이 상당히 낮다. 그들은 자신이 접하는 모든 증거와 증언에 대해 명확하고 일관된 설명 체계를 갖고 있기 때문이다. 또 리부트의 수준이나 정도가 항상 문제가 된다. 모든 걸 한꺼번에 바꿀 수 없기 때문이다. 응우옌이 사례로 든, 네오나치였다가 친구 덕택에 반나치 운동에 참여하게 된 데렉도 사실 어떻게 재부팅이 그 부분만 바꾸었는지가 잘 설명되지 않는다(Coady, 2024).

사람이 안다고 하는 것은 결국 그가 안다고 '믿는' 주관성의 산물이며('지식과 신념은 분리될 수 없다'), 객관성에 대한 직접적 접근이나 달성은 불가능하다고 해도 과언이 아니다. 누구나 사람은 생소하거나 반대되는 정보나 의견을 만났을 때, '인식적 불편'을 느낀다. 그러나 온라인에서는 이러한 반대 의견을 직접적인 대화나 토론을 통해서가 아니라 기껏해야 화면을 통한 간접적 방식으로 경험하게 된다. 이로 인한 불편은 많은 시간과 성의를 필요로 하는 설득보다는 기존 신념을 강화하는 방식으로 해소되기 쉽다(Talamanca & Arfini, 2022).

이러한 상황에서는 '맥락 붕괴context collapse' 같은 현상이 발생할 수 있다(Talamanca & Arfini, 2022). 맥락 붕괴는 "소셜 미디어 같은 온라인 플랫폼에서 서로 다른 맥락을 가진 다수의 복합적 수용자들이 평면으로 압축되어, 하나의 메시지 수신 집단이 되는 현상이다"(Vitak, 2012: 451). 이런 붕괴에 처해 소셜 미디어 이용자들은 하나의 메시지를 공유하더라도 그것이 가족, 친구, 직장 동료 등 서로 다른 수용자들에게 의도와 다르게 읽힐 가능성을 우려하게 된다. 에코 체임버는 이런 우려를 해결하는 데 나름의 기능을 한다. 즉 다층적 맥락이 평면이 되어 해석의 다양성이 커질 때, 에코 체임버는 그중 특정 해석을 고정시키고 이를 반복적으로 강화해 혼란을 방지하는 것이다. 이용자의 입장에서는 의도치 않은 오해나 불필요한 논란을 줄이기 위해 어느 정도 필요한 일이지만 결국 다양한 해석의 가능성은 막히고, 구성원은 특정 관점에만 반복적으로 노출되게 된다.

에코 체임버의 인식론적 부패

만약 이러한 경향이 어느 정도 불가피하다면, 문제는 에코 체임버의 존재 자체가 아니라 그것의 작동 방식일 수 있다. 앞서 여러 차례 언급했듯, 오늘날의 정보 환경에서 에코 체임버의 형성은 예견된 결과다. 따라서 중요한 것은 '에코'가 어떤 내용을 강화하는가, 그리고 '체임버'의 폐쇄성과 반복성이 어느 정도인가다. 만약 에코 체임버가 조장·강화하는 것이 가짜뉴스나 음모 이론, 대화가 불가능한 수준의 편향되고 극단적인 의견이라면, 또 폐쇄성의 정도가 이견이나 의문을 조금도 허용치 않는 수준이라면 큰 문제가 아닐 수 없다. 에코 체임버가 지금처럼 많이 논의된 것도 사실은 이 때문이라도 해도 과언이 아니다. 물론 진실 추구적 에코 체임버 역시 과학 공동체들처럼 드물지만 있다.

그러나 앞서 본 대로 진실 친화적 에코 체임버라 해도 문제가 없는 것은 아니다. 특히 체임버의 폐쇄성이나 반복성이 일정 수준을 넘어서면, 진실을 지향하더라도 얼마든지 병폐적 효과를 낳을 수 있다. 여기에서 연구 방향에 두 갈래 길이 생겨나는데, 첫째는 다시 처음으로 되돌아가 '에코 체임버'의 개념 자체를 재정의해 병폐적인 것만 에코 체임버로 간주하는 것이다. 그렇게 되면 '진실 친화적 에코 체임버'는 일종의 형용모순이 되어 분석 대상에서 제외된다. 그러나 이는 상당히 제한적이면서 규범적인 틀, '에코 체임버냐 아니냐'로의 회귀로, 실제 에코 체임버 현상이 주는 일반 규범적 함의, 곧 '신념이나 공동체에 내재된, 누구나 빠질 수 있는 폐쇄성이나 억압성에 대한 경계'에도 도움이 안 된다.

둘째는 앞서 쉬크스의 주장대로 진실 친화적인 에코 체임버를 인정하되 그것의 폐쇄적·반복적 구조가 어느 선 이상으로 강화될 경우 병폐가 될 수 있다는 점을 분석적으로 명시하는 것이다. 이 접근은 개념의 유연성을 확보하면서도, 진실을 지향하는 공동체 또한 조건에 따라 에코 체임버의 병폐를 낳을 수 있음을 경고한다는 점에서 실천적 의의를 갖는다.[128] 말하자면, 기존의 특정 관점이 도그마화되고 외부 견해에 대한 신뢰가 약화되며, 구성원들의 비판적 검토 습관이 약해진다면, 과학 공동체도 얼마든지 병폐적 에코 체임버로 전락할 수 있으며 그 위험은 항상 잠재적으로 존재한다.

이를 에코 체임버 논의에서 자주 등장하는 '기후 변화climate change'[129]로 예를 들어보자. 기후 변화는 백신과 더불어 과학과 비과학

128 앞서 본 그루사우스카이테 등(Grusauskaite et al., 2024)의 연구가 제시한 '에코 체임버성echochamberness' 개념은 이러한 딜레마를 벗어나는 하나의 대안이 될 수 있다. 에코 체임버를 이분법적 범주가 아닌 일종의 연속체 개념continuum concept으로 이해하는 것이다. 이 접근은 특정 공동체나 정보 환경이 단순히 '에코 체임버인가 아닌가'보다는 그 안에서 '에코 체임버적 성질이 어떻게 어느 정도로 작동하고 있느냐'를 평가할 수 있게 해 준다. 이처럼 연속체적 접근은 기존의 이분법적 구분을 성질 지표로 전환시켜 규범적 논의와 경험적 분석을 잇는 교량 개념으로 기능할 수 있다.

129 기후 변화는 대체로 과학계에서는 정설로 통하는 현상이다. 그러나 미국에서는 정치 성향과 기후 변화가 연동되는 기현상이 지속되고 있다. 2022년 기준으로 민주당 지지자의 약 78%가 기후 변화를 미국에 중요한 위협으로 간주하는 반면, 공화당 지지자 중에서는 약 23%만이 위협으로 보고

을 가르는 지표로 자주 이용된다.[130] 에코 체임버 연구 또한 여러 차례 '기후 변화 거부'를 에코 체임버의 병적인 징후 중 하나로 다루었다(처음의 것으로 Williams et al., 2015). 그러나 지금과 다르게 기후 변화 역시 미래에는 얼마든지 다른 진실, 다른 이론으로 대체될 수 있다. 그 대체는 끊임없이 변화하는 현실에 유연하게 대응하는 '열린 마음'의 미덕, 곧 적절한 대안을 모색하려는 태도가 작동할 때에만 가능하다. 그러나 만약 이 공동체가 에코 체임버적 성격을 정도 이상으로 갖는다면 이런 대안은 찾지 못할 가능성이 높다(Sheeks, 2023; Turner, 2023).

과학의 역사가 대변해 주는 것처럼 과거의 진리는 지금의 진리로 대체되었고, 미래에는 새로운 진리가 또 등장할 것이 틀림없다.

있다(미국 전체의 평균으로 보면 이 수치는 54%로 딱 중간 정도다). 또한 민주당 지지자 다수는 기후 변화가 정부의 우선 과제 중 하나가 되어야 한다고 주장하는 반면, 공화당 지지자 중에는 12%만이 이와 같은 입장을 보인다(Pew Research Center; Tyson, Funk, & Kennedy, 2023). 사정이 이렇다면, 기후 변화는 이제 단순한 '과학 대 음모'의 구도가 아니라, 과학, 경제 정책, 정치 이념이 뒤얽힌 복합적인 사안으로 이해되어야 한다. 이에 따른 에코 체임버 역시 같은 틀 속에서 평가되어야 한다.

130 이 거부론은 넓게 말해 '기후 변화 회의론'이다. 이는 다음과 같은 네 가지 입장을 포괄하는 상당히 폭넓은 개념이다(Munroe, 2024). 첫째, 기후 변화가 실제로 일어나고 있는지를 의심하는 '추세 회의론trend skepticism'이다. 둘째, 다른 이유도 있을 수 있는데, 유독 인간 활동이 기후 변화에 중대한 영향을 미친다는 것을 의심하는 '귀인 회의론attribution skepticism'이다. 셋째, 기후 변화가 인간 활동과 생태계에 중대한 영향을 미칠 것이라는 것을 의심하는 '영향 회의론'이다. 별로 큰 영향을 미치지 않을 수도 있다는 것이다. 넷째, 기후 변화에 대한 과학적 합의가 존재한다는 것을 의심하는 '합의 회의론'이다. 이 중 에코 체임버가 가장 강하게 작용할 것으로 간주되는 건 음모론이나 전문가 불신과 연관된 넷째의 합의 회의론이고, 나머지는 에코 체임버 외에 다른 많은 요인도 작용해서 만든 복합적 산물이다. 앞의 주도 참조하라.

그 과정은 낯설고 혁신적인 것에 대한 열린 마음과 언제나 소수로 출발할 수밖에 없는 대안 논의의 주창자가 주도하기 마련이다. 그러나 클러스터링이 만연한 정보 환경에서는 에코 체임버적 폐쇄성이 항상 적정선을 넘어서기 마련이며, 이는 성찰과 변화를 향한 논의를 가로막는다. 에코 체임버는 도전과 비판을 견디면 진화해 온 인식론적 이성의 발전을 근본적으로 위협한다(Ranalli & Malcom, 2023).

에코 체임버는 인간이라면 가져야 하는 인식적 자율성을 침해한다. 인식적 자율성은 스스로 비판적 사고를 통해 신념을 형성하고 이를 수정할 수 있는 능력을 의미하는데, 에코 체임버는 자신과 다른 의견을 배제함으로써 개인의 정보 선택과 비판적 사고를 제한하여 자율적인 신념 형성을 저해한다. 이는 잘못된 정보를 수용하는 수준을 넘어 아예 개개인이 독립적이고 자율적인 사고를 할 기회를 차단하는 것이다.

키드(Kidd, 2020)는 이 문제가 '인식론적 부패'를 초래한다고 한다. 인식론적 부패는 앞서 잠시 언급한 대로 진리 탐구에 필요한 인식론적 자세가 왜곡·손상되는 현상이다. 부패에 빠지면, 검증은 형식만 남고 성찰은 사라지며, 사실보다 이해관계가 우선된다. 이런 부패는 특정 집단의 사람들이 부당한 대우를 받아 진실 접근이나 지식 공유의 과정에서 불리한 위치에 놓이게 되는 '인식론적 불의'로 확대된다. 그 결과 지식 체계의 신뢰는 저하되고, 사회적 판단에도 구조적 오류가 지속된다.

물론 진실에 친화적인 에코 체임버는 그렇지 않은 것에 비해 훨씬 많은 인식론적 미덕을 갖고 있다. 이는 '과학'과 '음모론' 공동체의 차이에서 잘 드러난다. 이 두 집단은 집단 내 신뢰와 결속력, 외부 정보(특히, 반대 정보)에 대한 저항, 감정적 반응의 증폭 등에서 에코 체임버적 공통점을 지니나 그 양적 정도나 질적 성격에서는 차이가 있다.

음모론 공동체에서는 반대 의견에 대한 무조건적 불신과 부정적 감정이 전체적으로 고조되면서 잘못된 신념이 고착되고 극단화가 심화된다. 특히 공포나 분노와 같은 부정적 정서에 기반한 전염(또는 전파 시도)은 과학 공동체보다 훨씬 빠른 속도로 확산된다. 여기에 더해, 상대의 신뢰를 떨어뜨리기 위한 공격도 빈번하게 자행된다. 정보가 아니라 상대를 겨냥하는 것이다. 사이비 종교는 기존 종교를, 소셜 미디어는 전통적 (매스) 미디어를 주된 공격 대상으로 삼는다. 반대 의견마저도 효과적으로 반박되면서 오히려 신념 강화를 위한 도구로 전환된다. 불일치는 성찰을 주는 계기가 아니라 자기 확신을 강화하는 연료가 된다. 반면, 사실 확인과 논리적 사고를 중시하는 과학 공동체는 반대 의견에 대한 저항은 비슷하다 해도 정보의 확산 속도가 상대적으로 느리고 감정적 대응의 수위도 훨씬 낮다(Del Vicario et al., 2016). 상대의 불신을 조장하거나 반박을 통해 공격하는 시도도 하지 않는다.

5년간(2010. 1~2014. 12) 페이스북 이용자를 대상으로, '사실 확인' 효과를 양적으로 분석한 졸로 등의 연구(Zollo et al., 2017)에서도 이런 공통점과 차이점은 교차한다. 차이점으로 보면, 음모론 공동체와 과학 공동체는 정서적 반응과 상호 작용에서 크게 다르다. 음모론 공동체는 외부의 비판 시도에 대해 부정적인 감정을 보였고, 이를 통해 내부의 결속력을 높이려는 성향이 강했다. 반대로, 과학 공동체에서는 비판을 사실 검토의 기회로 여겨 비교적 차분하게 대응했고, 그 정보의 신뢰성을 재확인하려는 시도를 보였다. 잘못된 정보를 반박하는 시도에 과학 공동체는 대화(상호 작용)의 태도를 보였지만, 음모론 공동체는 무시했다. 음모론 공동체는 기존 신념과 상충하는 정보는 회피하거나 상대에 대한 불신을 조장해('주류 미디어가 우리를 탄압한다') 그 효과를 무시하려 했다. 반면, 과학 공동체에서는 노력을 보여 잘못된 정보가 수정되고 공유되었다. 이는 과학 공동체가 검증과 사실 확인을 더 중시하고, 신뢰할 수 있는 출처의 것은 받아들이기 때문이다.

그런데도 과학 공동체 역시 반대 정보에 대해 일정한 배타성을 보이며, 주로 자신의 신념을 강화하는 방향으로 소통한다는 점에서 에코 체임버임을 부정하기는 어렵다고 할 수 있다.[131] 즉 과학 공동체는 반박 정보를 비교적 잘 수용하긴 하지만, 이는 과학적 합의에 부합하는 정보에 한정된다. 물론 이를 인식론적으로 부패했다거나 특정 집단의 견해를 배제하는 불의를 행했다고 볼 수는 없다. 다만 과학 공동체 역시 에코 체임버에 내재된 폐해를 성찰해야 한다는 당위성은 충분히 일깨웠다고 볼 수 있다.[132] 반대로 이런 미덕을 갖지 못하

131 같은 맥락에서 진행된 연구 중 이 점을 강조한 것도 있다. 베시 등(Bessi et al., 2016)을 말하는데, 델 비카리오나 졸로도 연구진으로 참여했다. 페이스북과 유튜브의 데이터 분석을 통해 이 연구는 과학과 음모론이 모두 에코 체임버를 형성했고, 이용자의 댓글 패턴이 이를 예측하는 데 정확한 지표가 될 수 있음을 보여 주었다. 이 연구는 이용자의 핵심 행동 패턴(동질적 상호 작용, 반대 의견 회피 등)은 내러티브의 종류와 관계없이 나타날 수 있고, 이는 에코 체임버가 행동의 구조적 특성(동류십난성)에서 비롯된다는 짐을 시사한다.

132 실제 이런 폐해 현상이 연구·보고되었다는 점도 그 필요성을 일깨운다. 2018년(7. 28~8. 4)에 모어노트 등(Moernaut et al., 2022)이 네덜란드와 플랑드르의 기후 변화 수용론자와 회의론자의 트위터 논쟁을 분석해 본 결과, 두 집단 모두 외집단을 비정당화하고 비자연화('자연스럽고 당연한 것'에서 벗어난 것으로 간주)하는 적대 전략을 주로 사용했다는 점에서 차이가 없었다. 둘 사이의 논쟁은 건설적인 경합적 토론보다 화해하기 어려운 양극화를 촉진했다. 이는 수용론자 프레임은 생산적이고, 회의론자 프레임은 비생산적인 것으로 간주했던 이전 연구들과 반대의 결과다. 이 사례는 과학 공동체 내부에서도 에코 체임버적 폐쇄성과 적대적 양극화의 위험이 상존할 수 있음을 보여 준다.

는 대부분의 온라인 공동체가 에코 체임버적 오류를 안고 있음은 불문가지다.

그러나 이런 인식론적 오류보다 더 심각한 문제는 에코 체임버가 개인 차원을 넘어 사회 구조적 차원에서 특정 관점과 해석만을 '정당한 것'으로 간주하는 이른바 '해석적 지배hermeneutic domination'의 형태로 작동할 수 있다는 점이다(Santos, 2021). 이는 특정 사회 집단이 지식과 의미의 해석 권력을 독점함으로써 사회 전체의 인지 구조를 불균형하게 만들고, 그 결과 소수 집단이나 주변부 집단은 배제되거나 왜곡되는 현상으로 이어진다. 해석적 지배는 인식론적 불의의 구조적·집단적 확장 형태다.

에코 체임버에서 이런 해석적 지배가 발생하면, 집단 내 내부 논리인 '인식적 내부주의'가 객관적 타당도를 높일 수 있는 '인식적 외부주의'를 막아 특정 신념이 굳어지고, 기존 사고방식이 고착화되는 상황이 벌어진다(Turner, 2023). 이런 상황에서는 개별 이용자 차원은 물론 사회적 차원에서도 공론장의 질은 악화되고, 진리 탐구를 위한 노력은 저해되는 결과가 나타난다. 다양한 의견이 논의될 기회가 줄면서 사회 전체에서 편향된 정보가 진실로 수용되는 구조적 왜곡이 발생한다. 이 왜곡은 '백인 무지white ignorance'(Mills, 2007)에서 그 전형을 볼 수 있는 '구조적 무지structural ignorance'를 낳는다.

'백인 무지'는 백인이 인종적 불평등과 억압을 인식하지 못하거나 외면하게 하는 구조적 차원에서 조성된 무지다. 밀즈(Mills, 2007)는 이 무지가 단순히 개인의 편견 차원이 아니라 사회 구조와 권력 체계가 백인들에게 특정한 관점을 '무지'로 남겨두도록 작용한 결과라고 주장한다. 그에 따르면, 백인 무지는 제도적 편견과 인종적 권력에서 비롯된 지식의 결여이자 특정 사실과 경험을 의도적으로 배제하는 것이다. 이는 사회적으로 편향된 지식 체계를 조성하는 '인지적 필터링'과 인종적 불평등과 차별의 구조를 무시하거나 간과하게 만드는 일련의 제도인 '구조적 망각'에 의해 수행된다.

에코 체임버와 적극적 무지, 구조적 무지

'적극적 무지active ignorance'는 메디나(Medina, 2024)가 백인 무지를 재개념화한 것으로 이는 사회적 제도와 관행 속에서 무지가 의도적·체계적으로 강화되고 유지되는 현상을 지칭한다. 메디나는 인종적·성적 억압 및 그 상호 관계에 초점을 맞추어 적극적 무지를 조장하는 세 가지 인식적 결함을 제시한다. '인식적 오만,' '태만laziness,' '폐쇄적 사고' 등이 이 결함이며, 이들은 모두 무지의 주체들이 자신과 다른 사람들의 경험이나 지식을 무시하거나 회피하게 만든다.

'인식적 오만'은 자신의 지식이나 신념이 충분히 옳고 완전하다는 과신이다. 이는 타인의 관점이나 지식은 폄하·무시하고, 자신의 사고와 신념 체계는 무조건적으로 고수하는 태도를 낳는다. 자신의 관점과 지식은 누구도 부정할 수 없는 보편적이고 상식적인 것이고, 남의 것은 특수하고 지엽적인 것으로 치부한다. 이런 오만이 권력관계와 결합하면, 권력자나 특권 집단이 자신들의 지배를 정당화하는 담론 전략이 된다.

'태만'은 타인의 관점을 수용하거나 새로운 정보를 습득하려는 노력을 하지 않는 태도를 말한다. 이는 자신을 돌이켜 보는 성찰적 수고受苦를 거부하고, 이미 알고 있는 신념에 안주하려는 성향으로 나타난다. 태만은 심리적 편안함을 추구하면서 복잡하거나 어려운 문제, 자신의 이익에 반하는 문제에 대해 깊이 생각하지 않으려는 성향이다. 특히 차별적인 신념이나 고정 관념을 가진 사람들은 이러한 태만으로 인해 다른 관점이나 경험을 외면하고, 기존의 편향에 머무르려 한다.

'폐쇄적 사고'는 타인의 관점이나 새로운 정보를 거부하면서 열린 마음을 갖지 않는 태도다. 이는 차별적이거나 편향된 신념이 강한 집단에서 자주 나타나며, 구성원들 간의 결속력을 강화하는 방식으로 기능한다. 예를 들어 특정 정치적 신념이나 관점에 몰두한 사람들이 그와 반대되는 정보를 적극 피하면서 그들만의 (인지적) 공동체를 유지하려는 태도 같은 것이다.

이런 오만과 태만, 폐쇄성으로 인해 적극적 무지는 자율적 사고나 반성적 검토를 피하도록 설계된 일종의 전략이 된다. 이 전략에서 무지는 더 이상 채워야 할 결핍이나 극복해야 할 문제가 아니라 오히려 정상화되고 관행화된 하나의 인식론적 덕목이다. 정보나 사실을 외면하는 행위가 사회적으로 용인되거나 심지어 장려되기까지 하면서 무지는 하나의 사회적 관행, 나아가 규범으로 자리 잡게 되고, 시간이 지날수록 공동체 전반으로 확산된다. 이로 인해 지식 체계 전체가 오염되고, 구성원 모두가 인식적 결함에 빠질 위험에 처하게 된다. 결국 이는 특정 신념·가치를 더 이상 의심하거나 비판하지 못하도록 고착시키는, 이른바 '구조적 무지'로 귀결된다.[133]

133 이를 연구하는 학문이 바로 '무지학agnotology'이다. 지식의 본질과 무지의 형성 과정을 탐구해 무지가 단순 지식 결핍이 아닌 사회적 산물이라는 점을 강조하는 이 학문에 대해 자세한 것을 알아볼 여유가 이 책에는 없다. 나는 무지학을 소셜 미디어의 API 설계가 '연결' 중심의 허구적 현실만을 편향적으로 드러내고 '단절' 행위는 은폐함으로써(앞서 지적했다), 특정한 형태의 무지를 조성하고 있다고 비판하는 존과 니센바움의 글(John & Nissenbaum, 2019)에서 처음 보았다. 이 무지의 배후에는, 광고주와 같은 특

어떤 주제에 대해 '알아야 할 모든 것을 이미 알고 있다'고 과신하고, 해당 주제에 대해 더 알아보려는 노력과 동기가 상대적으로 결여되어 있으며, 다양한 경험이나 관점의 중요성에 대해 열린 태도를 갖지 못한 사람은 단순히 지식이 부족한 수준을 넘어 아주 '적극적으로 무지하다'고 할 수 있다(Medina, 2013). 이런 적극적 무지의 예를 밀스는 멜빌의 소설 《베니토 세레노*Benito Cereno*》의 주인공 아마사 델라노를 예로 들어 설명한다.

선의롭고 정의감 있는 인물로 묘사되는 미국인 선장 델라노는 노예선에 올라 반란의 정황을 암시하는 여러 단서와 이상한 기운을 감지하면서도, 흑인이 그런 일을 주도할 수 있다는 생각 자체를 상상하지 못한다. "…… 그의 주변에는 흑인 반란의 증거들이 가득하다. …… 하지만 열등한 흑인들이 그러한 일을 해낼 수 있다는 생각은 그에게 너무도 상상할 수 없는 일이기에 델라노는 억압받는 백인들의 기이한 행동을 설명하기 위해 아무리 터무니없어 보여도 모든 가능한 대안을 찾아 나선다"(Mills 2007: 19; Elzinga, 2024에서 재인용).

델라노가 목격하는 모든 것은 실제로는 흑인들이 이미 성공적으로 반란을 일으켜 배를 장악했으며, 백인 선장과 선원이 그들의 통제 아래 있다는 사실을 가리킨다. 그러나 그는 자신의 내면에 깊이 뿌리박힌 인종적 편견 때문에 이 진실을 받아들이지 못한다. 흑인은 백인보다 열등하고 순종적이라는 당시의 '무지'가 그로 하여금 눈앞의 명백한 증거를 부정하게 하는 것이다. 모든 단서를 목격하면서도 스스로 만든 인식의 틀에 갇혀 진실에 다다르지 못하는 델라노의 모

정한 이해관계자들에게는 더 많은 데이터와 단절 관련 정보까지 제공된다는 특혜적 사실이 존재해 구조적 불평등의 전형을 보여 준다.

습이야말로 참으로 아이러니라 하지 않을 수 없다.[134]

구조적 무지는 사회 구조와 관행에 의해 형성·유지되는 무지로 적극적 무지와 유사하지만 '구조'(비의도성)를 강조한다는 점이 다르다. 구조적 무지는 무지가 개인 의지의 결여나 인식적 악덕에서가 아니라 사회적 시스템과 권력 구조에서 비롯됨을 부각시킨다. 에코 체임버 역시 신뢰를 불균형하게 분배함으로써 기존의 신념을 반복적으로 강화하고 외부의 대안적 관점이 배제되는 환경을 조성하면서 무지를 조장한다(Santos, 2021). 이러한 환경이 고착되면 사회적으로 지지된 무지, 즉 구조적 무지가 형성되어 구성원들이 외부 정보나 관점을 접하기 어렵게 된다. 결국 이는 해석적 지배와 결합되어 체제 전체의 지배와 불평등을 정당화하는 유력한 도구가 된다.

구조적 무지는 인종적 불평등을 유지하는 데 기여하는 특정한 무지의 형태인 백인 무지 개념에서 발전한 것이다. 메디나(Medina, 2013)는 백인 무지를 개인의 인식적 태도와 습관의 재구성retraining을 넘어 사회적으로 형성·재생산되는 인식 구조로 확대했다. 구조적 무

134 이런 델라노의 순진함에 비해 다음에서 볼 수 있는 히틀러 치하 독일 국민의 무지는 확실히 악의적인 것이다. "정보를 얻을 가능성이 다양하게 존재했음에도 불구하고 **대부분의 독일인은 알고 싶지 않았기 때문에 알지 못했다. 아니 더 정확히 말해 모른 척하고 싶었기 때문에 알지 못했다.** …… 히틀러 치하의 독일에는 특별한 불문율이 널리 퍼져 있었다. 아는 사람은 말하지 않고, 모르는 사람은 질문하지 않으며, 질문한 사람에게 답하지 않는다는 것이다. 이런 식으로 해서 자신들의 무지를 획득하고 방어했다. 그런 무지가 나치즘에 동조하는 자신에 대한 충분한 변명이 되어 주는 것 같았다"(Levy, 1957/2007: 266. 강조는 인용자). 히틀러는 독일 사회 전체를 거대한 에코 체임버로 만들었고, 에코 체임버에 대한 문제 제기에는 이런 역사적 상흔이 들어 있다 해도 과언이 아니다.

지는 이렇게 확장된 적극적 무지가 사회 시스템적으로 정착된 현상이다. 이는 단순한 지식 결핍이 아니라 특정한 집단이 권력을 유지하기 위해 나름의 체계로 지식의 흐름을 통제하고, 특정한 사실을 간과하거나 배제하도록 한 무지다. 물론 아직 충분히 이론적으로 정립된 개념은 아니다. 산투스 역시 이를 적극적 무지와 혼동해서 쓰고 있다(Elzinga, 2024). 그러나 만약 에코 체임버 현상이 일부의 우려대로 제도와 관행 등의 사회적 차원에서 뿌리 깊게 만연하고(그래서 인식론적 위기·무지가 팽배하고), 포화에 가깝게 보급된 소셜 미디어가 이를 조장하면서 (뒤에 나올) 양극화의 원인까지 된다면 상당히 시의성을 가질 수 있는 개념임이 틀림없다.

에코 체임버와 문제 있는 정보의 확산

에코 체임버는 무지만 조장하는 것이 아니다. 오히려 '차단'보다는 더 강하게 '확산,' 그것도 가짜뉴스나 오보misinformation, 허위 정보disinformation, 음모론, 루머 같은 '문제 있는 정보'의 확산에 책임이 있다는 지적이 많다(Diaz Ruiz & Nilsson, 2023; Rhodes, 2022). '문제 있는 정보'는 사실적 근거가 없거나 거짓인 정보를 통칭하는 '우산 개념umberlla concept'[135]이다(Jack, 2017). 이 중에서 특히 돈이나 권력 같은 전략적 이익을 목적해 의도적으로 퍼뜨려지는 잘못된 정보인 허위 정보는 대중의 신뢰를 손상하고 정치적 분열을 심화시키며 민주주의에까지 위

135 유사성이 있는 여러 하위 개념을 거느린 큰 개념을 말한다. 이를 '우산'에 빗대었다.

협을 가한다.

개념의 성격으로 볼 때, 에코 체임버가 왜곡되거나 문제 있는 정보와 '선택적 친화성elective affinity'을 가질 이유는 충분하다. 문제 정보는 사실 검증이나 과학적 근거를 통해 그 허점이 쉽게 드러나기 마련이지만, 에코 체임버 안에서는 정보 흐름이 특정 신념을 강화하는 방향으로 구조화되어 있어 이러한 분석적 검토 자체가 억압되거나 배제된다. 동질적인 구성원들로 이루어진 집단에서는 구성원 간의 생각이 유사하기 때문에 검토나 반론의 유인 또한 거의 존재하지 않는다. 게다가 오늘날의 미디어 생태계에서는 허위 정보를 생산하는 주체와 동기가 과거보다 훨씬 다양하고 지속적이어서,[136] 에코 체임버가 문제 정보를 끌어들이는 경향이 더욱 강해진다.

에코 체임버와 문제 정보 사이의 친화성을 가장 전형적으로 주장하는 예는 물론 선스타인(Sunstein, 2017)이다. 선스타인은 분열된 온라인 담론 시장이 가짜뉴스와 음모론의 캐스케이드 효과를 조장하는 온상이 되어 민주주의에 새로운 위협을 제기한다고 경고한다. 이로 인해 잘못된 정보에 기반한 당파적 경계가 강화되고, 사회는 점점 더 분열되고 양극화되며, 정치적 타협은 더욱 어려워진다. 이런 주장은 2016년 미국 대선에서 일부 입증되었다. 당시의 온라인 행위 데이터에 따르면, 선거를 앞둔 기간 동안 가짜뉴스는 광범위하게 읽히고 공유되었다. 웹사이트 방문은 주로 페이스북을 통해 정보 소

136 한 리뷰 연구(Tucker et al., 2018)에 따르면, 허위 정보를 생산하는 주체는 트롤(독립적 또는 고용된 트롤), 봇, 가짜뉴스 웹사이트, 음모론자, 정치인, 강한 편향을 가진 미디어들, 주류 언론들, (과거 러시아 정부를 비롯한) 외국 정부 등으로 매우 다양하다.

비가 매우 보수적인 친트럼프 성향의 소수 집단에 집중되었다(Guess et al., 2018).

거짓 뉴스false news에서는 더 전형적인 예(Vosoughi, Roy, & Aral, 2018)가 발견된다. 2006년부터 2017년까지 트위터에 유포된 모든 진실 및 거짓 뉴스의 확산 차이를 조사한 결과, 거짓 뉴스는 정보 판단의 모든 범주에서 진실한 뉴스보다 훨씬 더 멀리, 빠르게, 깊게, 그리고 광범위하게 확산되었다.[137] 특히 정치에서 거짓 뉴스는 테러, 자연재해, 과학, 도시 전설, 금융 정보에 대한 것보다 더 두드러진 확산 효과를 보였다. 거짓 뉴스가 진실한 뉴스보다 확실히 더 관심을 끈 것이다. 또한 진실한 뉴스는 기대감, 슬픔, 기쁨, 신뢰와 같은 감정을 유발한 반면, 거짓 뉴스는 공포, 혐오, 놀라움 등의 부정적 반응을 낳았다. 일반적인 통념과 달리 봇은 진실과 거짓 뉴스의 확산을 동일한 속도로 증폭했으며, 거짓 뉴스가 진실보다 더 많이 확산된 이유는 봇이 아니라 오히려 인간이 이를 더 자주 공유했기 때문이다. 이 연구는 거짓 뉴스가 소셜 미디어(트위터)에서 놀라울 정도로 빠르고 체계적으로 확산된다는 사실을 구체적 수치로 입증해 발표 때부터 큰

137 거짓이 1,500명에게 도달하는 데 걸리는 시간은 진실보다 약 6배 더 빨랐고, 정보가 전파되거나 공유되는 과정에서 생성되는 단계인 '연쇄 확산 깊이cascade depth' 10(최초로 정보를 공유한 사람이 깊이 1임)의 도달에 걸리는 시간은 거짓이 진실보다 약 20배 더 빨랐다. 진실은 '연쇄 확산 깊이' 10을 넘어서지 못하지만, 거짓은 '연쇄 확산 깊이' 19에 도달하는 데 진실이 깊이 10에 도달하는 것보다 거의 10배 더 빨랐다. 이외에도 거짓은 훨씬 더 널리 확산되었고, 모든 연쇄 확산 깊이에서 진실보다 더 많은 고유(중복되지 않은) 이용자들에 의해 리트윗되었다(Vosoughi, Roy, & Aral, 2018).

충격을 불러왔지만, 이후 같은 유형의 연구가 반복되지는 않았다.[138]

델 비카리오 등(Del Vicario et al., 2016)의 연구는 페이스북에서 과학 공동체와 음모론 공동체를 비교한 것인데, 이 역시 허위 뉴스의 확산 역학을 잘 보여 준다. 먼저 뉴스 수명에서는 과학 뉴스와 음모론 뉴스 모두 처음 2시간 내에 확산 확률이 고점에 도달한 후 급격히 감소했다. 그러나 과학 뉴스는 확산이 잘 되어도 꼭 관심의 고조로 이어지지는 않았다. 반면 음모론 뉴스는 더 천천히 확산되며, 수명과 확산 규모가 밀접한 연관을 보여 긴 수명이 더 큰 확산으로 이어졌다. 또 음모론 뉴스는 동류집단성(에코 체임버)에서 매우 강하게 나타났으며, 해당 집단 내부에서만 집중적으로 확산되는 경향이 있었다. 음모론의 이용자들은 자신의 공동체 내에서 확증 편향 등을 통해 자기 강화, 분리, 극단화를 스스로 유발했다.

이와 같은 두 공동체를 다룬 다른 연구(Del Vicario et al., 2016b)에서는 공동체의 감정적 행동이 에코 체임버 내 이용자들의 관여도에 의해 영향받는 것으로 나타났다. 높은 관여도는 더 부정적인 접근 방식을 동반하고, 더 적극적인 사용자는 더 빠르게 부정적인 감정

138 추측해 보건대 아마도 가장 큰 이유는 데이터 접근성 문제에 있을 것으로 보인다. 보수기 등(Vosoughi, Roy & Aral, 2018)의 연구는 트위터 데이터를 대규모로 수집하여 분석했다. 하지만 이후 트위터(X)는 연구자들에게 데이터를 제공하는 방식을 점점 더 제한했고, API 접근 비용도 크게 증가시켰다. 또 프라이버시 보호 및 규제가 강화되어 연구자들이 이전에 비해 데이터를 수집하는 것이 훨씬 까다로워졌다. 연구를 한 번 더 하고 싶어도(설사 재현 연구라 하더라도 연구의 가치가 크다) 데이터를 충분히 확보할 수 없기 때문에 하지 못했을 가능성이 높다.

으로 전환되는 경향이 관찰되었다.[139] 이 결과는 에코 체임버 내에서 사용자의 활동성과 감정적 변화 간의 깊은 연관을 보여 주며, 에코 체임버가 사회적 양극화와 공적 담론에 미치는 영향을 이해하게 해 준다.

네트워크 시뮬레이션 모델을 사용하여 에코 체임버과 허위 정보의 바이럴성 확산 사이의 관계를 분석한 퇴른버그(Törnberg, 2018)의 연구도 있다. 이 연구의 '복합적 전염complex contagion' 개념은 인과적 추론을 어렵게 했던 소셜 미디어 네트워크의 '복합성'과 '비선형성,' 그리고 '출현성emergence'을 반영하기 위해 새로 고안한 것이다. 출현성은 복잡계 과학의 용어로, 이용자들이 개별적·집단적으로 복잡하게 상호 작용하면서 의도치 않게 발생시키는 새로운 동태나 현상이다. 퇴른버그는 분석을 통해 에코 체임버가 존재하는 네트워크에서 허위 정보와 루머가 더 쉽게 확산되게 하는 출현적 효과가 발생함을 확인했다. 에코 체임버에서 시작된 뉴스는 다른 네트워크보다 더 멀리 퍼지는 경향이 있고, 유사한 견해를 가진 이용자들이 모이는 것만으로도 허위 정보의 확산성이 증가하였다. 이는 네트워크의 높은 동류집단성이 바이럴성 확산을 추동하기 때문으로 보인다. 결론적으로 두 가지 요소(의견 및 네트워크 양극화)의 결합, 즉 에코 체임버

139 감정적 변화인 것은 같아 보여도 '분노'와 '두려움'은 서로 다른 행동을 불러일으킨다(Wollebæk et al., 2019). 분노를 느끼는 사람들은 다른 사람들의 견해와 관계없이 토론에 적극적으로 참여하는 경향이 있다. 또한 자신의 견해를 확인해 주는 정보를 더 자주 찾는다. 반대로 불안을 느끼는 사람들은 자신의 의견에 반대되는 정보를 찾는 경향이 있다. 이로 보면, 분노가 에코 체임버를 강화하고 논쟁을 불사하게 만들며, 두려움은 이와 반대로 작용한다.

로 정의될 수 있는 요소는 각각 단독으로 작용할 때보다 글로벌 확산을 유발할 가능성이 더 높다는 점이 증명되었다.

이런 연구들은 에코 체임버 효과를 비교적 잘 반영한 것이다. 물론 모든 연구가 그렇지는 않다. 실증 연구에서 나온 더 많은 결과는 앞서도 본 대로 '소셜 미디어에서 정치적 이견에 대한 노출 수준은 낮지 않다,' '인터넷 접근 및 소셜 미디어 사용은 정치적 양극화의 증가와 (상관) 관계가 없다,' '허위 정보는 시민들의 정치적 지식 수준에 제한적인 영향만 미친다'를 더 타당하게 본다(Tucker et al., 2018). 그러나 이조차도 '확고 불변한 것'으로 볼 수는 없다. 방법론이나 시간적 조건, 플랫폼의 차이 등에 따라 다른 결과도 나오기 때문이다.

그렇다면 '문제된 정보의 확산에 에코 체임버가 기여한다'는 핵심적 가정 자체는 아직은 유효하다고 볼 수 있다. 특히 뉴스 환경의 파편화와 선정(주의)화, 동류 집단의 조성, 집단 극단화, 확증 편향, 태도 극단화, 정체성의 지배, 감정적 전이, 가짜뉴스 유포, 혐오 표현을 비롯한 비시민적 행위의 성행, 논쟁적 주제의 격화(문화 전쟁) 등이 일정하게 조건화되면 에코 체임버와 문제 정보의 친화성은 급속도로 상승한다. 여기에 선거처럼 양극화가 어느 정도 불가피한 정치적 이벤트들이 결합하면 문제는 더 심각해진다. 끈질기게 남아 있으면서 영향력을 발휘했던 이라크 전쟁 때의 대량 살상 무기나 오바마·클린턴에 대한 각종 허위 정보, 일부 극우 유튜브-에코 체임버를 기반으로 했던 트럼프의 캐피털 폭동은 이를 웅변으로 보여 준다.

가장 전형적으로 에코 체임버와 문제된 정보가 결합한 예는 '평평한 지구Flat Earth' 같은 반과학적 온라인 공동체일 것이다. 디아즈 루이즈와 닐슨의 연구(Diaz Ruiz & Nilsson, 2023)는 유튜브에서 활동하는 이 공동체에서 허위 정보가 확산하는 과정을 분석한다. 이들에게 허위 정보는 다음 정의처럼 '정체성'과 밀접한 관련이 있다. "허위 정보는 정체성 기반 논쟁을 악용·확산시키기 위해 다수의 수사 전략과 앎의 방식을 무기로 만드는 적대적 캠페인이다. 이는 거짓뿐만 아니라 진실, 반半진실, 가치 판단 등도 포함한다"(p.18). 소셜 미디어에서의 '평평한 지구' 에코 체임버는 모든 구성원이 통일된 관점을 공유하는 단일하고 획일적인 집단이 아니다. 이들은 서로 다른 신념을 가진 하위 집단 또는 파벌들의 모자이크로 이루어져 있으며, 이들이 공유하는 것은 수사적으로 구성된 경쟁자에 대한 적대적인 내러티브다. 이 내러티브가 어떻게 반과학적인 공동체를 유지하고 심지어 확장시켜 주는지를 그림 7은 집약해 보여 준다.

그림 7은 소셜 미디어에서 허위 정보가 확산되는 과정을 두 단계의 프레임워크로 개념화한다. 첫 번째 단계는 '씨 뿌리기seeding'로, 행위자들이 문제의 정보를 신뢰할 만한 내용인 것처럼 가장하거나 의도적으로 그 진위 여부를 흐려 사용자가 의심 없이 받아들일 수 있도록 만드는 과정이다. 이를 위해 출처를 숨기고, 정보를 맥락에서 분리하거나 의견을 사실처럼 제시해 정당한 대화의 일부처럼 보이게 한다. 이런 방식은 적대적인 내러티브를 자연스럽게 스며들게 하며, 현재 많은 허위 정보 연구와 대응 전략은 이 초기 단계에 초점을 맞추고 있다.

두 번째 단계인 '반향echoing'은 허위 정보가 에코 체임버 내에서 '문화 전쟁'이나 정체성 기반 갈등을 매개로 확산되는 과정을 의미한다. 이 단계에서 참여자들은 거짓, 편향된 사실, 신념, 가치 판단, 논란이 될 만한 모든 요소를 동원해 자신의 정체성을 '타자에 대한 반대'라는 수사적 방식으로 표출하거나 왜곡한다. 이렇게 형성된 적대성 프로젝트는 허위 정보를 퍼뜨리는 데 그치지 않고, 타인

그림 7 소셜 미디어에서 허위 정보가 확산되는 과정

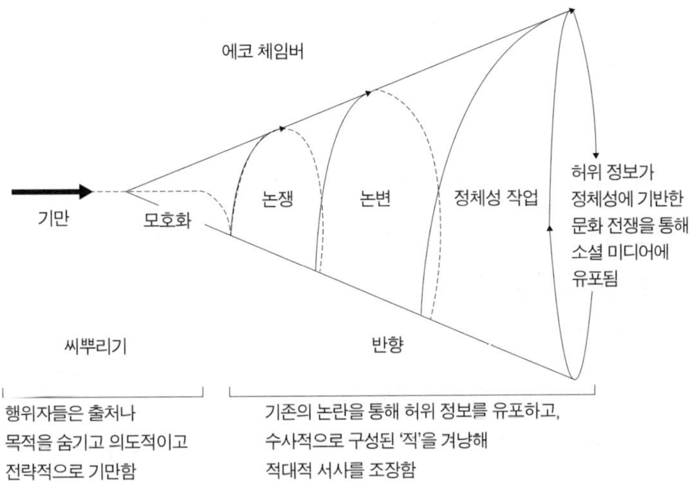

출처: Diaz Ruiz & Nilsson, 2023: 30.

뿐 아니라 자기 자신까지도 기만하는 강력한 수단으로 작동한다. 이는 내부자와 외부자(비판자) 사이의 신뢰 비대칭성을 지적한 응우옌(Nguyen, 2020)의 에코 체임버론의 양상을 훨씬 능가하는 수준이다.

이 과정에서 가장 핵심적인 것은 마지막 단계에서 이루어지는 '정체성 작업identity work'이다. 에코 체임버가 반대 정보를 차단한다는 초기 가정과 달리 평평한 지구 이론의 참여자들은 레토릭을 통해 '적'으로 규정한 비판자들과 지속적으로 논쟁을 벌인다. 이 논쟁은 단순한 방어 차원을 넘어, 자기 정체성을 구체화하고 강화하는 수단이 된다. 에코 체임버는 참여자들에게 비판에 대응할 수 있는 논증 레퍼토리를 제공하며, 누구를 인정하고 누구를 배척할지를 구분하는 규범적 기준도 함께 설정한다. 이처럼 공통의 적은 내부 결속을 강화하는 강력한 자원이 되고, 논쟁 상대의 수나 논리적 다양성은 오히려 더 적극적인 맞대응을 정당화하는 명분으로 작용한다.

에코 체임버라는 용어에서 '에코'는 보통 참여자가 메시지를 단지 반복·확대하는 것으로 간주되지만, 이들에게 에코 체임버는 '공동 창작cocreation'이 이루어지는 장이다. 허위 정보의 소비자들은 정보를 수동적으로 되풀이만 하는 것이 아니라, 적대적 판타지 서사를 함께 구성해 나간다. 이들은 적대자를 직접 설정하고, 이를 중심으로 '문화 전쟁'을 벌인다. 예를 들어, 유튜브 인플루언서들은 조사를 통해 '단서dots'와 '힌트clues'를 발견했다고 주장하고, 참여자들은 이를 퍼즐 조각처럼 맞춰 전체 그림을 그리려 한다. 이렇게 형성된 서사 속에서 참여자들은 자신이 능동적으로 '조사'에 참여해 입장을 정했다고 여기며, 오히려 비판자들이야말로 아무 생각 없이 남의 말을 믿는 '맹목지sheeple'라고 반격한다. 이러한 공동 창작의 과정은 왜 외부의 사실 교정 시도가 잦은 반발을 불러일으키는지의 이유를 잘 보여 준다. 이들은 이 과정을 통해 특정 관점을 내면화·고착화함으로써 외부의 반론을 단순한 사실 차원의 비판이 아니라 자신들의 파토스(감정적 동일시)와 에토스(집단 정체성) 모두를 부정하는 위협으로 받아들이기 때문이다.[140]

에코 체임버가 허위 정보 확산과 관련이 있을 수 있다는 가

140 정체성 인지를 중시하는 카한(Kahan, 2013)은 이런 도전이 '정체성을 스스로 방어identity self-defense'하는 행위를 불러일으킨다고 한다. 이는 온건한 성향을 가진 "사람조차 소속 집단의 지배적인 신념과 상충하는 주장을 자동적으로 거부하도록 동기를 부여한다"(p.408).

정은 비록 실증적 증거가 충분하지 않더라도 전면적으로 부정되는 경우는 거의 없다. 그 가정이 지닌 논리적 개연성이 크기 때문이지만, 이 문제가 민주주의와 시민 정치에 미칠 잠재적 영향이 워낙 심대하기 때문이기도 하다. 실제로 그럴 가능성이 조금이라도 있다면, 에코 체임버뿐 아니라 소셜 미디어 전반에 대한 규제 정책 역시 적극적으로 검토되어야 할 것이다.[141]

물론 앞서 본 대로 에코 체임버 자체보다는 허위 뉴스나 음모론이 야기하는 문제가 훨씬 더 심각하다. 사실 어느 곳에서나 어떤 사람·집단에게나 에코 체임버적 요소는 있기 마련이다. 그러나 퇴른버그나 디아즈-루이즈 등의 주장대로 커뮤니케이션 네트워크에 문제가 없다면 허위 정보의 파급력 역시 제한될 것이다. 물론 정체성 문제까지 가세하는 반대의 경우라면, 공론장 전체가 인식론적 위기에 빠질 가능성도 결코 배제할 수 없다. 에코 체임버는 영향력도 제한적이고 효과 또한 조건적contingent이지만, 특정 조건에서는 사회적 병리를 심화시킬 수 있는 잠재력을 갖고 있으므로 경계를 늦춰서는 안 된다.

141 베일(Bail, 2021/2023)은 원래 민주적 담론의 용도로 만들어지지 않은 소셜 미디어들에 그런 반부정적 기능 또는 긍정적 기능을 기대하는 것은 무망할 것이라고 한다. 그는 정부가 주도하는 새로운 양극화 방지용 플랫폼을 만들기를 제안하지만 이 역시 쉽지는 않다.

에코 체임버와 양극화

양극화 논쟁: 피오리나 대 에이브러모위츠

에코 체임버가 낳을 수 있는 가장 큰 정치적·사회적 병폐는 무엇보다도 역시 양극화 현상이라 할 수 있다. 이 점은 양극화(에 대한 우려)가 가장 심하다고 할 수 있는 미국에서 더욱 에코 체임버가 주목을 받았다는 점에서도 잘 드러난다. 그림 8은 퓨리서치센터가 미국에서 1994년부터 2017년까지 민주당 당원과 공화당 당원을 대상으로 10개의 설문을 7회에 걸쳐 실시해 산출한 수치(중앙값) 사이의 간극이다. 1994년에 상당히 가까웠던 사이는 점점 더 벌어져 2017년에 이르면 완전히 반대편의 극단화로 치닫게 된다.

미국의 유권자들은 1966년에는 56%가 '정당 간에 중요한 차이가 없다'고 응답한 반면, 2012년에는 이의 단지 1/3인 18%만이 그렇게 응답했다. 이러한 추이는 1950년대 당시에 미국의 APSA(American Political Science Association Committee)가 사회 문제의 해결책으로 정당 간의 명확한 차별화, 즉 정치의 양극화를 권고했던 것과 극명하게 대조된다. 실제로 오늘날의 정당들은 과거보다 훨씬 일관된 정책 의제를 가지고 있으며, 유권자들에게 보다 명확하게 구별되는 선택지를 제공한다. 하지만 아이러니하게도, 지금의 양극화는 미국 정치에 심각한 위협을 초래하고 있다는 지적이 많다(Tucker et al., 2018).

물론 양극화 현상이 실제로 존재하는지도 여전히 논쟁 중이다. 대표적인 것으로 2007~2008년에 벌어진 피오리나 대 에이브러모위츠의 논쟁을 들 수 있다(Abramowitz & Saunders, 2008; Fiorina, Abrams & Pope, 2008). 앞서 '우려'라는 말을 괄호 속에 부기한 것도 이처럼 이 사안이 논쟁 가운데 있기 때문이다. 한 측에서는 양극화가 심하게 진

그림 8 미국의 지난 20년간 정치적 양극화 비교

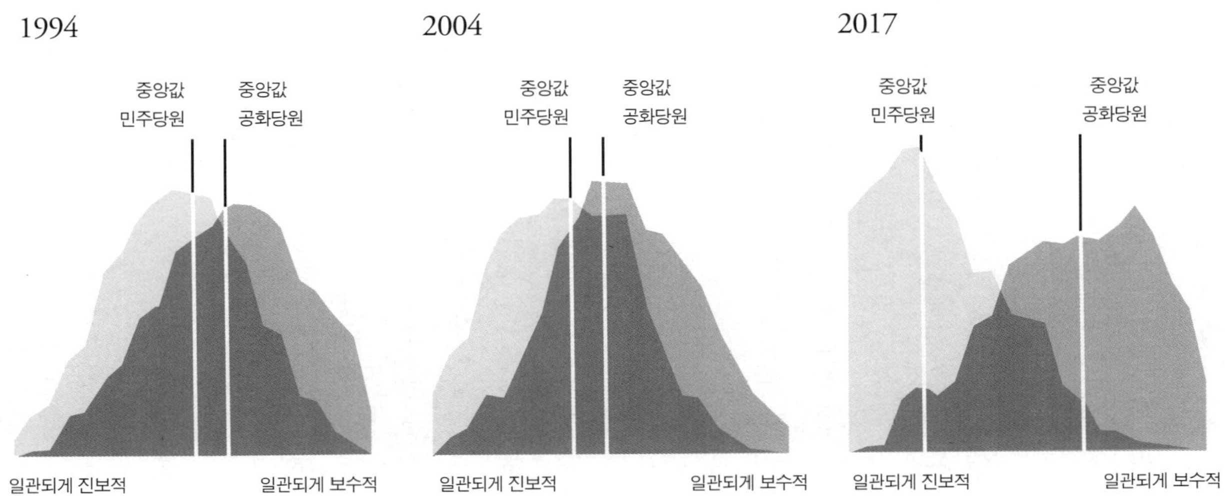

출처: 퓨리서치센터, 워싱턴 D.C., 2017. 10. 20.

행되고 있다고 주장하고, 반대 측에서는 이 주장이 과장이고, 특히 일반 대중 수준에서는 그렇지 않다고 주장한다. 이 논쟁은 피오리나 등이 양극화 주장을 뚜렷한 근거 없는 '신화'에 불과하다고 비판하는 것에서 시작한다. 이에 대해 에이브러모위츠 등이 정말 '양극화는 신화인가?'라고 반박하고, 다시 피오리나 등이 '오해와 오독이다'로 재반박하는 것으로 논쟁이 일단락된다.

논쟁의 대체적인 결론부터 보기 위해서는 공통점을 재확인하는 것이 필요할 것이다. 먼저 두 학자군은 양당이 중심이 되는 미국의 정당 간 차이가 확대되었으며, 정책과 이념에서의 간극이 커졌다는 점에 동의한다. 두 진영은 정당이 점점 더 일관된 이념적 정체성을 보이며 유권자들이 자신과 이념적으로 맞는 정당을 선택하게 되었다는 점에서 의견이 일치한다. 이를 엘리트·정당이 주도한다고 본다는 점에서도 크게 다르지 않다. 물론 다음에서 살펴볼 '대중 또한 실제로 그런가'에 대해서는 이견을 보인다.

또한, 양 학자군은 모두 유권자의 정당 충성도가 강해지고 있다는 점에 동의한다. 유권자들의 높아진 정당 충성도는 투표 행동에도 반영된다. 에이브러모위츠 등이 이를 통해 양극화가 심화된다고 본 반면 피오리나 등은 이를 정당의 이념적 '정렬sorting'로 해석한다. 피오리나 등은 이 정렬을 통해 정당 간 이념적 구분이 뚜렷해지는 양상을 설명하려고 한다.[142] 정치적 양극화 논의에서 참여 증가를 중요한 요인

142 예를 들어, 정당 정렬은 다음 두 가지 과정의 결합 같은 것으로 이루어진다(Munroe, 2024). 하나는 '정당 변경'으로 보수적인 민주당 당원과 진보적인 공화당 당원이 각각 공화당과 민주당으로 정당을 변경하여 자신의 정치적 이념과 정당 정체성을 일치시키는 것이다. 다른 하나는 '태도 변화'로

으로 본다는 점에서도 공통된다. 그 계기는 2004년 대통령 선거로, 후보 간 뚜렷한 차이가 선거에서 대중의 관심을 높였다. 물론 에이브러모위츠 등은 이를 양극화의 증거로 보는 반면, 피오리나 등은 일시적인 정치적 사건에 따른 참여로 해석하는 점에서 차이가 있다.

이처럼 논쟁을 불러일으키는 가장 큰 차이는 대중의 이념적 양극화 여부다. 에이브러모위츠 등은 미국 대중이 지난 수십 년간 극단화되어 왔다고 주장하며, 민주당과 공화당 지지자 간에 특정 정책 이슈에 대한 의견 차이가 심화되고 있다고 본다. 반면 피오리나 등은 대부분의 미국인은 여전히 중도적 성향을 가지고 있으며, 실제로 극단적으로 나뉜 것은 정치 엘리트와 활동적인 소수뿐이라고 주장한다. 그들은 정치적 분열이 엘리트 사이에서 일어나는 현상일 뿐 대중 전체를 대표하지 않는다고 반박한다.

두 번째는 정당 소속감의 변화인데, 에이브러모위츠 등은 점점 더 많은 사람들이 스스로를 특정 정당의 지지자로 자처한다고 주장한다. 이에 따라 정책 이슈에 대한 극단적 의견이 강화되고, 결과적으로 대중 사이에서도 정책을 둘러싼 강한 양극화가 발생한다고 지적한다. 그러나 피오리나 등은 대중의 정당 정체성은 강하지 않으며, 정당에 대한 지지는 상대적으로 약한 상태라고 반박한다. 그는 많은 유권자가 자신의 정당을 자주 바꾸거나 어느 정당도 강하게 지

보수적인 민주당 당원과 진보적인 공화당 당원이 자신의 정책적 태도를 변경하여 각각 더 진보적이거나 더 보수적인 태도로 바꿈으로써 자신의 이념과 정당 정체성을 일치시킨다. 대중의 정당 정렬은 주로 두 번째인 태도 변화를 통해 발생하는 경향이 있지만, 반드시 이념적 양극화와 일치되는 것은 아니다.

지하지 않는 무소속에 속한다고 주장하면서 미국 대중은 전반적으로 특정 이념에 묶이지 않는다는 점을 강조한다.

세 번째는 지리적 양극화의 확대다. 에이브러모위츠 등은 최근 몇십 년간 지리적 양극화가 많이 증가했으며, 보수·공화당 성향의 '레드 스테이트'와 진보·민주당 성향의 '블루 스테이트 간의 차이가 크다고 주장한다. 이에 대해 피오리나 등은 실제로 주 단위로 보면 차이가 존재할 수 있지만, 개별 주 내의 지역별로 보면 유권자들의 정치적 분포가 극단으로 치우치지 않음을 강조한다. 특정 주가 전체적으로 어느 한 정당을 지지한다고 해서 그 주의 모든 유권자가 강한 이념적 성향을 보이는 것은 아니며, 주 내부에서도 다양한 정치적 스펙트럼이 존재한다고 반박한다. 주 단위로 정치 성향을 구분하는 것은 매우 과장된 것이다.

네 번째는 종교적 분열과 경제적 분열의 상대적 중요성이다. 에이브러모위츠 등은 경제적 갈등이 종교적 갈등만큼 중요하거나 아니면 더 중요하다고 주장하는 피오리나 등에 대해 미국 백인 유권자들 사이에서는 종교적 분열이 계급적 분열보다 훨씬 더 뿌리 깊고 근본적이라고 비판한다. 특히 공화당이 종교적 이슈(낙태, 동성애 등)를 통해 더 강하게 지지자들을 동원했고, 이는 양극화를 심화시키는 정체성적 기반이 되었다고 한다. 이에 대해 피오리나 등은 종교적 갈등이 특정 집단에는 중요한 요인이 될 수 있으나 대다수 유권자에게는 경제적 이슈가 여전히 더 큰 영향을 미친다고 반박한다. 그들은 종교가 정치적 태도에 영향을 미치는 건 사실이지만, 대중 전체의 양극화를 설명하기에는 부족하다고 주장한다.

다섯 번째는 2004년 대선에 높아진 참여도의 해석 문제다. 에이브러모위츠 등은 2004년 미국 대선에서 유권자들의 참여도가 지난 50년간의 어떤 선거보다도 높았고, 이 점이야말로 대중의 정치적 양극화를 보여 준다고 한다. 반면 피오리나 등은 이 참여도를 반드시 양극화의 결과로 볼 수 없다고 반박한다. 그들은 정치적 참여 증가가 특정 선거의 후보나 이슈의 특성에 의해 얼마든지 영향을 받을 수 있으므로 이를 곧바로 대중 전체의 양극화로 일반화하기에는 근거가 부족하다고 한다.

정렬에 대한 생각 역시 이런 차이의 하나로 볼 수 있다. 정렬은 여러 개의 이전 신념들이 하나의 신념으로 수렴하는 일종의 정체성 결집을 말한다. 따라서 정렬만으로 보면 대립하는 양 정당, 또는 진영 간 격차가 커지는 것은 아니다. 피오리나 등은 정렬이 개인들이 자신의 가치에 더 맞는 정당에 속하려는 현상이며, 이를 통해 정당 간의 이념적 차이가 선명해진 것이라고 한다. 사람들이 더 급진적으로 변해 차이가 벌어진 게 아니라 단지 현 상태에서 정당에 대한 분류나 선택이 명확해진 것뿐이다.

이 주장은 논리만으로 보면 틀릴 게 없다. 그러나 정렬이 되는 과정이 차이(극단화)에 전혀 영향이 없게 이루어진다는 생각은 양극화가 여러 요소(특히 정서적 요소)의 복합적 산물임을 고려해 볼 때, 너무 일면적이고 형식 논리적이다. 정렬이 일어난다는 게 최소한 정렬되기 이전 상태의 '교차적 완화cross-cutting calm'[143] 정도는 없어지게 되는 것이므로 정렬은 차이의 격화를 동반하는 것이 상례인 거 같기 때문이다(Talisse, 2019/2024). 또 정렬이 되는 과정이 주변에 미칠 수 있

143 다양한 정치적 견해를 가진 사람들 사이에서 교차적인 상호 작용이 이루어질 때 발생하는 중화된 분위기나 정서적 완화를 말한다(Mason, 2016). 정렬은 이런 환경을 좀 더 분명하고 극단적인 것으로 변모시킨다.

는 영향에 대해서도 생각해 볼 필요가 있다. 이 과정이 차이 또한 심화시킬 가능성이 있기 때문이다. 예컨대 '타협할 수 있는 정체성'과 '타협 불가능한 정체성'[144]이 같이 정렬되면, 당연히 타협 불가능한 쪽으로 무게 추가 기울 것이다.

메이슨(Mason, 2016)은 종교와 인종적 정체성을 수렴하는 '사회적 정렬'이 격정과 분노를 불러 정치적 메시지에 감정적 대응을 불러일으킨다고 하면서 이를 예증한다. 종교적(복음주의적) · 이념적(보수적) · 정치적(공화당적) 정체성이 결합된다면, 또 같은 맥락에서 흑인 · 세속적 · 진보적 · 민주당적 정체성이 정렬된다면 아마도 개별로 있을 때보다 훨씬 더 강도가 세질 것이고 상대와의 차이도 커질 것이다. 정서적 양극화와 이데올로기적 양극화 사이의 연계가 상당히 밀접한 점(Webster & Abramowitz, 2017)도 정렬과 먼 거리에 있을 것으로 보이지 않는다. 양극화의 요소들은 밀접하게 영향을 주고받으며, 정렬은 양극화를 가속시킬 수 있는 잠재력을 갖는다.

물론 이에 대해서는 반론도 있다. 렐크스(Lelkes, 2018)는 당파적으로 정렬되지 않은 사람들 사이에서도 정렬된 사람들만큼 정서

144 이를 '도구적 정체성'과 '표현적 정체성'으로 나누기도 한다(Huddy & Bankert, 2017). 도구적 정체성은 개인이 정치적 정체성을 이념적 · 정책적 고려에 따라 결정하는 경우를 말한다. 이익을 극대화하려는 합리적인 선택이 도구적 접근이다. 반면, 표현적 정체성은 개인이 정치적 정체성을, 자신을 표현하는 사회적 · 문화적 정체성과 일치시키려는 경향이다. 즉 정치적 정체성이 정책적 이익을 넘어 정서적 · 심리적 요소와 결합하는 것이다. 자아의 일부인 정체성과 인종적 · 성별 · 종교적 집단에 대한 소속감을 정치적 선택에 반영하는 경우다. 정렬이 발생하면, 정치적 정체성은 도구적인 이익 추구와 표현적인 소속감 및 감정적 연결이 결합된 형태로 (재)구성된다.

적 양극화가 증가했다고 하고, 정렬이 일부 정치적 지식을 갖춘 사람들 사이에서만 정서적 양극화와 연관이 나타난다고 하면서 정렬의 효과를 크게 보지 않는다. 또 반대로 정서적 양극화가 정렬을 증가시킬 가능성도 있어 명확한 인과 관계를 설정하기가 어렵다고도 한다. 물론 렐크스의 정렬 개념은 '정당 정체성이 이데올로기적으로 일치되는 이슈 입장에 맞춰 배열되는 현상'으로, 메이슨에 비해 정치 부분으로 한정된 협의의 것이다. 그의 주장의 요체는 정렬과 정서적 양극화가 상호성을 갖기는 하나 그 관계가 강하진 않다는 것이다. 결국 이러한 요인 등은 현상이나 개념 면에서 모두 정렬이 가진 중요성을 다시 부각시키며, 이를 둘러싼 변화가 상당히 복합적인 것임을 알게 해 준다.

이외에 일부 이념적 극단층을 바라보는 시각에서도 두 연구는 중요한 차이를 보인다. 두 진영 모두 이 층의 기원과 변화에 있어 1960~1970년대의 반전·인종·시민권·성소수자 권리 갈등이 중요한 전환점이었다는 점에는 동의한다. 그러나 이후 강화 과정과 대칭성에 대한 해석은 다르다. 아브라모위츠 등은 특히 보수 진영에서 이 층이 실질적 대중 기반을 형성하며, 정치 참여와 영향력을 확대, 미국 정치의 양극화를 가속했다고 본다. 반면 피오리나 등은 좌우 모두에서 이 층이 나타나지만, 대다수 미국인은 여전히 중도에 머물며, 극단층은 전체를 대변하지 않는다고 본다. 이 층에 대한 정당과 엘리트·미디어 정치의 과장된 반영이 미국 사회가 전반적으로 양극화된 것처럼 보이게 한다는 것이다.

미디어로 문제를 좁혀 보면, 논쟁 당시에는 두 진영 모두 미디어를 직접적으로 언급하지 않았다. 다만 주장의 맥락으로 미루어 에이브러모위츠 등은 대중의 의식에 대한 (당파적) 미디어의 실질적 영향을, 피오리나 등은 양극화에 대한 실제와 인식의 차이에서 미디어의 상징적 영향을 높게 보는 것으로 추론할 수 있다. 21세기 들어 나타난 여론의 추이나 연구자들의 판단을 보면, 대체로 정책이나 이슈에서 입장 차이를 보여 주는 '이데올로기 양극화'나 '이슈 양극화'보다는 상대에 대한 감정적 적대를 보여 주는 '정서적 양극화'나 '부정적 당파성'이 위험 수위에 도달해 있다[145](양극화의 유형에 대한 자세한 내용은 후술된다). 이는 실제 양극화보다 '느끼는 양극화'(일종의 '인식적 양극화 perceived polarization'다)가 더 크다는 점을 말해 준다.

이 과정을 요약하면, 미국 정치의 양극화는 엘리트·정당·미디어·일부 정치 관심층이 주도하고, 대중은 때에 따라 이에 민감하게 또는 둔감하게 대응한다고 할 수 있다. 선거, 특히 대선 등에서 대두되는 쟁점들에 대해서는 찬반으로 나뉘어 상당히 극렬하게, 일상에서 만나는 쟁점들에 대해서는 비교적 온건하게 대응한다. 이 과정에서 지지하는 정당이나 이념적 주의들은 다른 정체성들을 결집하기도 정렬하기도 하며, 특히 상대에 대한 적대감을 정도 이상으로 고조시켜 깊은 우려감을 낳는다.[146] 미디어에서는 레벤더스키(Levendusky,

145 대중의 인식에서 이슈나 정당 정체성에서 나타나는 변화보다 상대 당에 대한 적대적 성향의 증가가 더 두드러진다고 보는 거 역시 대체로 공통된 인식이 아닌가 한다(Tucker et al., 2018). 1960년대 이래 미국 사회는 각종 사회적 정체성에서의 당파적 분열로 상대에 대한 적대감이 커지면서 사회 유지에 필요한 타협과 민주적 시민성이 많이 훼손되었다.

146 미국 대중의 변화는 선거 연구(ANES: American National Election Studies, 2024)의 데이터를 기준으로 다음의 네 가지 특징적 양상으로 설명할 수 있다. 첫째는, 정서적 양극화의 증가다. 내집단에 대한 지지는 변화가 없으나, 외집단에 대한 지지가 반으로 줄었다[41.6%(2000) → 19.3%(2020)]. 이는 모든 변화 중에서 가장 큰 것이다. 둘째는 당파적 강도strength의 증가

2013)나 에이브러모위츠 등의 지적으로 미루어 에코 체임버 현상이 상당한 역할을 한다고 추론할 수 있는데, 의외로 증거에 대해서는 해석이 엇갈린다.

에코 체임버가 양극화의 원인?

피오리나의 제자이지만 스승과 달리 미디어의 영향을 직접적으로 연구한 레벤더스키(Levendusky, 2013)를 보면, 대중에 대한 입장이 다른 이유와 향후 미디어의 영향이 어떤 방향으로 나타날 것인지를 짐작할 수 있다. 레벤더스키는 당파적 미디어가 시청자들의 기존 정치적 성향을 강화시키며, 특히 이미 정치적 성향이 뚜렷한 사람들에게 더 큰 영향을 미친다고 주장한다. 그는 이러한 미디어가 에코 체임버 역할을 하여 시청자들에게 같은 의견을 반복적으로 듣게 하고, 여러 입장들을 하나로 정렬시키면서 극단화의 효과를 낸다고 본다. 당파적 미디어는 단순히 정보를 전달하는 것을 넘어 시청자들이 반대 진영을 부정적으로 인식하도록 유도함으로써 양극화를 심화시킨다. 물론 당파적 미디어가 모든 대중에게 동일한 영향을 미치는 것은 아니다. 특히 정치에 관심이 적은 사람들은 미디어의 영향을 받을 가능성이 상대적으로 낮다. 이는 대중이 별반 변하지 않았다는 점을 일부

다. 이제는 많은 온건층이 당파성을 분명하게 드러낸다(31.5% → 44.2%). 이것이 바로 정렬의 한 징후다. 셋째는 '모른다don't know'고 하는 무지층의 감소(27.2% → 17.2%)다. 정치적 관심도와 참여가 같이 증가하면서 갈등 또한 커졌다. 넷째, 이데올로기적 극단층의 증가다. 이 데이터에 따르면 2020년 기준으로 거의 10%에 육박한다(9.4%). 이를 요약하면, '상대에 대한 반감을 극단층이 주도하면서 온건층 · 무당파층 · 무지층을 흡수, 정치가 그야말로 양극화의 소용돌이에 휩쓸리고 있다.'

표 6　미국에서의 양극화 논쟁의 요약

구분	양극화 반대 (피오리나 등)	양극화 찬성 (에이브러모위츠 등)	비고
대중의 이념적 양극화	대다수 대중은 중도적 성향, 양극화된 것은 정당과 엘리트	대중의 이념적 양극화가 뚜렷하게 진행됨	정당과 엘리트가 양극화한 것에는 견해가 일치
정당 소속감의 변화	대중의 정당 정체성은 크게 변화하지 않았고, 정당 지지도는 여전히 높지 않음	특정 정당이나 정책 이슈에 대한 선호도가 뚜렷하게 나타남	이전에 비해 정당 충성도가 높아졌다는 점에는 공통됨
지리적 양극화의 확대	주 단위로 보면 차이가 있지만, 같은 주 내 지역별 차이도 큼	레드 스테이트와 블루 스테이트가 뚜렷하게 구분됨	
종교적 분열과 경제적 분열의 상대적 중요성	종교적 갈등이 특정 집단에는 크나 대다수에게는 경제적 이슈의 비중이 높음	종교적 분열이 계급적 분열보다 더 근본적, 특히 공화당이 이 이슈를 통해 양극화를 조장	
2004년 대선	참여도는 높았지만, 양극화의 증기로 볼 수는 없음	참여도가 높았고, 대중의 정치적 양극화를 보여 줌	
정렬	개인들이 자신의 가치에 더 맞는 정당에 속하려는 현상, 단지 명확해진 것뿐임	사회적 정렬(정체성 결집)이 이루어지면서 양극화도 동시에 이루어짐	정당의 이념적 차이가 뚜렷해졌다는 점에는 동의함
극단층	정치적 대표성이 없거나 약함	일정한 정치적 대표성을 가지고 정치 풍토를 바꿈	양극화에 미친 소수층의 중요성에는 양측 모두 동의함
미디어	실제와 인식의 차이에서 인식 정도에만 영향을 미침	대중의 의식에 대한 당파적 미디어의 실질적 영향	미디어의 영향을 구체적으로 지적하지는 않음

증명한다.

그러나 레벤더스키는 이런 극단층과 정치 관심층이 미디어 시청자의 좁은 범위에 국한되지 않고 정치 영역 전반에서 더 크게 영향을 미칠 가능성을 갖는다고 본다. 이 지점에서 레벤더스키는 피오리나와 에이브러모위츠의 대중에 대한 입장 차이를 미묘하게 가르면서 결합한다. 즉 레벤더스키(와 말호트라)는 '정당 간의 차이'에 주목해 대중이 반대 당을 실제보다 더 극단적으로 '인식'한다고 주장한다(Levendusky & Malhotra, 2016).[147] 민주당 지지자는 공화당 지지자가 실제보다 훨씬 더 보수적이라고 간주하고, 공화당 지지자들은 반대로 인식하는 것이다. 레벤더스키 등은 이를 '허위적 양극화false polarization'로 부르면서 대중이 실질적으로 양극화되지 않은 상태(피오리나)에서 훨씬 더 양극화된 반응을 보인다(에이브러모위츠)고 설명한다. 논쟁했던 양 진영은 적어도 당시는 이런 '사회심리적 인식' 차원을 피상적으로만 이해했다. 레벤더스키 등은 이런 허위적 양극화의 조장에 당파적 미디어와 에코 체임버가 역할하며, 이는 정치 전반을 더 갈등적인 양극화로 이끌 가능성을 갖는다고 조심스럽게 예측한다.

이런 레벤더스키에 더 호응하는 측은 오히려 에이브러모위츠(와 웹스터)다(Abramowitz & Webster, 2018). 그들은 미국 사회를 대상으로 '특정 정당에 동조하기보다 상대 정당에 반대하는 것에 맞춰 정

147 이 실험 연구의 특징은 개별 이슈나 쟁점에 대한 정당 지지자의 비교 인식 조사에 그치지 않고 '상대는 어떤 인식을 갖고 있을 것 같은가'를 물어본 데 있다. 이는 양극화가 자기 당에 대한 소속감이나 자부심 못지않게 상대 당에 대한 반감을 통해 형성된다는 점에 착안한 것이다. 이 적대감은 '이슈 양극화' 측면에서는 잘 식별되지 않던 '정서적 양극화'를 발견하는 데 밑거름이 되었다.

체성들이 정렬되는 현상'으로 '부정적 당파성negative partisanship' 개념을 제기하고, 이에 인종적 분리와 당파적 미디어 등 두 가지 요인이 크게 작용하는 것으로 주장한다. 특히 폭스뉴스의 영향은 어마어마해서 폭스의 채널 위치의 변화로 주당 2.5분 더 시청하게 된 시청자들이 공화당 투표 비율을 0.3% 포인트 증가시켰다는 연구(Martin & Yurukoglu, 2017)가 나올 정도다.[148] 언뜻 보면 미미한 듯 보이지만, 2008년에 폭스가 채널 라인업에서 빠졌을 경우 공화당 득표율이 6%포인트 이상 하락했을 것이라는 정밀 추정까지 고려하면, 이 효과가 결코 작지 않다는 점이 분명해진다.

물론 이런 '강효과론'에 대한 반론 또한 유효하다. 아르스노와 존슨(Arceneaux & Johnson, 2015)은 당파적 미디어는 결코 양극화의 '이유'가 될 수 없으며 부수적 '증상'에 불과할 뿐이라고 한다. 그들이 제기하는 논거는 다음의 다섯 가지다. '미국의 정당들은 당파적 성향의 뉴스 미디어가 등장하기 전에 이미 양극화되었다,' '텔레비전과 인터넷에서 오락 선택지가 확대되면서 주류 뉴스와 당파적 성향 뉴스의 파급 범위reach가 모두 축소되었다,' '당파적 성향의 뉴스에 노출되면 정치적 태도가 양극화될 수 있지만, 주류 뉴스(중립적 뉴스)에 노출되는 것도 큰 차이가 없다,' '뉴스는 정치인들이 당파적 성향을 대중에게 전달함으로써 일부이지만 양극화를 일으킨다. 만일 정치 엘리트들이 덜 당파적으로 행동한다면, 유권자들도 이에 따라 덜 양

148 참고로 폭스와 대각에 있는 MSNBC는 추가로 2.5분 시청하는 것이 지닌 효과가 통계적으로 유의미하지 않은 '불확실한 0imprecise zero'으로 나타났다. 즉 영향이 거의 없을 것으로 보이지만, 그 효과가 실제로 0인지 단정하기 어렵게 불확실성이 크다는 뜻이다.

극화될 가능성이 높다.'

양극화의 원인은 정당이나 정치 엘리트에 있으며 미디어는 이를 보도하면서 따라갈 뿐, 결코 이에 필적할 수 없다는 이 지적 또한 사실 매우 오래된 것이다. 이들은 정치 엘리트에 비해 대중은 '임신 중단,' '경제적 이슈,' '대통령 평가' 등의 주제에서 훨씬 낮은 양극화 수준을 보인다는 점을 근거로 내세운다. 미디어는 뉴스의 낮은 시청률로 미루어 볼 때, 대중에게 직접 영향을 미치기보다는 '여론으로 보이면서 정치인들에게 압력을 행사하는' 또는 '소셜 네트워크를 자극해 당파적 뉴스를 퍼뜨리는' 간접적인 형태를 띨 뿐이다. 그들이 레벤더스키 등과 결정적으로 의견을 달리하는 부분은 역시 효과론에서 늘 쟁점이 되는 '강화 나선reinforcement spiral' 부분이다. 강화 나선은 기존의 정치 성향이 그에 맞는 미디어 소비를 낳고, 그 소비가 다시 성향을 강화하는 상호 작용적 편향 구조다. 레벤더스키 등은 이의 비중을 크게 보면서 대통령 선거 같은 결정적인 지점에서 강화 나선이 촉진된 일부 정치 관심층의 역할이 커진다고 하지만, 아르스노 등은 이 강화가 기존을 반복하는 습관적 행태일 뿐 그렇게 큰 영향이 있다고 보지 않는다.[149]

149 아르스노 등은 "왜 편향된 뉴스 소비자들이 '강화된 나선'에 갇히지 않을까?"를 자문하고 두 가지 대답을 준비한다. 첫째, 사람들이 반복적인 자극에 점차 익숙해지면 노출 효과는 감소한다. 둘째, 뉴스에 지속적으로 노출되는 사람들은 대체로 의견이 확실하고 안정되며, 강한 설득 메시지를 접하더라도 쉽게 입장을 바꾸지 않는다. 편향된 뉴스는 새로운 이슈에서는 수용자의 입장에 영향을 미칠 수 있지만, 정당 평가와 같은 핵심 정치 신념에까지 영향을 미쳐 극단화를 심화시키는 경우는 드물다. 물론 이에 대해서는 얼마든지 반론이 가능하다.

물론 아르스노 등 역시 미디어에 면죄부를 부여하지는 않는다. 다만 이를 단일 원인으로 지목해서는 안 된다는 것이다. "이들 미디어는 규범적으로 문제가 있다. 그러나 이를 양극화의 원인으로 단독 지목하는 것은 타당하지 않다고 본다. 만약 우리가 뉴스 미디어를 비난한다면, 당파적 성향 미디어뿐만 아니라 뉴스 미디어 전체에 해야 한다. 중요한 것은 비난의 화살을 겨눌 대상이 TV 프로그램이 아니라 정당 엘리트라는 점이다"(p.328).

이런 연구들을 에코 체임버와 연결해 보면, 역시 관건은 대중의 의식 또는 인식을 어떻게 보느냐에 달려 있다. 대중의 인식, 특히 대중이 상대에 대해 갖는 인식은 대체로 감정 중심이고, 또 상대의 실상과는 거리가 먼 '허위'에 가깝다. 개념적으로는 서로 다른 '인식적 양극화'와 '허위적 양극화'가 내용에서는 같은 것으로 취급되는 이유가 여기에 있다(Druckman et al., 2022; Lelkes, 2016). 이 허위적 양극화의 실체성에 대해서는 연구자들 사이에 어느 정도 공감대가 형성되어 있는 듯하다. 핵심은 이 실제와 다른 이 인식을 단순한 착오나 지각 오류 따위로 치부해서는 안 되고, 정치적 태도와 집단행동에 영향을 미치는 사회-심리적 실체로 이해해야 한다는 점이다. 존재하지 않는 분열이라도 그에 대한 잘못된 인식은 현실 정치를 실제로 움직인다.

허위적 양극화

허위적 양극화는 고착된 사회심리이자 역사적으로 형성된 현실 인식의 하나로 사실이나 정보적 차원의 정정으로 금방 해소될 수 있는 것이 아니다. 허위적 양극화는 주로 상대 진영을 극단적이고 과장되게 인식하게 만들지만, 일상적인 정책 관점에서는 그렇게 두드러지게 나타나지 않는다. 예를 들어 미국의 대다수 유권자는 공화당 당원이 평균적으로 총기 소유를 지지하고, 민주당 당원이 보편적 의료 보험을 더 지지한다는 사실을 정확히 인식하고 있다. 그러나 동시에 공화당 당원들은 민주당 당원 중 LGBTQ가 차지하는 비율을 32% 정도로 과다 추정한다(실제 비율은 6% 정도다). 반면 민주당 당원은 공화당 당원의 38%가 연 소득 25만 달러 이상을 번다고 생각한다(실제 비율은 2%에 불과하다). 이런 사실 오류는 단순한 숫자 감각 부족innumeracy이나 기초 통계에 대한 무지가 아니라 실제로 존재하는 당파적 인식 왜곡이며, 지지 정당에 따라 극명하게 차이를 보일 수 있는 현상이다(Ahler & Sood, 2018).

허위적 양극화의 또 다른 얼굴인 인식석 양극화가 가진 무서운 점은 잘못된 인식 자체가 결국은 '자기충족적 예언self-fulfilling prophecy'으로 작동할 수 있다는 점이다(Jost et al., 2022). 말하자면 사람들이 자신이 가진 신념이나 감정을 타인도 마찬가지로 지닐 것이라고 투사하게 되면서 잘못된 인식이 결국 현실로 나타나게 된다는 뜻이다. 특히 극단주의자들이 타인도 자신만큼 극단적일 것이라 간주하는 메커니즘은 시간이 지남에 따라 정서적·이념적 양극화를 증폭시킬 수 있다. 왜냐하면 자기와 남(내집단과 외집단) 사이의 유사성이 없다는 착각만으로도 편견이 생길 수 있기 때문이다.

이렇게 생겨나는 오해는 일시적인 것이 아니므로 허위적 양극화는 그 사회에서 체계적으로 (재)생산된다고 보는 게 맞다. 윌슨 등(Wilson, Parker, & Feinberg, 2020)이 제시한 그림 9는 허위적 양극화가 다른 양극화 양상 또는 동인들과 밀접한 연관을 지니는 점을 보여 준다. 그림 9는 정치 엘리트, 당파적 미디어 및 소셜 미디어에서의 제도적 양극화가 유권자들 사이에서 허위적 양극화를 초래할 수 있고, 이런 허위적 양극화가 다시 상대 정당에 대한 반감을 증폭시켜 정서

그림 9 양극화 유형 사이의 순환 관계

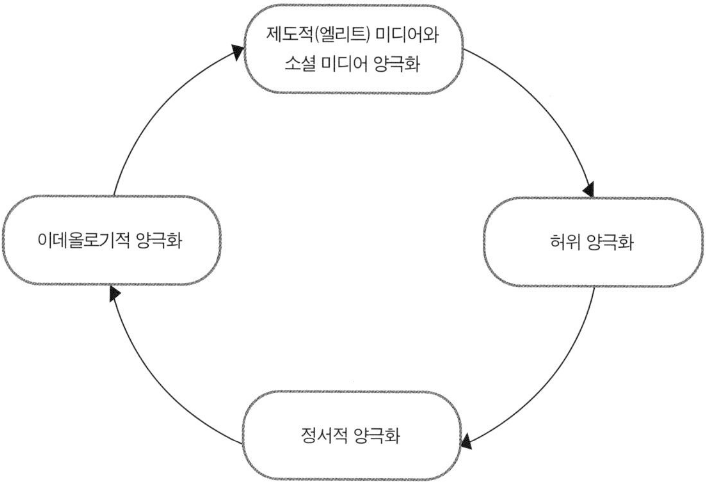

출처: Wilson, Parker, & Feinberg, 2020: 224.

적 양극화를 심화시킬 가능성이 크다고 말한다. 또한 시간이 지나면서 정서적 양극화가 정당 충성도를 강화시키고, 결과적으로 이념적 양극화의 심화로 이어진다.

그림 9에서 유의할 것은 각 항의 위치와 화살표(방향)가 그렇게 정해져 있지도 않고 기계적으로 움직이지도 않는다는 점이다. 여러 다른 요인들이 서로 맞물리면서 전체적으로 양극화를 구성한다는 발상이 중요하다. 이런 순환의 한 축이 되는 허위적 양극화가 그저 정보적 차원의 정정 정도로 해소될 수 있다고 보는 건 상당히 순진한 진단임에 틀림없다.

드러크먼 등(Druckman et al., 2022)의 실험 연구는 이를 예증한다. 이 연구의 마지막 가설(4-2)은 '반대 정당의 지지자를 설령 이념적으로 극단적이며 정치에 적극적으로 참여하는 것으로 본다 해도,

(다른 조건이 같다면) 사람들이 반대 정당을 적대적으로 인식하는 정도는 크게 달라지지(나빠지지) 않을 것이다'이다. 평소에 반대 정당에 대해 갖는 적대감이 극단적 이념을 갖고 정치에 열광적인 사람을 상정하기 때문은 아닌지를 알아보는 질문으로, 실험 결과 이 가설은 지지된다. 즉 참가자들은 반대 정당 지지자를 극단적이고 정치에 적극적인 사람으로 상정한 경우와 구체적 생각 없이 막연하게 단지 이미지만 떠올렸을 경우 사이에 적대감을 느끼는 정도가 거의 같았다. 이는 사람들이 기본적으로 그런 사람들을 반대 정당의 대표로 간주하기 때문이다. 드러크먼 등은 이런 오해는 교정만 시켜 주면 바로 효과가 있을 것으로 보나 앞서 본 대로 이는 그렇게 쉽게 확언할 수 있는 게 아니다.[150]

오히려 정치 구도가 계속해서 심각한 대립상을 연출하게 되면, 대중은 평소의 '온건한 인식' 때보다 상대에 대한 '극단적 반감,' 곧 부정적 당파성을 더 자주 작동시킬 것이다. 이는 인식적 양극화가 실제 양극화보다 상대 당과 후보에 대한 부정적인 감정적, 투표 의향, 정치 참여, 그리고 정치 효능감 등에 더 강하게 영향을 미치기 때문

150 그들은 실험 결과와는 관계없이 대면 상호 작용을 통한 교정의 효과를 강조한다. 여러 정체성이 상당히 교차적으로 작동하는 대면의 세계에서는 정당이 지닌 효과가 크지 않기 때문이다. 특히 가설 4-1인 '반대 정당의 대상이 이념적으로 중도적이고 정치에 무관심할 때, (다른 조건이 같다면) 반대 정당에 대한 적대감은 유의미하게 낮아질 것이다'가 지지되는 점만 봐도 그러하다. 그러나 이는 실험에서 상당히 무리하게 유도된 점이 강하다. 머릿속에 떠올리는 상대 정당 지지자의 대상을 인위적으로 설정한 것이기 때문이다. 교정의 효과, 특히 어떤 수단을 통한 교정이 효과적인가는 또 다른 연구 과제로 봐야 한다.

이다(Enders & Armaly, 2019). 무지나 사실 오류를 조성하는 에코 체임버 역시 바로 이 차원에서 중요성이 더욱 커진다.

반론이 여전하기는 하지만, 레벤더스키나 에이브러모위츠 등이 분석한 미디어와 에코 체임버, 양극화의 관계는 적어도 정치 측면에서는 어느 정도 공감을 얻었다(Wilson, Parker, & Feinberg, 2020). 소셜 미디어가 더해진 미디어 생태계가 더 당파적인 양상을 띠면서, 그리고 양 진영 간의 대화가 더 폐쇄적인 양상을 띠면서 미디어와 에코 체임버에 책임을 돌리는 일이 더 많아지고 있다.

그러나 그렇다고 에코 체임버가 양극화를 낳았다고 할 수 있는 직접적 증거를 제시한 연구(자) 또한 없다. 예컨대 기존 연구를 리뷰하는 자리에서 레벤더스키도 저자 중 하나로 참여한 아이엔거 등의 연구(Iyengar et al., 2019)는 "'에코 체임버'가 대면이든 온라인이든 정서적 양극화의 원인으로서 어떤 역할을 하는지에 대해 확고한 결론을 내리는 것은 시기상조"(p.136)라는 결론을 내린다. 그리고 이 점은 비단 미국에만 해당하지 않는다. 여러 나라의 비교 연구를 통해 봐도 그렇다. 에코 체임버가 있는 곳이지만 양극화는 나타나지 않고, 에코 체임버가 발견되지 않는 곳에서도 양극화는 나타난다(Dubois & Renna, 2023).

이안돌리 등(Iandoli et al., 2021)도 관련 연구를 리뷰한 결과로, '소셜 미디어가 에코 체임버를 조성한다'는 주장에는 증거가 상당히 '제한적'이라고 한다. 오히려 이 연구는 '소셜 미디어를 통한 온라인 토론이 높게 분열되고 양극화된다'는 명제에는 '충분한 증거'가 있고, '소셜 미디어 소통이 더욱 양극화되고 조작에 취약하다'는 추론에는 '증거가 증가'되고 있다고 본다. 이러한 점 등은 이론적 가정을 뒷받침하는 경험적 증거들이 아직 명확하게 정리되어 있지 않은 채 혼란스럽게 산재되어 있음을 잘 보여 준다.

다음에서 살펴볼 선거 연구 등은 플랫폼(메타)과 학계가 발표자가 되고, 이의 민감한 이해관계자인 정책 당국과 시민 사회가 청중인 에코 체임버의 세미나장이다. 여기에서도 이 혼란은 해결되었다고 보기 어렵지만, 에코 체임버(와 필터 버블)가 얼마나 정치적인 것인지, 지금 이 주제가 얼마나 뜨거운 것인지를 알게 해 주는 데에는 모자람이 없다.

페이스북 정치: 메타(페이스북과 인스타그램)**의 2020 선거 연구**(FIES)

2023년 나이언과 게스, 곤잘레스-베일런 등을 비롯해 미국을 대표하는 정치학·심리학·(소셜) 미디어·데이터학자 30여 명이 페이스북의 협조(사실상 주관)로 실시한 대규모 필드 실험의 결과를 〈네이처*Nature*〉와 〈사이언스*Science*〉, 〈미국국립과학원회보*PNAS*〉 등에 나누어 5부작으로 발표했다(Allcott et al., 2024; Nyhan et al., 2023; González-Bailón et al., 2023; Guess et al., 2023a; Guess et al., 2023b). 이 결과가 사뭇 충격적이어서 에코 체임버가 정치적 양극화에 미치는 효과에 대한 논의에 하나의 전환점을 제시한 경우로 볼 수 있다.

나이언 등(Nyhan et al., 2023)의 연구는 이 중에서도 가장 직접적으로 '에코 체임버의 정치적 효과'를 알아본 실험일 것이다. 이 연구는 2020년 미국 대선을 전후해 페이스북의 2만 3,377명 이용자에게 에코 체임버의 정치적 효과를 유발한다고 하는 동류 집단의 콘텐츠를 1/3로 줄여 태도 변화를 살펴보았다. 같은 부류끼리의 반복되는 논의가 극단화를 일으킨다는 가설을 페이스북에서 검증하고자 한 것이다. 연구 결과, 나이언 등은 '정서적 양극화,' '이데올로기적 극단성,' '후보자에 대한 평가,' '잘못된 신념' 등과 같은 민감한 정치적 이슈 등을 담은 설문에서 결코 '측정할 수 있는 수준의

measurable (유의미한) 효과'를 발견하지 못했다. 재밌는 것은 여기에 '정확히precisely'라는 말을 따로 덧붙여 수사적으로 강조했다(p.137)는 점이다. 약간은 이전 다른 연구의 부정확성이나 과장을 지적하는 듯한 뉘앙스다. 물론 이 말은 '크지 않다'라거나 확실한 '증거력이 없다'는 뜻이지 '효과가 없다'는 뜻은 결코 아니다.

이를 증명하듯 대표 저자인 나이언은 한 인터뷰에서 "이 결과가 소셜 미디어가 부정적인 효과를 낳지 않는다는 것을 의미하는 건 결코 아니다. 그러나 널리 논의된 세 가지 (실험을 통한) 개입 중 어느 것도 태도에 측정할 수 있는 수준의 (유의미한) 변화를 일으키지 않았다. 이것은 우리에게 나름의 시사점을 준다고 생각한다"(Nyhan; Kupferschmidt, 2023: 368. 괄호 안은 인용자)라고 말했다.

거의 같은 연구진으로 구성된 게스 등(Guess et al., 2023a)이 비슷한 시기에 시행한 실험 역시 이와 결과가 유사하다. 이 연구는 석 달 동안 공유 콘텐츠를 완전히 끊었다. 끼리끼리 비슷한 성격의 콘텐츠를 공유하면서 기존의 태도를 강화한다는 효과가 실제로 있는지를 알아보려 한 것이다. 그러나 이 실험 역시 정치적 양극화나 개인 차원의 정치적 태도에 나타난 의미 있는 영향을 발견하지 못했다. 물론 변화는 있었다. 공유 콘텐츠가 끊기자 클릭 수의 전체 양이 줄면서 당파적인 것도 함께 줄어들었으며, 뉴스 지식도 명확히 감소했다. 이 실험의 결과로 보면, 콘텐츠의 공유 행위는 부정적 효과는 없고 클릭 수는 늘려주는 (플랫폼 입장에서의) '효자'임에도 불구하고 억울한 오해만 많이 받은 셈이다.

또 다른 게스 등(Guess et al., 2023b)의 연구는 알고리즘의 뉴스 피드를 '역순으로 정렬된 피드reverse-chronologically-ordered feeds'로 바꿔 보는 실험이었다. 이 피드는 최신부터 과거순으로 콘텐츠를 시간에 따라 정렬시킨 것을 말한다. 즉 시간 순서대로 게시물이나 콘텐츠가 배열되어 이용자는 가장 최근에 게시된 내용을 먼저 보고, 그보다 이전에 게시된 콘텐츠를 나중에 볼 수 있는 방식이다. 정해진 기준에 따라 특정 콘텐츠를 먼저 보여 주는 알고리즘 피드의 효과(필터 버블)가 과연 있는지를 알아보고자 한 것이다.

실험 결과, 먼저 이용자들이 플랫폼에서 소비하는 시간과 활동이 상당히 감소했다. 역순 피드는 콘텐츠 노출에도 영향을 미쳐 정치적이거나 신뢰할 수 없는 콘텐츠의 양이 두 플랫폼에서 오히려 모두 증가했고, 페이스북에서는 비시민적이거나 비속어가 포함된 콘텐츠가 감소했다. 중도 성향의 친구들이나 이념적으로 다양한mixed 수용자들의 출처에서 나온 콘텐츠도 늘어났다. 그러나 이러한 큰 변화에도 불구하고, 3개월 동안 진행된 연구에서 역순 피드는 이슈에 대한 양극화, 정서적 양극화, 정치적 지식, 기타 다른 주요 정치적 태도에는 유의미한 영향을 미치지 않았다. 필터 버블의 효과는 없는 것으로 나타났다.

다음은 '페이스북의 정치 뉴스에 대한 노출에서 비대칭적 이데올로기적 분리'라는 제목의 곤잘레즈-배일런 등(González-Bailón et al., 2023)의 연구다. 이 연구는 (1) 잠재적 노출에서 실제 노출, 그리고 상호 작용으로 이동할수록 이념적 분리가 높아지고, (2) 보수와 진보 수용자 사이는 대칭적이지 않으며, 보수 성향 이용자들만이 소비하는 일부 콘텐츠가 뉴스 생태계에 상당하게 존재한다. 그리고 (3) 메타(페이스북)의 제삼자 팩트 체크 프로그램에서 확인된 대부분의 잘못된 정보는 이 동질적인 보수 생태계 내에 있고, 진보 측에서는 이에 해당하는 것이 없다는 결과를 발표했다. 페이스북의 뉴스 생태계에는 보수 수용자들이 선호하는 출처가 진보 측보다 더 많이 존재했다는 점도 보고했다. 앞의 세 연구가 페이스북의 정치적 효과(특히, 양극화에 대한 효과)가 없거나 유의미하지 않다고 했다면, 이 연구는 그럼에도 불구하고 발생했던 폐해는 일부 보수층의 행태 때문이라고 말하는 것이다. 이들을 제외한 나머지 대다수 페이스북의 이용자들은 결코 특정한 정치적 영향을 받지 않았다.

이 5부작(올콧 등의 것은 뒤에 살펴본다)은 이전 핑켈 등(Finkel et al., 2020)이 〈사이언스〉지에 발표한, 미국의 정치와 미디어를 강도 높게 비판한 논문, "미국에서의 정치적 당파주의political sectarianism in America"를 반박하기 위한 것으로 보인다. 이 논문 역시 대표적 학자 15명이 참여했으며, 이 중 나이언과 터커 등 2명은 앞선 5부작의 필자와 겹친다. 이 둘은 처음 입장이 나중에 바뀐 것으로 보인다. 이 15명에는 그간 양극화를 주장하면서 미국 정치와 미디어를 비판해 온 정치학자들도 다수(아이엔거, 메이슨, 드러크먼) 들어있다.

여기에서 핑켈 등은 미국 사회가 민주당과 공화당의 두 진영으로 명확하게 나뉘어 상대를 적대시하고('타자화'), 상대편에 대한 불만과 불신을 증폭('혐오')시키는 동시에 자기편의 도덕적 우월성을 주장('도덕화')하는 '독소의 (3중) 칵테일' 현상으로 민주 질서를 어지럽히고 있다고 주장한다. 이의 원인으로 이들은 첫째, 다른 정체성들을 정렬시키는 정당 또는 정치 정향의 메가 정체성화, 둘째, 폭스뉴스가 부추기면서 새로이 형성된 미국의 편향적 미디어 생태계, 다음 셋째로는 지금까지 많이 지적되어 온 정치인과 엘리트의 양극화 등을 꼽았다.

이 중 페이스북을 비롯한 소셜 미디어는, 두 번째 이유인 미국의 편향적 미디어 생태계 부분에서 "당파적 두려움이나 분노를 불러일으키는 콘텐츠의 전염성 있는 영향력"(Finkel et al., 2020: 534)을 행사해 당파주의를 조장하는 주요한 요인으로 지목되었다. 물론 이 지목은 이들의 독창적 주장이라기보다 그간의 연구 성과를 정리·종합한 것에 가까웠고, 직접적으로는 올콧 등(Allcott et al., 2020)이 직전에 실시한 필드 실험 연구를 인용했다.

이 5부작은 핑켈 등이 주장한 바로 이 대목에 대해 일부는 보완하면서도 내용 전체에서는 사실상 반박하는, 자못 진지하면서도 대대적인 '대응'을 한 것이다. 소셜 미디어, 곧 페이스북이 당사자가 되어 벌어진 이 논쟁 아닌 논쟁을 살펴보는 것은 나름의 의의가 클 것으로 사료된다. 왜냐하면 소셜 미디어에 대해 비판한 핑클 등 15명의 필자와 페이스북에 나름의 면죄부를 부여한 나이언 등의 30명은 미국을 대표하는 정치·사회·미디어·데이터 학자들이기 때문이다. 앞서 지적한 대로 이 필자들 중 나이언과 터커 등 두 명은 중복된다. 워낙 이 분야가 복잡해지고 필요한 전문 영역이 다변화되면서 저자가 복수가 되는 게 당연해지는 추세이긴 하지만, 이 같은 15명과 30명의 필자 수는 과학기술 영역에서는 몰라도 인문사회 영역에서는 상당히 이례적이다. 연구 논문이라기보다 성명서 같다는 느낌이 들 정도다.

특히 케임브리지–어낼리티카 스캔들 이후, API를 통한 외부의 자사 데이터 수집을 철저히 통제해 왔던 페이스북이 자신의 데이터와 연구진까지 동원해 연구를 주도했다는 점은 '이해 상충conflict of interest'의 의심을 사기에 충분하며, 해당 연구의 객관성은 물론, 결과의 정치적 파급력에 대한 심각한 의문까지 불러일으킨다. 이는 소셜 미디어의 부정적 효과 존재 여부와 규제 필요성이라는 지금 시대의 핵심 쟁점에 직결되기 때문이다.

이 논의는 대체로 다음의 순서로 진행되었다고 볼 수 있다.

(1) 소셜 미디어의 등장·성행과 양극화의 심화 사이에 인과적 관

계를 설정해 온 그간의 주장을 학술적으로 다시 정리해 이 분야를 대표해 온 15명 필자가 이례적으로 모여 발표한다(소셜 미디어를 비판한다).

(2) 이에 대응해 30명의 필자가 둘 사이에 '유의미한 관계가 없다'는 점을 밝혀 (사실상 페이스북의 입장에서) 반기를 든다.

(3) 공유 콘텐츠의 동류 강화, 알고리즘의 뉴스피드 연구 역시 양극화를 비롯한 이용자의 정치적 태도 등에 거의 효과가 없었음을 밝힌다. 그간 논란이 되어 온 소셜 미디어에 대한 비판들이 대부분 근거가 없다는 점을 대규모 데이터를 통해 '정확하게' 보여 준 것이다.

(4) 물론 그럼에도 불구하고 소셜 미디어가 일부 보수·열성층의 행태를 중심으로 폐해를 발생시키고 있다는 점을 해명 겸 비판으로 제시한다.

(5) 소셜 미디어의 연구 현황에 대해서는 전체적으로 새로 정리하고 문제점을 요약한다(Budak et al., 2024)(부닥은 새로 추가된 필자다).

(6) 마지막으로, 과거 소셜 미디어를 신랄하게 비판했던 올콧 등(Allcott et al., 2024)이 정치적 효과를 다시 정리해 발표한다. 그러나 이번에는 정치적 양극화에 미치는 영향이 통계적으로 의미 있는 수준에서 발견되지 않는다는 결론을 제시한다(자세한 내용은 후술된다).

(7) 전망, 페이스북(을 비롯한 소셜 미디어)의 이런 식의 대응이 자주는 아니라도 계속 있을 것으로 보인다는 점이다. 페이스북은 자신의 데이터가 자신을 지키는 가장 큰 보루임을 잘 알고 있으므로 상대가 학계가 되었건 정책 당국이나 시민 사회가 되었건, 이를 전략적으로 활용해 자신의 이익을 지켜나갈 것으로 보인다.

상당한 반전이 있는 2020년과 2024년의 올콧 등의 실험 연구

2018년 미국 중간 선거 전 4주 동안 2,844명 참가자들의 페이스북을 일시적으로 중지시켜 그 효과를 알아보려 한 올콧 등의 연구(Allcott et al., 2020)는 핑켈 등이 자신의 비판적 주장의 실증적 근거로 삼은 사례다. 이 실험의 결과는, 첫째, 페이스북을 안 하게 되자 피험자들은 온라인 활동이 줄어들었고, 동시에 혼자 TV를 보거나 가족 및 친구들과 어울리는 등 오프라인 활동이 증가했다. 둘째, 사실에 기초한 뉴스의 지식과 정치적 양극화가 모두 감소했으며, 셋째, 주관적 행복감이 증가했다. 마지막 넷째는 실험 후에도 페이스북 사용이 지속적으로 대폭 감소했다. 페이스북을 안 하게 된 경험은 또한 페이스북에 대한 평가를 하향시켰으며, 이는 기존 지표들이 페이스북 이용에 따른 소비자 잉여surplus를 과대평가하는 측면이 있었음을 시사한다고 할 수 있다.

이들의 연구는 제목 자체가 '소셜 미디어의 복지 효과'로 소셜 미디어의 여러 측면을 사실과 느낌 모두에 걸쳐 알아보려 한 것이다. 그러나 결과는 '복지'라는 이름에 걸맞지 않게 대체로 부정적인 것이었다. '소셜 미디어는 이를 대신하는 더 좋은 대체재들이 있고, 하지 않으면 오히려 주관적 행복감이 증가하며, 양극화 같은 부정적 효과 역시 줄어든다.' '한 번 끊었더니 긍정적 효용이 체감하여 다시 늘어나지 않는다.' 특히 후자는 실제로 느끼는 체감 효과로 어찌 보면 가장 큰 것일 수도 있다. 물론 정치적 지식이 줄어드는 역효과도 일부 나타나기는 했다('소셜 미디어는 정치적 지식을 늘린다'). 하지만 전체적으로 보아 소셜 미디어의 효과는 단연 부정적이다. 아마도 연구의 범위와 규모, 내외적 타당성 측면에서 이처럼 소셜 미디어의 효과를 전체적으로 그리고 실증적·비판적으로 판정한 연구도 드물 것이다.

그러나 이는 4년 후에 발표한 연구(Allcott et al., 2024)에 의해 상당히 바뀐다. 앞의 연구가 소셜 미디어가 주는 '전반적 효용과 체험적 느낌'에 관한 것이라면, 이것은 2020년 미국 대선을 앞두고 정치 분야에 한정해 소셜 미디어의 효과를 알아보려 한 것이다. 이 연구는 페이스북 이용자 1만 9,857명과 인스타그램 이용자 1만 5,585명 중 일부를 무작위로 선택해 계정을 6주 동안 중지하도록 하였는데 피험자 수에서 볼 수 있듯이 앞의 것에 비해 훨씬 대규모다.

이 연구에서 이전에 비해 대폭 늘어난 32명 저자들(앞의 4부작 연구자들과 상당히 겹치고 올콧의 2020년 연구의 네 명 저자와는 둘만 같다)은 다음과 같은 네 가지 주요 결과를 보고했다. 첫째, 페이스북과 인스타그램을 하지 않게 되자 온라인 참여가 감소했고, 이에 따라 정치적 참여 지수 또한 줄어들었다. 둘째, 지식 지수에서 뚜렷한 변화가 관찰되지는 않았으나 세부 분석에서는 일반 뉴스 지식이 감소하고 온라인 허위 정보에 대한 믿음도 줄어드는 경향이 나타났다. 셋째, 피험자들이 스스로 보고한 데이터에 따르면, 트럼프 지지 표가 순 감소net vote[151]하는 경향이 나타나기는 했지만, 이 효과는 사전에 설정된 유의성 기준을 충족하지 못했다. 그러니까 통계적으로 우연히 그런 결과가 나타났을 가능성을 배제할 수 없다는 뜻으로 트럼프 지지 감소와 페이스북의 (일시적) 중지는 별 관계가 없다는 것을 뜻한다. 마지막으로, 정서적 및 이슈에 따른 양극화, 선거에 대한 인지된 정당성, 후보 호감도, 투표율에 미친 영향은 '정확하게'(강조했다) 측정되었으며, 모두 거의 0에 가까운 결과를 보였다.

151 트럼프에게 투표했거나 투표하려는 의사를 말한 사람들의 비율에서 그 반대의 의사를 말한 사람들의 비율을 뺀 값을 말한다.

이 두 연구는 사실 상당히 다르다. 목적도 시점도 규모도 초점도 다르고, 데이터 수집 방식까지도 다르다. 특히 데이터 측면에서 볼 때는 후자가 훨씬 더 신뢰성이 높다고 할 수 있다. 2020년 연구는 페이스북과의 연계 없이 독자적으로 진행되어 실험에 참여한 사람들의 자기 보고식 설문 조사에 주로 의존했다. 아무래도 메타(페이스북)의 플랫폼적 차원의 협조를 얻어 디지털 행동 데이터를 인스타그램까지 더해 대규모로 분석한 2024년에 비해 자료의 규모와 정확성, 세밀함 측면에서 상당한 손색이 있다고 보아야 한다.

그러나 그렇다고 둘이 가진 정치적 의미, 특히 페이스북을 부정적으로 판단한 앞 연구의 가치가 평가 절하되는 건 아니다. 또 둘이 공통되는 부분도 상당하게 있어 이는 소셜 미디어의 검증된 효과로 정리될 수 있기도 하다. 공통점부터 살펴보면, 역시 소셜 미디어를 통해 정치적 지식이 증가하고 활성화된 온라인에 힘입어 전체적인 정치 참여 역시 높아진다고 보는 점이다. 한때 미국 민주주의가 낮아진 정치 효능감과 참여(투표율) 때문에 크게 고민한 적이 있던 것(예를 들어, Patterson, 2002)에 비추어 보면, 온라인의 등장과 소셜 미디어의 성행은 오히려 참여 문제를 해결해 주는 솔루션의 하나였다고도 할 수 있다.

그러나 온라인이 계기가 되어 크게 다양해진 정치 참여는 의외로 진보와 보수 사이의 원론적 관점 차이를 새삼 환기시키기도 하며,[152] 그 자체로 문제를 일으킨다고도 할 수 있다(그 부정적 유형에 대해

152 정치적 참여에 대한 진보와 보수의 본질적 차이 — 진보는 참여를 '적극적(이익 지향적)'으로, 보수는 '소극적(위협 대응적)'으로 보는 차이 — 는 때로 민주주의를 위기careening에 빠뜨린다(Slater, 2022). 2021년 1월 6일, 트럼프 대통령의 지지자들이 미국 국회의사당을 점거하면서 발생한 캐피털

서는, Lutz & Hoffmann, 2017 참조). 정치적 지식 역시 마찬가지다. 의외로 소셜 미디어는 가짜뉴스 같은 문제 있는 정보('잘못된 지식')의 온상이 되기도 하기 때문이다. 정치 참여와 지식 증가, 가짜뉴스의 수용이 높은 연관을 맺는 것은 지금 시대의 디지털 정치가 갖는 대표적인 양가성 또는 패러독스일 것이다.[153]

더욱 주목되는 것은 차이점인데, 역시 양극화에 미치는 소셜 미디어에 대한 효과 판단이 극적으로 달라졌다. 2020년 연구에서 소셜 미디어(페이스북)는 일부라도 양극화를 조장했지만,[154] 인스타그

폭동은 보수의 위협 대응적 조치의 발로로, 정치 참여가 잘못된 방향으로 극단화된 전형적 사례의 하나로 볼 수 있다.

153 대체로 이전 시대까지가 최소한의 정치 참여나 정치 지식 같은 '필요조건'의 문제였다면, 지금 시대는 이런 문제가 어느 정도 해결되고 난 이후의 문제, 곧 '충분조건'이 문제에 봉착하고 있는 것으로 보인다. 이 필요와 충분의 차이에 어떻게 접근해야 하는지, '어두운 참여'·'어두운 공유' 같은 새로운 딜레마에 어떻게 대처해야 하는지에 대해 연구자들은 아직 뚜렷한 해결 방안을 내놓고 있지 못하다. 이를 지적한 발렌주엘라 등(Valenzuela et al., 2019)의 연구는 칠레의 사례이지만 다른 나라에도 얼마든지 적용 가능하다.

154 실험 처치 후(페이스북 일시적 중지) 참여자들은 정치적 양극화가 0.16 표준 편차만큼 감소한 것으로 나타났다. 이 수치는 통계적으로 유의미하지는 않으나 미국 전체에서 1996년부터 2018년까지 22년 동안 정치적 양극화가 약 0.38 표준 편차 증가했다는 이전 연구 결과와 비교했을 때, 주목할 만한 감소로 볼 수 있다. 이용자의 주관적 행복감, 생활 만족도, 우울감, 불안감 등 정서적 복지에서는 0.09 표준 편차의 개선을 보였다. 이는 일상적인 심리 치료의 약 25～40% 수준의 효과에 해당한다. 실험 종료 후에도 실험 집단은 페이스북 이용이 평균 12분(약 23%) 감소한 채로 유지되었다(Allcott et al., 2020). 이 결과는 적어도 페이스북에는 상당히 치명적인 것이 아닐 수 없다. 내가 보기에 이 연구와 핑켈 등 13인의 연구는 페이스북이 가만히 있어서는 안 되겠다는 일종의 경계 경보 역할을 했다.

램까지 포함한 2024년 연구에서는 거의 그 효과가 나타나지 않았다(0이었다). 이 점은 두 연구의 차이를 극적인 것으로 만들어 준다. 양극화는 정치를 넘어 지금의 미국 사회 전체가 당면한 치명적 문제이고, 소셜 미디어가 이에 부정적 영향을 미쳤을 것이라는 가정은 학자들을 넘어 세간에도 상당히 유포되어 있는 것이기 때문이다.

이런 연구들에 대해서는 영국의 심리학자 레반도프스키가 나이언 등(Nyhan et al., 2023)에 했던 코멘트가 상당히 적절하다고 생각한다. 레반도프스키는 2024년 연구가 선거라는 특정 계기를 중심으로 한 단발성 연구라는 점을 강조하면서 사람들의 태도 변화는 긴 시간 동안 다방면에서 발생하므로 간접적이면서 누적적인 영향까지 복합적으로 고려할 수 있어야 한다는 점을 지적한다(Lewandowsky; Kupferschmidt, 2023: 368). 이를테면 그는 소셜 미디어 플랫폼에서 이루어지는 결정들이 뉴스 미디어가 기사를 제시하는 방식이나 정치인들이 소통하는 방식에까지 영향을 미칠 수 있다는 점을 상기시킨다. 소셜 미디어가 미치는 영향은 양극화를 포함해 이미 하나의 환경이나 관습처럼 널리 퍼져 있다는 것이다. 그저 단기간 사용을 중단했다고 해서 마치 리트머스 테스트처럼 즉각적으로 효과가 나타나는 성질의 영향이 아니라는 뜻이다.

이런 논쟁은 사실 강효과론과 약효과론을 단진자 운동처럼 반복해 온 기존 미디어효과론의 도식을 연상시킨다. 발켄버그 등(Valkenburg, Peter, & Walther, 2016)이 밝힌 바대로 미디어 효과는 강과 약을 일의적으로 규정할 수 없는, '조건적'이고(주변의 환경적 조건에 구애받고), '간접적'이며(직접적으로 영향력을 행사하지 않으며), '누적적'이고(단기적 일회성에 머물지 않고), '상호적'이며(일방향적 자극-반응 같은 것이 아니며), '상황과 맥락에 대해 상당히 의존적'이다. 소셜 미디어 역시 이 테제들에 결코 예외이지 않다. 나이언 등이 보는 '효과'는 의도한 바와는 달리 이런 교훈을 충분히 존중하고 있지 못한 듯하다.

소셜 미디어가 등장·성행하는 것과 정치적 양극화가 심화된 것이 동시에 발생한 현상co-occurrences이고, 소셜 미디어의 기술적 어포던스가 양극화에 어울리는 점 또한 분명하지만(에코 체임버 역시 이 중 하나다), 사실 앞서 본 미디어 효과의 카오스적 복합성 때문에 둘 사이에 상관관계를 넘어 인과 관계를 증명하는 것은 매우 어렵다. 특히 변수 사이의 관계를 잘 알아볼 수 있어 내적 타당도는 높지만, 환경적 조건 자체의 인식에는 등한할 수밖에 없어 외적 타당도는 낮은 실험 연구로는 상대적 한계가 크다고 할 수 있다. 정치적 양극화처럼 수십 년간 진행되어 온, 그리고 다양한 원인이 중첩된 역사적이면서 복합적 현상일 경우 더욱 그러할 것이다. 그간 이 둘 사이에 관계(특히 인과)를 증명하고자 한 연구들과 그 기법들이 다음의 진술에서처럼 확실히 기대에 못 미치는 이유가 여기에 있다.

> "…… 이런 기법들이 소셜 미디어가 특정 결과에 영향을 미치는지 여부는 알려주지만, 그 이유는 **설명해 주지 않는다**. …… 이 (실험) 연구들에서 소셜 미디어 노출은 궁극적으로 묶음 처치bundled treatment에 해당한다. 네트워크를 통해 이용자들은 뉴스부터 엔터테인먼트에 이르기까지 다양한 콘텐츠와, 긍정적인 것에서부터 악의적인 것까지 다양한 톤에 노출된다. 앞서 언급된 연구들은 특정 플랫폼이 태도와 행동에 미치는 영향은 어느 정도 파악하게 해 주지만, 이 관계를 뒷받침하는 메커니즘에 대해서는 말해 주지 않는다." (González-Bailón & Lelkes, 2023: 166. 강조와 괄호 안은 인용자)

여기에서 '묶음 처치'란 다양한 콘텐츠와 서로 다른 톤이 섞인, 비정형적이고 복합적인 자극을 의미한다. 이러한 복합성 때문에 연구들은 특정 플랫폼이 미치는 영향 자체는 어느 정도 파악하게 해주지만, 그 관계를 성립시키는 기제나 원인에 대해서는 충분한 통찰을 제공해 주지 못한다. 원인을 분리해 설명하기가 기본적으로 매우 어렵기 때문이다. 하지만 그렇다고 해서 연구자들이 처음부터 인과적 설명을 시도하지 않았던 것은 아니다. 비록 제한된 자료와 방법론적 조건 속에서였지만, 이들의 목표는 소셜 미디어의 인과적 영향을 규명하려는 데 있었다. 다만 현실적인 제약 속에서 인과를 구성하는 메커니즘까지 가는 데는 실패했고, 결과적으로 연구의 의도와 실제가 일치하지 않게 된 것이다. 게다가 학계의 주목을 받은 지점도 원래의 연구 목적과 엇갈리는 경우가 많았다.

인터넷이 정치적 양극화 증가에 미치는 영향이 클 것이라는 가설을 검증하기 위해 1996년부터 2016년까지 진행된 미국의 선거 데이터(ANES)를 분석한 박셀 등의 연구(Boxell et al., 2017)도 이의 전형적 사례 중 하나다. 이 연구는 인터넷이 양극화 증가를 설명하는 비율이 매우 낮아(불과 2%) 오히려 온라인 플랫폼이 양극화의 주된 요인이라는 기존의 가설을 부정하는 결과를 낳았다. 정작 양극화의 정도가 높게 나타난 노인들은 인터넷을 별반 이용하지 않아 양극화의 원인은 비인터넷에서의 변화, 즉 전통적인 미디어나 여타 사회적 요인, 정치적 환경의 변화 등에 있을 것으로 제안되었다. 인터넷이 양극화에 기여한다는 가설에서 출발했지만, 이 연구는 오히려 그 가능성을 부정하는 대표적 사례로 인용되고 있다.

미국에서는 극우 성향의 폭스뉴스가 등장한 이후 전반적으로 미디어의 정파성이 강화되었고, 이와 함께 수용자 양극화도 진전되었다고 보고된다(Arguedas et al., 2022). 이런 흐름만 놓고 보면 미디어가 양극화에 크게 기여한 것처럼 보이지만, 그 인과를 실제로 증명하는 일은 결코 간단치 않다.

보이체샤크 등(Wojcieszak et al., 2023)의 연구가 대표적인데, 그들의 연구에 따르면, 당파적인 미디어든 중립적인 미디어든 뉴스 웹사이트에 대한 노출은 양극화를 심화시키지 않는 것으로 나타났다. 이러한 '효과 없음'은 강한 당파주의자와 약한 당파주의자, 민주당 당원과 공화당 당원 모두에서 같이 나타나 상당한 의의를 지닐 수 있을 것으로 보인다. 이의 결정적인 이유 중 하나는 정치와 당파적 뉴스가 전체 데이터에서 차지하는 비중이 불과 2%에 불과해서 무시할 만한 수준이었다는 점이다. 물론 양극화에 보수층의 변화가 지대하게 영향을 미친 점 등은 여러 연구(앞의 5부작에서는, González-Bailón et al., 2023)에서 지적되었고, 효과를 주장하든 부정하든, 양측 모두 소셜 미디어의 일반적인 부작용에 대해서는 인정·주목한다는 점에서 효과에 대한 논점의 차이가 (소셜 미디어의 규제) 정책 측면에서까지 합의나 절충의 의지를 막을 정도는 아니다.

양극화가 오히려 원인?

소셜 미디어나 에코 체임버가 정말 원인이 될 수 있는지 아닌지에 대한 논쟁은 이에 그치지 않는다. 특히 에코 체임버와 양극화 사이가 그러하다. 지금까지는 주로 에코 체임버를 원인으로, 양극화를 결과로 본 연구가 많았다. 이 책에서도 앞서 그런 연구를 많이 거론했다. 그러나 최근 들어 이를 역전시키는 논리나 연구들도 등장하고 있다.

앞서 본 응우옌의 에코 체임버론을 인지적 측면에 치우친 것으로 비판하는 먼로(Munroe, 2024)가 대표적인 예다. 먼로는 지금 문제가 되는 것은 정서적 양극화나 정당 정렬, 정당 정체성이지, 인지적 에코 체임버가 영향을 미칠 것으로 판단되는 이데올로기적 양극화나 이슈 양극화가 아니라고 한다. 그래서 그는 정치적 외집단에 대한 불신 같은 에코 체임버의 두드러진 부정적 효과도 '인지 기반'에서가 아니라 '감정 기반'에서 비롯된 것이며, 여기에서 에코 체임버는 기껏해야 중개 변인 수준 이상이 아니라고(영향이 '제한적'이라고) 주장한다.[155]

네덜란드의 선거 연구에서 추출한 패널 데이터를 활용해 정서적 양극화 수준과 소셜 미디어 이용의 관계를 시간적 추이에 따라 분석한 노르드브란트(Nordbrandt, 2021) 역시 단호한 입장을 보인다. 노르드브란트는 소셜 미디어(에코 체임버)와 (정서적) 양극화 사이를 인과 관계로 보는 가설에 '어떤 근거도 없다'고 주장하면서, 거꾸로 양극화가 소셜 미디어 사용 패턴, 특히 문제가 되는 극단적 사이트를 소비시키는 원인이라고 주장한다. 소셜 미디어가 양극화를 유발하는 것이 아니라 이미 양극화된 사람들이 자신의 정치적 입장에 부합하는 극단적 사이트를 더 많이 소비함으로써 더욱 극단화된다고 보는 것이다.

챈과 이(Chan & Yi, 2024)도 양극화가 원인으로 작용하는 연구를 수행했다. 그들은 민주주의가 확립된 27개국을 대상으로 정서와

155 먼로의 대안은 그래서 응우옌의 인지 (차원의) 보호 메커니즘이 아닌 카한(Kahan, 2013)의 정체성 보호 메커니즘이다. 기후 변화 회의론도 '차가운' 인지적 과정cold cognition이 아니라 '뜨겁게 동기화된' 인지hot motivated cognition에서 연유한다고 본다. 이 회의론에서는 반대 정보가 단순히 거부만 되는 것이 아니라 정체성과 집단적 가치관을 보호하려는 과정을 통해 특정한 방식으로 해석 · 수용된다고 본다.

이슈 양극화가 소셜 미디어의 이용과 민주주의에 미치는 영향을 분석했다. 이들 나라를 포함해 글로벌 수준에서 약 60%의 인구가 소셜 미디어를 이용하고 있어 이 분석의 의의는 자못 크다고 할 수 있다. 결과에 따르면, 정서적 양극화의 정도가 높은 나라에서는 소셜 미디어 이용이 참여와 투표 같은 민주적 관여는 증가시키지만, 민주주의에 대한 만족도(즉 정치적 만족도와 민주주의 질에 대한 인식)는 감소시키는 것으로 나타났다. 반면, 정서적 양극화가 낮은 나라에서는 소셜 미디어 이용이 민주주의 질에 대한 인식은 높였으나 정치적 만족도에는 영향을 미치지 않았다. 이런 정서적 양극화와 달리 이슈 양극화는 모든 측면에서 단지 제한된 우연적 영향을 미치는 데 그쳤다.

여기에서 관심을 끄는 것은 역시 정서적 양극화가 높은 나라들의 경우이다. 이 나라들에서는 정치적 참여가 활발하고 투표율도 높지만, 반대하는 정치 세력이나 정당에 대해 강한 적대감이 나타나며, 소셜 미디어는 이를 효과적으로 매개한다. 그러나 전체적으로 민주주의에 대한 만족도는 낮고, 경우에 따라서는 민주주의의 퇴행과 잠식이 일어날 우려마저 있다. 정치적 갈등이 격화되고 상대를 적대시하는 상황에서는 민주주의가 전제하는 상호 존중과 타협의 과정이 제대로 이루어지기 어렵기 때문이다. 양극화 수준이 낮은 나라들의 경우에는 이런 부정적 영향은 없지만 나름의 한계가 있다. 소셜 미디어 이용이 민주주의의 질을 높이는 데는 기여해도, 정치적 만족감까지 제공해 주지는 못하는 것이다.

이런 정서적 양극화에 비해 이슈 양극화는 소셜 미디어 이용에 따른 정치적 참여나 민주주의 만족도에 큰 영향을 미치지 않는다. 이슈를 통한 대립은 훨씬 더 바람직한 의미의 공론장적 효과를 낳을 것처럼 보이지만, 의외로 아무런 영향이 없어 소셜 미디어가 미치는 영향이 상당히 감정적인 것임을 다시 한 번 예증한다.

최근 같은 비교 차원에서 19개국을 대상으로 실시된 설문 연구(Zilinsky et al., 2024)도 있다. 이 연구는 에코 체임버보다 폭넓게 개개인의 미디어 소비 전체를 변인으로 삼았는데, 분석에 따르면, 미디어 소비에 관계없이 개인 차원의 음모론적 성향이 강할수록 러시아의 침공을 정당화하는 주장을 더 쉽게 신뢰했다. 설문이 실시된 모든 나라에서 음모론적 관점을 가진 사람들은 전쟁 관련 허위 정보에 더 취약했다. 유튜브나 페이스북, 틱톡을 통해 뉴스를 접하는 것도 러시아의 침공을 정당화하는 논리와 연관이 있는 나라들도 있었으나 이 관계는 음모론적 사고보다 약했다. 요약하면, 역시 개인의 성향이 미디어적 영향(에코 체임버)보다 우선한다는 뜻으로 볼 수 있다.

바스토스 등(Bastos et al., 2018)은 브렉시트 캠페인 동안 트위터에서의 에코 체임버 현상이 가진 지리적 의존성을 탐구했다. 이들은 온라인 네트워크가 오프라인(지리적 맥락)과 어떻게 연관되는지를 살펴보면서, 에코 체임버가 단순한 온라인 상호 작용의 산물인지, 아니면 물리적 대면 관계와도 관련이 있는지를 알아보았다. 양극화를 직접 다루진 않았지만, 이 연구 역시 소셜 미디어가 영향을 미친 것인지, 혹은 외부 요인에 영향을 받은 것인지에 대한 인과적 해명을 위한 단서를 제공한다.

연구에 따르면, 양극화된 온라인 에코 체임버가 오프라인의 지리적 네트워크와 겹친다는 것이다. 브렉시트 찬성 캠페인의 에코 체임버는 지리적 인접성과 연관된 반면, 반대 캠페인의 경우에는 그 반대, 곧 지리적으로 분산되었음을 보여 주었다. 찬성 캠페인에서는 지리적으로 가까운 이용자들이 비슷한 정보를 공유해 내부in-bubble 에코 체임버를 형성했고, 반대 캠페인의 경우에는 지리적으로 분산된 이용자들 간 상호 작용이 많이 이루어져 비교적 교차cross-bubble 의사소통이 더 활발했다. 이 점 또한 이미 성립된 오프라인 네트워크가 온라인 에코 체임버에 영향을 미쳤다는 것을 말해 준다.

스트라우드(Stroud, 2010)의 '당파적 선택적 노출'은 에코 체임버 자체를 분석한 것은 아니지만 두 개념 사이의 필연적 관계를 고려해 볼 때 참고의 가치가 크다. 스트라우드는 미디어 원인론을 지지하면서도 역방향의 인과 관계에도 증거가 있다는 약간 '중간적'인 주장을 편다. 그는 아넨버그 선거 연구 데이터를 이용해 정파적 선택적 노출과 정치적 양극화 간의 관계를 분석하는데, 먼저 단면 분석cross-sectional analysis에서는 정파적 선택적 노출이 양극화와 관련이 있다는 강력한 증거가 나타났다. 인과를 밝혀주는 '시간 경과 분석'에서는 정파적 선택적 노출이 양극화를 유발한다는 것을 증명했다. 그러나 양극화가 정파적 선택적 노출을 초래할 수 있다는 역방향 인과 관계reverse causal direction를 지지하는 증거도 같이 발견되었다. 결과적으로 중점은 선택적 노출(에코 체임버)에 주어졌지만 반대 주장에도 여지가 남았다.

이외에도 에코 체임버 효과가 온라인/소셜 미디어의 전유물이 아니라는 점 또한 확인된다. 영국과 프랑스, 미국에서 우익 포퓰리즘과의 관계를 살핀 불리안느 등(Boulianne, Koc-Michalska, & Bimber, 2020)은 전반적인 동류집단성이 가진 에코 체임버 효과가 일반 대중의 양극화에까지 나타났음을 확인했으나 정작 목표했던 온라인/소셜 미디어와 우익 포퓰리즘과의 관계는 발견할 수 없었다. 그 효과는 오히려 인종, 민족, 계급과 연관된 오프라인 정치 토론에서 나타났다. 온라인은 미국에서는 우익 포퓰리즘에 대한 지지를 감소시키는 경향마저 있었다. 오프라인이 에코 체임버 효과를 더 잘 지지해 준 것이다. 게스 등(Guess et al., 2018)도 이와 비슷하게 온라인보다 오프라인에서 에코 체임버가 더 잘 발견된다고 한다.

이런 저간의 연구들은 양극화가 온라인이나 에코 체임버와 맺는 관계를 섣불리 단정하기 어렵게 만든다. 에코 체임버에 대해 종합적으로 리뷰를 한 하트만 등(Hartmann et al., 2024) 역시 대부분 상관관계 발견에 그치는 양자 간의 (피)영향 관계에 대한 설정이 지금대로 정당한지, 즉 자칫 인과 관계로 잘못 강변된다거나 그저 비슷비슷한 연구들이 불필요하게 반복되지는 않은지, 인과 방향이 뒤바뀐 오류가 있지는 않은지 여러 관련 의문이 해결되지 않았다고 주장한다.[156]

인과 추론과 정치 참여 매개

인과의 추론에 정치 참여를 매개로 설정해 보는 시도, 즉 미디어가 참여를 자극하고 이 참여가 양극화를 심화시킨다는 가설도 유용할 것이다. 지난 연구들에 대한 불리안느의 메타 분석(Boulianne, 2015, 2020)이 증명하듯이 소셜 미디어를 비롯해 디지털 미디어가 정치 참여에 미치는 영향은 대체로 긍정적이고, 소셜 미디어가 출발점(원인)인 방향성에서도 앞서의 양극화에 비추어 보면 비교적 논란이 없는 편이다.[157] 물론 그렇다고 해서 에코 체임버가 정치 참여에 미치는 영

156 그들은 에코 체임버 가설이 주로 미국을 비롯해 분열되어 있는 국가나 담론 공간에서 주로 확인된 점, 즉, '양당제' 국가나 '과학 대 음모론,' '백신 찬성 대 반대'처럼 이미 양극화된 집단에서 나타난 점을 지적한다. 이는 소셜 미디어(에코 체임버)가 원인이 아니라 결과일 수도 있음을 보여 준다.

157 물론 이 점을 찬양 일변도로 보는 건 성급하다. 앞서 본 대로 '어두운 참여,' '어두운 공유' 같은 참여의 단점도 있을 수 있고, 기존 참여의 준거에 비추어 참여의 형태나 질도 문제가 될 수 있기 때문이다. 사이버 참여와 선

향이 충분히 밝혀졌다고 보기는 어렵다. 소셜 미디어가 참여를 촉진시키는 (일부 검증된) 효과와는 별개로 에코 체임버는 아예 발생시키지 않아 결과적으로 참여와 체임버 사이가 상반되게 나타났다고 주장하는 연구도 있다(Vaccari & Valeriani, 2021).

소셜 미디어가 정치적 참여를 확대하고, 참여의 불평등을 완화시킨다는 주장이 한때 팽배했지만, 이는 대중이 가진 다음의 두 가지 비판적 가정과 모순된다. 첫째 가정은 소셜 미디어의 유해성이 사람들을 정치로부터 멀어지게 하고, 참여 에너지를 약화시킨다는 주장이다. 둘째는 온라인 정치가 단순히 참여적 불평등을 그대로 반영하거나 심지어 이를 악화시킨다는 주장이다. 바카리와 발레리아니(Vaccari & Valeriani, 2021)는 이런 가정이 '별 근거가 없다'고 하면서도, 온라인 정치 경험이 참여의 문제를 해결하는 만병통치약이라는 반대 극단의 주장은 더더욱 아니라고 본다. 이들은 "디지털 미디어에 관한 공적 담론은 긴장한 실증적 평가를 거치는 중이며, 이 담론은 연구자들이 디지털 미디어가 민주주의에 기여하는 방식을 이해하는 데 영향을 미친 여러 신화를 유용하든 아니든 버리고, 공적 이익을 위해 새로우면서 어려운 실증적 질문을 제기하는 것"(p.234)이 필요하다는 유보적 결론으로 간다.

물론 생각해 보면 에코 체임버가 정치 참여를 장려할 개연성은 상당히 있다. 에코 체임버를 통해 기존 신념이 강화되고 사고가 일정하게 극단화되면, 참여 역시 높아질 가능성이 있기 때문이다(그래서 앞서도 본 대로 정치적 만족감이 커진다). 그러나 여기에서도 정치적 참여와 양

거 참여는 다를 수밖에 없다.

극화 관계의 인과적 지향이 모호하다는 또 다른 큰 문제가 제기된다. 정치적 참여와 양극화 사이에서도 어느 쪽이 원인인지에 대해 아직 정설이 없는 상태이며,[158] 양측이 서로 영향을 미친다는 절충적 성격의 나선형 효과론spiral effect까지 제시되어 있다(Hutchens et al., 2019). 나선형 효과론은 참여와 양극화가 서로를 강화하면서 효과를 만들어 낸다는 이론으로, 두 현상이 단순히 한 방향의 인과 관계가 아니고, 상호 작용을 통해 동반 상승한다는 점에 초점을 둔다. 이 주장이 설득력은 있으나 인과 관계를 분명하게 특정하기에는 한계가 있다.

사실 의견이 (정치적) 정체성을 결정하는 것이 아니라 정체성이 의견을 결정한다는 건 제프리 코언의 실험(Cohen, 2003) 이후 잘 알려진 명제다. 코언은 사람들이 특정 정책의 세부 내용보다 어느 집단(정당)에서 그 정책을 제안했는지를 더 중요하게 여긴다는 것을 실험으로 증명했다. 실험은 먼저 참가자들을 정당적 정체성에 따라 분류했다. 다음으로 환경이나 사회 복지 등과 관련된 중립적인 정책을 제안 정당만 다르게 제시하고, 이 정책에 대한 지지 여부를 물었다. 실험 결과, 참가자들은 정책의 내용보다 해당 정책을 제안했던 정당에 따라 자신의 의견을 결정했다. 즉 민주당 지지자는 민주당으로 표기된 정책에 대해, 공화당 지지자는 공화당으로 표기된 정책을 더 지지했다. 이 경향은 심지어 정책 내용이 그들의 정치적 이념과 맞지 않을 때조차도 같이 나타났다. 정체성이 의견을 압도한 것이다.

만약 이 가정이 타당하다면, 답은 '사람의 정체성은 어떻게

158 논리적 차원에서만 보면, '참여 → 양극화'(참여를 통한 양극화)보다는 '양극화 → 참여'(양극화가 상대를 이기기 위해 참여 자극)의 방향이 좀 더 일리 있어 보인다. 그러나 현실에서 양자는 구분하기 어렵게 얽혀 있다.

형성되는가'라는 더 근본적인 물음으로 거슬러 올라가야 한다. 정체성은 단순히 개인의 속성에 기인하지 않으며, 부모나 교육, 주변 환경, 익숙한 미디어 등 다양한 요인의 영향을 받아 형성된다. 개인의 심리가 사뭇 이럴진대 사회 현상 전체는 얼마나 복합적·다차원적이면서 역사적일까. 이렇게 복잡한 현상을 한두 개의 변수로 설명하려 하거나 선형적인 인과 구조로 단순화하는 것은 현실을 지나치게 축소하는 것이다. 방법론적으로도 이런 인과성을 실증적으로 증명하기는 매우 어렵기 때문에, 많은 연구가 상관관계 분석에 의존한다. 그러나 이 과정에서 상관관계를 곧잘 인과 관계로 오해하거나 과도하게 일반화함으로써 과학적 엄밀성을 해치는 오류가 자주 발생한다. 이러한 한계를 극복하려면, 변수들 간의 상호 작용과 심층적 맥락성을 중시하는 질적 연구가 양적 연구와 상호 보완적으로 이루어져야 한다. 그러나 앞서 본 것처럼 에코 체임버 연구에서 질적 접근의 비중은 매우 낮은 편이다.

어떤 현상을 우선적 원인으로 간주할 것인가는 이론의 타당성과 논리적 정합성 측면에서 매우 핵심적인 질문이다. 그러나 그보다 더 선행되어야 할 작업은 특정의 것을 과도하게 원인으로 단정하거나 단순 상관관계를 인과 관계로 왜곡해 온 기존의 오류를 바로잡는 일이다. 소셜 미디어나 에코 체임버가 양극화에 기여할 수 있다는 가정 자체가 무리한 것으로 보이지는 않는다. 이 추론 역시 여전히 학문적으로 포기할 수 없는 탐구 대상이다. 다만 이를 정당화하려면 지금까지 반복되어 온 논리적 오류와 방법론적 한계를 먼저 극복해야 한다. 다음에서는 그런 노력을 일부 살펴보려 한다.

소셜 미디어/에코 체임버의 새로운 인과 관계

지금까지 살펴본 사정으로 미루어 볼 때, 아마도 소셜 미디어든 에코 체임버든 그것이 주요 원인이 되어 양극화 등을 조장한다고 한다면, 대중과 반대로 연구자들 사이에서는 찬성보다 반대 의견이 훨씬 많을 것이다. 설사 영향을 인정하더라도 중개적 영역으로 제한하거나 원인을 복수화해 '여럿 중에서 하나,' 그것도 비중 작은 하나로 간주할 가능성이 높다. 물론 경우에 따라, 특히 양극화 상황에서는 이 '작은 하나'가 큰 역할을 할 수도 있으므로 이 영향의 정밀한 측정을 결코 부차적인 일로 취급할 수는 없다. 문제는 앞서 지적했듯, 인과의 방향조차 불분명한 상황에서는 효과 측정이 이론적·방법론적으로 큰 의의를 갖기 어렵다는 데 있다.

그런 면에서 최근 오스트리아의 마테스 등의 연구(Matthes et al., 2023)는 온라인 이용 행태에 따라 소셜 미디어의 (인과적) 영향이 달라졌음을 규명했다는 점에서 주목할 만하다. 이 연구는 2019년 총선을 앞두고 두 차례에 걸친 온라인 패널 조사를 통해 소셜 미디어를 적극적('게시물 공유'나 '댓글 작성,' '코멘트 붙이기' 등)으로 이용하는 경우는 정서적 양극화를 촉진했지만, 정보를 얻기 위한 단순 이용은 그렇지 않다는 결과를 발표했다. 그리고 상호 관계 분석을 통해 정서적 양극화는 소셜 미디어의 이용 패턴에 유의미한 영향을 미치지 않는다는 점을 밝혀냈다. 정서적 양극화 수준이 높거나 낮다고 해서 사람들이 소셜 미디어에서 정치적 활동을 더하거나 덜하지는 않는다는 뜻이다.

마테스 등의 연구는 양극화가 결과가 아니라 오히려 원인이 될 수 있다는 주장에 이의를 제기하는 것이다. 마테스 등은 어떤 이유에서라도 적극적으로 소셜 미디어를 이용하면, 그 과정에서 강한 감정적 반응이 촉발되어 상대 정치 집단에 대한 부정적 감정이 생겨날 가능성이 커진다고 주장한다. 그러니까 적극적 소셜 미디어 이용이 정서적 양극화의 원인이 되는 것이다. 이 연구는 세부적 이용 패턴에 주목해 소셜 미디어가 문제가 되는 틀problematic을 다시 복원시킨다. 물론 '강한 의견을 가진 소수의 목소리 큰 이용자들에 과도하게 주목함'으로써 소셜 미디어를 원인으로 잘못 보았다고 비판한 앞서의 노르드브란트의 주장과는 어느 쪽이 더 타당한지를 가려봐야 하는 좋은 연구 주제가 된다. 마테스 등의 적극적 이용자 역시 소극적 이용자에 비해 소수이기 때문이다.

퇴른버그 등(Törnberg & Törnberg, 2024)의 의례ritual 주장은 기존의 에코 체임버 이론을 비판적으로 재구성하려는 시도다. 그들은 이 이론이 합리적 논변의 숙의·증명 과정의 중요성을 제기하는 공론장 이론에 대한 비판적 반작용으로 이해한다. 에코 체임버가 파편화를 낳아 공론장의 정상적 기능을 방해한다는 선스타인의 주장이 그 전형적 예다. 그러나 '디지털 부족'으로 부를 수 있는 소셜 미디어의 주변부 집단에 관한 연구를 통해 그들은 이른바 '민주주의의 통념적 이론folk theory of democracy'[159]이 가지는 인과의 방향을 되짚어 볼 것을 제안한다. 즉 의견, 이념, 정교한 논리, 합리적 논쟁으로 구성되는 정치가 집단 정체성과 정치적 소속감을 만들어 내는 것이 아니라, 거꾸로 공동체로부터 의견과 정책 입장이 생겨나고 그 뒤에 이러한 의견

159 이 이론은 이상적으로 정치를 합리적인 토론을 통한 정책 중심의 과정으로 간주하고, 궁극적으로 유권자의 입장을 가장 잘 반영하는 정당(또는 운동)이 선택받는다고 본다. 정치란 논쟁, 의견, 독서에 국한된 순수하게 합리적인 활동이며, 민주주의는 통합된 공론장에서 시민들이 상호 토론을 통해 차이를 조정하고, 공통의 관점을 도출할 때 비로소 제대로 기능한다고 주장한다(Achen & Bartels, 2017; Törnberg & Törnberg, 2024: 119에서 재인용).

이 옳다는 사후 합리화와 논리의 발명이 이어진다고 보는 것이다. 그래서 그들이 보기에 정치적 정체성을 정당화하는 보다 근본적인 것은 '의견'이 아니라 '의례'다. 그들은 이 지점에서 에코 체임버론에 중요한 수정을 가한다. 에코 체임버는 공론장 이론이나 선스타인이 주장하는 의견 영역이 아니라 (뒤르켐 등이 주장하는) 의례의 영역에서 작동하면서 원인의 일부가 된다는 것이다. 기존의 도식이 '에코 체임버(의견) → 양극화'이었다면 그들은 '에코 체임버(의례) → 양극화'다.

이렇게 퇴른버그 등은 에코 체임버의 적용 준거와 이론적 기반을 '공론장'에서 '의례'로 바꾼다. 그리고 민주주의에 대한 통념적 이론과는 반대로 출발점을 의례적 에코 체임버로 삼는다. 이는 인과관계의 방향에서는 앞서의 노르드브란트의 주장과, 에코 체임버에 대한 해석에 대해서는 기존 이론과 반대가 된다. 마테스가 소셜 미디어의 이용 방식에 새롭게 주목한다면, 퇴른버그 등은 의견을 의례로 바꾸는 이론적 내용의 수정을 통해 다시금 에코 체임버를 원인으로 복귀시킨다.

퇴른버그의 최근 연구들(Törnberg et al., 2021; Törnberg & Törnberg, 2024)은 그런 방식으로 에코 체임버의 논리적 기본 틀은 유지하면서도 가설의 세부 내용은 상당히 수정·변경한다. 또 그 틀도 새로운 이론으로 보완해 작동 방식을 설득력 있게 재구성하려 한다. 에코 체임버론은 퇴른버그 등에 의해 확실히 새로운 단계로 진입했다고 볼 수 있다.

세부 내용을 보면, 이들은 먼저 경험적 차원에서 지지를 받지 못하던 '외로운 늑대(들)'의 테제, 곧 개인이나 집단이 일방적인 정보만을 접하면서 사회적으로 고립된 상태에 놓인다는 주장을 거부한다. 실제로 사람들은 비교적 개방된 환경에서 찬반 양쪽의 정보를 교차적으로 접하고 활용한다(Törnberg et al., 2021). 대체로 동질적 집단 내에서 유유상종의 경향을 보이긴 하지만, 반대되거나 중립적인 정보도 극단적으로 회피하지는 않는다. 이는 부분적으로 사람들이 자신을 둘러싼 정보 환경을 완전히 통제하기 어렵기 때문이지만, 때로는 자신의 입장을 방어하기 위한 반박 근거로서라도 반대 정보에 접촉하는 경우도 있기 때문이다. 이러한 점에서 에코 체임버 논의의 핵심 테제 중 하나는 부정된다.

다음으로 그들은 기존 이론 가운데에서 '정서적 양극화'와 소셜 미디어를 비롯한 '디지털 미디어의 어포던스,' 그리고 배제와 수용의 '의견 역학' 등은 적극적으로 수용·보완한다. '정서적 양극화'에서는 양극화를 이슈 입장의 차이가 확대되는 것으로 보는 데서 벗어나 '정렬'에 뿌리를 두어 접근한다. 앞서 피오리나 등의 주장에서 본 대로 정렬은 여러 차이가 단일 대립으로 정돈되어 유권자가 점점 더 동질적인 두 개의 거대(화된) 정당 진영으로 모이는 현상이다.

그들이 보기에 이런 정렬은 '로컬' 차원을 넘어 '글로벌' 차원에서 봐야 제대로 파악된다. 로컬도 버블을 형성해 우리를 공간적·지역적으로 제한하지만, 그 안에서는 여러 갈등과 정체성이 일상적으로 중첩되고 마주친다. 로컬은 다양한 정치적 성향, 계층, 인종, 문화적 배경이 복합적으로 공존하고, 특정한 어느 정체성이 우세하지 않은 안정된 '다원적 모자이크patchwork'를 이룬다. 그러나 디지털 미디어가 로컬을 넘는 글로벌한 차원에서 상호 작용을 권장하면 이제 갈등은 더 큰 규모에서 당파적으로 정렬된 형태로 벌어지고, 이는 다양성이 교차하면서 생기는 로컬의 균형 효과를 제거한다. 사람들이 자신이 사는 고장에서 벗어나 소셜 미디어의 공간에서 입장이 같은 이들을 만난다. 이들은 '같기' 때문에 갈등의 차원이 정렬·응축되기 쉬워

그림 10 로컬과 글로벌에서 의견(정체성)의 교차 · 정렬 과정

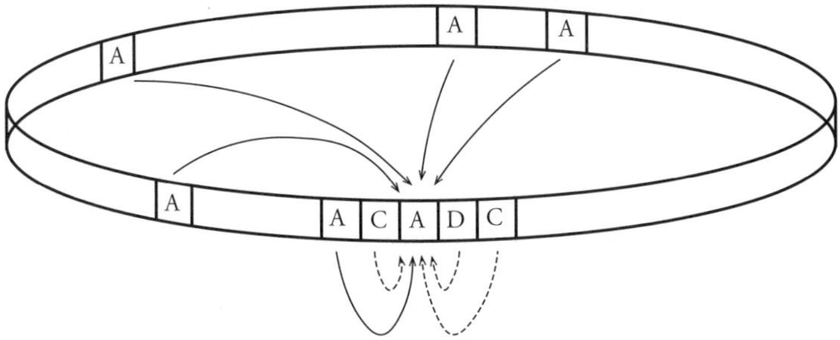

출처: Törnberg et al., 2021: 7.

'극단화'될 요소(앞서 본 집단 극단화다)를 상당히 안고 있다.

그림 10은 이를 시각적으로 잘 보여 준다. 여기에서 정체성 A를 가진 개인은 네 가지 로컬과 네 가지 글로벌 연결을 갖는다. 실선은 동일한 정체성을 가진 개인과 연결될 때 받는 긍정적 피드백이고, 점선은 다른 정체성을 가진 개인들과 연결될 때 받는 부정적 피드백이다. 지리적 위치, 직장 등 외부에 의해 형성된 상호 작용을 나타내는 로컬 연결은 긍정적인 것과 부정적인 피드백이 혼합될 수 있다(로컬 버블). 반면, 글로벌 연결은 디지털 미디어에 의해 선택적으로 긍정적이게 설정되며, 따라서 균일하게 긍정적인 특성을 보인다(글로벌 버블). 피드백의 강도는 연결된 두 개인의 정체성 강도의 곱으로 결정된다. 이렇게 볼 때, 글로벌 연결에서 A는 강해지고 C, D는 약해진다.

이에 따라 미디어 등을 통한 주변 사람들(소규모 집단)과의 친교가 미시적으로는 수렴으로 이어지더라도 더 큰 차원에서 볼 때는 양극화가 발생할 수 있게 된다. 로컬의 교차 영향권을 벗어나 더 큰 차원에서 진행되는 정렬의 영향 때문이다(Mason, 2016). 이 모델은 디

지털 미디어가 당파적 정렬을 통해 양극화를 초래하며, 그 분열의 나선 속에 점점 더 많은 정체성, 신념, 문화적 선호를 빨아들인다고 설명한다.

둘째는 당파적 정렬을 통해 조성되는 이 공간이 인지적 영역의 '의견'이 아니라 정체성과 감정의 영역인 '의례'의 영역에서 대체로 부정적 정체성을 강화하는 방식으로 정치에 영향을 미친다는 점이다. 이로써 정치는 정치적 당파성, 심층적 인간 심리, 그리고 집단 역학으로 이루어지는 정체성 논리에 깊이 연루된다. 여기에서 퇴른버그 등은 소셜 미디어와 에코 체임버가 어떻게 담론적·문화적 과정의 동력으로 작용하고, 웹 문화가 어떻게 급진적 정치 세력을 육성했는지를 다음의 설명으로 잘 보여 준다.

글로벌하게 조성된 디지털 공간은 나름의 성질을 갖는 풍부한 내부 하위문화를 생성한다. 이는 특정한 방언, 속어, 밈, 그리고 내러티브들로 구성된다. 에코 체임버는 이런 하위문화에서 담론을 혁신시키는 동인이 된다. 인터넷 초기에는 주로 '빵가루 묻은 고양이 사진' 같이 해가 없는 농담이나 문화적 표현들이 많았다. 그러나 최근 몇 년간 이런 공간에서 나온 문화적 표현은 점점 정치적이고 명백히 반동적인 색채를 띠기 시작했다. 이 시기에는 극단주의 담론, 아이디어, 밈이 주변부 온라인 공간에서 정치적 주류로 지속적으로 흘러들어갔으며, 이는 백인 우월주의 이데올로기의 주류화에 기여했다.[160] 이렇게 문화가 정치화됨에 따라 디지털 공간의 담론적 혁신 능

160 여기에는 혐오적 메시지의 상징으로 변질된 '페페 더 프로그Pepe the Frog'나 역시 백인 우월주의의 상징으로 조작된 'OK 손 신호'와 같은 새로운 증오 상징부터 무슬림과 비백인 이민자들이 유입됨으로써 원래 백인 인

력, 즉 끊임없는 유희적 실험을 통한 밈, 속어, 이야기 창조 능력 등은 놀라운 힘을 발휘하는 정치적 무기가 되었다.

에코 체임버, 또는 넓게 보아 소셜 미디어의 '정체성 부여'·'담론 능력'은 공동체가 형성되는 과정을 '종교적 의례'를 통해 분석한 뒤르켐, 그리고 이를 발전시킨 랜달 콜린스Randall Collins의 상호 작용 의례 이론으로 적절하게 해석될 수 있다. 이 논리는 "개인들이 공통된 관심사를 중심으로 모이고, 이 관심사가 집단적 정체성으로 변형되는 경향을 가지며, 동시에 내부자와 외부자를 구분하는 담론에 접합된다"(Törnberg & Törnberg, 2022: 2~3)라는 것으로 요약된다.

공동체는 '공현존co-presence,' '외부자에 대한 장벽,' '상호 집중된 관심,' '공유된 분위기'로 구성된다. 여기서 '공현존'은 구성원들이 동시에 같은 공간·시간적 상황 안에 존재하며 서로를 인식하는 상태를 의미한다. 디지털 공간에서도 공동의 목적과 집중된 초점을 나타낼 수 있다는 점에서 '공현존'은 '매개된 관계'로 대체될 수 있다. 이 네 가지 요소들은 부분적으로 겹치며 서로 영향을 주고받는다. 이러한 요소들이 결합하면 '집단적 고양effervescence'이 일어나면서 다음의 네 가지 결과가 나타난다. '집단 연대감,' '공통된 도덕 기준,' '신성화된 대상,' '개인 내의 감정적 에너지.'

이 중 '신성화된 대상'은 공동체의 중심을 이루는 주제, 개념, 신념, 그리고 관심사 중 일부가 공동체를 상징하는 기호로 기능하면서 형성된다. 신성화된 대상은 반복되는 의례적 상호 작용을 통해 집

구와 문화가 대체되고 있다는 터무니없는 주장을 담은 '대체 이론The Great Replacement'이나 큐어넌과 같은 극우 음모론 공동체에 이르기까지 다양한 사례가 있다.

단과 개인을 연결하는 상호주관성을 구성·유지하는 매개체가 된다. 말과 이념은 공동체를 위한 상징이 되고, 토템의 담론적 형태가 된다. 담론적 상징은 의례가 실행되는 언어적 자본을 형성하며, 공유된 도덕적 기반을 나타낸다. 외부인을 차단, '내부 사정을 아는 사람들'만이 참여할 수 있게 하는 내부 언어는 숙달된 사람들에게 문화자본과 권위를 부여한다.

또 '공통된 도덕 기준'은 선과 악을 구분하는 공동체의 이데올로기로서 정치적 주체성과 집단 정체성을 표현한다. 집단 정체성은 벤하비브(Benhabib, 1996; Törnberg & Törnberg, 2022: 9에서 재인용)의 표현대로, '자신이 아닌 것으로부터 자신을 구별하는 것'으로, 필연적으로 차이를 창조한다. 이는 내부 집단을 선으로 식별하고, 집단 경계 외부에 있는 것을 악으로 규정하는 과정을 말한다. 공유된 유사성을 드러내는 것과 차이를 창조하는 것은 같은 의미를 지니며, 이는 공동체가 가치로 여기는 것과 반대하는 것을 정의하는 도덕적 기준을 형성한다.

요약해서 보면, 소셜 미디어는 에코 체임버를 형성, 특유의 담론 능력으로 집단 정체성을 형성하고, 매개된 관계 구조와 공유된 분위기 안에서 개인에게는 감정적 에너지를, 집단에는 외부자에 대한 장벽(또는 반감)과 그들만의 공통된 도덕 기준 그리고 신성화된 대상을 창출한다. 이런 네 가지 결과 중 뒤의 도덕 기준과 신성화된 대상은 공동체의 집합적 담론이 되어 앞의 네 가지 요소에 다시 피드백된다. 그림 11은 이런 과정을 도식화한 것이다.

이 과정을 재정리해 보면 핵심은 에코 체임버가 담론적 공동체를 만든다는 것이다. 에코 체임버는 참가자들에게 공동체에 대한 소속감과 상호주관성을 심어 주는 사회적 의례의 공간을 제공하고,

그림 11 집단 정체성의 형성과 강화: 소셜 미디어의 에코 체임버

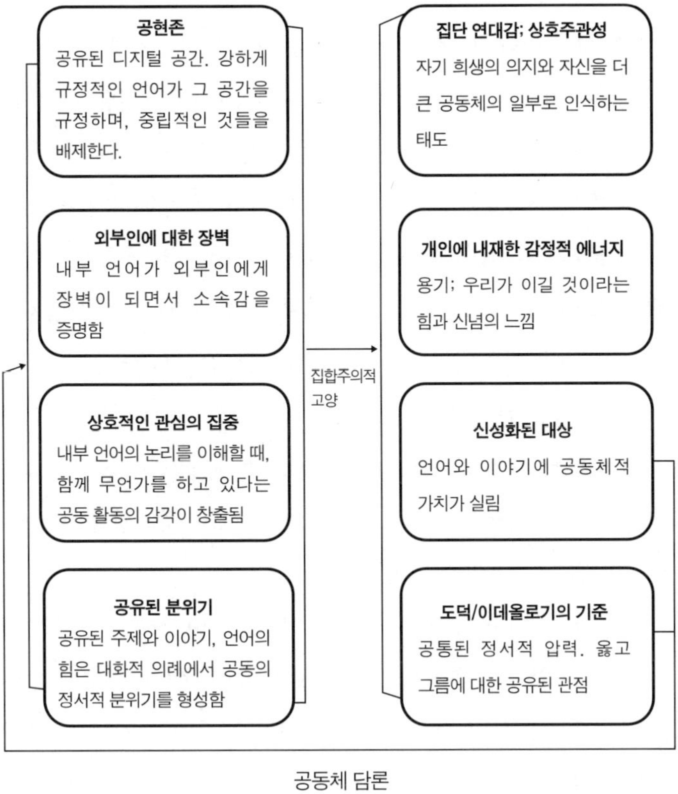

출처: Törnberg & Törnberg, 2022: 7.

이는 차이의 구축을 토대로 독특한 내부 문화를 발전시킨다. 관심을 같이하는 사람들이 서로 만나는 소셜 미디어의 장이 시간이 지나면서 점차 '디지털 부족'으로 부를 수 있는 정체성을 형성한다. 정체성을 특징짓는 담론은 집단 간 경계를 구분하고, 공동체 내부에서 주로 사용하는 언어를 정의하는 기능을 수행한다. 이 언어는 일정하게

'자본화linguistic capital'되어 그 공동체 내에서 신참자와 경력자를 구분시켜 준다. 에코 체임버는 합리적 숙의와 평가를 통해서가 아니라 공동체 형성과 소속감 배양이 기반이 된 세계관을 통해 기능한다.

담론 공동체는 다음의 두 가지 측면에서 디지털 미디어(에코 체임버)와 당파적 정치 양극화의 증가를 연결시키는 잠재적 인과 메커니즘이 된다. 첫째, 담론 공동체는 당파적이면서 정체성에 기반한 정치적 양극화를 강화한다. 에코 체임버에서는 고립되는 것이 아니라 집단적 사회화, 곧 문화적·담론적 체제의 정교화를 통해 정체성이 강화(극단화)된다. 이로써 "에코 체임버와 폭넓은 미디어 파편화는 당파적 정체성의 강화로 이어지며, 이는 다시 정서적 또는 당파적 양극화의 증가를 낳는"(Törnberg & Törnberg, 2022: 19) 연쇄적 인과 관계가 된다. 선거는 이제 정책이나 후보의 선택이 아니라 정체성과 연관된 의례의 확인 절차에 불과해진다.

둘째, 담론 공동체는 정치적 주체성을 형성하는 신념과 서사를 사회적 정체성으로 확대하고, 이는 신성시되어 공동체와 개인을 결속하는 역할을 한다. 이때 형성된 신념은 '자명한 진리'로 받아들여져 의문을 제기할 수 없게 되며, 가짜뉴스에 대한 반박 시도는 오히려 정체성을 부정하는 위협으로 인식되어 강한 반발을 낳게 된다. 카한(Kahan, 2013)이 "정체성 보호 인지identity-protective cognition"라 부른 이 인지적 왜곡은 개인이 자신이 속한 집단과의 괴리와 소외를 피하고자 집단의 핵심 가치를 위협하는 정보에 무의식적으로 저항하는 것이다. 에코 체임버의 논리는 이렇게 담론 공동체가 신성한 신념을 강화하는 방식으로 작동하고, 이는 주변부 디지털 공간과 가짜뉴스 같은 잘못된 정보 확산 간의 연관성을 설명해 준다.

소셜 미디어나 에코 체임버가 없는 것을 있는 것으로 만들어 내지는 않는다. 앞서 인과 관계와 상관관계의 차이에서 언급한 대로 '페이스북에서 태어났다'는 과장 섞인 평가까지 들은 프랑스 '노란 조끼 운동'이 소셜 미디어 때문에 발생한 것은 분명 아니다(Budak et al., 2024). 경제적 불평등이나 유류세 인상을 비롯해 체제에 대한 여러 불만이 쌓인 결과라는 게 맞을 것이다. 프랑스는 소셜 미디어 이전에도 이러한 저항이 빈번했던 사회였으므로 노란 조끼 운동 역시 그 연장선상에서 얼마든지 이해될 수 있다. 그러나 적어도 운동 당시에 불만들을 증폭하고 체계화한 것은 소셜 미디어가 맞다. 대중이 별다른 지도부나 조직도 없이 빠른 속도로 집단화해 길거리로 나선 것도 소셜 미디어의 커뮤니케이션 네트워크 덕택이다.[161] 그렇게 한 번 고양된 경험이 없어지지 않고 다시 온오프라인 모두에 피드백·잠재화되었으리라는 점도 어렵지 않게 짐작할 수 있다.

이런 운동이 상설이 되어 스톰프런트 같은 극우 공동체처럼 지속될 수 있을지를 지금 시점에서 예단할 수는 없다. 나중에 일부 참여자들이 정당을 시도하거나 지역 단위로 더 구조화된 조직을 구성했으나 그렇다고 '운동 본부' 같은 중심 조직을 형성하지는 않았다. 소셜 미디어가 다시 또 이런 운동을 일으킬 수 있다고 단언하기도 어렵다. 그저 소셜 미디어를 이용한다고 해서 꼭 이런 저항 효과가 나타나는 건 아니기 때문이다. 그러나 그렇게 될 수 있는 잠재성이 상존한다는 점을 확인하는 건 중요하다. 소셜 미디어가 '근본적 원인'은 아니라 해도 하나의 '조건적 맥락,' '구성적 조건'이 될 여지는

161 한 연구(Froio & Romero-Vidal, 2023)에 따르면, 소셜 미디어의 이용자들이 의사 결정자와 활동가의 계정에서 원하는 콘텐츠를 적극적으로 찾고, 자기 의견을 표현한 것이 시위를 촉발했다.

충분하다.

이러한 논점은 단순히 에코 체임버의 차원을 넘어 사회 현상에 대한 설명에서 '미디어가 어떤 지위를 가질 수 있는지'라는 보다 근본적이고 이론적인 질문과 맞닿아 있다. 실제로 로렌즈스프린 등(Lorenz-Spreen et al., 2023)이 지적했듯, 소셜 미디어의 이용이 에코 체임버 형성이나 정치적 양극화에 직접적으로 인과적 영향을 미친다고 신뢰성 있게 입증한 연구는 거의 없다. 이는 단지 이론의 (단순) 도식성이나 분석 설계의 한계 때문만은 아니다. 오히려 이는 복잡한 사회 맥락 속에서 미디어가 단일하고 선형적인 원인으로 작동하지 않는다는 현실을 반영한다.[162] 미디어는 원인이자 결과일 뿐 아니라, 때로는 메커니즘으로, 때로는 환경 그 자체로 기능하는 복합적 매개체이며, 바로 이러한 다층성과 역할의 가변성 때문에 인과 분석의 대상이 되기에 한층 더 까다로운 대상임을 보여 주는 대목인 것이다.

노란 조끼 운동에서 페이스북은 분명 원인에 해당하는 요인은 아니었다. 그렇다고 단지 전달 수단만에 그친 것도 아니었다. 페이스북은 촉발의 계기 면에서도 그러하지만, 운동의 조직화나 정체성 형성, 담론 구조 등 여러 측면에서 운동 자체를 성립시키는 유력한 '맥락,' 더 구체적으로 말해 '구성적 조건' 중 하나였다.[163] 이 조건은

162 커뮤니케이션학 전반으로 영역을 넓혀 봐도 엄격한 인과 설명을 확보한 사례는 매우 드물다. 아마도 이 책에서 나온 연구 중에서는 올콧 등(Allcott et al., 2020)이 이론적 전제나 방법론, 연구 결과 등에서 가장 어울리는 사례인데, 앞에서 본 대로 같은 저자의 후속 연구에 의해 결과가 뒤집혔다.

163 여기서의 맥락과 구성적 조건은 사실상 같은 것이다. 맥락은 "연관된 (분석적 · 시간적 · 공간적 또는 제도적) 환경의 측면들로서 일련의 초기 조건들이 하나 혹은 여러 개의 특정 인과 메커니즘을 통해 (가능성 측면에

결과를 직접적으로 야기한 '원인'은 아니라 해도 원인이 작동할 수 있도록 해 주는 기반이자, 인과 메커니즘이 결과를 산출하게 하는 구성적 맥락은 된다고 할 수 있다. 이런 조건은 'X의 발생이 Y의 발생을 낳는다'는 전통적인 2항 인과 논리로는 포착하기 어렵다. 오히려 'X라는 원인이 C라는 특정한 맥락 안에서 M이라는 인과 메커니즘을 통해 Y라는 결과로 이어진다'는 구조적·3항적 설명(원인-맥락-메커니즘-결과)이 요구된다. 이는 단일한 인과 효과를 일반화하지 않으면서 원인과 결과 사이에 작동하는 맥락의 특수성과 메커니즘의 작동 조건을 함께 고려하는 설명 방식이다. 다시 말해, 동일한 원인이라도 어떤 맥락에서는 작동하고, 어떤 맥락에서는 작동하지 않을 수 있다는 점에서, 맥락은 단순한 배경이 아니라 인과적 작용의 필수 구성 요소로 간주된다. 이런 '맥락적 추론에 기반한 설명'이 아니면 에코 체임버나 소셜 미디어 연구는 피상적 일반화나 인과 혼란을 벗어나기 어려울 것이다.

양극화에 대한 관점: 양극화는 반드시 나쁜 결과인가?

양극화에 대한 관점에서도 선/악의 판단이 엇갈릴 수 있다. 지금까지는 주로 악의 관점에서 양극화를 다뤄 왔다. 그러나 양극화가 지니는 면모나 양상은 의외로 다양해 어떤 면모는 문제가 되며, 어떤

서) 일정한 범위와 의미를 지닌 결과로 유도되는 장setting"(Falleti & Lynch, 2009: 1152. 괄호 안은 원저자)을 의미한다. 노란 조끼 운동에서 페이스북은 바로 이런 장이 되었다.

면모는 문제가 되지 않는다. 오히려 권장되는 경우마저 있다. 또한 어떤 양상은 최근 들어 더욱 두드러지는 반면, 한때 문제가 되었던 어떤 양상은 지금은 오히려 약화되고 있다.

양극화 논의가 자꾸 개념 문제로 회귀하는 이유도 정의가 문제 틀problematic을 결정하기 때문이다. 가령 크라이스와 맥그리거(Kreiss & McGregor, 2024: 556)는 "양극화는 민주주의에 중심적 위협이 될 수 있다. 불평등을 무시할 때만"이라고 수사적으로 표현한다. 불평등이 무시될 때만 양극화가 문제된다는 말은 불평등을 고려(해결)하려 할 때는 불가피하게 양극화가 나타나고 그때는 위협이 아니라는 뜻이다. 이때의 양극화는 병폐라기보다는 오히려 사회 발전에 꼭 필요한 문제 해결의 과정일 뿐이다. 선스타인(Sunstein, 2009/2011: 205)도 이를 '착한 극단주의'라고 부르면서 골드워터가 했다는 "자유를 수호하기 위한 극단주의는 악이 아니다"라는 말을 인용했다.[164] 이 말은 자유라는 궁극적 선을 위한다면 극단주의도 용인될 수 있다고 보는 것이다. 그러나 여기서의 극단주의는 잘못된 용례로 양극화나 급진주의 정도로 바꾸는 게 적절할 것이다.[165]

심각한 인종적 불평등의 극복을 위해 투쟁하는 '흑인의 삶도 중요하다Black Lives Matter'나 구조화된 차별로 자리 잡은 젠더 불평등을 극복하려는 '미투' 같은 사회 운동도 그런 예다. 이들이 낳는

164 물론 1964년 공화당의 대통령 후보였던 골드워터 역시 극우 반공주의자로 알려져서 '착함'에 어울리는 예로 보기에는 맞지 않을 거 같다.

165 권력을 쟁취하기 위해 공포를 조성하거나 폭력까지 정당화하는 악에 가까운 '극단주의'는 극단화나 급진주의와 자주 혼동된다. 선스타인 역시 이들을 명확히 구분하지 못했다. 이 개념들의 차이에 대해서는 마침 합의된 견해가 있다(Bötticher, 2017: 291 참조).

찬/반의 양극화는 민주주의에 위협이 아니라 오히려 민주주의를 장려하고 북돋는 행위가 될 수도 있다. 이래서 매카티는 "양극화가 모든 정치적 갈등과 불일치를 설명하는 데 사용되는 잡동사니 같은 단어catch-all word가 되어 버렸다"(McCarty, 2019; Munroe, 2024: 8에서 재인용)라고 한탄하며, 양극화라는 개념이 남용되고 있음을 경고한다.

코디(Coady, 2024)도 '양극화의 위협'이라는 담론이, 실은 사회적 통합만을 일방적으로 강조하는 '관리자주의managerialism' 이데올로기의 반영에 지나지 않는다고 본다. 특히 그는 자본주의 체제에서 노동자와 자본가가 동일한 목표를 공유한다는 통념 자체가 환상에 가깝다고 비판한다. 이를 상징적으로 보여 주는 것이 '같은 배를 타고 있다'는 비유다. 표면적으로는 계급 간 이해관계를 조화롭게 묘사하는 표현이지만, 코디에 따르면 이는 현실을 왜곡하는 수사에 불과하다. 오히려 현실은 소수의 자본가만이 '배'를 타고 있고, 다수의 노동자는 그 밖의 '물'에 빠져 허우적대는 구조에 더 가깝다. '같은 배'의 비유 자체가 정치 공동체를 안정적이고 위계적인 구조로 상정했던 플라톤 이래의 반민주적 전통에서 유래한 것이다. 이런 상징 해체를 통해 코디는 양극화 자체를 도덕적으로 선하거나 악하다고 단정할 수 없다고 한다. 어떤 양극화는 정당한 저항이며, 어떤 양극화는 억압적일 수 있다. 중요한 것은 양극화가 아니라 그것이 작동하는 이유와 맥락이다. 이때의 양극화는 단순히 조금 더 격화된 형태의 사회적 갈등으로 이해해도 무방할 것이다.

양극화를 논의하면서 이 범위가 지나치게 협소한 정당 대립 구도, 곧 '리버럴(민주당) 대 우파(공화당)'로 국한되는 것도 문제다(Coady, 2024). 이는 미디어로 보자면 폭스뉴스와 CNN쯤으로 바꾸어도 될 것이다. 아무리 정렬의 효과가 강하더라도 스펙트럼이 이에 국한되면 복잡한 현실을 반영하기에는 너무 좁은 구도라 하지 않을 수 없다.[166] 또 과연 이를 '극極'에 다다른 것으로 부를 수 있을지도 상당한 의문이다. 만약 이런 양극화라면 촘스키의 다음과 같은 말대로 오히려 체제의 의도에 가까울지도 모른다.

> "사람들을 수동적이고 순종적으로 만드는 현명한 방법은 허용되는 의견의 범위를 엄격히 제한하되, 그 범위 내에서 활발한 토론을 허용하는 것이다…… 이는 사람들에게 자유로운 사고가 이루어지고 있다는 느낌을 주지만, 동시에 토론 범위에 설정된 제한을 통해 체제의 근본 틀이 계속 강화되도록 만든다." (Chomsky, 1998; Coady, 2024: 95에서 재인용)

그래서 이 틀 안에서는 아무리 논의해도 월스트리트를 벗어날 수 없고 신자유주의는 당연히 거부될 수 없으며, 미국의 국제정치적 헤게모니가 갖는 문제도 전혀 제기될 수 없다. 또 좌파에게 (미국식) 리버럴은 아무리 그 내부에서 응집력이나 충성도가 높다 해도 전혀 극단이 아니다(오히려 중도나 중도 우파쯤으로 봐야 한다).[167]

166 좌우 스펙트럼상의 이항분포로 나타난다는 점이 아마도 양극화에 제기되는 가장 큰 이의라 할 수 있다. 양당제하 선거 국면에서는 좌/우 이항 구도가 자연스럽지만, 평상시에도 다양한 정체성을 단일 좌우 축으로 환원하는 것이 현실을 제대로 설명할지는 의문이다.

167 적어도 20세기 때까지 미국의 진보 지식인들에게는 양극화의 '눈에 보이는 갈등'보다 체제의 확고한 지배를 말해 주는 '침묵의 카르텔'이 오히려 훨씬 더 위협적이었던 것으로 보인다. 유명한 SF 작가 필립 K. 딕의 단편 《얀시의 허울》에 등장하는 합리적이고 온건한 '항상성 신문'이 이의 대표

그렇다면 양극화의 양상이 구체적으로 어떻게 나타나는지를 알아볼 필요가 있다. 브램슨 등(Bramson et al., 2016)은 양적 '측정'에 중심을 두어 양극화를 아홉 가지 유형으로 세분한다. 아마 여러 유형화 중 가장 자세할 것이다. 그의 유형은 '이데올로기적 차이ideological distance,' '이념적 분포의 변화ideological distribution shift,' '중도 성향의 감소moderate decline,' '극단화된 입장의 수pole number,' '이념적 응집성cohesion,' '집단 간 차이inter-group distance,' '집단 내 이질성intra-group heterogeneity,' '정서적 양극화affective polarization,' '이념적 적대성ideological hostility' 등이다. 표 7은 이를 집약한 것이다.

이 유형을 통해 양극화 양상을 유추해 보면, '이념적 분포가 변화'되면서 '중도 성향이 감소'하고 '집단 간,' '이념적 차이'가 커진다. 그러나 이게 문제될 이유는 딱히 없고, 이런 분포는 수시로 바뀐다. 그런데 여기에서 '극단화된 입장의 수'가 정렬해서 두 개의 입장(정당 차이)으로 크게 나뉘고, '집단 내 이질성'이 줄어들면서 '이념적 응집성'이 커진다. 집단 내 다양성이 사라지고 정당별로 정체성이 집결되는 것은 제로섬 게임의 극한 경쟁의 양상으로 언제든지 비화할 수 있는 조짐을 내포한다. 그리고 이는 종국에 정서적으로 상대를 싫어하고 혐오하며('정서적 양극화'), 상대의 입장을 배제·억압하는 대결의 양상('이념적 적대')으로 치닫게 된다.

적 예다. 지구가 만든 식민지인 목성에는 사회를 혼란에 빠뜨리는 논쟁이나 갈등이 없는데, 그것은 이 신문인 '얀시의 목소리'가 사람들을 늘 평온한 상태로 이끌기 때문이다. 얀시는 변화하는 민심과 상황에 따라 의견을 조정해 사회 전체가 무비판적 순응 상태를 유지하게 한다. 그러나 얀시는 알고리즘을 연상시키는 일종의 인공 지능으로 사람이 아니다. 기술과 (침묵의) 카르텔의 이중 공포가 만들어 낸 '강제된 합의'의 산물이 바로 얀시다.

표 7　양극화의 유형과 내용

양극화의 유형	양극화의 내용
이념적 차이	• 서로 다른 이념적 성향을 보인 집단 사이의 차이가 얼마나 큰지를 측정함 • 양극화가 심할수록 집단 간의 이념적 간극이 커짐
이념적 분포의 변화	• 좌/우의 이념적 스펙트럼 내에서 개인들이 어느 방향으로 이동하는지에 대한 변화를 측정함 • 양쪽 극단으로 이동하는 인구 비율이 증가하면 양극화가 진행되고 있음을 나타냄
중도 성향의 감소	• 중도 성향을 지닌 사람들이 줄어드는 현상을 말함 • 사람들이 극단적인 입장으로 쏠리게 되면 자연히 중도의 목소리가 줄어들게 됨
극단화된 입장의 수	• 이념적 스펙트럼상에서 극단적인 입장이 몇 개로 나뉘는지에 주목함 • 단순히 좌우로 나뉘는 것뿐만 아니라 더 복잡하게 여러 입장으로 분리되는지를 살펴볼 수 있음 • 이렇게 나눠지게 되면 더 이상 '양극화'로 불러서는 안 되고 '다극화'라고 부르는 것이 맞을 것임
이념적 응집성	• 동일한 이념을 가진 사람들이 얼마나 응집력 있게 한 입장을 유지하는지를 측정함 • 한 집단 내에서 의견이 분산되지 않고 하나의 입장으로 결집할수록 양극화가 심화할 가능성이 높음. 이 경우, 이 입장이 정렬의 효과를 낳는다고 볼 수 있을 것임 • 최근 미국에서는 공화당과 민주당의 정당적 정체성이 이념이나 종교 · 인종 · 민족을 포괄하면서 메가화되고 있음
집단 간 차이	• 서로 다른 집단 간 의견 차이가 벌어지는 정도를 측정함 • 이념적 차이가 클수록 집단 간 상호 작용이 적어지고, 더 큰 갈등을 일으킬 가능성이 높아짐
집단 내 이질성	• 동일한 집단 내에서 얼마나 다양한 의견이 존재하는지 측정함 • 이질성이 커질수록 양극화가 완화되며, 이질성이 낮을수록 내부 결속력이 강해짐
정서적 양극화	• 상대 진영에 대한 감정적 반감을 측정함 • 상대 정치 집단에 대한 호감도 감소와 적대감 증가는 양극화를 보여 주는 가장 단적인 지표임
이념적 적대성	• 상대방의 이념 자체에 대해 적대적인 감정을 품는 정도를 측정함 • 이념적 적대성은 단순한 의견 차이 수준을 넘어, 상대 이념을 완전히 배제하거나 공격적으로 억압하는 태도를 나타냄

출처: Bramson et al., 2016.

여기에서 가장 심각한 문제는 마지막, 대화를 원천적으로 가로막는 상대에 대한 정서적 혐오와 이념적 배제다. 이의 바탕에는 상대를 과장되거나 왜곡되게 인식하는, 이른바 '인식적 양극화'가 자리하고 있다. 이는 실재하는 갈등이 아니라 허위적 인식에서 비롯된 '허위적 양극화'로, 그 자체로 근절되어야 할 왜곡된 양태다. 허위에 의해 조장되고, 대화 자체를 불가능하게 만드는 양극화 — 이것이야말로 가장 병폐적인 양극화다.

따라서 의견이나 이데올로기의 차이, 불가피한 사회적 갈등으로 벌어지는 일들 역시 외형에서는 찬반 등에 따른 양극화(때로는 격렬하다)로 나타나지만 그렇게 큰 문제인 것은 아니다. 갈등의 정도나 과정이 어느 정도 관리될 수만 있다면, 무페(Mouffe, 2013/2020)의 표현으로 '경합agonism'을 '적대antagonism'로 확대 재생산만 하지 않는다면, 오히려 양극화가 '생산적'이 되는 경우까지 있을 것이다. 신자유주의 이후 강해진 불평등이나 정체성적 갈등에 편승한 각종 차별에 대한 저항 등은 어느 정도 격화된 갈등을 불렀지만, 이는 문제 해결에서 불가피한 과정적인 것에 가깝다(지금도 여전히 진행형이다).

그러나 이와 반대인 '파괴적 양극화'는 아예 정치의 장 자체를 와해시켜 정치적 설득이나 협상의 가능성 자체를 사라지게 한다. 특히 정서적 양극화는 반대 의견을 듣거나 논의할 수 있는 여지를 원천적으로 차단한다. 이럴 경우 설사 소셜 미디어가 다양한 정보에 접근할 기회를 제공한다 해도 갈등이 오히려 증폭되는 역효과까지 불러올 수 있다(Gil de Zúñiga, Marné, & Carty, 2023).

에사우 등(Esau et al., 2024) 역시 양극화 현상에서 '파괴적 양극화'를 따로 구분하면서 '커뮤니케이션(상호 작용과 신뢰 통로)의 붕괴,' '정보의 신뢰 실추 및 배척,' '복잡성의 삭제,' '극단적 목소리에 대한 과도한 관심과 공간 제공,' '감정을 통한 배제' 등의 증상을 예로 든다. 이런 증상이 파괴적인 이유는 이들이 양극화를 중화시키고 갈등이 파국으로 가지 않게 하는 과정(생산적인 공적 토론) 자체를 가로막기 때문이다. 이들이 모두 나타나야 파괴의 효과를 내는 것도 아니다. 하나나 둘만 극단화되어도 충분히 공적 토론을 방해할 수 있다.[168] 양극화의 표면적 갈등 양상에 너무 집중하게 되면, 양극화의 선악 판단에 필요한 이런 중요한 구분이 때로 무시될 수 있다.

미국의 경우, 당파적 유권자들은 서로에 대해 강하게 반대하지만, 실제 선호되는 정책에서 차이는 크지 않다. 유권자들의 정책 선호 정도는 대체로 약한 편이며, 그렇게 일관되지도 않는다. 따라서 의견이나 이념에서의 차이가 정서적 양극화로 꼭 이어지리란 법이 없다. 정책적 태도 변화가 적대감을 심화시킨다는 증거도 별반 찾아보기 어렵다(Wilson, Parker, & Feinberg, 2020). 물론 앞서도 본 대로 최근의 변화는 분명히 양극화를 가리킨다. 집합 수준에서는 두 개의 집단(진영)으로 확연하게 분리가 일어나고(이원화), 개인 수준에서는 정치적 의식 수준이나 관점 정도를 알아보는 각종 측정 지표에서 수치가 이전에 비해 훨씬 극단으로 치우쳐 나타난다(극단화)(González-Bailón & Lelkes, 2023). 이것에 인식 차원의 허위적 양극화가 작동하면서 정서적 양극화가 나타난다는 것도 맞는 듯하다.

168 그러나 만약 이러한 증상들 중 하나가 극단화되어 있다면, 다른 증상도 역시 그럴 가능성이 높다고 볼 수 있다. 왜냐하면 이 증상들은 서로 유사성이 있고 긴밀히 연결되어 있기 때문이다. 예를 들어, 내집단과 외집단 구성원 간의 강한 감정적 차별(감정을 통한 배제)은 개별적 · 집단적 정체성의 지나친 단순화(복잡성의 삭제)에 기반할 수 있으며, 이는 다시 집단 간 교류의 감소(의사소통의 붕괴)나 정보(미디어)의 신뢰 실추로 이어질 수 있다.

그렇다면 결국 '이 머릿속의, 허위적 양극화를 어떻게 극복하느냐,' '이의 발생 메커니즘을 어떻게 하면 효과적으로 제어하느냐,' '갈등이 대화 불가능의 수준으로 격화되지 않도록 어떻게 관리하느냐'가 관건인데, 여기에서 미디어의 역할이 새삼 드러난다. 지금까지는 주로 미디어에서 에코 체임버나 필터 버블 등을 비롯해 양극화를 조장하는 소극적이고 부정적인 측면의 규제에 주목했다면, 이제는 좀 더 적극적으로 허위 뉴스나 음모론 등에 대항해 사실인지를 확인하는 '팩트 체크'나 정보를 폭넓게 읽어 갈등을 조정해 주는 '상관 조정 기능'을 미디어에 요구해야 할 때인 것이다.

온라인의 장이 에코 체임버보다는 "참호전의 동학trench warfare dynamics"에 비유하는 게 더 어울린다고 주장하면서 칼센 등(Karlsen et al., 2017)은 이 전쟁이 극한 대결을 벌이는 것을 원치 않는다면, 중립적이고 양면적인 논거를 가진 언론이 힘을 키워야 한다고 주장한다. 과거 그람시의 '진지전war of position'을 방불케 하는 이 참호전에서는 자신의 기존 신념이나 관점을 거스르거나 반박하는 정보에 비판적으로 대응해 그 정보를 거부하려는 반증 편향이 강하게 나타난다. 강한 입장을 가진 사람들은 온건한 입장을 가진 사람들보다 더 민감하게 대응·반발해 대화를 할수록 오히려 더 극단적으로 된다.

샤를리 에브도Charlie Hebdo 사건[169]이 발생한 지 6년 후, 재판

169 2015년에 프랑스의 시사 풍자 잡지인 샤를리 에브도의 파리 본사에서 벌어진 테러 사건이다. 무슬림인 쿠아치 형제가 편집장을 포함해 기자, 만화가, 경찰 등 12명을 살해하고 다수를 부상시켰다. 이 사건 이전에 샤를리 에브도는 이슬람 선지자 무함마드를 풍자하는 만화를 여러 차례 게재해 논란을 빚었다.

이 진행되는 시점의 인스타그램을 분석한 아이딘 등의 소셜 네트워크 연구(Aydin et al., 2022)는 해당 담론 공간에서 벌어진 갈등 양상을 참호전 이론을 통해 효과적으로 해석하고 있다. 이 연구에서 에코 체임버와 참호전은 상호 작용을 통해 동반으로 강화되는 양상을 보인다. 참호전은 동류의 집단이 에코 체임버를 발판 삼아 자신의 입장을 강화하고, 이를 기반으로 상대 진영을 압도하거나 침묵시키려는 일종의 여론 전쟁으로 나타난다. 이 과정에서 해시태그는 전장이 되어 서로 대립되는 견해를 가진 이용자들이 격렬하게 충돌하는 공간이 된다.

> "해시태그는 이를 '팀 유니폼을 가상으로 입는 것'처럼 여기는 이용자들과 반대 의견을 가진 이용자들을 함께 모으며(그래서 이 안에서 논쟁이나 갈등이 벌어지며), 이는 '트윗 전쟁'으로 불리는 가상 전투로 이어질 수 있다. 다르게는, '해시태그 전쟁'으로도 알려져 있는데, 이는 '헤게모니 내러티브를 위해 같은 사실을 두고 벌어지는 담론적 투쟁'으로 정의된다." (Aydin et al., 2022: 5. 괄호 안은 인용자, 인용주 생략)

해시태그 하이재킹은 상대의 논의 공간을 장악해 자신들의 입장을 홍보하거나 반대 의견을 방해하는 데 활용되는 주요 전술이다. 이 전술은 해시태그 내 논쟁을 더욱 격화시키고, 이슬람에 대한 이미지를 한층 더 양극화시킨다. 중립적인 시각이 설 자리를 잃고, 극단적인 목소리가 점점 더 부각된다. 생산적인 토론보다는 공격적 대립이 조장되고, 상대 진영을 향한 혐오 표현이 난무하게 된다. 전투의 양상이 이러하다면 대화를 유도하는 중립적 정보·미디어야말로 이 전쟁을 파괴적이지 않게 수행할 수 있는 유력한 방안 중 하나

가 된다.[170]

사실 이전만 해도 객관주의를 저널리즘의 신deity으로 모셨던 미국 미디어계가 어느 날 갑자기 '분노의 산업'(Sobieraj & Berry, 2011)이 되고, 새로 등장한 소셜 미디어는 '양극화의 기계'(Sunstein, 2009/2011)가 된 것은 전통적 저널리즘을 찬양하던 사람들에게는 큰 배신이 아닐 수 없다. 1990년대 폭스가 지피고 미디어 간 무한 경쟁이 땔감이 된 이 당파적 경향의 불길은 이제는 바뀌기 어려운 하나의 '구조'로 고착되는 듯하다. 여기에서 중요한 것이 바로 미디어가 공적 담론의 최소한의 경계를 준수하는 것과 극단주의에 대한 경계다. 그러나 앞서도 본 대로 보수층의 '격한 분노'는 보수 미디어가 이 경계를 반복적으로 침범하도록 유도하는 강한 동인이 된다.

170 물론 이에 대해서도 이견이 있고, 이 역시 경청할 만한 가치가 있다. 일례로 웨스터윅 등(Westerwick, Johnson, & Knobloch-Westerwick, 2017)의 연구를 보면, 출처의 신뢰도가 선택적 노출에 영향을 미쳐 참가자들은 편향된 출처보다 중립적인 출처 뉴스를 더 많이 선택했다. 그러나 출처의 영향력은 기존 태도나 확증 편향에 미치지 못했다. 출처와 관계없이 기존 태도와 일치된 뉴스는 261초, 불일치 뉴스는 168초 머무른 것으로 나타나 출처가 중립적이든 편향적이든, 기사가 자신의 태도와 일치하면 더 오래 읽었다. 출처의 신뢰도가 미친 효과는 약했고($\eta^2 = .086$), 확증 편향의 영향력은 상대적으로 훨씬 강하게 나타났다($\eta^2 = .161$). 결론적으로 출처의 신뢰도가 높다고 해서 참가자들이 반대되는 의견(태도 불일치 콘텐츠)을 더 선택하는 것은 아니었다. 아마 이런 결과는 나라나 사회에 따라 달라질 것이다. 미디어에 대한 낮은 신뢰도로 미루어 한국에서도 미국처럼 선택적 노출이 더 크게 나타날 것으로 보인다. 출처(미디어)가 가진 영향을 확증 편향이나 기존 신념과 경합시키는 연구는 앞으로 더 많이 연구되어야 할 주제다.

양극화와 극단주의

양극화에는 논란이 있다 해도 극단주의extremism가 병폐적이라는 판단에는 큰 이의가 없을 거 같다. 최근 들어 에코 체임버나 소셜 미디어와 관련된 현상에 극단주의는 음모론이나 급진주의, 테러리즘, 더 크게는 양극화 현상과 같이 빠지지 않고 등장한다. 극단주의는 "정치를 제로섬 게임의 투쟁 산물로 이해하고, 도그마적 성향으로 타협을 거부하며, 권력을 쟁취하기 위해서는 사회적 공포를 조성하거나 폭력까지 정당화하는" 이데올로기적 태도(Bötticher, 2017: 74)라는 점에서 가장 위험한 부류에 속한다. 이에 비해 급진주의radicalism는 과격성이라는 외양에서는 유사하나 기존 체제에 대해 반대하고, 이를 개혁·전복하려 한다는 데 목적이 있다는 점에서 차이가 있다.[171] 집단 극단화나 태도 극단화에 쓰인 '자기 강화'적 의미의 '극단화'와 극단주의의 '극단'은 아주 관계가 없지는 않지만, 개념 자체는 다르다.

대체로 이런 극단주의, 맬컴과 라날리(Malcom & Ranalli, 2025)의 용어로는 '극단적 믿음'을 이해하는 데는 세 가지 정도의 접근 방식을 생각해 볼 수 있다. 첫째는 '내용의 관점'에서 믿음의 내용 자체가

171 물론 이에는 다른 정의도 있다. 알마그로(Almagro, 2023)는 극단주의와 급진주의를 '정규 분포를 붕괴'시키는 양극화 현상을 구성하는 두 요소로 간주한다. 극단주의는 사람들이 점점 극단적인 정치적 신념을 가지게 되면서 입장 간 거리가 멀어지는 경우이며, 급진주의는 입장이 변화되기보다는 원래 가진 입장이 더욱 고착되는 현상이다. 중도적인 입장을 가진 사람이라도 자신의 신념을 더욱 강하게 고수하면 논쟁과 대립을 격화시킬 수 있다. 이에 따라 알마그로는 극단주의보다 급진주의가 더 대화에 취약하다고 주장한다. 물론 알마그로의 이런 구분이나 주장이 그렇게 일반적인 것은 아니다.

극단적인 경우이고, 둘째는 '태도 및 신념 유지 방식'에서 믿음이 강하게 유지되면서 신념 형성 방식이 도그마적인 경우다. 이럴 때, 믿음은 반박 불가능하며 대안적 증거는 무시된다. 셋째는 믿음이 더 넓은 심리적 프레임 속에서 어떤 역할을 수행하는지를 보는 접근이다. 극단적 믿음이 하는 기능을 말한다.

맬컴과 라날리는 '내용의 관점'도 세 가지로 나눈다. 첫째는 통계적 의미의 '극단' 개념으로 보는 것이다. 이는 믿음이 해당 집단 내 다수가 가진 생각으로부터 상당히 벗어나는 경우를 뜻한다. 만약 대다수가 'p가 아니다'를 믿는다면, 상대적으로 볼 때, p를 믿는 것은 통계적으로 극단적인 것이다. 미국인의 4%가 믿는 데이비드 아이크 David Icke[172]의 '파충류 외계인 지배설'은 통계적 측면에서 극단이다. 그러나 무신론자 또한 4%인데, 이를 극단이라고 하지는 않으므로 이 설명은 한계를 지닌다.

둘째, 이런 통계적 극단을 보완해 주는 것이 오버턴 윈도 overton window다. 주장한 사람의 이름에서 따온 오버턴 윈도 개념은 특정 시점에서 대중이 지지하는 정책의 '범위'를 뜻한다. 이 범위는 사회적으로 수용되는 정도나 정치적 타당성의 기준선 같은 것이다. 예컨대 오늘날의 민주주의에서 여성 참정권을 지지하는 것은 보편적이다. 여성 참정권을 반대하는 믿음은 오버턴 윈도에서 벗어나 주변적이며, 통계적으로도 극단적 입장으로 간주된다. 그러나 19세기 초반의 민주주의에서는 여성 참정권을 지지하는 것이 오히려 극단적인

172 유명한 음모론자다. 세상을 파충류 외계인이 지배하고 있다거나 9·11 테러는 자작극이며, 세계 질서 재편을 위한 거대한 음모의 일환이라고 주장한다. 소수지만 아이크의 추종자들도 있다.

입장이었다. 오버턴 윈도 개념은 극단의 기준이 시간에 따라 달라질 수 있는 것임을 보여 준다.

셋째는 규범적 내용의 관점이다. 믿음을 규범적으로 판단해 규범을 해치는지, 사회적으로 문제가 되거나 위험한 것은 아닌지를 판단하는 것이다. 테러리즘이나 종교근본주의 신념은 위험한 극단주의의 예다. 이러한 믿음들은 대개 규범이나 통계에서 모두 극단적인 경우이지만, 반드시 그러지 않은 경우도 있다. 예를 들어 일부 인종차별적 신념은 통계적으로는 정상적 수준일 수도 있지만, 여전히 규범적으로는 극단적이라고 간주된다. 또 당대의 규범이라 해서 반드시 옳다고 볼 수 없는 점도 있다. 문제가 특정 개인이나 집단의 신념이 아니라 오히려 사회적 기조 자체에 있을 수도 있기 때문이다. 나치즘이나 아파르트헤이트 체제 같은 것을 말한다.

'태도 및 신념 유지 방식'에서 극단(주의)적인 것도 있다. 대표적으로 우리의 지식 획득 능력을 저해하거나 손상시키는 '인식론적 악덕epistemic vice'에 의한 것이 있다. 이러한 악덕은 정보와 증거를 적절히 평가하는 능력, 특히 명백한 반대 증거를 고려하는 능력을 약화시킨다. 결국 특정 신념에 대한 평가는 그것이 어떤 인식론적 태도, 특히 악덕에 의해 형성되었는가와 밀접하게 연관된다.

또 믿음의 극단성은 그 확신이 얼마나 강하게 견지되는지에 따라 달라질 수 있다. 어떤 믿음을 반박할 수 없는 진리로 절대화한다면, 이는 도그마적 사고로서 극단주의에 해당한다.[173] 물론 모든 확

173 이를테면, 복잡한 것을 무리하게 축소시키는 '단순 인과 관계 추구'나 흑백 논리 같은 '이분법적 사고,' 제한된 정보에 의존하는 '불구의 인식론' 같이 과도하게 경직된 사고방식 같은 것을 말한다. 이런 특성은 좌우를 막론

신이 다 그렇지는 않다. 2+2=4에 대한 확신을 극단적이라고 하지는 않는다. 따라서 합리적 믿음과 비합리적 도그마를 가르는 기준이 필요하며, 이 기준은 상대적일 수 있기 때문에 사회적 합의가 전제되어야 한다. 결국 믿음의 극단주의 여부는 그 확신의 강도와 근거의 타당성 충족 여부에 따라 판가름 난다.

이런 극단적 믿음이 생겨나고 유지되는 이유는, 심지어 '세계는 파충류 외계인이 지배한다'는 정말 터무니없는 믿음까지도 다음과 같은 기능을 갖기 때문이다(Malcom & Ranalli, 2025). 먼저 극단적 믿음은 비판을 무력화할 수 있는 능력이 있다. 이 믿음은 철학에서 '증거로부터 절연된 믿음evidentially-insulated belief'이라고 부르는 특성을 가져 웬만한 반박 증거에도 쉽게 흔들리지 않는다.[174] 종교적 신앙과 거의 같은 차원이다. 또 정체성 형성과 밀접한 관련이 있어 특정 집단을 정의하는 역할을 한다. 이렇게 형성된 믿음의 체계는 단지 정보나 신념의 문제가 아니라 개인의 정체성·집단 소속감과 깊이 얽힌 사회

하고 극단주의에 공통적으로 타나나며, 음모론과 이들이 가까운 가장 큰 이유이기도 하다(van Prooijen, Krouwel, & Pollet, 2015).

174 예를 들어 음모론자들은 '9/11은 알카에다가 계획하고 실행한 것이다'라는 사실을 입증하는 증거를 접해도, 그러한 증거가 주류 미디어에서 나온 것이므로 신뢰할 수 없다고 한다. 누군가가 이 출처들을 옹호하면, 음모론자들은 다시 그 주장들은 모두 주류 과학 및 사회 제도에 대한 신뢰를 전제로 하며, 이 제도들은 악한 외계인에 의해 타락해 있다고 보기 때문에 받아들일 수 없다고 응수한다(Malcom & Ranalli, 2025). 히틀러는 반유대주의의 정당성을 '시온 장로들의 프로토콜'이라는 허위 문서에서 찾았는데, 이를 허위라고 하면 히틀러는 오히려 적반하장으로 "이것(그렇게 비판받는 것)이야말로 그 문서가 진짜라는 가장 훌륭한 증거"(Eco, 2013: 766)라고 주장했다. 전형적인 음모론자의 태도다.

적·심리적 체계의 일부이자 세계를 해석하는 하나의 프레임워크 역할을 한다.[175] 이제 이를 포기하는 것은 자신의 정체성을 잃는 것과 같은 심리적 고통을 유발할 수 있다.

인지적 측면의 이유로는 확증 편향이 많이 지적된다. 확신을 광신으로 발전시키는 확증 편향 또한 반대 증거로부터 자신의 신념을 철저히 방어하는 '이념적 면역 체계'를 형성하게 한다. 이 체계가 자신의 견해가 절대적으로 옳고, 스스로의 오류 가능성을 인정하지 않는 '인식적 겸손의 결여'로 이어져 극단주의의 전형적 특징 중 하나가 된다.

이외에도 자신이 보는 주관적 세상만 믿으면서 타자나 이견을 인정하지 않는 경향인 '순진한 현실주의naive realism,' 앞서도 잠시 언급한, 나는 편향되지 않았고 다른 사람들만 편향되었다고 믿는 '편향 맹점,' 자신의 견해를 공유하는 사람이 실제보다 많다고 과대평가하는 '허위 합의 효과,' 특정 집단 내부에서만 사고하고 외부에서 그 상황을 어떻게 볼지를 전혀 고려하지 않는 태도인 '내부자 관점' 등이 있다(Lilienfeld, Ammirati, & Landfield, 2009). 특히 '허위 합의 효과'는 주변 사람들 중 일부가 같은 신념을 공유한다는 이유만으로 그 신념이 옳다고 믿게 만들어 '대중 논증 오류ad populum fallacy'[176](Walton, 1998;

175 한국에서 이런 예를 찾으면 아마도 선관위가 주범이 되는 '부정 선거론'을 들 수 있을 것이다. 아무리 근거를 대고 반론을 전개해도 믿지 않는다. 부정 선거는 세상이나 정치를 바라보는 하나의 렌즈, 그 해석의 프레임워크 역할을 한다.

176 '대중 논증 오류'는 많은 사람이 믿거나, 널리 받아들여지는 것을 근거로 어떤 주장이나 결론이 옳다고 믿는 논리적 오류다. 논리적 옳고 그름과 관계없이 대중적 인기로 진실성을 판단하는 것으로, 논증의 내용보다 사람들의 지지 여부에 더 무게를 둔다.

Lilienfeld, Ammirati, & Landfield, 2009: 392에서 재인용)를 범하게 한다.

극단주의는 에코 체임버와 긴밀한 관계를 맺는다. 특히 에코 체임버를 좀 더 심화된 의미인 '폐쇄적 인지공동체론'으로 간주하는 응우옌식 관점에서 극단주의는 전형적인 에코 체임버의 산물이다. 이 체임버에서는 정치적으로 동질적 집단이 형성되고, 집단 내 논리는 강화되며, 반대 논거는 심각하게 고려되지 않거나 배척되면서 기존 신념이 더욱 강화·고착되는 현상이 나타난다. 이는 오버턴 윈도를 넘나들며, 때로 규범까지 해치면서 사회 전체를 위험에 몰아넣는 극단적 형태로 발전한다.

맬컴과 라날리가 이의 전형으로 드는 예는 미국 복음주의 기독교인이다. 퓨리서치센터의 조사(Alper, 2022)에 따르면, 미국의 복음주의 기독교인은 일반 대중이나 비종교인과 상당히 다른 신념을 가지고 있다. 예를 들어 그들은 34%만이 기후 변화를 심각한 문제로 보는 반면, 38%는 전혀 아니라고 한다. 비종교인의 경우에는 기후 변화가 심각한 문제가 아니라고 응답한 비율이 단 11%에 불과하므로 이 기독교인은 비종교인보다 기후 변화를 문제로 인식하지 않는 확률이 3배 이상 높다. 기후 문제의 심각성이 사회적·과학적 합의에 가깝다고 본다면, 복음주의 기독교인들은 통계적으로뿐만 아니라 규범적으로도 극단적인 입장을 보인다고 할 수 있다.

맬컴과 라날리(Malcom & Ranalli, 2025)는 복음주의 기독교인이 이렇게 극단성을 보이는 이유가 바로 에코 체임버 효과에 있다고 한다. 다시 퓨리서치센터의 앞서 조사를 보면, 복음주의 기독교인은 4%만이 교회의 설교에서 기후 변화가 언급되며, 2%만이 신자들과 기후 변화에 대해 논의한 경험이 있다고 답변했다. 이는 기후 변화와 관련된 정보가 복음주의 신자들의 정보 환경에서 '차단'되었을 가능성이 높다는 점을 말해 준다.[177] 또한 신도들이 내부 집단을 더 신뢰한다고 본다면, 내부에서 기후 변화 논의가 거의 없다는 사실 자체가 '기후 변화는 문제가 아니다'라는 신념을 간접적으로 강화한다고 볼 수 있다.

물론 이 신자들은 종교 외의 다른 사람들과 얼마든지 친교를 맺을 수 있고, 정치를 비롯해 다른 여러 주제를 토론할 수 있으며, 설교 외에도 얼마든지 다른 뉴스원을 통해 기후 변화에 대한 메시지를 얻을 수 있다. 그러나 조직적 기반이 탄탄해 정당의 표적이 되기 쉬운 종교가 다른 영역의 정체성, 예를 들어 이데올로기적(보수적)·정치적(공화당적) 또 과학적(기후) 정체성과 같이 정렬 또는 결집하는 성향(Mason, 2015)과 이와 밀접한 연관이 있는 보수주의 미디어 생태계의 지배성과 폐쇄성(Benkler, Faris, & Roberts, 2018) 등을 감안해 보면 복음주의 에코 체임버의 영향이 종교에만 머무르지 않을 것이라는 점을 쉽게 알 수 있다.

이 점을 조금 더 발전시키면, 이 에코 체임버-정체성 정렬이야말로 네트워크 내에서 끊임없이 체임버·버블을 조성하고, 타 체임

177 물론 이러한 결과는 설교가 반드시 사람들의 인식을 바꾼다고 하는 뜻은 아니다. 사람들은 자신과 비슷한 견해를 가진 성직자와 교인이 있는 예배 공동체를 의도적으로 선택했을 가능성이 있으며, 자신이 관심 있는 주제에 대한 설교를 더 잘 기억하는 경향이 있을 수도 있다(Alper, 2022). 또 모든 예배 설교가 반드시 기후 변화나 정치와 같은 종교 외 주제를 다뤄야만 하는 것도 아니다. 그러나 설교와 교인 간 대화가 주요 정보 접점으로 기능하는 종교(에만 머무르지 않는) 공동체에서 기후 변화처럼 윤리적·정치적 함의를 지닌 사안이 지속적으로 배제된다면, 이는 해당 공동체의 정보 환경이 특정 방향으로 제한될 수 있는 가능성을 시사한다.

버와 접합해 가면서 특정한 주체를 형성해 나가는 과정의 하나로 볼 수 있다. 이 체임버들은 당대의 사회 현상을 해석하는 프레임을 조성하고 상대와 경합하면서 헤게모니를 획득하려 시도한다(이를테면, Arugute et al., 2023; Bruns, 2023; Keuchenius et al., 2023). 극단주의나 음모론, 가짜뉴스 같은 비정상이 의미를 갖는 것도 적어도 표면적으로는 정상처럼 보이는 이런 프레임(해석 차원) 또는 세력(권력 차원)과 접합될 때이며, 종교나 인종 같은 정체성의 영역 역시 이들과 결합되면서 세속적·정치적 권력의 장으로 편입되게 된다.

이처럼 에코 체임버가 정체성과 결합해 정치적 주체성을 형성하는 과정에서는 양극화가 단순한 의견 대립을 넘어 정체성 기반의 집단 결속을 심화시키는 매개로 작용한다. 특히 그 결속이 종교나 인종처럼 본질적이고 비가역적인 정체성에 기반할 경우, 기존의 정치적 대응만으로는 충분치 않아 이를 넘어서는 보다 정교한 접근이 요구된다(Diaz Ruiz & Nilsson, 2023). 예컨대 정체성(특히, 극단주의) 체계 내에서 나온 주장에 대해서는 외부 시각이 아닌 내부 논리에 기반한 수사적 반박이 필요하며, 체임버 구성원들이 신뢰하는 '대변인 spokespeople'을 통해 설득이 이뤄져야 한다. 이는 '신뢰 기반 개입'의 일환으로, 단순히 과학적 근거나 제도적 권위를 앞세운 정정보다 훨씬 효과적일 수 있다. 성의 없는 교정 시도는 반발 효과를 유발할 위험이 있고(Nyhan & Reifler, 2010), 팩트 체크와 같은 사실 기반 외부 개입도 이미 어느 정도 면역이 되어 있다고 봐야 한다.[178] 음모론자라고 해서

178 허위 정보가 '일시적으로 주의를 끌기evocative는 해도 경험적으로는 주변적인 현상'에 불과한 수준을 넘어 '공적 영역에서의 정보 흐름과 주의력 분배에 영향을 미치는 구조적 변화에 가까운 현상'으로 봐야 한다면

마냥 고립되어 있지도 않고, 외부 증거도 그저 무시만 하는 것은 아니다. 오히려 많은 유명한 음모론은 새로운 반대 증거에 맞서 논리를 확장해 나간다(McKernan, Rossini, & Stromer-Galley, 2023).

또 반론은 이용자의 인지적 프레임에 맞게, 그들의 인식론이나 세계관과 조화를 이루도록 설계되어야 한다(Diaz Ruiz & Nilsson, 2023). 일종의 맞춤형처럼 에코 체임버의 성격에 맞게 대응 또한 달라져야 한다. 보수 성향의 사람들에게는 기후 변화 문제를 강조하기보다는 다른 프레임, '기후 변화 대응이 에너지 독립과 국가 안보에 도움이 된다'는 방식으로 프레임을 바꾸면 수용성이 높아질 수 있다. 성질이 다른 '큐어넌'과 '평평한 지구'에도 각각 그에 맞는 방안이 고민되어야 한다. '진정한 기독교인은 반드시 지구가 평평하다고 믿어야 한다'고 주장하는 평평한 지구론자들이 있다면, 이에 반박하는데 '기독교인은 반드시 지구가 평평하다고 믿을 필요가 없다'고 주장할 수 있는 신뢰받는 기독교인이 필요하다. 백신 반대 여론이 강했던 보수주의 에코 체임버에서 트럼프 전 대통령(당시)이 백신을 지지하는 발언했을 때, 효과가 컸다. 트럼프는 내부에서 신뢰할 수 있는 인물이었기 때문이다. 선스타인과 버뮬(Sunstein & Vermeule, 2009)의 '인지적 침투' 전략도 이렇게 신뢰가 있는 내부 인물을 통해 시도하면 좀 더 큰 효과를 얻을 수 있을 것이다.

부드럽게 방향을 권유하는 넛지형nudge 같은 것도 있다(Alatawi et al., 2021). 대체로 이 방법은 이성적 사고를 촉구해 정보의 정확성 여부를 판단해 보게 하는데, 특히 가짜뉴스에 대해서는 상당한 효과를

(Jungherr & Schroeder, 2021: 1), 팩트 체크 수준으로 대응하기는 어렵다.

보았다. 극단주의나 음모론은 대부분 과학이나 합리적 사고에 반하는 허위 정보를 갖고 있으므로 이런 반성적 판단은 일부라도 자신이 잘못된 에코 체임버 속에 있다는 자각을 심어 줄 수 있다. 이와 관련해 교차 정보는 이용자가 받아들일 수 있는 신념의 폭에서 조금 낮은 수준의 의견을 보여 주는 것이 반발을 덜 사고 상대의 사고 폭을 넓히는 데 도움이 된다(Bail, 2021/2023). 물론 이에는 만만한 교차 대화가 기존 믿음을 더 강하게 만든다는 반대 의견도 있다. 이처럼 매우 사회적이고 특수한 에코 체임버나 극단주의의 맥락에서는 하나의 보편적 해법이나 만능 처방은 있을 수 없다. 맞춤식·신뢰·내부·넛지형 등을 놓고 그때그때 임상으로 적절한 방안을 찾아야 한다.

6장

에코 체임버의 현명한 극복을 위하여

아마도 21세기 미디어의 '범람' 시대에 접어들어 가장 보편화된 미디어 심리 이론은 '선택적 노출'일 것이다. 제한된 인식 자원 속에서 정보의 양적 범람을 만난 인류는 선택적 노출을 최대한 활용함으로써 이 예기치 못한 도전에 대응할 수밖에 없다. 선택적 노출은 말 그대로 마음에 들거나 원래 생각에 맞는 것congenial을 선택하고 마음에 맞는 사람들만 친구로 삼는 확증 편향의 하나다. 인간이라면 누구나 가질 수밖에 없는 이런 편향이 지금 시대 들어 더 강해졌다는 것은, 한편으로는 편향이라는 점에서 불행이지만, 다른 한편으로는 그래도 선택의 주체성이 살아 있다는 점에서 다행이 아닐 수 없다.

더욱이 '친숙한 것'과 '그렇지 않은 것' 사이의 선호 차이가 크지 않다는 점은 잘 알려지진 않았지만 상당히 긍정적인 것이다. 말하자면 선택적 노출의 편향은 그렇게 '과격'하거나 '극단적'인 것이 아니며 굳이 표현해 '온건한' 것이다. 심리학자 하트 등의 연구(Hart et al., 2009)에 따르면, 집단 간 평균 차이를 표준 편차의 단위로 나타내는 효과 크기 지표인 코헨의 d로 이 차이는 0.36 정도이고, 정치 정보의 경우 이보다 좀 더 커서 0.46이다. 정치 영역이 좀 더 편향적인 건 맞으나 0.36이나 0.46은 중간(0.5)이 조금 안 되는 정도다. 물론 이 수치들이 절대적인 의미를 갖는 것은 아니며, 실험 환경이나 정보 유형, 참가자 특성 같은 연구의 상황이나 조건에 따라서도 중요도가 크게 달라진다.[179] 그러나 그럼에도 불구하고 평균적인 이 수치는 대체로 인간이 친숙한 것을 그렇게 강하게 추구하거나 친숙하지 않은 것을 극단적으로 거부하고 있지 않다는 점 정도는 충분히 말해 준다.

또한 이 편향은 보호 동기와 정확성 동기에 의해 조절되기 때문에 신념이 약할 때와 강할 때 모두 각각의 다른 이유로 비호의적인 정보를 어느 정도 수용하게 된다(Taber & Lodge, 2006). 신념이 약한 때에는 확신이 부족하므로, 자신의 믿음을 보완하거나 강화할 수 있는 정보를 필요로 하며, 이 과정에서 반대되는 정보라도 수용하려는 태도가 나타날 수 있다. 반면 신념이 강한 경우에는 이를 보호하려는 경향도 존재하지만, 강한 신념에 대한 자신감을 바탕으로 반대 정보에도 위협을 느끼지 않고 받아들이는 여유가 생긴다. 즉 '내 신념은 충분히 견고하므로 반대 정보가 있어도 쉽게 흔들리지 않을 것'이라는 안정감이 작용하는 것이다. 사정이 이렇다면, 비호의적 회피 편향도 항상 강하게만 나타난다고 볼 수 없다.

이를 예증하는 연구들은 많다. 미국 내 5만 명의 온라인 뉴

179 이 평균값은 이러한 조건적 요인을 고려하지 않기 때문에 개별 상황에 대한 구체적인 정보를 제공하지는 못한다는 점을 유념해야 한다. 하트 등의 연구(Hart et al., 2009)에서도 효과 크기는 실제로는 −1.5에서 3.3까지 다양하게 나타났는데, 이는 상황에 따라 선택적 노출이 아예 반대로 또는 아주 강하게도 나타날 수 있음을 의미한다. 평균값만을 강조하면 이러한 사례별 차이가 간과될 위험이 있다.

스 이용자를 대상으로 3개월간 진행한 플랙스먼 등의 연구(Flaxman, Goel, & Rao, 2016)은 이를 구체적인 수치로 보여 준다. 이 연구에서 이용자들은 뉴스 편향 정도를 나타내는 '극성 점수polarity score'에서는 2/3가 0.41~0.54 범위에 있어 상대적으로 중심 분포에 집중centrist 되어 있었다. 여기에 사회 전체의 이념적 분리 수준이 0.11[180]에 머물러 NBC 뉴스와 데일리 코스Daily Kos 또는 ABC 뉴스와 폭스뉴스 간의 이념적 거리와 유사했으며, 이는 상대적으로 분리 정도가 높지 않음을 나타냈다. 물론 소셜 미디어가 개입하면, 스트레이트 뉴스의 경우, 0.12로 약간 상승한다. 의견 기사의 경우, 이 효과는 더 높아 0.13에서 0.17로 된다. 증가하는 것은 틀림없지만 그 수치가 높지 않아 이를 정말 문제가 삼아야 하는지가 논쟁의 대상이 된다.

에릭손 등(Erickson, Yan, & Huang, 2023)의 연구도 비슷하다. 에릭손 등은 양극화가 가장 심한 나라 중 하나인 미국에서, 그것도 첨예한 논쟁 사안인 캐피털 폭동에 대해 각 당파 지지자의 레딧 활동을 분석했다. 연구에 따르면, 당파적 커뮤니티 간에 주요 사건이나 인물에 대한 인식차가 분명 존재하지만, 그 격차는 예상보다 크지 않았다. 이는 '공유된 기본 신념'을 바탕으로 어느 정도는 당파를 초월한 논의가 가능할 수 있음을 말해 준다. 이런 논의가 가능하려면 상당히 의도적이면서 세심한 설계가 필요하다는 주장이 많았는데, 레딧의 정치 관련 서브레딧인 r/politics가 제한적이지만 그와 같은 역할을 하고 있었다. 에릭손 등은 이를 기초로 온라인의 당파적 토론 포럼이 완전히 서로 다른 언어로만 이야기하는 공간이 아니며, 당파적

180 이 척도는 0에서 1까지를 갖는데, 0은 무작위로 뉴스를 소비하는 상태(즉 분열 없음)를 나타낸다. 0.11은 분열이 있기는 하나 아주 낮은 것이다.

서브레딧들 간에도 이념적 간극이 좁혀질 가능성이 충분히 있다는 조심스러운 낙관을 전개한다.

이처럼 대중은 일종의 온건성modest을 보인다. 대중의 선택적 노출 및 회피 경향은 존재하지만, 그 강도는 절대적 측면에서 그렇게 크지 않다. 컴퓨테이션 연구가 상대적으로 다른 방법에 비해 온라인 에코 체임버 현상을 잘 포착하는 이유도 대규모 데이터 덕분에 통계적 편차가 적어 미세한 차이라도 잘 감지하기 때문이다. 이를 과장해서는 물론 안 되지만, 동시에 작은 차이도 현실에서는 중대한 결과를 낳을 수 있다는 점 또한 유념할 필요가 있다.

브렉시트나 '노란 조끼' 운동, '캐피털 폭동' 같은 극단적 사례는 제쳐 두더라도 양극화에 친화적인 대통령제와 양당제, 종다수제의 정치 장도 때로 미세한 차이를 증폭시킨다. 이 장에서는 불과 몇 퍼센트 차이로 승자가 모든 것을 차지하기에 정치권은 물론, 플랫폼, 시민 사회, 학계, 그리고 대중까지도 에코 체임버 현상에 민감하게 반응한다. 평소를 넘어서는 이때의 에코 체임버나 (소셜) 미디어의 변인적 지위는 근본 원인까지는 아니라 해도 앞서 본문에서도 여러 차례 언급한 대로 단순 매개 정도는 뛰어넘는 '조건적 매개'거나 '구성적 계기catalyst' 수준으로는 인정받을 만하다. 그러므로 이 현상을 둘러싼 규제와 정책 논의에서 각 주체가 엇갈린 태도를 보이는 것도 상당히 자연스러운 일이다. 대중은 에코 체임버의 존재를 믿고, 학계는 엇갈리며, 플랫폼은 근거 없다고 반발한다. 이런 혼돈 속에서 과연 최적의 합의점을 찾을 수 있을지?[181] 이 미지수를 찾는 논의야말

181 이 책에서는 본격적으로 규제책에 대해 논의하지 않았지만, 소셜 미디어나 에코 체임버는 어느 한 구성 인자나 요인이 온전하게 감당할 수 있는

로 진정한 '에코 체임버의 정치학'이 될 것이다.

이 합의점의 일단은 이유야 무엇이든 사람들이 동류 정보만 소비하지 않고 반대 정보에도 나름으로 '열려 있다'는 것에서 찾아져야 할 것으로 생각한다. 이 점은 여러 연구가 반복적으로 확인해 준, 에코 체임버 연구가 발견한 반통념적 부분이다. 그러나 바로 이 열려 있음이 반대에 대응해 스스로를 보호하고 내집단을 결속하기 위한 '참호전'의 의도로, 큐어넌이나 스톰프런트 같은 아주 병리적인 에코 체임버에서 빈번하게 이루어진다는 건 우리가 지금 같은 차별-정체성 사회에서 이른바 '교차 대화'라는 것에 얼마나 기대를 할 수 있을지에 깊은 회의를 요한다.

그러나 교차 대화 외에 다른 대안이 없다는 것도 꼭 틀린 것은 아니다. 베일도 그렇고 루이즈-디아즈도 그 방법을 제시한다. 선스타인도 꾸준하면서도 장기적인 교차 대화의 노력만이 이를 구제할 수 있다고 한다. 머츠(Mutz, 2006)는 시민적 자유가 통용되는 광범위한 '약한 유대' 속에서 '동의하지 않음에 동의'하는 관용이 중요하다고 한다. 물론 에코 체임버의 성격에 따라 반대 메시지에 노출시키는 수준이 '맞춤형 개입'으로 이루어지거나 체임버 내 신뢰할 수 있는 정보원을 활용하는 '신뢰 기반 개입'이 권장되는 대안이다. 보수주의자들이 주축이 되어 백신에 강하게 반대할 때, 이를 잠재운 것은 주지하다시피 내부로부터 강력한 지지를 받는 트럼프였다.

문제가 아니다. 특히 많은 책임이 있어 보이는 플랫폼 또한 단지 한 영역만 담당할 수 있을 뿐이다. 그런 면에서 정부, 플랫폼, 시민 사회, 이용자가 모두 참여할 수 있는 공동 규제co-regulation 체계는 이 문제를 해결할 적절한 대안으로 볼 수 있다(Whittaker et al., 2021).

반발을 염려하면서 세심하게 교차 정보의 수위를 조절하는 것도 반드시 유념해야 할 지침이다. 팩트 체크도 필요하지만 의외로 정체성의 영역에서는 이런 교정 노력이 그렇게 주효하지 않다. 여기에서 정체성은 개인의 정체성·집단 소속감과 깊이 얽힌 사회적·심리적 체계의 일부이자 세계를 해석하는 하나의 프레임워크에 가까운 것이기 때문이다. 그래서 선스타인 등의 '인지적 침투' 같은 것은 꼭 안 된다고 단언할 수는 없지만 매우 조심스럽게 써야 하는 전략이다.

비록 개인의 편향이 신뢰받는 미디어보다 앞선다는 연구가 있기는 해도 중립적이면서 책임 있는 미디어의 역할도 폄하되어서는 안 된다. 가짜뉴스나 허위 정보를 걸러낼 필요성이 일차적 이유이지만, 지금 나타나는 병폐의 근원이 결국 '머릿속의, 허위적 양극화'라는 이유가 더 강하다. 허위적 양극화는 상대에 대한 왜곡된 인식을 강화해 서로 말이 통하지 않는 사회를 만든다. 공통된 대화 기반이 사라질수록 사회적 연대는 약해지고, 그만큼 일상에서 만날 수 있는 신뢰받는 미디어의 역할은 중요해진다. 지금까지는 주로 미디어에서 에코 체임버나 필터 버블 등을 비롯해 양극화를 조장하는 소극적이고 부정적인 측면의 규제에 주목했다. 그러나 이제는 좀 더 적극적으로 갈등을 관리해 주는 '상관 조정 기능'을 미디어에 요구해야 할 때다. 허위적 양극화는 목적 의식적 노력이 아니면 극복하기 어려운 문제다.

철학자 코디(Coady, 2024)는 에코 체임버나 필터 버블처럼 유행어가 된 개념들에 대해 '더는 언급조차 하지 말라'고 강하게 비판한다. 그는 우리가 친구를 사귈 때 유사성뿐 아니라 차이 또한 동원하며, 정보 공유만큼이나 의견 불일치에 대한 토론도 중요한 역할을 한다고 한다. 나아가 그는 단지 여러 대안이 존재한다는 사실 자체보다

각 대안이 지니는 '가치'의 문제가 더욱 중요하다고 주장한다. 코디는 이 대안의 '범위'와 '가치'의 차이를 설명하기 위해 매스 미디어 시대의 게이트 키퍼인 '전문적' 저널리스트와 소셜 미디어 시대의 '친구들'을 대비시킨다. 친구들은 우리에게 더 친숙하고 거부감 없는 정보를 제공하지만, 그 정보가 반드시 가치가 높은 것은 아닐 수 있다. 반면 전문 저널리스트는 개인의 취향이나 관심이 아니라 사회적 중요성과 가치 중심으로 정보를 선별한다. '친숙함'뿐 아니라 '가치 있음'도 유력한 기준이 될 수 있다면, 에코 체임버가 가진 문제는 상당히 완화될 수 있다. 실제로 사람들은 친숙함보다 높은 가치를 선택하며, 어떤 시대든 그런 선택을 하는 사람들의 수가 반드시 소수였던 것은 아니다.

사실 동류집단성 수준의 일반적인 에코 체임버는 온오프라인을 불문하고 인간 사회 어디에서나 발견된다. 따라서 만약 이러한 에코 체임버가 양극화와 같은 심각한 사회 문제를 야기한다면, 이는 단순한 개인 차원의 편향 때문이 아니라 앞서 본 정치적 요인을 비롯해 사회적(또는 적어도 대표 집단) 수준에서의 원인에서 비롯된 것으로 보아야 한다(Jost et al., 2022). 선스타인이 거듭 강조한 집단 극단화 현상도 그가 예로 든 여러 세계사적 사건들에 어느 정도 영향을 미쳤을 수는 있으나 이를 그러한 사건 전체를 설명하거나 결정적인 원인으로 단정 짓기에는 무리가 있다. 그런 접근은 심리주의적 환원에 가까우며, 자칫 해당 사건들에 내재한 복잡한 역사적·구조적 요인을 간과하는 오류를 범할 수 있다.

이 점은 설사 에코 체임버나 집단 극단화가 문제가 되더라도 그것이 '어떻게' '어떤 수준으로' '어떤 조건에서' 발생하느냐가 훨씬 더 중요하다는 점을 말해 준다. 에코 체임버가 필요한 연구의 초점을 분산시킨다고 비판한 가렛(Garrett, 2017)이나 사회과학은 본질적으로 맥락 의존적인 현상을 다루는 학문이라는 테오카리스와 융헤르(Theocharis & Jungherr, 2021), 에코 체임버를 '단순한 디지털 현상이 아니라 더 넓은 사회적 역학 속에 내재된 구조로 재개념화'할 필요성을 강조하는 하트만 등(Hartmann et al., 2025: 37)[182]이 왜 그토록 '맥락'을 강조했는지 이유가 여기에서 명확해진다. 에코 체임버에 '일방향적 효과'는 없다고 주장하면서 팔미에리(Palmieri, 2024)가 제시한 '조건(제한)성contingency'[183] 역시 이 '맥락'과 거의 같은 말이다.

> "…… 소셜 미디어는 커뮤니케이션의 조건(제한)성을 무조건 확대하거나 축소하는 일방적 역할을 수행하지 않으며, 오히려 양가적ambivalent 상태를 형성한다는 결론에 도달했다. 즉 사회 내 커뮤니케이션의 상태는 소셜 미디어 도입 이후에도 조건성의 확대와 축소 사이의 지속적인 긴장 관계 속에 있는 것은 이전과 같다. 소셜 미디어는 커뮤니케이션의 조건성이 변모하는 방식을 상당히 변화시키기는 하지만, 의미 구성의 차원을 일방적으로 증가시키거나 축

182 하트만 등은 리뷰 글을 저널에 옮겨 실으면서 분석 편수를 129편으로 늘리는 등 일부를 수정했는데, 처음에는 주로 에코 체임버를 '개념화하고 조작하는 방식(방법)이 서로 다르다'는 점을 강조했다면, 수정 이후에는 시야의 폭을 넓혀 '지역, 정치, 문화, 플랫폼에 내재한 편향'도 같이 지적했다. 특히 뒤의 '토론discussion' 부분에서 맥락을 강조했다.

183 루만의 개념인데 '우연성'으로도 많이 번역하지만 나는 '조건(제한)성'으로 했다. 우연성은 자칫 무질서함이나 무작위성을 뜻하는 것으로 오해될 소지가 있다. '조건(제한)성'은 의미 구성이 소셜 미디어에 의해 일방적으로 결정되는 것이 아니라 주어진 맥락과 조건에 따라 제약과 가능성 사이에서 끊임없이 조정된다는 점을 강조한다.

소시키지는 않는다. **커뮤니케이션은 특정한 맥락에 따라 더 열리거나 더 닫히는 상태로 여전히 남아 있다.**" (Palmieri, 2024: 2602. 강조는 인용자)

라브 등(Rabb, Cowen, & de Ruiter, 2023)은 편향된 미디어 생태계가 대중에게 지속적으로 영향을 미치는 구조적 문제를 강조한다. 특히 미국에서 미디어는 '보수주의와 나머지'의 이원적 구도로 형성된다. 이 체계가 편향을 끊임없이 재생산함으로써 동류집단성 수준의 에코 체임버를 문제적인 병폐로 바꿔 놓는다. 그러니 어떤 현상이 실제로 병폐가 되는 것은 그 인지적 성격 자체보다 그것이 작동하는 사회적·미디어적 맥락에 달려 있을 수 있다. 키드(Kidd, 2020)의 '규범적 맥락주의'에 따르면, 개인의 인지적 특성이 미덕이 될지 악덕이 될지는 고정된 속성이 아니라 그것이 작동하는 사회적·문화적 조건에 의해 규정된다고 본다. 에코 체임버 역시 마찬가지다. 처해진 맥락과 조건에 따라 어떤 경우에는 친교의 네트워크가 되기도 하고, 어떤 경우에는 저항의 터전이나 진실 친화적 공동체로 기능하기도 하며, 또 다른 경우에는 사회를 양분하고 대립을 심화시키는 양극화의 촉매가 되기도 한다.[184]

또 한 가지 유념해야 하는 것은 '현상으로서 에코 체임버'가

184 그러므로 '사회가 맥락을 초월한 근본적인 법칙에 따라 구조화되어 있고, 그간은 데이터 접근이 어려워 이를 발견하지 못했을 뿐'이며(González-Bailón, 2017), 따라서 적절한 기회(방법)만 있다면 그러한 법칙을 찾아낼 수 있다는 인식은 과연 얼마나 타당하고 유효할까? 새삼스러운 의문이지만, 그런 법칙은 설사 있다 해도 인간 세상을 극히 일부만을 설명할 수 있고 자칫하면 더 많은 부작용을 불러 수 있다는 게 내 생각이다.

아닌, '행위 주체로서 소셜 미디어'가 독립 변인이 되어 양극화나 가짜뉴스 등에 영향을 미친다고 보는 연구가 가진 내적 한계다. 정치 측면을 연구하기 때문에 어느 정도는 불가피하다고는 해도 소셜 미디어는 결코 정치 미디어가 아니며, 그 이용자들은 미디어에서 압도적으로 비정치적 활동을 한다는 점을 잊어서는 안 된다.[185]

페이스북이나 트위터에서는 주로 친구나 팔로워 관계를 중심으로 지속적인 네트워크가 형성되고, 같은 집단 내에서 반복적으로 토론하는 과정에서 점차 친밀도가 높아질 수 있다. 물론 이 활동 역시 비정치적인 것이 대부분이다. 반면, 익명 기반의 레딧에서는 주제별 서브레딧을 중심으로 활동이 이루어지며, 게시 글과 댓글 반응이 상호 작용의 주요 방식이 되기 때문에 상대적으로 네트워크의 결속력은 약한 편이다. 이렇게 다양한 플랫폼들이 소셜 미디어라는 집합 명사로서 어떤 특정의 정치적 영향을 행사한다는 가정은 이미 텔레비전 연구에서 밝혀진 바대로 막연할 뿐만 아니라 그렇게 쓸모 있는 가정도 아니다.

요약하면, 넓은 의미의 에코 체임버는 분명히 인간 심성과 사회생활의 기본 속성 중 하나다. 그러나 그 에코 체임버와 병폐가 되는 인지적 폐쇄 공동체는 상당한 거리가 있다. 소셜 미디어가 등장하면서 이런 공동체가 만들어질 가능성이 높아진 것은 사실이다. 그러나 가능성이 현실로 나타나려면 사회구조적 요인을 비롯해 다양한 조건들이 같은 방향으로 작용해야 한다. 이런 조건을 도외시한

185 베일(Bail, 2021/2023)이 정치적 대화를 위한 플랫폼이 새로 필요하다는 주장을 펴는 것도 애초에 기존 플랫폼들이 정치적 숙의와는 무관한 목적과 구조에서 출발해 내적 한계가 분명하다고 보기 때문이다.

채 소셜 미디어나 에코 체임버에만 책임을 묻는 것은 오히려 그게 '누구에게 이익이 되는가,' '누가 책임을 피하는가'를 오히려 되물어 봐야 하는 잘못된 문제 설정이다. 물론 정보 흐름을 편향되게 설계하고, 이용자 주목을 수익화하는 플랫폼의 책임이 가장 직접적이면서 가장 클 것이다. 그러나 문제 자체를 좀 더 큰 틀, 시스템적 틀에서 보아야만 대안도 제대로 강구할 수 있고 사회도 발전할 수 있다.[186]

마지막으로 컴퓨테이션 방법에 대한 정리도 빼놓을 수 없다. 실험이나 설문 조사 같은 전통적 사회과학 방법은 표본 구성, 실험실 환경의 제약, 기억 편향 등의 문제로 인해 에코 체임버 현상을 입증하는 데 한계가 많았다. 이에 비해 컴퓨테이션 접근은 온라인 상호 작용에서 생성된 방대한 디지털 데이터와 전집 수준의 분석을 통해 이러한 한계를 극복할 수 있는 가능성을 보여 주었다. 특히 팬데믹을 계기로 컴퓨테이션을 포함한 자연과학적 방법은 사회과학의 영역에 빠르게 침투하며 영향력을 넓혀 왔다. 소셜 미디어, 에코 체임버, 그리고 양극화라는 주제는 이러한 확장 과정에서 일종의 '트로이의 목마' 역할을 했다고 볼 수 있다.

그러나 이러한 변화는 학계의 연구 지형을 이론 중심에서 방법론과 데이터 중심으로 이동시키는 부작용도 초래했다. 해석과 설명보다는 예측과 통제에 치중하는 경향이 강해지면서 사회적 맥락의 복잡성이나 인간 행위의 의미를 간과하는 새로운 문제가 나타나고 있다. 최근에는 HCSS와 같은 대안적 방향도 제시되고 있지만, 컴

186 (소셜) 플랫폼들의 데이터가 21세기 신자유주의의 정보 인프라를 형성한다는 서르닉의 《플랫폼 자본주의*Platform Capitalism*》(Srnicek, 2016/2020)는 이 문제의식을 반영하는 대표적인 저작이다.

퓨테이션 사회과학의 잠재력과 한계는 아직 충분히 검증되지 않았다. 따라서 이 분야가 학문적으로 균형 잡힌 위치를 확보하고, 해석과 설명의 전통과 제대로 접합되기까지는 아직도 상당한 시간이 필요할 것이다.

에코 체임버만큼 단기간에 많은 연구가 쏟아지고, 그 결과가 엇갈리는 주제를 찾기도 어려울 것이다. '에코 체임버 피로'란 말이 생겨날 만큼 지금까지의 연구 궤적에 회의가 들기도 한다. 그러나 이러한 한계는 비단 에코 체임버 연구에만 국한되지 않고, 소셜 미디어 연구 전반에 해당하며, 더 넓게는 매스 미디어 연구에도 어느 정도 적용될 수 있다. 오랜 역사를 지닌 미국식 미디어 효과 연구조차 강효과와 약효과 사이를 마치 단진자 운동처럼 오가는 양상을 반복해 오지 않았던가. 이런 점 등을 고려할 때, 설사 소셜 미디어가 직접 연구에 참여하고 컴퓨테이셔널 방법론이 지속적으로 혁신된다 하더라도, 에코 체임버 연구는 당분간 지금과 같은 논쟁을 피하기 어려울 것으로 보인다.

그럼에도 나는 에코 체임버가 여기저기에서 유발하거나 때로 촉진한 현상들이 반드시 부정적인 것만은 아니라고 생각한다. 에코 체임버 담론 덕분에 새로운 연구 관심이 촉발되었고, 이전에는 없던 데이터와 방법론이 등장했으며, 플랫폼들도 가짜뉴스, 극단주의, 데이터 남용 문제에 더욱 민감하게 반응하게 되었다. 당국 역시 규제 방식을 두고 고심하게 되었고, 대중 또한 소셜 미디어와 허위 정보에 대해 상당한 경각심을 갖게 되었다. 일부 극단적 담론에 대한 비판 의식도 커지고 있다. 어쩌면 이 모든 소란은 우리가 지금 반드시 통과해야 할 하나의 시대적 의례일지도 모른다.

양가성

양가성이란?

'양가성ambivalence'이라는 용어는 라틴어 ambi('둘 다both' 또는 '같은same')와 valentia('힘power,' '능력')의 합성어로, 문자 그대로는 '두 개의 동등한 힘이 동시에 존재하는 상태'를 뜻한다. 이때의 두 힘은 종종 서로 충돌하거나 모순되는, 정서적·인지적으로 반대되는 것일 수 있다. 또한 ambi는 '주변around'을 뜻하는 ambo와 어원적으로 연결되어 있어 양가성은 상호 긴장 속에서 움직이는 방향성이나 동적 관계도 포함할 수 있다(Lorenz-Meyer, 2001). 이 같은 양가성의 대표적인 사례는 흔히 말하듯 사랑과 미움, '애증'이 격정적으로 교차할 때다.

처음에 양가성은 주로 이렇게 심리학적 차원에서 사용되었다. 이의 집대성은 백영민(Baek, 2010)에게서 찾아볼 수 있는데, 그는 양가성을 "개인의 의사 결정이나 행동에 영향을 미치는 대상에 대해 대조가 되는 평가적 정향이 야기하는 심리학적 상태"(p.611)라고 정의하면서 평가(기준)와 대조를 강조한다.

그런데 사회학자 울리히 벡(Beck, 1994)이 주장한 '위험사회론'

은 이 양가성을 상당히 확장시킨다. 그는 근대 사회를 논하면서 도구적·합리적인 질서의 승리 그 자체로부터 위험이 배태된다고 말한다. 이때의 위험은 예외적 일탈이 아니라 스스로를 내부로부터 분해하고 해체하는 질서의 '정상적 산물'이다. 질서와 위험 사이에는 이렇게 하나가 다른 하나를 부르는 적대적 양가성이 존재하며, 이에는 근본적인 화해책이 없다. 사회 현상에 적용되는 벡의 양가성은 기술 문명이 항상 불확실하고, 판단이 극단을 오갈 수 있으며, 경계가 서로 교차되는 다면적 체계라는 점을 강조한다.

심리학적 태도일 때 양가성은 어느 정도는 병리적 현상이거나 주로 의사 결정의 전 단계(의사 결정이 되면 해소된다)로 다루어지는데 비해, 사회 현상에서는 '하나를 활용하는 순간 반대의 다른 하나가 등장하는 모순적 관계'를 포착하는 개념이 된다. 이를테면, 투명한 사회가 되면, 정부를 비롯한 공적 기관의 책무성은 높아지고 공직자의 부패 행위도 줄어들지만, 개인의 프라이버시는 보호되기 어려워지고, 자칫 사회 전체가 전방위적 감시 사회·전체주의 체제로까지 확대될 위험성이 있다.

하나의 장점이 다른 단점을 파생시키는 이런 예는 특히 지금의 정보 범람 사회에서는 쉽게 찾아볼 수 있다. 익명은 자유롭게 의견을 개진하는 수단이 되기도 하지만, 비시민성, 곧 대표적으로 혐오 표현을 조장하는 원인이 된다. 실명을 쓰면 혐오 표현은 대폭 줄어들게 되겠지만, 반대로 자기 검열이나 자기기만같이 남들의 눈을 과다 의식하는 부작용이 생길 것이다. 개인의 모든 행위가 데이터로 수집되고 분석되는 지금의 비자율적 노출 환경에서는 이런 부작용을 염려할 이유가 충분하다.

항상 찬사와 권장의 대상이었던 이성에 비해 그간 폄하됐던 감성을 부각하는 최근의 이론적 경향에 대해서도 얼마든지 같은 양가성을 지적할 수 있다. 감성은 감성 나름대로 약점이 많기 때문이다. 이성과 감성은 상호 보완의 관계이지 대체 대상이 아니다. 같은 맥락에서 뉴스나 시사 프로그램에 비해 픽션이나 오락이 갖는 정치성 역시 그러하다. 이 프로그램들이 정치성이 없지 않지만, 아무래도 뉴스나 시사 프로그램에 비해 양/질 모두에서 정보성이나 심층성이 약한 점 또한 부인할 수 없다.

검색 엔진이나 알고리즘 등은 정보 과부하를 해결하고 이용의 편의성을 높이는 장점이 있지만, 반대로 선택권이나 다양성을 제한해 플랫폼의 지배를 낳는 원인이 된다. '범람'이나 '빅뱅'이라는 용어가 조금도 과언이 아닌 정보 과부하 현상은 매우 역설적으로 정보 부족 현상보다 더 많은 폐해를 불러올 수 있다. '부트스트랩 확증'이나 '비이상적 인식론' 같은 것은 이런 과부하에 처해 인간이 대응할 수 있는 최소한의 보호 장치들이다. 그러나 그런 장치들은 모두 정상에서 벗어난 임시적 편법일 뿐이고, 결국은 일상의 모든 것을 플랫폼에 의존해야 하는 삶, 곧 '플랫폼화'(Poell, Nieborg, & van Dijck, 2019)의 길로 접어들게 된다.

최근 물의를 일으키는 가짜뉴스 논쟁도 이런 사례에서 빠지지 않는다. 비교적 최근까지 정치 의제는 매스 미디어의 권한 내에 있었다. 흔히 게이트 키핑으로 불리는 이 병목적 권력bottle's neck power 때문에 매스 미디어의 공간은 항상 뜨거운 주목을 받았고, 매스 미디어의 일거수일투족은 선망과 비판의 대상이 되었다. 소셜 미디어와 시민 언론citizen journalism은 이 시장을 개방해 권력을 분산시킨, 특히 자유주의의 입장에서 보면 매우 획기적인 일이었다. 그러나 이를 통한 정보나 뉴스는 전문적 감시의 눈에 의해 걸러지지 않은 것이어서 항상 문제가 되었고, 특히 '뉴스 아닌 뉴스'인 가짜뉴스나 음모론은 미디어 생태계 자체의 혼란을 초래하면서 공론장 전체를 문제적인 것, 양가적인 것으로 만들었다.

'공중'은 교양이 있고, 공적 사안에 밝은 시민으로 민주주의의 이상에 가까운 개념인데, 이 역시 최근 들어 '네트워크 공중(들),' '알고리즘 공중(들),' '재귀적 공중(들)recursive publics,' '강화된 공중(들),' '사이버 공중(들),' '환호 공중(들),' '감정적 공중(들),' '물질적 공중(들)' 등 현실적 형태들로 다양하게 분화되고 있다(Beyes, 2022). 이러한 변화는 한편으로는 기존 규범이 일정하게 해체되는 양상이지만, 다른 한편으로는 디지털 시대에 맞게 공중이 새로운 면모로 재형성되는 것으로도 볼 수 있다.

정치 참여가 기존의 공식적 장(투표장, 전당 대회 같은 정당의 장, 의회 공간 등)을 벗어나 사이버 영역으로 확대되면서 끊임없이 그 유효성이 논란이 되고 있다. 민주적 규범에 필수적인 것으로 항상 권장되어 온 정치 참여이지만, 지금은 오히려 '어두운 참여'나 '어두운 공유' 같은 새로운 딜레마를 만든다는 점(Valenzuela et al., 2019) 역시 디지털 시대가 보여 주는 양가성의 진면목 중 하나일 것이다.

21세기의 새로운 트렌드로 간주하는 공유 경제도 이와 형편이 다르지 않다. 공유 경제는 잉여 자원을 나누어 낭비를 줄이지만, 다른 한편으로는 일자리도 나누어서 노동자의 복지를 위협한다. 플랫폼은 소비의 공유나 자원의 협업용으로 활용되면서 그 편리함을 과시하지만, 저숙련 노동을 양산하는데 '중개용'으로 쓰이거나 불평등한 권력 구조를 조장하는 '착취용'으로 전락한다고 보는 게 더 적절한 때가 많다. 플랫폼 노동은 이전의 공장 노동에 비해 많은 장점이 있지만, 그와 유사하거나 오히려 더 강한 방식으로 경쟁을 부추기고, 노동자의 협상력을 약화시킨다.

아마도 이런 양가성이 가장 아이러니하게 드러나기로는 과거의 미제 사건을 반추해 범인을 찾는 팟캐스트 '시리얼'의 게시판인 서브레딧이, 한편으로는 크라우드소스에 의한 증거에 대해 서로 의견을 나누는 논의의 장이, 다른 한편으로는 이웃을 의심하고 개인의 비밀을 폭로하는 신상 털기doxing의 온상이 된 경우일 것이다(Buozis, 2017). 특히 이들이 무기징역으로 복역 중이던 범인 아드난 사이드Adnan Syed의 무죄를 주장하며, 사건과 관련된 개인들의 신상 정보를 추적하고 공개했던 행위는 커뮤니티 내에서 큰 논란을 일으켰다.[187] 이러한 신상 털기 행위는 개인의 사생활 침해와 법적 문제를 일으킬 수 있으며, 디지털 플랫폼에서 토론이 어떻게 민주적 가치를 훼손할 수 있는지를 보여 주는 사례로 지적되었다. 사이드 사례야말로 새로운 기술이 민주주의와 프라이버시 사이에서 갖는 지극한 양가성의 단면일 것이다.

사실 이미 이런 양가성은 공중에 대한 기초 이론으로 볼 수 있는 공론장론이 제기되던 때부터 충분히 드러난 바 있다. 이의 주창자인 하버마스 자신이 공론장의 '확대'(곧 개방, 포용inclusion)를 오히려 공론장의 '퇴락'(식민화)을 가져온 원인으로 진단한 것이다. 공론장

187 아드난 사이드는 1999년 볼티모어에서 발생한 한국인 여고생 이해민 양 피살 사건의 범인으로 지목되어 종신형을 선고받았다. 팟캐스트 '시리얼'이 이 사건을 파헤치면서 기존 증거에 문제가 발견되었고, 유죄 판결이 철회되면서 사이드는 석방되었다. 이 사건은 한편으로는 부실 수사와 증거 부족을 지적하고 재심 촉구 여론을 형성했으나, 다른 한편으로는 대중적 관심이 사법 체계의 독립성에 위협이 될 수 있고 집단의 흥분된 감정이 객관적 판단을 저해할 수 있다는 문제를 불러일으켰다.

이 확대되어 개방성이나 포용성이 커지면 커질수록 공론장의 질 높은 숙의 기능은 약화되기 마련이다. 왜냐하면 상대적으로 교육 효과를 덜 받은 계층(우리가 흔히 '대중'으로 부르는 사람들이다)이 대거 공론장 안으로 들어오기 때문이다. 여성이나 노동자 계층, 빈곤 계층, 젊은 계층, 유색 인종, 소수 민족 등이 좋아하거나 익숙한 장르는 상대적으로 쉽고 단순하며, 때로 선정적이기까지 한 것이다.[188] 신문으로 치면 타블로이드이고, 방송으로 치면 솝 오페라나 예능 장르 같은 것이다. 이들은 모두 공론장을 주도하는 유식 계층에 의해 '저질'로 낙인찍힌 것들이다. 하버마스 역시 상업화를 비난하면서 이런 장르들을 에둘러 같이 비난했다. 그의 눈에는 심지어 펭귄 시리즈처럼 값싸게 만들어 낸 고전 문고본도 이와 다르지 않았다.

이 대목이야말로 왜 공론장론에서 끊임없이 포용이 논쟁되는지, 페미니스트들이나 노동 계층이 왜 대안 공론장을 모색하는지, 왜 기존의 '하나의 (보편) 공론장the public sphere'을 복수의 '공론장들public spheres'로 해체하려 하는지 이유를 알 수 있게 해 준다. 이런 '포용과 퇴락'의 양가성은 지금의 디지털 공론장에서도 크게 바뀐 것이 없다. 디지털 공론장은 한편으로는 이전 부르주아 시대의 평등-보편 주장을 목표를 넘어 초과 달성했지만, 반대편으로 보면 여론과 대중의 정치적 의지 형성에서 파편화·발칸화의 위험성을 낳는 것이다(Habermas, 2022).

이런 양가성은 퀘이퍼스(Cuijpers, 2017)와 데세리스(Deseriis, 2020)의 연구에서 더욱 분명해진다. 퀘이퍼스는 프라이버시와 투명

188 반대로 심층적이고 분석적인 뉴스, 오랜 기간 인류의 유산으로 존중받는 고급 예술은 대중이 가까이 가기 힘든 '어려운 것'이다.

성이라는 상반된 두 개념에 대한 논의를 통해 같은 기술적 원천에서 동시에 장점과 결함이 교차되어 나오는 것을 '내재적 양가성'으로 해석했다. 퀘이퍼스는 내재성을 제시하면서 그 반대 개념인 외재성에 대해선 따로 논의하지 않았지만, 문맥으로 보아 내재성을 기술의 본연적 특성에 가까운 것으로, 외재성은 그 기술이 활용되는 과정에서 나타나는 결과로 보는 듯하다. 그렇다면 외재성은 기술 바깥의 전체 생태계를 구성하는 여러 다른 요소들이 복합적으로 미치는 영향이 된다. 과거에는 장점이었던 것이 지금은 단점으로 변환되는 경우, 또는 하나의 속성이 반대되는 속성을 낳는 현상은 모두 이러한 생태계의 변화와 맞물려 기술의 성격이 재구성되는 과정에서 파생된 것으로 볼 수 있다.

사실 기술이 '정치적으로 중립적이냐,' '개발부터 (특정 세력에 유리하게) 당파적이냐' 또는 '기술이 사회적 변화를 일으키느냐,' '사회가 기술의 성격을 결정하느냐'는 대립적 주장들은 자주 접점을 찾지 못한 채 평행선을 그리는데, 이런 생태계적 사고를 적용한다면 그런 식의 이분법적 질문은 오히려 탈맥락적인 것이 된다. 결국 기술과 사회가 만나는 기술 정치, 디지털의 사회적 구성 환경이 기술의 성격이나 영향을 결정하는 것이기 때문이다. 어느 한쪽이 다른 한쪽을 일방적으로 지배한다거나 결정한다는 사고는 무리이다.

데세리스(Deseriis, 2020)는 이를 좀 더 세부적으로 활용한다. 데세리스는 디지털 기술의 상호 어포던스가 자체적으로 양가적이라고 주장한다. 그는 디지털 기술이 낳은 두 가지 주요 경향, 곧 '소프트웨어화'와 '플랫폼화'가 '근본적'으로 그렇다고 한다. 소프트웨어화는 디지털 미디어를 이전 미디어 형식과 단절시키면서 새로운 어포던스를 가능하게 하는 데 비해 플랫폼화는 소셜 미디어의 어포던스를 계속해서 '상품화'의 영역 속에 묶어 놓는 역할을 수행한다.

상품화는 비판적 사회 인식을 심각하게 저해하고, 상대적으로 볼거리 위주의 탈맥락적이면서 아이러니한 이미지들을 양산한다. 소셜 미디어는 정보를 빠르게 확산시키는 특성이 있지만, 이런 속도는 풀뿌리 운동처럼 시간이 상대적으로 오래 걸리는 참여 방식과 잘 맞지 않는다. 민주적 논의 역시 책임감을 느끼지 않는 사용자들 사이에서 (알고리즘 등에 의해) 위계적으로 관리되는 플랫폼 페이지 안에 갇혀 버리는 경우가 많다.[189] 물론 양자는 서로 대립하고 균형을 이루므로 결과가 플랫폼화의 영역으로만 제한되지는 않는다. 그러나 데세리스는 이런 양가성을 하나의 사고 틀, 또는 디지털 전체를 볼 수 있는 관점으로 제시하지는 않았다.

양가성의 성찰적 가능성

양가성은 같은 경향이나 흐름에서 질서와 위험이 발생하는 모순적인 상황을 말한다. 이때의 질서와 위험의 관계는 물론 일반적으로는 서로를 포용할 수 없는 제로섬 게임적인 것이다. 그러나 만약 이 질서와 위험이 새로운 합(일종의 변증법적 합)을 낳을 수 없고, 그 경향 자체에서 공존할 수밖에 없는 것이라면 이는 오히려 서로가 서로의 존재를 지지하는 '상호 구성적인 것,' '상호 의존적인 것'으로도 볼 수 있

189 데세리스의 이런 분석이 디지털 기술의 양가성을 날카롭게 포착하는 건 맞다. 그러나 플랫폼화된 환경을 이용해 강력한 풀뿌리 동원이 가능했던 노란 조끼 운동 같은 사례도 본문에서 본 대로 얼마든지 있다. 특히 공식 페이지가 아니라 주변부의 자생적 공간들에서 이루어진 동원은 플랫폼의 위계적이고 상품화된 특성이 얼마든지 이용자들에 의해 반전될 수 있음을 보여 준다.

다. 비밀(프라이버시)과 투명성을 예로 들면, 양자는 서로 반대되지만 어느 한쪽만을 배제적으로 선택할 수 없어 공존이 불가피하다는 뜻이다. 투명성은 완전한 비밀도, 전면적인 감시도 아닌 그 중간 어딘가에 머물 수밖에 없다.

이렇게 어느 하나가 다른 하나를 완전히 지배하거나 배제할 수 없으므로 서로는 적용 대상을 나누고 적절하게 공존할 수 있는 균형점을 찾아야 한다. 물론 이는 당연히 사회적으로 조정되고 논의되어야 할 대상이다. 이 점이 바로 벡이 숙의의 '라운드테이블'을 위험 사회의 해결책으로 제시한 이유이다. 이로써 "(개인적) 프라이버시는 (개인에 머무르는 것이 아니라) 모든 사회적 관계가 작동하는 데 필수적인 요소"(Roessler & Mokrosinska, 2013: 785. 괄호 안은 인용자)가 된다. 이런 사고를 하는 철학자의 대표적인 예로 프랑스의 데리다를 꼽을 수 있는데, 데리다(Derrida, 2001; Birchall, 2011: 12에서 재인용)는 민주주의가 개인의 독특한, 아무런 정체성이나 소속을 갖지 않은, 그야말로 스스로의 내재적 본성, 곧 비밀을 통해서만 유지될 수 있는 존재로 간주했다.

비밀과 공개 사이가 협상되면 선별의 과정, 즉 어떤 것은 공개되고 어떤 것은 비밀로 되는 과정을 거쳐야 하는데, 이는 그 자체로 해당 사회의 권력관계를 반영한다. 셔슨(Schudson, 2020)이 투명성에 대한 과신을 비판하는 맥락도 여기에 있다. 투명성은 그 자체보다는 이 선별의 협상이 어떻게 되느냐에 가치가 달려 있다는 뜻이다. 그래서 철학자 펑(Fung, 2013)은 그냥 투명성이 아니라 '민주적'이라는 수식어를 붙였고('민주적 투명성'), 특히 기업을 비롯한 대규모 조직(들)의 투명성을 주장했다. 영향력이 정부 못지않으면서도 내부를 공개하지 않아도 되는 (대)기업의 투명성 정도는 시장 지배가 극에 도달한 지금 이 시점의 권력-민주주의 수준을 알아볼 수 있는 가장 단적인 지표일 것이다. 마르쿠제의 제자 핀버그(Feenberg, 2017)가 말하는 기술에 대한 민주적 개입 역시 바로 이러한 투명성과 권력관계의 문제에 개입하여 양가성의 최종적 협상을 보다 유리하게 하려는 것이다. 이러한 인식은 기술 자체보다 '기술–정치,' '기술–권력'의 관점으로 우리를 이끈다.

양가성의 문제의식은 현상과 그에 대한 대응을 끝없는 긴장과 협상, 성찰과 균형, 때로 관용과 인내의 대상으로 삼는 것에 있다. 즉 과학 기술을 비롯해 근대의 여러 현상은 하나의 흐름이 다른 상쇄적·적대적 흐름을 낳아 장점만을 골라 선택할 수 없는 양가성을 띤다.[190] 디지털화가 두렵다고 해서 피해 갈 수 없듯이 대응 정책이 절실하다고 해서 그 부작용을 외면해서는 안 된다. 현상이 양가적이므로 규제 또한 양가적 성격을 띠지 않을 수 없다. 세심한 위험 감수 risk-taking가 필요하다. 디지털에 대한 '규제로의 전환'이 맥락을 잘 고려한 '다각적이면서 통합적인 접근'이 되어야 하는 단적인 이유이기도 하다. 그런 점에서 양가성은 신념의 결여가 아니고 "반대적 긴장 사이의 동시적 충돌에 대한 적극적이면서 의지 있는 대응"(Webb, 2018: 20)이다. 이 점이 바로 양가성을, 딜레마와 표현적 의미가 비슷한 '역설paradox'이나 합을 지향하는 변증법적 개념인 '모순'(양가성에서는 긴장과 절충 또는 균형이 있을 뿐 합은 없다; 비변증적 적대다), 정보가 더 있으면 해소될

190 더 크게 보면, 양가성은 어느 한쪽만을 선택할 수 없는 대표적인 사회–인간 구성의 이원성, 예를 들어 '정신–육체,' '행위–구조,' '개인–사회' 등을 반영하거나 변화를 지향할 때 나타나는 모순적 경향성, 곧 '계몽주의–반계몽주의,' '이상주의–낭만주의,' '근대주의–탈근대주의' 등에 맞춰 지식을 생산하는 성찰적이면서 신중한 대응이 될 수 있다(Arribas-Ayllon & Bartlett, 2014).

수 있는 '모호함'과 구별하는 이유다.[191]

양가성을 윤리나 지식, 사회적 가치에서 맹목이나 광신을 피하면서 불일치와 적대적 갈등에 대처하는 '열린 태도,' '다원적 감성' 같은 실천적 의미로 확대하려는 학문적 움직임도 찾을 수 있다. 매켄지(McKenzie, 2018)나 웹(Webb, 2018), 부처(Bucher, 2019) 등은 양가성이 그런 신중한 태도, 절제 있는 대응을 대변하는 개념이 될 수 있다고 본다.

매켄지는 하버마스가 양가성을 경시했다고 비판하면서 대립하는 양측의 입장을 경청하는 사람이라면 누구라도 가질 수밖에 없는 생각이 양가성이라고 주장한다. 그에게 양가성은 근대성의 불가피한 모순에 처해 균형을 추구하게 하는 '부과된 의무'다. "양가성은 합리적 담론의 불완전함과 관련된 문제도, 해결책도 아니다. 이는 냉담이나 무관심으로 환원될 수 없고, 단순히 구조적 모순의 한 요소로만 볼 수도 없다. 오히려 양가성은 공론장이 활발하고 참여적일 때 필연적으로 발생하는 가치 있는 부산물이다"(p.45). 이런 매켄지의 양가성 개념은 차라리 공정성에 가깝고, 그래서 부산물이 아닌 필수적 구성 요소sine qua non다.

웹은 양가성이 민주주의의 '불편한 동반자'라고 한다. 민주주의는 한편으로는 권력을 인민에게 분산시키지만, 다른 한편으로는 (민족) 국가에 권력을 집중시키는 양가적 체제이기 때문이다. 양가성은 민주주의에 내재적인 것일 뿐만 아니라 사실상 민주주의가 의존하는 것이기도 하다. 이런 민주주의의 권력에 열망과 낙담, 희구와 의심이 교차하는 것은 어찌 보면 숙명에 가깝다(단지 정도가 문제일 따름

191 기타 '무관심,' '불확실성,' '부조화,' '비일관성'과 다른 점에 대해서는 백영민(Baek, 2010)을 참조할 수 있다.

이다). 그러나 무엇보다도 양가성의 미덕은 자의적으로 되기 쉬운 권력을 잘 견제할 수 있다는 데 있다. 양가성은 항상 우리에게 '세심한 주의'와 '사려 깊은 공정'을 요구하기 때문이다.

부처는 극단적 평가가 오갔던 디지털화에 대해 양가성이 '냉정을 잃지 않는 중립'의 기반이 될 수 있다고 생각한다. 긍정과 부정의 극단에서 오는 지속적인 긴장을 소화하고 그 협상이나 절충의 과정에 충실한 것에 양가성의 장점이 있다. "양가성은 믿음이 없는 상태가 아니라 기본적인 전제를 끊임없이 의심하면서 그 '불편함 속에 머물고,' 그것에 대해 투명하려고 하는 능력을 의미한다"(Bucher, 2019: 1).

양가성에 흔히 지적되는 단점, 곧 이쪽도 저쪽도 아닌 '양면주의both-siderism'나 '아무 관점도 없는 관점'에는 사실 어느 것을 쉽게 선택하거나 결정하기 어려운 뿌리 깊은 존재론적 '비결정성'의 문제가 내재해 있다. 바우만(Bauman, 1991)이 양가성을 근대적 '질서의 타자' 중 하나로 보면서 우리가 결정하기 어려울 때 느끼는 극심한 불편함쯤으로 간주하는 경우를 말한다. 특히 디지털 문화에는 채드윅(Chadwick, 2019)의 지적처럼 진짜/가짜의 경계까지 해체시키면서 불신의 문화를 증폭시키는 딥페이크 같은 것도 있다. 수용자 자신이 그 뉴스를 유통시키는 데 역할을 하면서 정작 그 뉴스를 생산한 미디어 자체는 믿지 않는다고 하는 '이중의 역설twin paradox'도 일례가 될 것이다. 그러나 양가성은 불확실하거나 예측 불가능이기는 해도 몰이해나 비논리는 아니다. 오히려 적극적으로는 대립하는 흐름에 신중하게 성찰적으로 접근하는 태도가 될 수 있다.

양가성을 잘 작동시키는 기제는 부분적 '요소'가 아니라 시스템 '전체'다(이런 인식은 Mansbridge et al., 2012). 그 사회의 민주적 시스템, 또는 그 주요 얼개 중 하나로 미디어 시스템은 양가성에서 오는 긴장을 절충하고 소화하면서 나름의 균형을 잡는다. 이는 가짜뉴스나 허위 정보에 대한 여러 나라의 회복력resilience을 비교한 한 연구(Humprecht et al., 2020)에서 예증된다.

가짜뉴스와 허위 정보는 디지털화가 낳은 인식론적 위기의 대표적 징후로, 대안인 진짜 뉴스와 정보로 빠르게 '회복'되어야 한다. 이 회복력은 각 나라나 사회마다 차이가 있는데, 상대적으로 북유럽 쪽 나라들이 미국이나 남유럽에 비해 빨랐다. 이를 알아보는 데 쓰인 지표는 '사회의 양극화,' '포퓰리즘 커뮤니케이션,' '뉴스에 대한 낮은 신뢰,' '약한 공영 미디어,' '더 파편화되고 공통성이 낮은 수용자,' '광고 시장의 크기,' '소셜 미디어 이용률/현황' 같은 것이다. 북유럽에서는 상대적으로 사회가 덜 양극화되고, 포퓰리즘이 지배적이지 않으며, 뉴스 신뢰가 높고, 공영 미디어의 위력이 강한 미디어 시스템이 구축되어 있다. 이런 시스템이 양가성에 대응하는 역량을 키워 디지털화가 조장한 단점을 빠르게 극복한 것이다.

양가성은 특히 기술 자체에 대한 평가와 관련해 이를 비판하는 가장 유력한 개념인 '도구적 이성'론에 대해서도 최근 등장하는 반비판론(Blau, 2021)을 수용할 수 있는 철학적 근거가 된다(McKenzie, 2018). 즉 성찰적 이성뿐만 아니라 도구적 이성 또한 가질 수 있는 합리성, 곧 이성적 합리성의 양가적 측면을 이해해야만 진정하게 기술을 도구화시키는 존재(자본주의)를 이해할 수 있다는 것이다. 기술적 이성에 대한 나이브한 부정은 기술이 지닌 현재적·잠재적 가능성, 곧 대중과 사회에 대한 영향력과 그 안에 들어 있는 내재적 모순성을 이해할 수 없게 만든다(Delanty & Harris, 2021).

양가성은 비단 디지털화뿐만 아니라 다양한 학문 분야에서 마치 '동전의 양면'처럼 단순 서술이나 비유 용도로 많이 쓰였던 표현이다. 그럴 때 양가성은 모순이나 딜레마, 역설 등과 크게 의미가 다르지 않았고, 구조적 비결정성 같은 부정적인 함의를 지녔다. 하나의 경향이 반대 경향을 불러 서로 대립하는 딜레마적 상황이 만들어지는 상태가 좋은 경우인 것은 분명 아니다. 그러나 자유민주주의를 비롯한 근대의 중추가 외부가 아닌 내부의 모순 때문에 위기에 빠지고, 이런 모순이 성찰과 균형을 통해 극단을 배제한 '중간 지대'로 해결(이 해결은 극복이라기보다는 유예일 것이다)이 가능하다는 점(König & Siewert, 2021)을 감안하면, 반드시 나쁜 것만은 아니다.

현상과 인식이 어느 정도는 같이 간다고 볼 때, 양가적 현상에 대한 양가적 인식은 복잡한 상황을 학습시키고 중지를 모으게 한다. 양가성은 현상에 대해 폭넓은 이해를 도모하고, 가치들의 경쟁에 의의를 부여하며, 피할 수 없는 경향들에 신중하면서 균형적인 사고를 하게 해 주는 논리적·심정적 기초로, 시스템 전체를 단위로 삼아 다각적이면서 통합적인 접근을 하게 해 준다.

참고 문헌

구재령 (2022). 알고리즘과 메타포: 페이스북의 '에코챔버'와 구글 검색의 '필터버블'을 중심으로. 〈과학기술학연구〉 22-3, 33~68.

최혜린 (2025. 1. 8). 메타, 팩트체크 · 혐오표현 규제 폐지…… "여성은 가정용품" 댓글도 안 막는다. 〈경향신문〉. https://www.khan.co.kr/article/202501082020015

이규호 (2024). 〈소셜 미디어 에코챔버는 사용자 집단의 양극화를 유도하는가?〉. 서울대학교 대학원 박사 학위 논문.

김은중 (2024. 12. 20). 정치 양극화의 파괴적 결과…… 한국, 민주주의 무너진 가장 부유한 나라 될 뻔. 〈조선일보〉. https://www.chosun.com/international/us/2024/12/20/MIMKITH2WRCE3HCSJNZZMGBO2Q/

조진형 · 김규정 (2022). 소셜미디어에서 에코챔버에 의한 필터버블 현상 개선방안 연구. 〈한국콘텐츠학회논문지〉 22-5, 56~66.

조항제 (2022). 디지털민주주의의 양가성: 이론적 탐색. 〈언론과 사회〉 30-4, 44~110.

Aalberg, T., Van Aelst, P., & Curran, J. (2010). Media systems and the political information environment: A cross-national comparison. *The international journal of press/politics, 15*(3), 255~271. https://doi.org/10.1177/194016121036 7422

Abramowitz, A. I., & Saunders, K. L. (2008). Is polarization a myth?. *The Journal of politics, 70*(2), 542~555. https://doi.org/10.1017/S0022381608080493

Abramowitz, A. I., & Webster, S. W. (2018). Negative partisanship: Why Americans dislike parties but behave like rabid partisans. *Political Psychology, 39*, 119~135. https://doi.org/10.1111/pops.12479

Achen, C. H., & Bartels, L. M. (2017). Democracy for realists: *Why elections do not produce responsive government*. Princeton University Press.

Ahler, D. J., & Sood, G. (2018). The parties in our heads: Misperceptions about party composition and their consequences. *The Journal of Politics, 80*(3), 964～981. https://doi.org/10.1086/697253

Alatawi, F., Cheng, L., Tahir, A., Karami, M., Jiang, B., Black, T., & Liu, H. (2021). A survey on echo chambers on social media: Description, detection and mitigation. *arXiv preprint arXiv: 2112.05084*. Available at: https://arxiv.org/pdf/2112.05084.

Allcott, H., Boxell, L., Conway, J., Ferguson, B., Gentzkow, M., & Goldman, B. (2024). What explains temporal and geographic variation in the early US COVID-19 pandemic?. *Review of Economic Design*, 1～41.

Allcott, H., Braghieri, L., Eichmeyer, S., & Gentzkow, M. (2020). The welfare effects of social media. *American economic review, 110*(3), 629～676.

Allcott, H., Gentzkow, M., Mason, W., Wilkins, A., Barberá, P., Brown, T., ⋯ & Tucker, J. A. (2024). The effects of Facebook and Instagram on the 2020 election: A deactivation experiment. *Proceedings of the National Academy of Sciences, 121*(21), e2321584121.

Allport, G. W. (1954). *The nature of prejudice*. Addison-Wesley.

Almagro, M. (2023). Political polarization: Radicalism and immune beliefs. *Philosophy & Social Criticism, 49*(3), 309～331. https://doi.org/10.1177/01914537211066859

Alper, B. A. (2022). How religion intersects with Americans' views on the environment. Available online at: https://www.pewresearch.org/religion/2022/11/17/how-religion-intersects-with-americans-views-on-the-environment/

Amrollahi, A. (2019). Burst the filter bubble: Towards an integrated tool. In *Proceedings of the 30th Australasian Conference on Information Systems (ACIS),* Perth, Australia, December 9–11 (pp.12～20).

Anderson, E. (2021). Epistemic bubbles and authoritarian politics. In E. Edenberg & M. Hannon(Eds.), *Political epistemology*(pp.11～30). Oxford University Press.

Arceneaux, K., & Johnson, M. (2015). How does media choice affect hostile media perceptions? Evidence from participant preference experiments. *Journal of Experimental Political Science, 2*(1), 12～25. https://doi.org/10.1017/XPS. 2014.22

Arguedas, A. R., Robertson, C., Fletcher, R., & Nielsen, R. (2022). echo chambers, filter bubbles, and polarisation: A literature review. Available at: https://reutersinstitute.politics.ox.ac.uk/sites/default/files/2022-01/Echo_Chambers_Filter_Bubbles_and_Polarisation_A_Literature_Review.pdf

Arora, S. D., Singh, G. P., Chakraborty, A., & Maity, M. (2022). Polarization and social media: A systematic review and research agenda. *Technological Forecasting and Social Change, 183*, 121114. https://doi.org/10.1016/j.techfore.2022.121114

Arribas-Ayllon, M., & Bartlett, A. (2014). Sociological ambivalence and the order of scientific knowledge. *Sociology, 48*(2), 335~351. https://doi.org/10.1177/0038038513493537

Arugute, N., Calvo, E., & Ventura, T. (2023). Network activated frames: content sharing and perceived polarization in social media. *Journal of Communication, 73*(1), 14~24. https://doi.org/10.1093/joc/jqac040

Au, A. (2023). A theoretical examination of Homophily beyond focus theory: causes, consequences, and new directions. *SAGE open, 13*(2), 21582440231173915. https://doi.org/10.1177/21582440231173915

Avnur, Y. (2020). What's wrong with the online echo chamber: A motivated reasoning account. *Journal of Applied Philosophy, 37*(4), 578~593. https://doi.org/10.1111/japp.12414

Aydin, Z., Fuess, A., Förster, M., & Sunier, T. (2022). When birds of a feather Instagram together: Debating the image of Islam in echo chambers and through trench warfare on social media. *Social Media+Society, 8*(3), 20563051221115211. https://doi.org/10.1177/20563051221115211

Baek, Y. M. (2010). An integrative model of ambivalence. *The Social Science Journal, 47*(3), 609~629. https://doi.org/10.1016/j.soscij.2010.02.003

Bail, C. (2021). *Breaking the Social Media Prism*. [서미나 옮김. 《소셜 미디어 프리즘》. 상상스퀘어. 2023].

Bail, C. A., Argyle, L. P., Brown, T. W., Bumpus, J. P., Chen, H., Hunzaker, M. F., … & Volfovsky, A. (2018). Exposure to opposing views on social media can increase political polarization. *Proceedings of the National Academy of Sciences*, 115(37), 9216~9221.

Bakshy, E., Messing, S., & Adamic, L. A. (2015). Exposure to ideologically diverse news and opinion on Facebook. *Science, 348*(6239), 1130~1132. https://doi.org/10.1126/science.aaa1160

Barberá, P. (2020). Social media, echo chambers, and political polarization. In N. Persily & J. A. Tucker (Eds.), *Social media and democracy: The state of the field, prospects for reform* (pp.34~55). Cambridge University Press. https://doi.org/10.1017/9781108890960.004

Barberá, P., Jost, J. T., Nagler, J., Tucker, J. A., & Bonneau, R. (2015). Tweeting from left to right: Is online political communication more than an echo chambers?. *Psychological science, 26*(10), 1531~1542. https://doi.org/10.1177/0956797615594620

Bastos, M., Mercea, D., & Baronchelli, A. (2018). The geographic embedding of online echo chambers: Evidence from the Brexit campaign. *PloS one, 13*(11), e0206841. https://doi.org/10.1371/journal.pone.0206841

Bauman, Z. (1991). The social manipulation of morality: Moralizing actors, adiaphorizing action. *Theory, Culture & Society, 8*(1), 137~151. https://doi.org/10.1177/026327691008001009

Beam, M. A., Hutchens, M. J., & Hmielowski, J. D. (2020). Facebook news and (de) polarization: Reinforcing spirals in the 2016 US election. In *Digital media, political polarization and challenges to democracy* (pp.26~44). Routledge.

Beck, U. (1994) The reinvention of politics: Towards a theory of reflexive modernity. In U. Beck, A. Giddens, & S. Lash(Eds), *Reflexive modernization: Politics, tradition and aesthetics in the modern social order* (pp.1~55). Cambridge, UK: Polity.

Begby, E. (2021). Evidential preemption. *Philosophy & Phenomenological Research, 102*, 515~530.

Begby, E. (2022). From belief polarization to echo chambers: A rationalizing account. *Episteme, 21*(2), 519~539. https://doi.org/10.1017/epi.2022.11

Benhabib, S. (1996). Identity, Perspective and Narrative in Hannah Arendt's" Eichmann in Jerusalem". *History and Memory, 8*(2), 35~59. https://doi.org/10.2979/his.1996.8.2.35

Bennett, W. L., & Iyengar, S. (2010). The shifting foundations of political communication: Responding to a defense of the media effects paradigm. *Journal of communication*, 60(1), 35~39. https://doi.org/10.1111/j.1460-2466. 2009.01471.x

Benkler, Y. Faris, R., Roberts, H. (2018). *Network propaganda: Manipulation, disinformation, and radicalization in American politics*. Oxford University Press.

Bessi, A., Zollo, F., Del Vicario, M., Puliga, M., Scala, A., Caldarelli, G., … & Quattrociocchi, W. (2016). Users polarization on Facebook and Youtube. *PloS one, 11*(8), e0159641. https://doi.org/10.1371/journal.pone.0159641

Birchall, C. (2011). Introduction to 'Secrecy and Transparency' The Politics of Opacity and Openness. *Theory, Culture & Society, 28*(7-8), 7~25. https://doi.org/10.1177/0263276411427744

Bikhchandani, S., Hirshleifer, D., & Welch, I. (1992). A theory of fads, fashion, custom, and cultural change as informational cascades. *Journal of political Economy, 100*(5), 992~1026. https://doi.org/10.1086/261849

Blau, A. (2021). Defending instrumental rationality against critical theorists. *Political Research Quarterly, 74*(4), 1067-1080.

Bliuc, A. M., Betts, J. M., Vergani, M., Bouguettaya, A., & Cristea, M. (2024). A theoretical framework for polarization as the gradual fragmentation of a divided society. *Communications Psychology, 2*(1), 75. https://doi.org/10.1038/s44271-024-00075-0

Bond, R. M., Fariss, C. J., Jones, J. J., Kramer, A. D., Marlow, C., Settle, J. E., & Fowler,

J. H. (2012). A 61-million-person experiment in social influence and political mobilization. *Nature, 489(*7415), 295～298. https://doi.org/10.1038/nature11421

Bötticher, A. (2017). Towards academic consensus definitions of radicalism and extremism. *Perspectives on terrorism, 11*(4), 73～77.

Boulianne, S. (2015). Social media use and participation: A meta-analysis of current research. Information, *communication & society, 18*(5), 524～538. https://doi.org/10.1080/1369118X.2015.1008542

Boulianne, S. (2020). Twenty years of digital media effects on civic and political participation. *Communication research, 47*(7), 947～966. https://doi.org/10.1177/0093650218808186

Boutyline, A., & Willer, R. (2017). The social structure of political echo chambers: Variation in ideological homophily in online networks. *Political psychology, 38*(3), 551～569. https://doi.org/10.1111/pops.12337

Boulianne, S. Koc-Michalska, K., & Bimber, B. (2020). Right-wing populism, social media and echo chambers in Western democracies. *New Media & Society, 22*(4), 683～699.

Boxell, L., Gentzkow, M., & Shapiro, J. M. (2017). Greater Internet use is not associated with faster growth in political polarization among US demographic groups. *Proceedings of the National Academy of Sciences, 114*(40), 10612～10617. https://doi.org/10.1073/pnas.1706588114

Boxell, L., Gentzkow, M., & Shapiro, J. M. (2024). Cross-country trends in affective polarization. *Review of Economics and Statistics, 106*(2), 557～565. https://doi.org/10.1162/rest_a_01141

Brady, W. J., Wills, J. A., Jost, J. T., Tucker, J. A., & Van Bavel, J. J. (2017). Emotion shapes the diffusion of moralized content in social networks. *Proceedings of the National Academy of Sciences, 114*(28), 7313～7318. https://doi.org/10.1073/pnas.1618923114

Bramson, A., Grim, P., Singer, D. J., Fisher, S., Berger, W., Sack, G. & Flocken, C. (2016) Disambiguation of social polarization concepts and measures, *The Journal of Mathematical Sociology, 40*(2), 80-111, DOI:10.1080/0022250X.2016.1147443

Brewer, M. B. (2001). The many faces of social identity: Implications for political psychology, *Political Psychology, 22*(1), 115～125.

Bright, J., Marchal, N., Ganesh, B., & Rudinac, S. (2020). echo chambers exist!(But they're full of opposing views). *arXiv preprint arXiv: 2001.11461*. https://doi.org/10.48550/arXiv.2001.11461

Bright, J., Marchal, N., Ganesh, B., & Rudinac, S. (2022). How do individuals in a radical echo chambers react to opposing views? Evidence from a content analysis of Stormfront. *Human Communication Research*, 48(1), 116~145. https://doi.org/10.1093/hcr/hqab021

Brugnoli, E., Cinelli, M., Zollo, F., Quattrociocchi, W., & Scala, A. (2019). Lexical convergence and collective identities on Facebook. *arXiv preprint arXiv:1903.11452.* https://doi.org/10.48550/arXiv.1903.11452

Bruns, A. (2019). *Are filter bubbles real?*. John Wiley & Sons.

Bruns, A. (2021). Echo chambers? Filter bubbles? The misleading metaphors that obscure the real problem. In B. L. Frischlich, J. H. Zimmermann, & C. von Sikorski (Eds.), *Hate speech and polarization in participatory society* (pp.33~48). Routledge. https://doi.org/10.4324/9781003109891-4

Bruns, A. (2023). From "the" public sphere to a network of publics: Towards an empirically founded model of contemporary public communication spaces. *Communication Theory, 33*(2-3), 70~81. https://doi.org/10.1093/ct/qtad007

Broda, E., & Strömbäck, J. (2024). Misinformation, disinformation, and fake news: Lessons from an interdisciplinary, systematic literature review. *Annals of the International Communication Association, 48*(2), 139~166. https://doi.org/10.1080/23808985.2024.2323736

Budak, C., Nyhan, B., Rothschild, D. M., Thorson, E., & Watts, D. J. (2024). Misunderstanding the harms of online misinformation. *Nature, 630*(8015), 45~53. https://doi.org/10.1038/s41586-024-07417-w

Broda, E., & Strömbäck, J. (2024). Misinformation, disinformation, and fake news: lessons from an interdisciplinary, *systematic literature review. Annals of the International Communication Association, 48*(2), 139~166. https://doi.org/10.1080/23808985.2024.2186641

Broockman, D. E., & Kalla, J. (2024). Selective exposure and echo chambers in partisan television consumption: evidence from linked viewership, administrative, and survey data. *American Journal of Political Science,* early view, 1~19. https://doi.org/10.1111/ajps.12723

Bucher, T. (2019). Bad guys and bag ladies: On the politics of polemics and the promise of ambivalence. *Social Media+Society*, July-September, 1~4.

Buozis, M. (2017). Giving voice to the accused: Serial and the critical potential of true crime. *Communication and Critical/Cultural Studies, 14*(3), 254~270. https://doi.org/10.1080/14791420.2017.1285233

Burnett, A., Knighton, D., & Wilson, C. (2022). The self-censoring majority: How political identity and ideology impacts willingness to self-censor and fear of isolation in the United States. *Social Media+Society, 8*(3), 20563051221123031. https://doi.org/10.1177/20563051221123031

Chadwick, A. (2019). The new crisis of public communication: Challenges and opportunities for future research on digital media and politics. *Loughborough University Online Research Repository.*

Chan, M., & Yi, J. (2024). Social media use and political engagement in polarized times. examining the contextual roles of issue and affective polarization in developed democracies. *Political Communication, 41*(5), 743～762. https://doi.org/10.1080/10584609.2024.2325423

Chen, A. Y., Nyhan, B., Reifler, J., Robertson, R. E., & Wilson, C. (2023). Subscriptions and external links help drive resentful users to alternative and extremist YouTube channels. *Science Advances, 9*(35), eadd8080. https://doi.org/10.1126/sciadv.add8080

Choi, Sujin (2020). When digital trace data meet traditional communication theory: Theoretical/Methodological directions. *Social Science Computer Review, 38*(1), 91～107. https://doi.org/10.1177/0894439318788618

Chomsky, N. (1998). *The Common Good.* New York: Odonian Press.

Cinelli, M., De Francisci Morales, G., Galeazzi, A., Quattrociocchi, W., & Starnini, M. (2021). The echo chambers effect on social media. *Proceedings of the National Academy of Sciences, 118*(9), e2023301118. https://doi.org/10.1073/pnas.2023301118

Coady, D. (2024). Stop Talking about echo chambers and Filter Bubbles. *Educational Theory, 74*(1), 92～107. https://doi.org/10.1111/edth.12620

Cohen, G. L. (2003). Party over policy: The dominating impact of group influence on political beliefs. *Journal of personality and social psychology, 85*(5), 808～822. https://doi.org/10.1037/0022-3514.85.5.808

Couldry, N., & Hepp, A. (2018). The continuing lure of the mediated centre in times of deep mediatization: Media Events and its enduring legacy. *Media, Culture & Society, 40*(1), 114～117. https://doi.org/10.1177/0163443717726009

Conover, M., Ratkiewicz, J., Francisco, M., Gonçalves, B., Menczer, F., & Flammini, A. (2011). Political polarization on twitter. In *Proceedings of the international aaai conference on web and social media* (Vol. 5, No. 1, pp. 89～96). https://doi.org/10.1609/icwsm.v5i1.14126

Coser, L. (1971). *Masters of sociological thoughts.* [신용하 · 박명규 옮김. 《사회사상사》. 일지사. 1986].

Cuijpers, C. (2017). The ambivalence of the impact of digitalization on democracy through the lens of privacy and transparency. In *Digital democracy in a globalized world* (pp.121～141). Edward Elgar Publishing. https://doi.org/10.4337/9781785363962.00013

Dahlgren, P. M. (2020). Selective Exposure to Public Service News Over Thirty Years: The Role of Ideological Leaning, Party Support, and Political Interest. *The International Journal of Press/Politics, 24*(3), 293～314. https://doi.org/10.1177/1940161219836223

Dahlgren, P. M. (2021). A critical review of filter bubbles and a comparison with selective exposure. *Nordicom Review, 42*(1), 15～33. https://doi.org/10.2478/nor-2021-0002

Davies, H. C. (2018). Redefining filter bubbles as (escapable) socio-technical recursion. *Sociological Research Online, 23(*3), 637～654. https://doi.org/10.1177/1360780418764735

Del Vicario, M., Vivaldo, G., Bessi, A., Zollo, F., Scala, A., Caldarelli, G., & Quattrociocchi, W. (2016). echo chambers: Emotional contagion and group polarization on facebook. *Scientific reports, 6*(1), 37825. https://doi.org/10.1038/srep37825

Delanty, G., & Harris, N. (2021). Critical theory and the question of technology: The Frankfurt School revisited. *Thesis Eleven, 166*(1), 88～108. https://doi.org/10.1177/07255136211000178

Derrida, J. (2001). 'I have a taste for the secret' (G. Donis, Trans). In G. Donis & D. Webb (Eds). *A taste for the secret* (pp.1～92) Cambridge, UK: Polity Press.

Deseriis, M. (2020). Two variants of the digital party: The platform party and the networked party. *Partecipazione e conflitto, 13*(1), 896～917. https://doi.org/ 10.1285/i20356609v13i1p896

Diaz Ruiz, C., & Nilsson, T. (2023). Disinformation and echo chambers: how disinformation circulates on social media through identity-driven controversies. *Journal of public policy & marketing, 42*(1), 18～35. https://doi.org/10.1177/ 07439156221138497

Doise, W. (1969). Intergroup relations and polarization of individual and collective judgments. *Journal of Personality and Social Psychology, 12(*2), 136～143. https://doi.org/10.1037/h0027563

Druckman, J. N., Klar, S., Krupnikov, Y., Levendusky, M., & Ryan, J. B. (2022). (Mis) estimating affective polarization. *The Journal of Politics, 84*(2), 1106～1117. https://doi.org/10.1086/714921

Du, Y. R. (2023). Personalization, echo chambers, news literacy, and algorithmic literacy: A qualitative study of AI-powered news app users. *Journal of Broadcasting & Electronic Media, 67*(3), 246～273. https://doi.org/10.1080/08838151.2023.2176939

Dubois, E., & Blank, G. (2018). The echo chambers is overstated: the moderating effect of political interest and diverse media. *Information, communication & society, 21*(5), 729～745. https://doi.org/10.1080/1369118X.2018.1428656

Dubois, E., & Renna, G. (2023). echo chambers and filter bubbles don't reflect our media environment. Available at: https://www.mediatechdemocracy.com/all-work/echo-chambers-and-filter-bubbles-dont-reflect-our-media-environment.

Eady, G., Nagler, J., Guess, A., Zilinsky, J., & Tucker, J. A. (2019). How many people live in political bubbles on social media? Evidence from linked survey and Twitter data. *Sage Open, 9*(1), 2158244019832705. https://doi.org/10.1177/ 2158244019832705

Eco, U. (2010). *Il cimitero di Praga*. [이세욱 옮김. 《프라하의 묘지》. 열린책들. 2013].

Elzinga, B. (2022). Echo chambers and audio signal processing. *Episteme, 19*(3), 373~393. https://doi.org/10.1017/epi.2021.14

Enders, A. M., & Armaly, M. T. (2019). The differential effects of actual and perceived polarization. *Political Behavior, 41*, 815~839. https://doi.org/10.1007/s11109-018-9476-5

Erickson, J. (2024). Rethinking the filter bubble? Developing a research agenda for the protective filter bubble. *Big Data & Society,* 11(1), 20539517241231276. https://doi.org/10.1177/20539517241231276

Erickson, J., Yan, B., & Huang, J. (2023). Bridging echo chambers? Understanding political partisanship through semantic network analysis. *Social Media + Society, 9*(3), 20563051231186368. https://doi.org/10.1177/205630512311863 68

Esau, K., Choucair, T., Vilkins, S., Svegaard, S. F., Bruns, A., O'Connor-Farfan, K. S., & Lubicz-Zaorski, C. (2024). Destructive polarization in digital communication contexts: a critical review and conceptual framework. *Information, Communication & Society*, 1~22. https://doi.org/10.1080/1369118X.2024.2171234

Evolvi, G. (2019). #Islamexit: inter-group antagonism on Twitter. Information, *communication & society, 22*(3), 386~401. https://doi.org/10.1080/1369118X.2018.1490796

Falleti, T. G., & Lynch, J. F. (2009). Context and causal mechanisms in political analysis. *Comparative political studies*, 42(9), 1143~1166.

Fantl, J. (2021). Fake news vs. echo chambers. *Social Epistemology, 35*(6), 645~659. https://doi.org/10.1080/02691728.2021.1978666

Feenberg, A. (2017). Critical theory of technology and STS. *Thesis eleven, 138*(1), 3~12. https://doi.org/10.1177/0725513616689399

Finkel, E. J., Bail, C. A., Cikara, M., Ditto, P. H., Iyengar, S., Klar, S., ··· & Druckman, J. N. (2020). Political sectarianism in America. Science, 370(6516), 533~536. https://doi.org/10.1126/science.abe1715

Fiorina, M. P., Abrams, S. A., & Pope, J. C. (2008). Polarization in the American public: Misconceptions and misreadings. *The Journal of Politics, 70*(2), 556~560. https://doi.org/10.1017/S002238160808050X

Flaxman, S., Goel, S., & Rao, J. M. (2016). Filter bubbles, echo chambers, and online news consumption. *Public opinion quarterly, 80*(S1), 298~320. https://doi.org/10.1093/poq/nfw006

Fletcher, R., & Nielsen, R. K. (2017). Are news audiences increasingly fragmented? A cross-national comparative analysis of cross-platform news audience fragmentation and duplication. *Journal of communication, 67*(4), 476~498. https://doi.org/10.1111/jcom.12315

Fletcher, R., & Nielsen, R. K. (2018). Are people incidentally exposed to news on social media? A comparative analysis. *New media & society, 20*(7), 2450~2468. https://doi.org/10.1177/1461444817724170

Fletcher, R., Robertson, C. T., & Nielsen, R. K. (2021). How many people live in politically partisan online news echo chambers in different countries?. *Journal of Quantitative Description: Digital Media, 1*. 1–30. https://doi.org/10.51685/jqd.2021.009

Froio, C., & Romero-Vidal, X. (2023). From the screens to the streets? Social media use and participation in the Yellow Vests protests. *Politics*, 02633957231185225. https://doi.org/10.1177/02633957231185225

Fung, A. (2013). Infotopia: Unleashing the democratic power of transparency. *Politics & Society, 41*(2), 183~212.

Garrett, R. K. (2009). Echo chambers online?: Politically motivated selective exposure among Internet news users. *Journal of computer-mediated communication, 14*(2), 265~285. https://doi.org/10.1111/j.1083-6101.2009.01440.x

Garrett, R. K. (2013). Selective Exposure: New Methods and New Directions. *Communication Methods and Measures, 7*(3-4), 247~256. https://doi.org/10.1080/19312458.2013.835796

Garrett, R. K. (2017). The "echo chambers" distraction: Disinformation campaigns are the problem, not audience fragmentation. *Journal of Applied Research in Memory and Cognition, 6*(4), 370~376. https://doi.org/10.1016/j.jarmac.2017. 09.011

Garrett, R. K., Long, J. A., & Jeong, M. S. (2019). From partisan media to mispercep-tion: Affective polarization as mediator. *Journal of Communication, 69*(5), 490~512. https://doi.org/10.1093/joc/jqz028

Geschke, D., Lorenz, J., & Holtz, P. (2019). The triple–filter bubble: Using agent–based modelling to test a meta–theoretical framework for the emergence of filter bubbles and echo chambers. *British Journal of Social Psychology, 58*(1), 129~149. https://doi.org/10.1111/bjso.12286

Gil de Zúñiga, H., & Diehl, T. (2019). News finds me perception and democracy: Effects on political knowledge, political interest, and voting. *New media & society, 21*(6), 1253~1271. https://doi.org/10.1177/1461444818817548

Gil de Zúñiga, H. G., Marné, H. M., & Carty, E. (2023). Abating dissonant public spheres:

Exploring the effects of affective, ideological and perceived societal political polarization on social media political persuasion. *Political Communication, 40(3)*, 327~345. https://doi.org/10.1080/10584609.2022.2150316

Goldenberg, N. A., Kittelson, J. M., Abshire, T. C., Bonaca, M., Casella, J. F., Dale, R. A., ··· & ATLAS Group. (2022). Effect of anticoagulant therapy for 6 weeks vs 3 months on recurrence and bleeding events in patients younger than 21 years of age with provoked venous thromboembolism: the Kids-DOTT randomized clinical trial. *JAMA, 327*(2), 129~137. https://doi.org/10.1001/jama.2021.23683

González-Bailón, S. (2017). *Decoding the social world: Data science and the unintended consequences of communication*. Cambridge, MA: MIT Press.

González-Bailón, S., Lazer, D., Barberá, P., Zhang, M., Allcott, H., Brown, T., ··· & Tucker, J. A. (2023). Asymmetric ideological segregation in exposure to political news on Facebook. *Science, 381*(6656), 392~398. https://doi.org/10.1126/science.abd0916

González–Bailón, S., & Lelkes, Y. (2023). Do social media undermine social cohesion? A critical review. *Social Issues and Policy Review, 17*(1), 155~180. https://doi.org/10.1111/sipr.12092

Grossman, M., & Hopkins, D. A., (2016). *Asymmetric politics: Ideological republicas and group interest democrats*. NY: Oxford Univ. Press.

Grusauskaite, K., Carbone, L., Harambam, J., & Aupers, S. (2024). Debating (in) echo chambers: How culture shapes communication in conspiracy theory networks on YouTube. *New Media & Society, 26*(12), 7037~7057. https://doi.org/10.11 77/14614448231173619

Guess, A. M. (2021). (Almost) Everything in moderation: New evidence on American's online media diets. *American Journal of Political Science. 65*(4), 1007~1022. https://doi.org/10.1111/ajps.12859

Guess, A. M., & Coppock, A. (2020). Does counter-attitudinal information cause backlash? Results from three large survey experiments. *British Journal of Political Science, 50*(4), 1497~1515. https://doi.org/10.1017/S0007123418000 327

Guess, A. M., Malhotra, N., Pan, J., Barberá, P., Allcott, H., Brown, T., ··· & Tucker, J. A. (2023). How do social media feed algorithms affect attitudes and behavior in an election campaign?. *Science, 381*(6656), 398~404. https://doi.org/10.1126/science.abd0951

Guess, A., Nyhan, B., Lyons, B., & Reifler, J. (2018). Avoiding the echo chambers about echo chambers. *Knight Foundation*.

Guess, A. M., Nyhan, B., & Reifler, J. (2020). Exposure to untrustworthy websites in the 2016 US election. *Nature human behaviour, 4*(5), 472~480.

Gumbert, F., Pütz, O., Muhle, F., & Ackland, R. (2023). Echo chambers without conversation? Enriching research on polarization and fragmentation on Twitter with the analysis of reciprocal communication. In *Kongress der Deutschen Gesellschaft für Soziologie" Polarisierte Welten"*. https://publikationen.soziologie.de/index.php/kongressband_2022/article/view/1649/1849

Habermas, J. (2022). Reflections and hypotheses on a further structural transformation of the political public sphere. *Theory, Culture & Society, 39*(4), 145~171. https://doi.org/10.1177/02632764221108934

Han, J., Lee, Y., Lee, J., & Cha, M. (2023). News comment sections an online echo chambers: The ideological alignment between partisan news stories and their user comments. *Journalism,* 24(8), 1836~1856. https://doi.org/10.1177/1464 8849211069241

Haroon, M., Wojcieszakb, M., Chhabraa, A.,ILiua, X., Mohapatraa, P., & Shafiqa, Z. (2023). Auditing YouTube's recommendation system for ideologically congenial, extreme, and problematic recommendations. *Proceedings of the National Academy of Sciences,* 120(50), e2213020120 https://doi.org/10.1073/pnas.2213020120.

Hart, W., Albarracín, D., Eagly, A. H., Brechan, I., Lindberg, M. J., & Merrill, L. (2009). Feeling validated versus being correct: a meta-analysis of selective exposure to information. *Psychological bulletin, 135*(4), 555~588. https://doi.org/10.1037/a0015701

Hartmann, D., Pohlmann, L., Wang, S. M., & Berendt, B. (2024). A Systematic Review of echo chambers Research: Comparative Analysis of Conceptualizations, Operationalizations, and Varying Outcomes. at: https://www.researchgate.net/publication/382111508

Hartmann, D., Wang, S. M., Pohlmann, L., & Berendt, B. (2024). A Systematic Review of echo chambers Research: Comparative Analysis of Conceptualizations, Operationalizations, and Varying Outcomes. *Journal of Comutational Social Science,* 8~52. https://doi.org/10.1007/s42001-025-00381-z

Hastie, R., & Park, B. (1986). The relationship between memory and judgment depends on whether the judgment task is memory-based or on-line. *Psychological review, 93*(3), 258~268. https://doi.org/10.1037/0033-295X.93.3.258

Hmielowski, J. D., Hutchens, M. J., & Beam, M. A. (2020). Asymmetry of partisan media effects?: Examining the reinforcing process of conservative and liberal media with political beliefs. *Political Communication, 37*(6), 852~868. https://doi.org/10.1080/10584609.2020.1723755

Hobolt, S. B., Lawall, K., & Tilley, J. (2024). The polarizing effect of partisan echo chambers. American *Political Science Review,* 118(3), 1464~1479. https://doi.org/10.1017/S0003055423000251

Holbert, R. L., Garrett, R. K., & Gleason, L. S. (2010). A new era of minimal effects? A response to Bennett and Iyengar. *Journal of communication*, 60(1), 15~34.

Huddy, L., & Bankert, A. (2017). Political partisanship as a social identity. In *Oxford research encyclopedia of politics.* https://doi.org/10.1093/acrefore/ 97801902286 37.013.1333

Humprecht, E. (2020). How do they debunk "fake news"? A cross-national comparison of transparency in fact checks. *Digital journalism,* 8(3), 310~327. https://doi.org/10.1 080/21670811.2019.1691031

Huszár, F., Ktena, S. I., O'Brien, C., Belli, L., Schlaikjer, A., & Hardt, M. (2022). Algorithmic amplification of politics on Twitter. *Proceedings of the national academy of sciences, 119*(1), e2025334119. https://doi.org/10.1073/pnas.2025 334119

Hutchens, M. J., Hmielowski, J. D., & Beam, M. A. (2019). Reinforcing spirals of political discussion and affective polarization. *Communication Monographs, 86*(3), 357~376. https://doi.org/10.1080/03637751.2019.1575255

Iandoli, L., Primario, S., & Zollo, G. (2021). The impact of group polarization on the quality of online debate in social media: A systematic literature review. T*echnological Forecasting and Social Change, 170*, 120924. https://doi.org/10. 1016/ j.techfore.2021.120924

Interian, R., G. Marzo, R., Mendoza, I., & Ribeiro, C. C. (2023). Network polarization, filter bubbles, and echo chambers: An annotated review of measures and reduction methods. *International Transactions in Operational Research, 30*(6), 3122~3158. https://doi.org/10.1111/itor.13224

Isenberg, D. J. (1986). Group polarization: A critical review and meta-analysis. *Journal of personality and social psychology, 50*(6), 1141~1151. https://doi.org/10.1037/ 0022-3514.50.6.1141

Iyengar, S., & Hahn, K. S. (2009). Red media, blue media: Evidence of ideological selectivity in media use. *Journal of communication*, 59(1), 19~39. https://doi.org/10.1111/ j.1460-2466.2008.01402.x

Iyengar, S., Lelkes, Y., Levendusky, M., Malhotra, N., & Westwood, S. J. (2019). The origins and consequences of affective polarization in the United States. *Annual review of political science, 22*(1), 129~146. https://doi.org/10.1146/annurev-polisci-051117-073034

Jack, C. (2017). Lexicon of lies: Terms for problematic information. *Data & Society, 3(*22), 1094~1096.

Jamieson, K. H., & Kappella, J. N. (2008). *Echo chamber: Rush Limbaugh and the conservative media establishment.* Oxford University Press.

John, N. A., & Nissenbaum, A. (2019). An agnotological analysis of APIs: Or, disconnectivity and the ideological limits of our knowledge of social media. *The Information Society,*

35(1), 1~12. https://doi.org/10.1080/01972243.2018.1542647

Jost, J. T., Baldassarri, D. S., & Druckman, J. N. (2022). Cognitive-motivational mechanisms of political polarization in social-communicative contexts. *Nature Reviews Psychology, 1*(10), 560~576. https://doi.org/10.1038/s44159-022-00093-5

Jost, J. T., Federico, C. M., & Napier, J. L. (2009). Political ideology: Its structure, functions, and elective affinities. *Annual review of psychology, 60*(1), 307~337. https://doi.org/10.1146/annurev.psych.60.110707.163600

Jungherr, A., & Schroeder. R. (2021). Disinformation and the structural transformations of the public arena: Addressing the actual challenges to democracy. *Social Media+Society, 7*(1), 1~13.

Kahan, D. M. (2013). Ideology, motivated reasoning, and cognitive reflection. *Judgment and Decision making, 8*(4), 407~424.

Karlsen, T., Aamot, I. L., Haykowsky, M., & Rognmo, Ø. (2017). High intensity interval training for maximizing health outcomes. *Progress in cardiovascular diseases, 60*(1), 67~77. https://doi.org/10.1016/j.pcad.2017.03.006

Keuchenius, A., Törnberg, P., & Uitermark, J. (2023). *Echo chambers are defined by conflict, not isolation*. ResearchGate. https://www.researchgate.net/publication/368832548_Echo_chambers_are_defined_by_conflict_not isolation

Kidd, I. J. (2020). Epistemic corruption and social oppression. I. J. Kidd, H. Battaly & G. Cassam(eds.), *Vice Epistemology*(pp.69~85). London: Routledge.

Kitchin, R. (2014). Big Data, new epistemologies and paradigm shifts. *Big data & society,* 1(1), 2053951714528481. https://doi.org/10.1177/2053951714528481

Kitchens, B., Johnson, S. L., & Gray, P. (2020). Understanding echo chambers and filter bubbles: The impact of social media on diversification and partisan shifts in news consumption. *MIS quarterly, 44*(4). 1619~1649.

Knobloch-Westerwick, S. (2014). *Choice and preference in media use: Advances in selective exposure theory and research.* Routledge. https://doi.org/10.4324/ 9781315771359.

Knobloch-Westerwick, S., Johnson, B. K., & Westerwick, A. (2015). Confirmation bias in online searches: Impacts of selective exposure before an election on political attitude strength and shifts. *Journal of Computer-Mediated Communication, 20*(2), 171~187. https://doi.org/10.1111/jcc4.12105

Knobloch-Westerwick, S., Mothes, C., & Polavin, N. (2020). Confirmation bias, ingroup bias, and negativity bias in selective exposure to political information. *Communication research, 47*(1), 104~124. https://doi.org/10.1177/0093650217719596

König, P., & Siewert, M. (2021). Off balance: Systematizing deformations of liberal democracy. *International Political Science Review, 42*(5), 690-704.

Knudsen, E. (2023). Modeling news recommender systems' conditional effects on selective exposure: evidence from two online experiments. *Journal of Communication*, 73(2), 138～149. https://doi.org/10.1093/joc/jqac047

Kreiss, D., & McGregor, S. C. (2024). A review and provocation: On polarization and platforms. *New Media & Society, 26*(1), 556～579. https://doi.org/10.1177/14614448231161880

Kubin, E., & Von Sikorski, C. (2021). The role of (social) media in political polarization: a systematic review. *Annals of the International Communication Association, 45*(3), 188～206. https://doi.org/10.1080/23808985.2021.1976070

Kunda, Z. (1990). The case for motivated reasoning. *Psychological bulletin, 108*(3), 480～498. https://doi.org/10.1037/0033-2909.108.3.480

Kupferschmidt, K. (2023). Studies find little impact of social media on polarization. *Science, 381*(6656), 367～368. https://doi.org/10.1126/science.adj9746

Lackey, J. (2021). *The epistemology of groups.* Oxford University Press. https://doi.org/10.1093/oso/9780198833666.001.0001

Lamm, H., & Myers, D. G. (1978). Group-induced polarization of attitudes and behavior. In *Advances in experimental social psychology* (Vol. 11, pp.145～195). Academic Press. https://doi.org/10.1016/S0065-2601(08)60066-5

Landemore, H., & Mercier, H. (2012). Talking it out with others vs. deliberation within and the law of group polarization: Some implications of the argumentative theory of reasoning for deliberative democracy. *Análise Social, 47*(205), 910～934.

Lazarsfeld, P. F., Berelson, B., & Gaudet, H. (1944). People's choice. [백영민 옮김 《국민의 선택》. 커뮤니케이션북스. 2015].

Lee, B., Ryu, H., Lee, J. K., Jeong, H., & Kim, B. J. (2024). Network analysis reveals news press landscape and asymmetric user polarization. arXiv. https://arxiv.org/abs/2408.07900.

Lelkes, Y. (2016). Mass polarization: Manifestations and measurements. *Public Opinion Quarterly, 80*(S1), 392-410. https://doi.org/10.1093/poq/nfw005

Lelkes, Y. (2018, April). Affective polarization and ideological sorting: A reciprocal, albeit weak, relationship. *The Forum, 16*(1), 67～79. https://doi.org/10.1515/for-2018-0005

Levendusky, M. S. (2013). Why do partisan media polarize viewers?. *American journal of political science, 57*(3), 611～623. https://doi.org/10.1111/ajps.12008

Levendusky, M. S., & Malhotra, N. (2016). (Mis) perceptions of partisan polarization in the American public. *Public Opinion Quarterly, 80*(S1), 378～391. https://doi.org/10.1093/poq/nfw012

Levy, P (1957). *Se questo è un uomo.* [이현경 옮김. 《이것이 인간인가》. 돌베개. 2007].

Levy, N. (2007). Doxastic responsibility. *Synthese, 155*, 127～155. https://doi.org/10. 1007/

s11229-006-9157-x

Leysen, J., Michiels, L., Goethals, B., Smets, A. (2022). What are filter bubble? A review of the conceptual and empirical work. In Adjunct Proceedings of the 30th ACM Conference on User Modeling, Adaptation and Personalization (UMAP '22 Adjunct), July 4–7, 2022, Barcelona, Spain. ACM, New York, NY, USA, 9 pages. https://doi.org/10.1145/3511047.3538028

Lewandowsky, S., & Pomerantsev, P. (2022). Technology and democracy: A paradox wrapped in a contradiction inside an irony. *Memory, Mind & Media*, 1, e5.

Lilienfeld, S. O., Ammirati, R., & Landfield, K. (2009). Giving debiasing away: Can psychological research on correcting cognitive errors promote human welfare?. *Perspectives on psychological science, 4*(4), 390~398. https://doi.org/10.1111/j.1745-6924.2009.01144.x

Lin, H., Jiang, X., Lee, J., Wang, Y., & Kim, Y. (2025). Exploring the Paradox of Cross-Cutting Exposure and Affective Polarization: A Curvilinear Model Influenced by Political Ideology Strength. *Media Psychology,* 1~25. https://doi.org/10.1080/15213269.2023.2256753

Liu et al., (2025). Short-term exposure to filter-bubble recommendation systems has limited polarization effects: Naturalistic experiments on YouTube. *PNAS*, 122(8), e2318127122 https://doi.org/10.1073/pnas.2318127122.

Löblich, M., & Venema, N. (2021). echo chambers. Available at: file:///C:/Users/user/Downloads/Echo_Chambers_A_Further_Dystopia_of_Media_Generate%20(2).pdf.

Lord, C. G., Ross, L., & Lepper, M. R. (1979). Biased assimilation and attitude polarization: The effects of prior theories on subsequently considered evidence. *Journal of personality and social psychology, 37*(11), 2098~2109. https://doi.org/10.1037/0022-3514.37.11.2098

Lorenz-Meyer. D. (2001). The politics of ambivalence: Towards A Conceptualisation Of Structural Ambivalence In Intergenerational Relations. Gender Institute New Working Paper Series, Issue 2, February 2001.

Lorenz-Spreen, P., Oswald, L., Lewandowsky, S., & Hertwig, R. (2023). A systematic review of worldwide causal and correlational evidence on digital media and democracy. *Nature human behaviour, 7*(1), 74~101. https://doi.org/10.1038/s41562-022-01488-7

Lutz, C., & Hoffmann, C. P. (2017). The dark side of online participation: exploring non-, passive and negative participation. *Information, Communication & Society, 20*(6), 876~897. https://doi.org/10.1080/1369118X.2017.1293129

Madsen, J. K., Bailey, R. M., & Pilditch, T. D. (2018). Large networks of rational agents form persistent echo chambers. *Scientific reports, 8*(1), 12391. https://doi.org/10.1038/s41598-018-25558-7

Magin, M., Geiß, S., Stark, B., & Jürgens, P. (2021). Common core in danger? Personalized information and the fragmentation of the public agenda. *The International Journal of Press/Politics, 27*(4), 789~974. https://doi.org/10.1177/19401612211026595

Mahmoudi, A., Jemielniak, D., & Ciechanowski, L. (2024). echo chambers in Online Social Networks: a Systematic Literature Review. *IEEE Access.*

Malcom, F., & Ranalli, C. (2025). *Extreme beliefs and echo chambers.* https://philarchive.org/archive/RANEBA.

Mansbridge, J., Bohman, J., Chambers, S., Christiano, T., Fung, A., Parkinson, J., … & Warren, M. E. (2012). A systemic approach to deliberative democracy. In *Deliberative systems: Deliberative democracy at the large scale* (pp.1~26). Cambridge University Press.

Martin, G. J., & Yurukoglu, A. (2017). Bias in cable news: Persuasion and polarization. *American Economic Review, 107*(9), 2565~2599. https://doi.org/10.1257/aer.20160812

Masip, P., Suau, J., & Ruiz-Caballero, C. (2020). Incidental exposure to non-like-minded news through social media: opposing voices in echo-chambers' news feeds. *Media and communication, 8*(4), 53~62. https://doi.org/10.17645/mac.v8i4.3219

Mason, L. (2015). "I disrespectfully agree": The differential effects of partisan sorting on social and issue polarization. *American journal of political science, 59*(1), 128~145. https://doi.org/10.1111/ajps.12089

Mason, L. (2016). A cross-cutting calm: How social sorting drives affective polarization. *Public Opinion Quarterly, 80*(S1), 351~377. https://doi.org/10.1093/poq/nfw001

Matthes, J., Nanz, A., Kaskeleviciute, R., Reiter, F., Freiling, I., Neureiter, A., … & Noronha, I. (2023). The Role of Media in Political Polarization| The Way We Use Social Media Matters: A Panel Study on Passive Versus Active Political Social Media Use and Affective Polarization. *International Journal of Communication, 17*, 23.

McCarty, N. (2019). Polarization: *What everyone needs to know.* Oxford University Press.

McFarland, D. A., Lewis, K., & Goldberg, A. (2016). Sociology in the era of big data: The ascent of forensic social science. *The American Sociologist, 47*, 12~35. https://doi.org/10.1007/s12108-015-9291-8

McKenzie, J. (2018). Political Ambivalence as Praxis: The Limits of Consensus in Habermas's Theory of the Public Sphere. *Critical Horizons, 19*(1), 35~48. https://doi.org/10.1080/14409917.2018.1429918

McKernan, B., Rossini, P., & Stromer-Galley, J. (2023). Echo chambers, cognitive thinking styles, and mistrust? Examining the roles information sources and information processing play in conspiracist ideation. *International Journal of Communication, 17*, 24.

McPherson, M., Smith-Lovin, L., & Cook, J. M. (2001). Birds of a feather: Homophily in social networks. *Annual review of sociology, 27*(1), 415～444. https://doi.org/10.1146/annurev.soc.27.1.415

Medina, E. (2024). Knowledge and ignorance in forensic identification: the origins of a contested human rights fact. *Tapuya: Latin American Science, Technology and Society, 7*(1), 2370694. https://doi.org/10.1080/25729861.2024.2370694

Medina, J. (2013). Color blindness, meta-ignorance, and the racial imagination. *Critical Philosophy of Race, 1*(1), 38～67. https://doi.org/10.5325/critphilrace.1.1.0038

Mercier, H., & Sperber, D. (2011). Why do humans reason? Arguments for an argumentative theory. *Behavioral and brain sciences, 34*(2), 57～74. https://doi.org/10.1017/S0140525X10000968

Messing, S., & Westwood, S. J. (2014). Selective exposure in the age of social media: Endorsements trump partisan source affiliation when selecting news online. *Communication research, 41*(8), 1042～1063. https://doi.org/10.1177/0093650212466406

Mills, C. (2007). White ignorance. In S. Sullivan & N. Tuana (Eds.), *Race and epistemologies of ignorance* (pp.13～38). State University of New York Press.

Modgil, S., Gupta, S., Stekelorum, R., & Laguir, I. (2022). AI technologies and their impact on supply chain resilience during COVID-19. *International Journal of Physical Distribution & Logistics Management, 52*(2), 130～149. https://doi.org/10.1108/IJPDLM-06-2021-0237

Moe, H., Lindtner, S., & Ytre-Arne, B. (2023). Polarisation and echo chambers? Making sense of the climate issue with social media in everyday life. *Nordicom Review, 44*(1), 23～43. https://doi.org/10.2478/nor-2023-0003

Moernaut, R., Mast, J., Temmerman, M., & Broersma, M. (2022). Hot weather, hot topic. Polarization and sceptical framing in the climate debate on Twitter. *Information, Communication & Society, 25*(8), 1047～1066. https://doi.org/10.1080/1369118X.2021.1889635

Möller, J. (2021). Filter bubbles and digital echo chambers 1. In H. Tumber & S. Waisbord(Eds.), *The routledge companion to media disinformation and populism* (pp.92～100). London: Routledge.

Mouffe, C. (2013). *Agonistics: Thinking the world politically*. [서정연 옮김. 《경합들》. 난장. 2020].

Munger, K., & Phillips, J. (2022). Right-wing YouTube: A supply and demand perspective. *The International Journal of Press/Politics*, 27(1), 186～219. https://doi.

org/10.1177/1940161220964767

Munroe, W. (2024). Echo chambers, polarization, and "post-truth": In search of a connection. *Philosophical Psychology, 37*(8), 2647~2678. https://doi.org/10.1080/09515089.2023.2171452

Mutz, D. C. (2006). How the mass media divide us. In P. S. Nivola & D. W. Brady (Eds.), *Red and blue nation? Characteristics and causes of America's polarized politics* (Vol. 1, pp.223~242). Brookings Institution Press.

Myers, D. G., & Lamm, H. (1976). The group polarization phenomenon. *Psychological bulletin, 83*(4), 602~627. https://doi.org/10.1037/0033-2909.83.4.602

Nechushtai, E. (2018). Could digital platforms capture the media through infrastructure?. *Journalism, 19*(8), 1043~1058. https://doi.org/10.1177/1464884917725163

Nechushtai, E., & Lewis, S. C. (2019). What kind of news gatekeepers do we want machines to be? Filter bubbles, fragmentation, and the normative dimensions of algorithmic recommendations. *Computers in human behavior, 90*, 298~307. https://doi.org/10.1016/j.chb.2018.07.043

Nickerson, R. S. (1998). Confirmation bias: A ubiquitous phenomenon in many guises. *Review of general psychology, 2*(2), 175~220. https://doi.org/10.1037/1089-2680.2.2.175

Nguyen, C. T. (2020). Echo chambers and epistemic bubbles. *Episteme, 17*(2), 141~161. https://doi.org/10.1017/epi.2018.32

Nordbrandt, M. (2021). Do cross-cutting discussions enhance pro-environmental attitudes? Testing green deliberative theory in practice. *Environmental Politics, 30*(3), 326~356. https://doi.org/10.1080/09644016.2020.1818231

Nyhan, B. (2021). Why the backfire effect does not explain the durability of political misperceptions. *Proceedings of the National Academy of Sciences*, 118(15), e1912440117. https://doi.org/10.1073/pnas.1912440117

Nyhan, B., & Reifler, J. (2010). When corrections fail: The persistence of political misperceptions. *Political Behavior, 32*(2), 303~330. https://doi.org/10.1007/s11109-010-9112-2

Nyhan, B., Settle, J., Thorson, E., Wojcieszak, M., Barberá, P., Chen, A. Y., ⋯ & Tucker, J. A. (2023). Like-minded sources on Facebook are prevalent but not polarizing. *Nature, 620*(7972), 137~144. https://doi.org/10.1038/s41586-023-06047-3

O'Hara, K., & Stevens, D. (2015). Echo chambers and online radicalism: Assessing the Internet's complicity in violent extremism. *Policy & Internet, 7*(4), 401~422. https://doi.org/10.1002/poi3.88

Palmieri, E. R. C., (2024). Social media, echo chambers and contingency: a system theoretical approach about communication in the digital space. *Kybernetes, 53*(8), 2593~2604.

https://doi.org/10.1108/K-12-2022-1590

Palmgreen, P., & Rayburn, J. D. (1985). A comparison of gratification models of media satisfaction. *Communications Monographs, 52*(4), 334~346. https://doi.org/10.1080/03637758509376117

Pariser, E. (2011). *The filter bubble: What the Internet is hiding from you*. penguin UK.

Park, H. W., & Park, S. (2024). The filter bubble generated by artificial intelligence algorithms and the network dynamics of collective polarization on YouTube: the case of South Korea. *Asian Journal of Communication, 34*(2), 195~212. https://doi.org/10.1080/01292986.2023.2179210

Patterson, T. (2002). The vanishing voter: Why are the voting booths so empty. *National Civic Review, 91*(4), 367~378.

Pentland, A. (2015). *Social Physics: How Social Networks Can Make Us Smarter*. New York: Penguin.

Pew Research Center. (2021, April 7). Social media use in 2021. URL: https://www.pewresearch.org/internet/2021/04/07/social-media-use-in-2021/

Poell, T., Nieborg, D., & Van Dijck, J. (2019). Platformisation. *Internet policy review, 8*(4), 1~13. https://doi.org/10.14763/2019.4.1425

Prior, M. (2007). *Post-broadcast democracy: How media choice increases inequality in political involvement and polarizes elections.* Cambridge University Press.

Rabb, N., Cowen, L., & de Ruiter, J. P. (2023). Investigating the effect of selective exposure, audience fragmentation, and echo-chambers on polarization in dynamic media ecosystems. *Applied Network Science, 8*(1), 78. https://doi.org/10.1007/s41109-023-00578-7

Ranalli, C., & Malcom, F. (2023). What's so bad about echo chambers?. *Inquiry,* 1~43. https://doi.org/10.1080/0020174X.2023.2179210

Rhodes, C. (2022). *Woke capitalism: How corporate morality is sabotaging democracy.* Policy Press.

Roessler, B., & Mokrosinska, D. (2013). Privacy and social interaction. *Philosophy & Social Criticism, 39*(8), 771~791. https://doi.org/10.1177/0191453713494968

Ross, L., Lepper, M. R., & Hubbard, M. (1975). Perseverance in self-perception and social perception: biased attributional processes in the debriefing paradigm. *Journal of personality and social psychology*, 32(5), 880~892. https://doi.org/10.1037/0022-3514.32.5.880

Santos, B. R. (2021). Echo Chambers, Ignorance and Domination. *Social Epistemology, 35*(2), 109-119.

Sasahara, K., Chen, W., Peng, H., Ciampaglia, G. L., Flammini, A., & Menczer, F. (2021). Social influence and unfollowing accelerate the emergence of echo chambers.

Journal of Computational Social Science, 4(1), 381~402. https://doi.org/10.1007/s42001-020-00084-7

Schedler, A. (2023). Rethinking political polarization. *Political science quarterly, 138*(3), 335~359. https://doi.org/10.1002/polq.13350

Schelling, T. C. (1971). Dynamic models of segregation. *Journal of mathematical sociology, 1*(2), 143~186. https://doi.org/10.1080/0022250X.1971.9989794

Schellingerhout, R., Beraldo, D., & Marx, M. (2023). Accounting for personalization in personalization algorithms: YouTube's treatment of conspiracy content. *Digital Journalism*, 1~29. https://doi.org/10.1080/21670811.2023.2182105

Schmitt, J. B. (2018). Counter-messages as prevention or promotion of extremism?! The potential role of YouTube. *Journal of Communication*, *68*(4), 758~779.

Schudson, M. (2020). Schudson, M. (2020). The shortcomings of transparency for democracy. *American Behavioral Scientist, 64*(11), 1670~1678.

Seargeant, P., & Tagg, C. (2019). Social media and the future of open debate: A user-oriented approach to Facebook's filter bubble conundrum. *Discourse, Context & Media, 27*, 41~48. https://doi.org/10.1016/j.dcm.2018.03.005

Sears, D. O., & Freedman, J. L. (1967). Selective exposure to information: A critical review. *Public opinion quarterly, 31*(2), 194~213. https://doi.org/10.1086/267513

Shaw, R. (2015). Big data and reality. *Big Data & Society, 2*(2), 2053951715608877. https://doi.org/10.1177/2053951715608877

Sheeks, M. (2023). The myth of the good epistemic bubble. *Episteme, 20*(3), 685~700. https://doi.org/10.1017/epi.2022.19

Shore, J., Baek, J., & Dellarocas, C. (2018). Network structure and patterns of information diversity on Twitter. *MIS quarterly, 42*(3), 849~A10. https://doi.org/10.25300/MISQ/2018/11474

Slater, D. (2022). Threats or gains: The battle over participation in America's careening democracy. *The ANNALS of the American Academy of Political and Social Science, 699*(1), 90~100. https://doi.org/10.1177/00027162221086299

Smith, L. G., Thomas, E. F., Bliuc, A. M., & McGarty, C. (2024). Polarization is the psychological foundation of collective engagement. *Communications Psychology, 2*(1), 41. https://doi.org/10.1038/s44271-024-00041-0

Sobieraj, S., & Berry, J. M. (2011). From incivility to outrage: Political discourse in blogs, talk radio, and cable news. *Political Communication, 28*(1), 19~41. https://doi.org/10.1080/10584609.2010.542360

Strandberg, K., Himmelroos, S., & Grönlund, K. (2019). Do discussions in like-minded groups necessarily lead to more extreme opinions? Deliberative democracy and group polarization. *International Political Science Review, 40*(1), 41-57.

Stroud, N. J. (2010). Polarization and partisan selective exposure. *Journal of communication, 60*(3), 556～576. https://doi.org/10.1111/j.1460-2466.2010. 01497.x

Stroud, N. J. (2018). Selective exposure theories. In K. Kenski and K. H. Jamieson(Eds.), The Oxford Handbook of Political Communication. DOI: 10.1093/oxfordhb /9780199793471.013.009_update_001

Sunstein, C. R. (2001a). *Republic. com*. Princeton, NJ: Princeton University Press.

Sunstein, C. R. (2001b). *Echo chambers: Bush v Gore impeachment and beyond*. Princeton, Princeton University Press.

Sunstein, C. R. (2007). *Republic. com. 2.0*. Princeton, NJ: Princeton University Press.

Sunstein, C. R. (2009). *Going to extremes: How like minds unite and divide*. Oxford University Press.

Sunstein, C. R. (2011). Empirically informed regulation. *University of Chicago Law Review, 78*, 1349～1429. https://doi.org/10.2307/4128961

Sunstein, C. R. (2012). The Storrs lectures: Behavioral economics and paternalism. *Yale Law Journal, 122*, 1826～1899. https://doi.org/10.2307/41739903

Sunstein, C. R. (2017). *#republic. Divided Democracy in the Age of Social Media*. Princeton, NJ: Princeton University Press.

Sunstein, C. R. (2019). *Conformity*. [고기탁 옮김. 《동조하기》. 열린책들. 2023].

Sunstein, C. R., & Vermeule, A. (2009). Conspiracy theories: Causes and cures. *The Journal of Political Philosophy, 17*(2), 202～227. https://doi.org/10.1111/j.1467-9760.2008.00325.x

Taber, C. S., & Lodge, M. (2006). Motivated skepticism in the evaluation of political beliefs. *American journal of political science, 50*(3), 755～769. https://doi.org/ 10.1111/ j.1540-5907.2006.00214.x

Tajfel, H., Billig, M. G., Bundy, R. P., & Flament, C. (1971). Social categorization and intergroup behaviour. *European journal of social psychology, 1*(2), 149～178. https:// doi.org/10.1002/ejsp.2420010202

Tajfel, H. (1981). *Human groups and social categories*. Cambridge: Cambridge Unive. Press.

Talamanca, F, G., & Arfini, S. (2022). Through the newsfeed glass: Rethinking filter bubbles and echo chambers. *Philosophy & Technology, 35*(1), 20. https://doi.org/10.1007/ s13347-022-00513-6

Talisse, R. B. (2019/2024). Overdoing democracy: *Why we must put politics in its place*. Oxford University Press. [조계원 옮김. 《과잉민주주의: 양극화 사회에서 정치의 자리》. 버니온더문. 2024].

Terren, L. T. L., & Borge-Bravo, R. B. B. R. (2021). echo chambers on social media: A systematic review of the literature. *Review of Communication Research, 9*. 99～118. https://doi.org/10.12840/ISSN.2255-4165.028

Theocharis, Y., & Jungherr, A. (2021). Computational social science and the study of political communication. *Political Communication, 38*(1-2), 1~22. https://doi.org/10.1080/10584609.2020.1723755

Tokita, C. K., Guess, A. M., & Tarnita, C. E. (2021). Polarized information ecosystems can reorganize social networks via information cascades. *Proceedings of the National Academy of Sciences, 118*(50), e2102147118. https://doi.org/10.1073/pnas.2102147118

Törnberg, P. (2022). How digital media drive affective polarization through partisan sorting. *Proceedings of the National Academy of Sciences, 119*(42), e2207159119. https://doi.org/10.1073/pnas.2207159119

Törnberg, P., & Törnberg, A. (2018). The limits of computation: A philosophical critique of contemporary Big Data research. *Big Data & Society, 5*(2), 2053951718811843. https://doi.org/10.1177/2053951718811843

Törnberg, P., & Uitermark, J. (2021). For a heterodox computational social science. *Big Data & Society, 8*(2), 20539517211047725. https://doi.org/10.1177/20539517211047725

Törnberg, P., Andersson, C., Lindgren, K., & Banisch, S. (2021). Modeling the emergence of affective polarization in the social media society. *PLoS ONE*, 16(10), Article e0258259. https://doi.org/10.1371/journal.pone.0258259

Törnberg, P., & Törnberg, A. (2022). Inside a White Power echo chambers: Why fringe digital spaces are polarizing politics. *New Media & Society, 26*(8), 4511~4533. https://doi.org/10.1177/14614448231178077

Törnberg, A., & Törnberg, P. (2024). *Intimate communities of hate: Why social media fuels far-right extremism*. London: Routledge.

Tromble, R. K. (2012). *Who framed the prophet? Media, stakeholders, and the debate over the Danish cartoon controversy* (Doctoral dissertation, Indiana University).

Tromble, R. (2021). Where have all the data gone? A critical reflection on academic digital research in the post-API age. *Social Media+Society,* https://doi.org/10.1177/2056305121988929

Tucker, J. A., Guess, A., Barberá, P., Vaccari, C., Siegel, A., Sanovich, S., Stukal, D., & Nyhan, B. (2018). Social media, political polarization, and political disinformation: A review of the scientific literature. Hewlet Foundation. https://www.hewlett.org/wp-content/uploads/2018/03/Social-Media-Political-Polarization-and-Political-Disinformation-Literature-Review.pdf

Tufekci, Z. (2018, March 10). YouTube, the Great Radicalizer. *The New York Times*. https://www.nytimes.com/2018/03/10/opinion/sunday/youtube-politics-radical.html

Turner, C. (2023). Online echo chambers, online epistemic bubbles, and open-mindedness.

Episteme, 1~26. https://doi.org/10.1017/epi.2023.52

Tyson, A., Funk, C., & Kennedy, B. (2023). *What the data says about Americans' views of climate change*. Pew Research Center.

Vaccari, C., & Valeriani, A. (2021). *Outside the bubble: Social media and political participation in western democracies*. Oxford University Press.

Vaccari, C., & Valeriani, A. (2023). Political filter bubbles and fragmented publics. In S. Coleman & D. Freelon(Eds.), *Handbook of Digital Politics* (2nd ed., pp.92~154). Edward Elgar Publishing. https://doi.org/10.4337/978180037758 5.00016

Valenzuela, S., Halpern, D., Katz, J. E., & Miranda, J. P. (2019). The paradox of participation versus misinformation: Social media, political engagement, and the spread of misinformation. *Digital Journalism, 7*(6), 802~823. https://doi.org/10.1080/2167 0811.2019.1623701

Valkenburg, P. M., Peter, J., & Walther, J. B. (2016). Media effects: Theory and research. *Annual Review of Psychology, 67*(1), 315~338. https://doi.org/10.1146/annurev-psych-122414-033608

Van Alstyne, M., & Brynjolfsson, E. (1996). Could the Internet balkanize science?. *Science, 274*(5292), 1479~1480. https://doi.org/10.1126/science.274.5292.1479

Van Prooijen, J. W., Krouwel, A. P., & Pollet, T. V. (2015). Political extremism predicts belief in conspiracy theories. *Social psychological and personality science, 6*(5), 570~578. https://doi.org/10.1177/1948550614567356

Velez, Y. R., & Liu, P. (2024). Confronting core issues: A critical assessment of attitude polarization using tailored experiments. *American Political Science Review*, 1~18.

Vitak, J. (2012). The impact of context collapse and privacy on social network site disclosures. *Journal of broadcasting & electronic media, 56*(4), 451~470. https://doi.org/10.108 0/08838151.2012.732140

Vosoughi, S., Roy, D., & Aral, S. (2018). The spread of true and false news online. *Science, 359(6380)*, 1146~1151. https://doi.org/10.1126/science.aap9559

Walton, D.N. (1998). *Appeal to popular opinion*. University Park, PA: Penn State Press.

Webb, S. (2018). Deep learning for biology. *Nature, 554*(7693), 555~557. https://doi. org/10.1038/d41586-018-02174-z

Webster, J. G., & Ksiazek, T. B. (2012). The dynamics of audience fragmentation: Public attention in an age of digital media. *Journal of communication, 62*(1), 39~56. https://doi.org/10.1111/j.1460-2466.2011.01616.x

Webster, S. W., & Abramowitz, A. I. (2017). The ideological foundations of affective polarization in the US electorate. *American politics research, 45*(4), 621~647. https://doi.org/10.1177/1532673X17703132

Westerwick, A., Johnson, B. K., & Knobloch-Westerwick, S. (2017). Confirmation biases in selective exposure to political online information: Source bias vs. content bias. *Communication Monographs, 84*(3), 343~364. https://doi.org/10.1080/03637751.2017.1282201

Whittaker, J., Looney, S., Reed, A., & Votta, F. (2021). Recommender systems and the amplification of extremist content. *Internet Policy Review*, 10(2). 1~29.

Williams, H., McMurray, J., Kurz, T., & Hugo Lambert, F. (2015). Network analysis reveal open forums and echo chambers in social media discussions of climate change. *Global Environmental Change*, 32, 126~!138.

Wilson, A. E., Parker, V. A., & Feinberg, M. (2020). Polarization in the contemporary political and media landscape. *Current opinion in behavioral sciences, 34*, 223~228. https://doi.org/10.1016/j.cobeha.2020.07.005

Wittenbaum, G. M., Hubbell, A. P., & Zuckerman, C. (1999). Mutual enhancement: Toward an understanding of the collective preference for shared information. *Journal of personality and social psychology, 77*(5), 967~978. https://doi.org/10.1037/0022-3514.77.5.967

Wojcieszak, M. (2011). Deliberation and attitude polarization. *Journal of Communication, 61*(4), 596~617. https://doi.org/10.1111/j.1460-2466.2011.01 568.x

Wolfowicz, M., Weisburd, D., & Hasisi, B. (2023). Examining the interactive effects of the filter bubble and the echo chamber on radicalization. *Journal of Experimental Criminology*, 19(1), 119~141.

Wollebæk, D., Karlsen, R., Steen-Johnsen, K., & Enjolras, B. (2019). Anger, fear, and echo chambers: The emotional basis for online behavior. *Social Media+Society, 5*(2), https://doi.org/10.1177/2056305119829859

Wright, K. (2011). Reality without scare quotes: Developing the case for critical realism in journalism research. *Journalism Studies, 12*(2), 156~171. https://doi.org/10.1080/1461670X.2010.509573

Yarchi, M., Baden, C., & Kligler-Vilenchik, N. (2021). Political polarization on the digital sphere: A cross-platform, over-time analysis of interactional, positional, and affective polarization on social media. *Political Communication, 38*(1-2), 98~139. https://doi.org/10.1080/10584609.2020.1785067

Yardi, S., & Boyd, D. (2010). Dynamic debates: An analysis of group polarization over time on twitter. *Bulletin of science, technology & society, 30*(5), 316~327. https://doi.org/10.1177/0270467610380011

Yesilada, M., & Lewandowsky, S. (2022). Systematic review: YouTube recommendations and problematic content. *Internet policy review, 11*(1), https://doi.org/10.14763/2022.1.1652

Zilinsky, J., Theocharis, Y., Pradel, F., Tulin, M., de Vreese, C., Aalberg, T., ⋯ & *Zoizner,*

A. (2024). *Justifyi*ng an invasion: When is disinformation successful?. Political Communication, 41(6), 965~986.

Zimmerman, F. et al (2024). Attraction to politically extreme users on social media. *PNAS Nexus*, 2024, 3(10), https://academic.oup.com/pnasnexus/article/3/10/pgae395/7821162.

Zimmerman, F., Garbulsky, G., Ariely, D., Sigman, M., & Navajas, J. (2022). Political coherence and certainty as drivers of interpersonal liking over and above similarity. *Science advances, 8*(6), https://doi.org/10.1126/sciadv.abk1909

Zollo, F., Bessi, A., Del Vicario, M., Scala, A., Caldarelli, G., Shekhtman, L., ··· & Quattrociocchi, W. (2017). Debunking in a world of tribes. *PloS one, 12*(7), e0181821. https://doi.org/10.1371/journal.pone.0181821

찾아보기

가짜뉴스 33, 38, 47, 58, 60, 65, 117, 122~123, 142, 207~208, 236, 256~257, 273, 284~285, 289, 322, 344, 365~366, 376, 380, 382, 385~386, 395

경합/적대 119, 353

공론장 35, 38, 44, 92, 172, 207, 249, 279, 293, 328, 336~337, 386~388, 393

공중 46, 386~387

교차 노출 83, 269

관리자주의 349

구루 266

구성적 조건 36, 345~346; 구성적 매개 36

규제로의 전환 392

극단주의: 극단적 믿음 358~359, 361

극단화: 신념 극단화 199, 201, 249~254; 집단 극단화 26, 28, 31, 37, 43~44, 52, 106, 119, 170, 195, 198~216, 224, 231, 251, 289, 339, 358, 377; 태도 극단화 194~195, 197~199, 201, 216~219, 224, 231, 249, 252, 289, 358

극성 점수 373

급진주의 33, 348, 358

기술 결정론 62~63

기후 변화 80, 98~99, 119~120, 267, 274~275, 278, 327, 363~364, 366

나선 효과 113, 143; 강화(적) 나선 143, 307; 소음의 나선 71; 침묵의 나선 71, 138~139

나이언, 브랜던 Nyhan, Brandan 219~222, 313~314, 316~317, 323~324

네트워크 모델 258~259

넷노그라피 159

노란 조끼 운동 36, 134~135, 345~347, 374, 390

논증적 추론 이론 208, 210

담론 공동체 344

담론적 논변 이론 205~206, 208

당파성 33, 54, 56, 88, 115, 240, 262, 302, 305, 311, 340; 부정적 당파성 54, 302, 305, 311; 정치적 당파주의 27, 88, 316, 340
도구적 이성 395
독소의 칵테일 316
동기화된 추론 32, 86, 169, 173, 176, 185, 187~188, 190~191, 194, 197, 216, 224; 목표 지향성 동기 185, 188~190; 정확성 동기 185, 188~190, 197, 372
동기화된 회의주의 194, 196
동류집단성 26~27, 32, 37, 54~55, 61, 77, 80~81, 89, 102~107, 114, 122, 124, 141, 157, 170, 200, 205~206, 216, 225~232, 240, 247, 278, 287~288, 330, 377, 379; 가치 동류집단성 226; 근친적 동류집난성 226; 기조 농류집단성 226; 지위 동류집단성 226
디지털 민족지 159
디지털 민주주의 25, 76, 122
디지털 부족 336, 343
디지털서비스법(DSA) 72

레딧 35, 88~89, 98~99, 373~374, 380, 387

맥락 디자인 182
맥락 붕괴 182, 272
모트와 베일리 교리 66, 71, 202
목표 지향성 173, 176, 185, 188~190
무지(학) 19, 38, 146, 236, 269~270, 279~284, 302~303, 311; 구조적 무지 279~281, 283~284; 백인 무지 279, 283; 적극적 무지 280~284
문화의 물리학 149
문화전쟁 144, 289~292
미디어효과론 323
미투 운동 201, 348
미끄러운 비탈길 논증 55
민주주의의 통념적 이론 336

반발 효과 118, 186, 216, 219~221, 223~224, 365
베일, 크리스 Bail, Chris 84, 114, 117~118, 222~223, 293, 375, 380
복잡계 과학 149, 288
복합적 전염 288
부트스트랩식 확증 267~268
분노 110, 119, 143~144, 173, 186, 215, 277, 288, 300, 316, 357
불일치 - 강화 메커니즘 269
브렉시트 29, 119, 329, 374
비결정성 394, 396
비밀 69, 97, 125, 387, 391
비이상적 인식론 249, 252, 385

사이버발칸화 76, 172, 207
사회 인식론적 재부팅 271
사회적 비교 199, 206~207, 209, 231
사회적 영향 네트워크 이론 238
사후 확신 편향 186
샤를리 에브도 사건 355
상관관계 31, 38, 63, 133~134, 138, 152, 324, 331, 334, 345
서명된 네트워크 분석 146~147, 162
서크 퍼펫 99, 110, 114
선스타인, 캐스 Sunstein, Cass 26, 28, 43~47, 56, 169~171, 198, 200, 202~204, 208~209, 223, 232~233, 237~238, 270, 285, 336~337, 348, 366, 375~377
선택적 노출 32, 37, 44, 56, 63, 82,

109~110, 169~184, 187, 189, 195, 330, 357, 371~372, 374
설득적 논증 이론 199, 205~207
설문 조사 80, 93~94, 109, 111~117, 139, 142, 196, 321, 381
소셜 미디어
숙의 203, 208~211, 217~218, 224, 336, 344, 380, 388, 391; 숙의민주주의 208, 210, 224
쉬크스 262~264, 266, 274
스톰프론트 158, 164, 179, 223, 345, 375
신뢰주의 250
신상 털기 387
실험 27, 69~70, 80, 93~94, 109~114, 117~118, 133, 135~136, 152~153, 174, 184, 186, 195~197, 200, 211, 216~220, 222, 231, 240~241, 305, 310~311, 313~315, 317, 319, 321~322, 324, 333, 341, 372, 381

아크로필리 230~231
알고리즘: 알고리즘 피드 89, 315
양가성 20~21, 39~40, 69, 84, 120~122, 234, 322, 383~390, 392~396
양극화: 수직적 양극화 56; 수평적 양극화 56; 이데올로기적 양극화 300, 310, 327; 이슈 양극화 69, 133, 302, 305, 327~328; 정서적 양극화 33, 54, 91~92, 113, 133~134, 141, 144, 240, 300~302, 305, 309~310, 312~313, 315, 327~328, 335~336, 338, 351~354; 인식적 양극화 302, 308~309, 311, 353; 파괴적 양극화 353; 허위적 양극화 305, 308~310, 353~355, 376
어포던스 138, 179, 182, 206~207, 230, 324, 338, 389
에고 중심 네트워크 111
에이브러모위츠, 앨런 Abramowitz, Alan 293~294, 296~298, 301, 303~05, 312
에이전트 기반 모델링 150, 153
오버턴 윈도 359~360, 363
온라인 화합성 181~182
유튜브 29, 35, 57, 68~71, 88~89, 98~99, 106, 110, 124, 130~131, 186, 278, 289, 292, 329
음모(이)론 29, 33, 38, 47, 57~58, 69, 81, 97~98, 124~128, 181, 184, 262, 270~271, 275~278, 284~285, 287, 293, 329, 331, 341, 355, 358, 359, 361, 365~367, 386
응우옌, C. T. Nguyen, C. T. 38, 52~54, 170, 225, 262~264, 267, 269~272, 292, 327, 363
의례 170, 336~337, 340~344, 382
E-I 지수 106, 108, 111
이중의 역설 394
인과 관계 26~27, 119, 133~135, 156, 301, 324, 327, 330~331, 333~335, 337, 344~345, 360
인식론 38, 53~54, 92, 152, 154, 165, 170, 203, 210, 249~256, 261~271, 273, 276, 278~279, 281, 284, 293, 360, 366, 385, 395; 인식론적 그루밍 255; 인식론적 내부/외부주의 53, 279; 인식론적 버블 262~271; 인식론적 부패 253, 273, 276, 278; 인식론적 불의 276, 279; 인식론적 악덕

360
인지부조화 32, 77, 195

자기 보고 94~95, 217, 321
정렬 49, 51, 86, 100, 140, 144, 201, 227, 243, 296, 299~300, 302~305, 314, 316, 327, 338~340, 349, 351~352, 364
정보 캐스케이드 32, 170, 232~238
정체성 35, 91, 113, 118~119, 139~140, 144, 147, 164, 170, 189, 194, 197, 201, 204, 207, 213, 215, 221, 223, 230~231, 241~244, 252, 263, 289~293, 296~302, 304~305, 311, 316, 327, 333~334, 336~344, 346, 350~354, 361~362, 364~365, 375~376, 391; 정체성 (보호)인지 292, 344
정치(적) 참여 299, 301, 311, 320~322, 328, 331~333, 386
정확성 173, 176, 185, 188~190, 197, 314, 321, 366, 372
조건(제한)성 252, 378
증거 선점 254~256
증거의 교환 법칙 269
지구는 평평하다 125~128, 289~291, 366
지리적 근접성 227
질적 분석/방법/연구 117, 124, 128, 158

참호전 35, 355~356, 375
체계적 (문헌) 리뷰 30
추천 시스템 32, 66~69, 72, 114, 224

캐피털 폭동 289, 321~322, 373~374
컴퓨테이션 48, 50, 80, 84, 92~93, 109, 111~113, 117, 122, 129, 145, 148, 150~151, 155~161, 169, 184, 204, 374, 381~382
컴퓨테이셔널 사회과학 151; 비주류 컴퓨테이셔널 사회과학 151
큐어넌 29, 125~128, 201, 341, 366, 375

토끼 굴 29~30, 70~71
트럼프, 도널드 Trump, Donald 29, 80, 92, 99, 130, 142, 192~194, 256, 286, 289, 320~321, 366, 375
트로이의 목마 148, 381
트위터(X) 50, 61, 69, 81, 85, 88~89, 95, 97~98, 104, 111, 115~116, 118, 131~132, 138, 141, 147, 236, 243~244, 256, 278, 286~287, 329, 380

파편화 44~45, 60, 76~77, 149, 172, 207, 289, 336, 344, 388, 395
팩트체크 29, 219
페이스북 29, 34, 50, 61, 69, 81~84, 88~89, 95~99, 106, 112~113, 130, 132~334, 136~137, 142, 150, 181, 248, 277~278, 285, 287, 313, 315~322, 329, 345~347, 380
폭스뉴스 49, 115~116, 141~142, 174, 250, 260~261, 306, 316, 325, 349, 373
퓨리서치센터 88, 138, 140, 294, 263
피오리나, 모리스 Fiorina, Morris 293~294, 296~299, 301, 303~305, 338
피하주사식 모델 62
필터 버블 25, 28, 30~33, 35, 39~40, 46, 50, 56~68, 70~72, 79,

110~112, 172, 247, 263, 267, 313, 315, 355, 376
허위 정보 29, 32~33, 38, 110, 114, 117, 120, 122~123, 129, 131~132, 134~135, 207, 221, 248, 249, 252, 271, 284~285, 288~293, 320, 329, 365, 367, 376, 382, 395
허위 합의 효과 362
할리우드와 일루미나티 125, 127
혐오 29, 33, 44, 69, 72, 98, 117, 139, 147, 157, 179, 186, 187, 207, 233, 286, 289, 316, 340, 351, 353, 356, 384
해석적 지배 279, 283
해석적 컴퓨테이션 방법 156~161
해석학 38, 149, 155
해시태그 85, 97~98, 101, 356
행태주의 62~63
혼합 방법 93~94, 113, 116~117, 123~124
확증 편향 30, 32, 37, 43, 59, 86~87, 92, 109, 169~172, 174, 180~181, 183~187, 194~195, 197~198, 200, 208, 210, 216, 287, 289, 357, 362, 371
흑인의 삶도 중요하다 348